mandarin-verlag
saarbruecken

Holger Willi Montag

Reisen mit Pippo

Roman

mandarin-verlag

Für Gerd

Werdet ihr euch noch an mich erinnern

wenn ich morgen gehe?

1

Eigentlich hatte mich mein Stammbaum nie sonderlich interessiert. Diese verworrenen Verwandtschaftsverhältnisse, wer mit wem, wo und warum, im Geiste illustriert mit den abgegriffenen Fotos längst vergangener Zeiten, auf denen Männer Bärte und Frauen ein seltsam vergilbtes Lächeln auf dem Gesicht trugen, all dies barg nichts, was für mich von Bedeutung gewesen wäre.

Schön, die eine oder andere Geschichte über meine Verwandtschaft war im Laufe der Jahre hängen geblieben. Es gab da eine Tante in Rostock, die Privatstunden in Deutsch und Russisch gab und angeblich deshalb den Beruf hatte aufgeben müssen, weil sie einen ihrer Schüler verführt hatte.

Ich weiß noch, dass ich furchtbar aufgeregt war, als wir sie in den großen Ferien einmal besuchten, und darauf brannte, herauszufinden, was an dem Gerücht dran war. Sie hieß Katharina, doch es wäre mir nie in den Sinn gekommen, sie ‚Tante Katharina' zu nennen; dazu war sie viel zu schön und zu sexy.

Leider interessierte sie sich nicht sonderlich für mich. Ich interpretierte dies damals jedoch anders und stellte mir vor, dass sie mir aus Sorge um ihren ohnehin bereits angeschlagenen Ruf aus dem Weg ging. Mir, ihrem Schicksal, ihrem heimlichen Verehrer. Doch ich war mir sicher, dass uns ein Geheimnis miteinander verband, glaubte sogar ganz fest daran. Damals war ich vierzehn oder so.

Eine andere Geschichte betraf Tante Innocenza. Genau gesagt, war sie nicht meine Tante, sondern die Schwester meines Großvaters, doch das tut hier nichts zur Sache. Im Gegensatz zu Katharina zählte Innocenza zu der Sorte von Tanten, die man niemals nur mit ihrem Vornamen anreden würde. Der Zusatz ‚Tante' gehörte ganz einfach zu ihrer Person, als würde sie

einen Doktortitel tragen und bestehe auf dessen Erwähnung.
Tante Innocenza jedenfalls hatte - wenn man den Gerüchten glauben durfte - ihrem Namen eigentlich niemals so recht Ehre gemacht. Die meisten der Geschichten über sie hatte mein Großvater meiner Mutter oder meinen Onkeln erzählt, daher kann ich mich für deren Wahrhaftigkeit nicht verbürgen. Wenn jedoch nur die Hälfte davon stimmte, war Tante Innocenza in ihrer Jugend kein Kind von Traurigkeit gewesen. Schade nur, dass sie sich weigerte, in unserem Hause Deutsch zu sprechen. Mit meinem Italienisch war es nicht allzu weit her, und unsere Gespräche beschränkten sich deshalb meist auf höfliche Konversation.
Angeblich hatte Tante Innocenza meinem Onkel Oronzo in dem kleinen Verschlag hinter dem Hühnerstall die Unschuld geraubt, der noch bis vor wenigen Jahren auf dem elterlichen Grundstück in Apulien stand. Ich glaube mich zu erinnern, dass das Ganze auf Pippos Hochzeitsfeier stattgefunden haben soll. Eine andere Geschichte besagte, dass es in einem verlassenen Schuppen geschehen sein soll, zu dem die beiden hinausgeradelt waren. Damals, es war 1945 und die deutsche Offensive wie auch Onkel Oronzo unternahmen letzte Anstrengungen, war Letzterer gerade fünfzehn Jahre alt geworden.
Für die acht Jahre ältere Innocenza war dies natürlich nicht die erste Erfahrung sexueller Natur gewesen. Dazu war sie viel zu praktisch veranlagt. Die Katze im Sack war nicht ihr Ding, und beim Tauschhandel in der Nachkriegszeit, mit der sich die Familie meines Großvaters über Wasser hielt, wurde stets die hübsche Innocenza vorgeschickt, wenn es ums Feilschen ging.
Sie muss es daher als sehr ungewöhnlich empfunden haben, dass sich ihr späterer Ehemann während ihrer Verlobungszeit auf Händchenhalten und scheue Küsse beschränkte. Es ist unwahrscheinlich, dass er von ihrem Ruf, leicht zu haben zu sein, nichts gehört hatte. Doch glaubte er vielleicht daran, dass sie ihrem Lebenswandel abschwören und eine treusorgende

Ehefrau und Mutter sein würde, wenn ihr erst einmal der Richtige begegnete.
Ich finde ja, dass ihm jemand diese Blauäugigkeit hätte nehmen müssen, und zwar *vor* der Hochzeit und auf eine sanftere Art und Weise, als Tante Innocenza dies schließlich im Laufe der Jahre tat. Aber hätte er sich deswegen gleich vor seinen eigenen Mähdrescher werfen müssen?
Meine Familie hatte sich immer schon der Tradition verhaftet gefühlt, und so tat Onkels Mähdrescher, der im Übrigen äußerst genügsam war und fortan keine weiteren Menschenopfer forderte, noch bis in die Siebziger Jahre hinein gute Dienste auf dem Feld.
Diese Geschichten - und noch einige mehr - erzählte man sich in meiner Familie, doch fehlte mir immer die Fähigkeit, die Verwandtschaftsverhältnisse so weit zu ordnen, dass ich die Namen der jeweiligen Personen mit Gesichtern hätte verbinden können, weshalb mir die meisten Erzählungen inzwischen entfallen sind. Hätte ich geahnt, was ich im Laufe weniger Wochen über meine Familie und mich selbst im wahrsten Sinne des Wortes erfahren würde, so hätte ich mich schon viel früher mit den Vorgeschichten beschäftigt. Und mit der von Pippo. Vor allem mit der von Pippo.

Nachmittags waren Steffi und ich in der Stadt gewesen. Es hatte am Morgen aufgehört zu regnen, und wir setzten uns auf die Schlossmauer, um die Unterlagen aus dem Reisebüro durchzugehen. Fünf Tage noch. Steffi war happy.
Gestern hatten wir den vorerst letzten Arbeitstag hinter uns gebracht. Den Job hatte mir eine Bekannte meiner Eltern besorgt, die schon seit Ewigkeiten bei dieser Bank beschäftigt war. Sie arbeitete in der allseits gefürchteten Innenrevision und war ziemlich anhänglich, was mir etwas peinlich war, denn sie sah des Öfteren bei mir im Büro vorbei, und jedes Mal erstarrten die anderen auf ihren Stühlen vor Ehrfurcht oder Angst. Sehr beliebt schien sie auch nicht gerade zu sein, aber

wenigstens brachten mir die Leute einen Hauch von Respekt entgegen.
Der Job war okay, ich hatte schon unangenehmere Arbeiten für weniger Geld verrichtet. Meine Aufgabe bestand hauptsächlich darin, irgendwelche dezimeterdicken Listen auf bestimmte Fehler hin durchzugehen und diese am PC in den einzelnen Konten zu korrigieren. Das Betriebsklima war einigermaßen erträglich, und direkt hinter mir saß Gilbert, der mich regelmäßig mit Cartoons versorgte, die er während längerer Telefonate zeichnete.
Nach langer Zeit hatte ich mich wieder mal meinen Studienunterlagen gewidmet und einige Fachbücher gewälzt, nur um wieder einmal zu dem Schluss zu kommen, dass BWL vielleicht doch nicht das Richtige für mich war. Das Einzige, was mich davon abhielt, mein Studium ebenso konsequent zu schmeißen wie zuvor schon meine beiden Lehrstellen und die Erziehungswissenschaften, war die Tatsache, dass mir nur noch zwei Semester fehlten. Zwei Semester bis zur Freiheit, aber auch bis zu den Prüfungen zum Diplom, und ich hakte innerlich jeden Tag ab wie der Delinquent in seiner Todeszelle.
Steffi hatte für all das kein Verständnis. Sie fand es in Ordnung, dass ich doch noch zur Vernunft gekommen war und endlich einmal eine Sache zu Ende brachte. Ich war mir bezüglich der Vernunft des Ganzen da nicht so sicher, aber vielleicht hätte ich die Sache an ihrer Stelle auch anders gesehen.
Sie mochte ihren Job und sah auch überhaupt keine Notwendigkeit darin, diesen in Frage zu stellen. Seit ihrer Ausbildung arbeitete sie jetzt schon in dem Laden, und sie kam mit allen gut hin, besonders mit den Männern aus der Werkstatt. Der Geschäftsinhaber war ein Krauter und bezahlte sie dafür, dass sie ihm seine Rechnungen tippte und ab und zu hinter der Theke aushalf. Daneben machte sie die Kasse und räumte die täglichen Lieferungen von Schrauben in die verschiedenen Fächer ein. Alles in allem kein besonders ausfüllender Job, wie ich meine, doch sie fühlte sich wohl in

diesem Gefüge aus Urlaubsplan, Betriebsrente und Weihnachtsfeier.

Wir waren jetzt seit fast zwei Jahren ein Paar, hatten aber erst vor wenigen Wochen unsere erste gemeinsame Wohnung bezogen. Auf dem Balkon stapelte sich die Pappe der Ikea-Regale, die wir vorgestern aufgebaut hatten. Nachdem einige Teile gefehlt hatten und ich das Regal umtauschen musste, war uns nicht mehr nach Einräumen zu Mute, weshalb noch immer überall die Umzugskartons mit unseren Büchern herumstanden.

Das Hotel, das für die nächsten zwei Wochen unser Zuhause sein würde, war ein Traum. Es lag direkt über dem Meer, hatte einen eigenen Swimming-Pool und bot ‚diverse Freizeitmöglichkeiten', wie der Prospekt verriet. Der Mietwagen stünde uns ab der zweiten Woche zur Verfügung, so dass wir - mittlerweile wohl braun gebrannt - einige Ausflüge ins Landesinnere unternehmen konnten – ‚Land-und-Leute-Touren', wie Karl, Steffis Vater, das nannte. Mittwoch früh ging unser Flieger; meine Mutter würde uns zum Flughafen bringen, und am frühen Nachmittag lägen wir schon am Strand. Das war der Plan.

„Wie spät haben wir's?", fragte mein Vater.

Ich sah auf die Küchenuhr, die über der Tür hing.

„Viertel nach acht. Ist noch Zeit."

Doch er stand auf und ging hinüber ins Wohnzimmer. Meine Mutter drehte das Gas ab und nahm den Topf vom Herd.

„Sind die Untersetzer auf dem Tisch?", fragte sie über die Schulter hinweg.

Tina nahm sie mir aus der Hand und legte sie auf den Tisch.

„Jetzt ja", meinte sie.

„Haben wir Besteck?" Meine Mutter wandte sich zu mir um, den dampfenden Topf zwischen zwei Topflappen haltend.

„Luca, hol doch mal das Besteck - wir wollen essen!"

Ich verteilte Gabeln und Servietten. Meine Mutter schaltete die Abzugshaube aus.

„Wo ist denn schon wieder euer Vater? Günther!“, rief sie. Aus dem Wohnzimmer antwortete ihr ein Grölen aus Zigtausenden von Kehlen, und der Moderator im Fernsehen hatte offenbar seine liebe Not, den Lärm zu übertönen - ebenso wie meine Mutter.
„Wir sitzen schon beim Essen!“ Sie rückte sich geräuschvoll den Stuhl zurecht.
„Gib mir deinen Teller!“ Meine Mutter begann, die Orechiette auf Tinas Teller zu schaufeln. Der Lärmpegel aus dem Wohnzimmer sank langsam, als mein Vater die Lautstärke regulierte.
„Nein - stopp!“ rief Valentina neben mir.
„- - -?“
„Das ist viel zu viel, Mama - das pack ich doch nie!“
„Dann gib's deinem Bruder! Luca, gib mir mal Opas Teller!“
Mein Vater erschien, die Fernbedienung in der Hand.
„Dauert noch. Die sind erst bei den Analysen zur Mannschaftsaufstellung.“
Meine Mutter teilte weiter aus. Wir ließen die Teller rundgehen.
„Soll ich deinem Vater seinen Teller hochbringen?“
„Ich weiß nicht. Valentina hat ihn gerufen. - Hat er dir eben geantwortet?“, wandte sie sich an meine Schwester. Die nickte.
„Er hat gesagt, er käme gleich runter.“
„Muss er sie halt kalt essen.“ Meine Mutter bekreuzigte sich.
„Ich geh schon“, bot ich an.
„Sag ihm, das Essen steht schon auf dem Tisch!“, rief mir Mutter unnötigerweise nach.
Ich stieg die Treppen zu Opas Wohnung hoch und klopfte. Keine Antwort. Ich öffnete die Tür, machte Licht und ging ins Wohnzimmer. Mein Großvater lag auf der Couch unter seiner Wolldecke.
„Opa?“, fragte ich leise. Er schreckte hoch und blinzelte in das fahle Licht, das aus dem Korridor herein drang.
„Waf?“, schnappte er. Es klang wie das müde Gebell eines

alten Hundes. Auf dem Tisch lag ein Taschentuch und darauf sein Gebiss.
„Ich soll dir sagen, das Essen ist fertig."
Ächzend setzte er sich auf und erblickte die Zähne auf dem Tisch. Schnell ergriff er sie und steckte sie sich in den Mund.
„Wie spät ist es?"
„Viertel nach acht", sagte ich.
Mein Großvater wischte sich über die Glatze. Die wenigen Haare, die rund um seinen Kopf einen Kranz bildeten, waren zu lang gewachsen und standen wirr in alle Richtungen. Meine Mutter nörgelte bei jeder Gelegenheit, er kümmere sich zu wenig um sein Äußeres, was lediglich zur Folge hatte, dass mein Opa seine Friseurtermine erst recht auf später verschob.
„Mir war ein bisschen schwindlig. Bin wohl wieder eingenickt."
„Sei doch froh, dass sie dich so viel schlafen lassen!", meinte ich.
„So ist das, wenn man alt wird. Da ist man nur noch müde."
Ich zuckte die Schultern. „Dazu muss ich nicht mal alt sein."
Er stützte sich auf mich, als er in seine Pantoffeln stieg.
„Zu viel Schlaf ist nicht gut, gerade für euch Junge. Werd mir bloß keiner von diesen Stubenhockern! - Was ist denn mit deiner Sylvie, geht die auch nicht gerne aus?"
„Steffi?"
„Ja - Steffi!"
„Schon. Wir gehen ja schon oft weg, das ist es nicht. Ich meine, ich hätte einfach auch gerne mal meine Ruhe."
„Und?"
„Ach, du weißt doch, wie Mama ist – ‚Mach dies, mach das! Hast du den gelben Sack schon runter gebracht? Bring doch mal den gelben Sack nach unten! Und dreh die Musik leiser, deine Schwester kann sich nicht konzentrieren!' Und ständig diese Klopferei an meiner Tür: ‚Sitzt du an deiner Arbeit? Wieso nicht? Meinst du nicht, du müsstest dich langsam mal ranhalten damit?',,

Wir traten hinaus auf den Korridor.
„Du weißt doch, deine Mutter hat immer alles zusammenhalten müssen. Ihre Brüder waren ihr da nicht gerade eine große Stütze. Vielleicht kommt es daher. Und außerdem“, er kicherte wie über einen besonders guten Witz, „außerdem ist sie eine Frau.“
„Luca?“, rief es von unten.
„Siehst du, was ich meine?“, fragte ich, doch Opa lächelte nur.
Ich ging neben ihm her die Treppe hinunter. Auf der letzten Stufe legte er mir kameradschaftlich die Hand auf die Schulter. So bogen wir um die Ecke zur Küche.
Meine Mutter warf uns einen vorwurfsvollen Blick zu, während sie – wiederum geräuschvoll - die leeren Teller zusammen stellte. Irgendwie fühlte ich mich veranlasst, zu sagen:
„Er hat geschlafen“, und ich kam mir im selben Augenblick wie ein Verräter vor. Das Schweigen danach war schlimmer als das davor. Wortlos aßen wir unsere kalten Nudeln.
„Sehr gut, deine Orechiette. Das Kochen hast du von deiner Mutter“, versuchte es Opa, doch meine Mutter sah nicht mal auf, während sie in den Töpfen rührte.
Mein Vater kam aus dem Wohnzimmer zurück. Diesmal hatte er die Fernbedienung dort gelassen.
„N'Abend, Pippo.“
„Haben sie schon angefangen?“, fragte Opa. Mutter warf ihm vom Herd aus einen schrägen Blick zu. Mein Vater schüttelte den Kopf und schenkte den Wein ein.
„Fragen erst noch Gott und die Welt nach ihrer Meinung über das Spiel. Gerade war Rummenigge dran.“
Er reichte mir die leere Weinflasche. Ich stellte sie hinter mich auf den Schrank, angelte eine neue aus dem Karton und nahm den Korkenzieher vom Tisch.
„Kann ich nachher noch mit den anderen in die Stadt?“, wandte sich Tina an meine Mutter.
„Nachher? Hast du mal auf die Uhr gesehen?“
„Ist doch erst halb neun!“

„Wer geht denn da noch mit? Und wohin wollt ihr überhaupt? Günther -“, sie nahm meinem Opa das Glas vor der Nase weg, „du weißt doch, dass er nichts trinken darf!“ Sie goss den Wein ins Spülbecken und stellte Opa ein Wasserglas hin.
„Wir gehen bloß ein bisschen an die Saarwiesen“, meinte Tina.
„Wer ‚wir'?“
„Jasmin und Nathalie und... und Bine...“
„Ist dieser Thorsten da auch wieder dabei?“
Ich sah, dass meine Schwester rot wurde.
„Ja, warum?“, fragte sie ein bisschen zu beiläufig. Meine Mutter gab keine Antwort.
„Wer ist denn das, Thorsten?“, fragte mein Vater, der plötzlich hellhörig wurde. Doch die beiden beachteten ihn gar nicht. Meine Mutter brachte das Gemüse, dann das Fleisch.
„Verteilt das schon mal! Die Soße braucht noch einen Moment.“
Ich hatte die Flasche entkorkt und stellte sie gerade neben das Mineralwasser, als mich Pippos Hand sanft am Ellbogen berührte. Mit der anderen hielt er mir sein Wasserglas hin. Ich schüttelte leicht den Kopf, doch er ließ nicht locker, also schielte ich hinüber zu meiner Mutter. Sie rührte die Soße um und wandte uns den Rücken zu. Schnell schenkte ich Opa einen Schluck Wein ins Glas, und er ließ es unterm Tisch verschwinden wie einen Joint.
„Jennifer und Lisa kommen auch“, schob meine Schwester nach.
„Und Vanessa?“
„Kann heute nicht. Die ist beim Babysitten.“
„Wer ist Thorsten?“, versuchte es mein Vater noch einmal.
„Ein Junge aus Valentinas Klasse.“
„Parallelklasse“, korrigierte sie, als ändere dies alles.
„Ich habe gestern Vanessas Mutter getroffen. Sieht gar nicht gut aus“, meinte meine Mutter, und mein Vater gab es auf. Wir wechselten einen Blick miteinander, und er zog die Brauen hoch. Aus den Augenwinkeln sah ich Opa, der den Inhalt seines

Glases runterstürzte. Er zwinkerte mir zu, machte aber keine Anstalten, einen Nachschlag einzufordern.
„Die hat gerade ziemlichen Stress auf der Arbeit."
„Ja, sie hat davon erzählt. Stell dir vor, die müssen jetzt in Schichten arbeiten!" wandte sie sich an meinen Vater.
„Wer?"
Meine Mutter stöhnte.
„Von wem reden wir denn die ganze Zeit?" Sie fragte es in die Runde hinein, als seien wir eine Schulklasse.
„Von Thorsten?", fragte Opa und sicherte uns damit das 1:0. Mit säuerlicher Miene wartete Mutter, bis wir ausgelacht hatten, und meinte dann kühl:
„Bist du bald fertig mit dem Fleisch? Ich wäre jetzt soweit mit der Soße."
„Wir warten nur darauf", erwiderte mein Vater. Schweigend brachte meine Mutter die Saucière und setzte sich.
„Ach, komm schon, Giovanna", neckte mein Vater und streichelte ihr Ohrläppchen. Sie musste lächeln, ganz leicht nur, streifte dann aber seine Hand ab.
„Also, ihr habt von Vanessa geredet und dass ihre Mutter viel arbeitet. Richtig?"
Es war zu spät. Das Thema war vom Tisch und meine Mutter nicht mehr in Laune.
„In Schichten arbeitet", warf ich ein, doch der Scherz war vorbei, auch für uns. Wir sahen es ein und widmeten uns dem Essen.
Vom Wohnzimmer her klangen das Gegröle und Getröte wieder lauter zu uns herüber. Mein Vater war gerade im Begriff, sich zu erheben.
„Bleib doch mal sitzen, Günther!", fuhr ihn meine Mutter an.
„Aber die fangen gleich an!"
„Ja, gleich. Aber doch bestimmt nicht vor neun!" Also blieb mein Vater sitzen.
„Darf ich jetzt?", fragte Valentina.
„Iss jetzt!" Meine Mutter war gereizt. Ich tat es Opa nach und

nahm mir eine zweite Portion. Er machte keinen Versuch mehr, das Essen zu loben.
Schweigend aßen wir und wechselten Blicke untereinander. Im Hintergrund tobte das Stadion. Jeder von uns wartete auf seine Chance. Wir übten uns in Geduld.
Das Essen zog sich hin. Wir hatten Gelegenheit, all die kleinen Geräusche wahrzunehmen, die eine Küche so macht, wenn sie sich unbelauscht fühlt. Das Klacken des Sekundenzeigers auf der Uhr, das Ticken der abkühlenden Töpfe, der Flügelschlag einer Motte, die sich mit der Glühbirne vergnügte. Nacheinander schoben wir die Teller von uns und warteten auf meine Mutter, die sich absichtlich Zeit ließ.
Als wir endlich den Tisch abzuräumen begannen, gab mein Vater meinem Opa ein Zeichen, und die beiden verschwanden in Richtung Wohnzimmer, aus dem jetzt die französische Nationalhymne erklang.
„Luca, hol mal das Obst!“ Meine Mutter ließ das Spülwasser ins Becken einlaufen.
„Mama, kann ich jetzt weg?“, fragte meine Schwester, die ihre Chance gekommen sah.
„Erst isst du mal dein Obst!“ Valentina stöhnte.
„Ich hab aber keine Lust auf Obst!“
„Kein Obst - kein Ausgehen! - Es gibt auch noch Kuchen.“
„Ich kann's ja mitnehmen!“ Keine Antwort. Schließlich kapitulierte meine Schwester.
„Wenn's dich glücklich macht...!“ Sie nahm mir die Schüssel aus den Händen und biss in einen Pfirsich.
„Gut so?“, fragte sie mit vollem Mund.
„Luca, frag deinen Opa mal, ob er keinen Nachtisch will!“
Ich ging hinüber ins Wohnzimmer. Mein Vater saß auf dem Sofa, Pippo daneben im Sessel; er hatte die Füße hochgelegt und winkte mir, zu kommen.
„Ich soll dich fragen, ob du Nachtisch willst.“
„Sag ihm, den Nachtisch gibt's nur in der Küche!“, rief meine Mutter hinter mir.

„Was gibt's denn?“, flüsterte Pippo.
„Bestimmt den Rest von ihrem Rosinenkuchen“, meinte mein Vater. Opa verzog das Gesicht. Ich ging wieder zurück in die Küche, wo Mutter gerade den Kuchen auf Tellern verteilte.
„Opa will keinen Nachtisch. Ich auch nicht.“
„Kein Kuchen?“
„Ich mag keine Rosinen. Und frag jetzt bloß nicht, seit wann!“
Meine Mutter sagte gar nichts, sondern packte den Kuchen wieder ein. Ich ging wieder ins Wohnzimmer. Das Spiel hatte gerade begonnen.
„Was ist mit Steffi? Die wartet doch bestimmt schon?“, fragte mein Vater.
„Hat keine Lust auf Fußball. Trifft sich heut Abend mit Katja.“
„Okay, ich bin dann weg!“, hörte ich Valentina von draußen rufen, ehe die Tür zuschlug. Meine Mutter kam von der Küche herein und blieb im Türrahmen stehen.
„Und? Wie viel?“
„Nullnull“, kam es müde aus der Ecke, in der mein Vater saß. Wortlos verschwand meine Mutter und kam ohne Schürze wieder zurück. Mein Vater machte ihr auf dem Sofa Platz.
„Lässt du Steffi heute ganz allein zu Hause?“
„Sie ist mit Katja unterwegs. Wir treffen uns später noch.“
„Sie mag keinen Fußball“, ergänzte mein Vater für mich.
„Na!“, entfuhr es Pippo nebenan vor Schreck. Eben hatte ein Franzose den Pfosten getroffen.
„Wolltest du dir nicht das Spiel bei Stefan ansehen?“
„Ich geh ihn gleich abholen. Wir treffen uns mit den anderen in der Stadt.“
„Interessiert euch das Spiel denn nicht?“
„Mama - in jeder Kneipe steht mittlerweile ein Fernseher. Deshalb treffen wir uns ja da.“
In seiner Ecke stöhnte Opa auf; Delvecchio hatte gerade eine Riesenchance versiebt.
„Ist dir nicht kalt, Papa?“, fragte meine Mutter.
„Ach was!“

„Nachher ist dir wieder kalt. Luca, hol deinem Opa die Decke!"
„Mir ist aber nicht kalt!"
„Luca!" Pippo und ich sahen ein, dass es keinen Wert hatte. Er senkte die Augen, und ich lief nach oben und brachte die Decke.
„So, ich fahr dann mal. Ciao, Mama!", sagte ich und küsste sie auf die Wange. „Ich komm vielleicht morgen nochmal kurz vorbei und bring dir deine Schüsseln zurück. Sind frisch gespült."
„Wann denn?"
„Sechs, halb sieben vielleicht. Kann aber auch sein, dass ich's nicht mehr schaffe. Wir wollten noch ins Kino. Ich ruf am besten vorher nochmal an. Also, Tschüss!"
„Dein Tipp?", rief mir Pippo nach. Ich blieb stehen und überlegte.
„Zwei - Eins."
„Für Italien etwa?"
„Klar. Also, bis dann!"

Seltsam, wie sich manche Dinge von selbst in ein anderes Licht rücken, wenn man sie erst einmal aus der Entfernung betrachtet. Menschen, die man von frühester Kindheit an kannte und auf deren Äußeres man schon längst nicht mehr achtete, empfindet man plötzlich als attraktiv oder abstoßend, arrogant oder auch ganz einfach unendlich fade. Von einem auf den nächsten Augenblick. Erinnerungen verdunsten und lassen auf dem Grund der Tasse oft nur den Kaffeesatz dessen übrig, was einmal gut und schön an ihnen war; und doch weiß man genau, dass, auch wenn man diesen Satz erneut aufbrühen würde, das Gute und Schöne von damals unwiederbringlich verloren ist, auch in der Erinnerung selbst.
Dann gibt es da jene Momente, die einem im Nachhinein unglaublich wichtig erscheinen und die doch so alltäglich waren wie Zähneputzen. Wenn ein Mensch stirbt, bekommen all die kleinen Augenblicke, die man gemeinsam verlebt hat,

eine ganz neue, andere Dimension. Wer denkt schon gerne daran, dass diese oder jene Begegnung oder Bemerkung die letzte gewesen sein könnte? Und wohin führte uns solches Denken auch? Könnten wir denn auch nur das Geringste an dem ändern, was man gemeinhin den ,Lauf der Dinge' nennt? Und doch machen wir uns Vorwürfe, wenn die letzten Worte, die wir aneinander gerichtet haben, etwas derart Profanes wie ,Also, bis dann!' waren.

Es regnete wieder einmal. Wie in den letzten beiden Wochen beinahe täglich. Die kleinen Scheibenwischer des Cinquecentos mühten sich ebenso vergeblich ab wie der mit drei Insassen völlig überforderte Motor. Ich suchte bei der alten Feuerwache nach einem Parkplatz und ließ die Sticheleien der anderen über mich ergehen.
„Sag mal, das Dach ist doch dicht, oder?", fragte Bernd vom Rücksitz her.
„Hab heute innen nachlackiert. Wenn du was abkriegst, kann's höchstens Farbe sein!"
„Oder mein Angstschweiß. Hast du schon mal was von ,passiver Sicherheit' gehört?"
„Häh?" Ich verstand nicht gleich, was er meinte.
„Die Gurte!"
„Welche Gurte?"
„Eben! Welche Gurte! Wieso lässt dich der TÜV ohne die Dinger eigentlich weiter fahren?"
Stefan warf mir einen vielsagenden Blick zu.
„Hör dir den an! - Was macht eigentlich dein Astra?", warf er ein.
„Krieg ich morgen zurück."
„Wie viel diesmal?"
„Vierhundertfünfzig."
Ich musste lachen.
„Aber dafür hat er 'n Radio und 'ne funktionierende Heizung!", verteidigte sich Bernd.

Wir umfuhren gerade zum dritten Mal den St. Johanner Markt; weit und breit war kein Parkplatz auszumachen. Selbst die Bürgersteige und Feuerwehrzufahrten hatte man zugeparkt. Also stellte ich den Wagen auf einem Grünstreifen ab, und mit über den Kopf gezogenen Jacken rannten wir durch die verwaiste Fußgängerzone.

In den Trattorien und Eisdielen von Lecce, den Stehimbissen, Pizzerien und Bars scharten sich die Menschen um die Fernseher; alle bangten, hofften, beteten für den Sieg. Es war ein heißer Tag, und viele der Gäste hatten sich schon am frühen Nachmittag ihre Plätze im Schatten gesichert. In der Halbzeitpause verteilte man die Getränke; zu essen gab es in den Bars längst nichts mehr. Doch jetzt den hart erkämpften Stehplatz aufzugeben, hätte bedeutet, sich das Ende des Spiels von draußen anzusehen, durch die Schaufenster und zwischen den vergilbten Aufklebern hindurch; also blieben alle da. Die Straßen waren frei für die Handvoll Ignoranten und Liebespaare, die aus den Bars heraus hartnäckig missachtet wurden. Über der leergefegten Piazza del Duomo goss man die Balkonpflanzen.
In der Via S. Tommasi in Cavallino saß Oronzo Calò mit seinen Töchtern und seiner Frau am Küchentisch und rührte Zucker in den Kaffee. Am Kühlschrank und auf dem Fernseher steckten kleine grün-weiß-rote Flaggen aus Papier, die in den letzten Tagen und Wochen überall in der Stadt verteilt worden waren und die auf der Rückseite das Logo eines Kaufhauses trugen.
Oronzo hatte vier Töchter, von denen nach und nach alle bis auf die Jüngste wieder in sein Haus eingezogen waren. Anna lebte mit ihrem Mann in Rom und hielt nur noch sporadisch Kontakt zu ihrer Familie, die ihr Gatte abfällig als ‚terroni' bezeichnete. Auch die Enkelkinder waren allesamt weiblich; lediglich Paolo, der sechsjährige Urenkel, schien die Kette zu unterbrechen, was Oronzo sehr freute, fühlte er sich unter all der Weiblichkeit in seinem Hause immer ein wenig als Außenseiter. Doch er war

stolz auf alle seine Frauen, die auch dann mit anpackten, wenn es anderen schon längst zu schwer wurde.
Und natürlich hatte er alle seine Töchter zum Fußball bekehrt, auch Emma, die in früher Jugend eigentlich Gott ihr Leben widmen wollte und damals nur mit Mühe davon abzuhalten gewesen war, ins nahe gelegene Kloster zu gehen. Mittlerweile sah sie die Dinge zur Erleichterung aller schon eine ganze Spur weltlicher. Zu Tisch war sie in ihrem besten Kleid erschienen, die Haare trug sie offen. Emma mochte vielleicht nicht empirisch schön sein, doch war sie sehr attraktiv heute Abend, was auch ihrem Vater nicht entging.
„Extra für das Spiel?", meinte Oronzo. Emma schüttelte den Kopf.
„Flavio holt mich danach ab." Die Frauen wechselten Blicke untereinander, und es war ihr klar, dass sie sich in ihrer Abwesenheit über Flavio unterhielten; ein leichtes Rosa machte sich auf ihren Wangen breit.
„Du hättest ihn einladen sollen. Er sieht sich das Spiel doch sicher auch an."
Emma schwieg. Es war ihr peinlich, über Flavio zu reden; dazu war das Ganze noch zu frisch. Wie ihre älteste Schwester Ida hatte auch sie bereits eine Ehe hinter sich und fühlte sich nicht mehr so unbefangen wie zu Teenagerzeiten.
Sie war daher froh, dass das Spiel spannend war und die Aufmerksamkeit ein wenig von ihr ablenkte. Ihre Mutter wollte gerade eine Bemerkung über ihr Kleid machen, als das 1:0 fiel.
„Tor!", riefen Oronzo und seine Frauen wie aus einem Munde, gemeinsam mit einigen Millionen anderer Menschen, darunter auch Giovanna, Günther und Pippo.

Ich verpasste natürlich prompt den Führungstreffer, weil ich mich gerade mit den Getränken in den Händen durch die Menge hindurchkämpfte. Bis ich endlich an unserem Tisch angelangte, war auch die letzte Wiederholung vorbei.
Der Jubel über die italienische Führung hielt sich in Grenzen;

die Italiener der Umgebung saßen wohl in anderen Kneipen. Dafür waren viele Franzosen unter den Gästen, die auf einen Sieg ihrer Mannschaft und ein feierliches Besäufnis hofften. Die Stimmung war entsprechend gedrückt.
„Wann fahrt ihr nun?“, fragte Bernd.
„Mittwoch.“
„Fahrt ihr mit deinem Auto?“
Ich schüttelte den Kopf.
„Meine Mutter bringt uns hin. Wir fliegen ab Ensheim.“
„Dann brauchst du den Kleinen gar nicht?“
„Mach dir keine Hoffnungen! Den geb ich nicht aus der Hand. - Und überhaupt, ich denke, du kriegst deinen Astra morgen zurück? Den mit der Heizung und so.“
„Ja, ja, ja...“
„Und den Gurten“, warf Stefan ein.
„Richtig! Und den Gurten.“
„Ja, ja...“

In Lecce feierte man den neuen Europameister bereits. Schon umkreisten die ersten Mofas die Altstadt, fahnenschwenkende Glückseligkeit breitete sich aus. Oronzo, der in Festtagslaune war, öffnete eine weitere Flasche; seine Frau holte endlich die Eistorte aus dem Gefrierschrank, auf die alle gewartet hatten. Pippo stieß mit Günther und Giovanna an und lächelte selbstzufrieden in den Fernseher. Italien war Europameister. Fast jedenfalls.

Wir bezahlten gerade unsere Rechnung. Gleich würde das Spiel vorüber sein und ein ganzes Rudel enttäuschter Franzosen den Heimweg antreten. Wir wollten weg sein, bevor das große Zahlen anfing. Sie hingen am Tresen, nippten lustlos an den Resten ihrer Biere und lamentierten über die verpassten Chancen ihrer Mannschaft.
Doch plötzlich war alles anders. Grölend ruckte die Menge am Tresen, schreiend fuhren die Franzosen an den Nachbartischen

in die Höhe, Hände flogen zur Decke. Irgendwo gingen Gläser zu Bruch. Die Bedienung stand mir im Weg, also schielte ich unter ihrer Achsel hindurch nach dem Fernseher. Die Zeitlupe sah ich trotzdem nicht, weil die Typen vom Nachbartisch vor dem Bildschirm rumtanzten. Italien war also doch noch nicht Europameister.

In Oronzos Küche, in den Bars und Trattorien Lecces, ja, in ganz Italien war es mit einem Schlag so still, dass man eine Stecknadel hätte fallen hören. Die fahnenschwenkenden Mofafahrer wurden wieder von der Straße gewunken, damit sie an der allgemeinen Ohnmacht teilhaben konnten. Das Land hielt die Luft an, verhielt sich ruhig, wie ein Kind, dass seine Schularbeiten nicht gemacht hat und darauf hofft, dass der Lehrer es in seiner Ecke, so klein und still, nicht bemerkt. Doch der Schiedsrichter zeigte unerbittlich auf den Anstoßpunkt und pfiff das Spiel Sekunden später ab. Verlängerung. Die Angst vor dem *Golden Goal* ging um.
Italien erwachte aus der Trance. Die zuvor noch geflüsterten Worte der Bestürzung verschafften sich nun immer lauter Gehör, es entbrannten hitzig geführte Diskussionen um Nachspielzeiten, Schiedsrichter und die eigene Mannschaft.

Pippo starrte noch immer den Fernseher an. Das Lächeln war aus seinem Gesicht gewichen. Günther schüttelte den Kopf und meinte:
„Sind sie selbst schuld dran.“
„Wieso?“, meinten Giovanna und Pippo unisono.
„Weil sie gedacht haben, dass sie auch dieses Mal damit durchkommen, hinten dicht zu machen. Man kann nicht immer nur auf Halten spielen.“
Worauf sich Pippo zu ihm umdrehte und einen Blick mit Giovanna wechselte, der zu besagen schien: ‚Was versteht der denn schon davon?’

„Ich will ja nichts sagen, aber die Mädels warten bestimmt schon“, versuchte uns Bernd, der in seiner Jacke schwitzte, zum Aufbruch zu bewegen.
Wir mussten uns die Verlängerung wohl oder übel im Stehen ansehen, weil uns die Masse sonst die Sicht versperrt hätte. Irgendwer hatte eine dieser Druckluft-Tröten ausgepackt und terrorisierte nun das ganze Lokal damit. Urplötzlich waren auch erstaunlich viele blau-weiß-rote Fähnchen aufgetaucht, die man wohl die ganze Zeit über verschämt im Ärmel versteckt gehalten hatte und nun frohen Herzens wieder entrollte.
„Die können ruhig mal warten“, sagte ich, „das nächste EM-Endspiel gibt's erst in vier Jahren.“
„Hör dir den an! Unser Macho!“, höhnte Stefan.
„Was denn?“
„Wer wollte uns denn einen Korb geben, weil seine Steffi keinen Bock auf Fußball hat?“
„Und wer hört sich nun hier euer dummes Geschwätz an?“, konterte ich.
„Na, komm - wir haben dich ja regelrecht zwingen müssen!“
„Also, bleiben wir hier?“, mischte sich Bernd ein.
„Na klar bleiben wir hier! Das Spiel ist doch noch nicht rum!“
Grummelnd zog Bernd seine Jacke wieder aus.
„He, ganz ruhig“, meinte Stefan, „deine Martina läuft dir schon nicht weg!“
„Und wenn, wird sie sich schon nicht an den Erstbesten hängen.“
„Richtig! Sie wird sich schon was Besseres suchen.“
„Ha, ha“, murrte Bernd. „Schön, wenn man Freunde hat.“
„Solltest du uns hoch anrechnen! Wir könnten auch mit jedem anderen hier trinken“, sagte Stefan über die Schulter hinweg.

Die zweite Hälfte der Verlängerung begann, und Pippo, der innerlich noch immer den Schiedsrichter verfluchte, rückte sich etwas bequemer im Sessel zurecht. Doch auf das schnelle 2:1 der Franzosen war er nicht gefasst. Ein Gefühl überkam ihn, als

überschlage sich sein Herz, und der Gedanke schoss ihm durch den Kopf, dass er seine Pillen oben im Wohnzimmer vergessen hatte. Eine Sekunde später war sein Herz zum Stillstand gekommen, wie ein Motor, den man abwürgt, machte es einen letzten Hüpfer und hörte dann gänzlich auf zu schlagen.
Giovanna, die auf dem Sofa nebenan Günthers Hand umklammerte, sah schockiert die erste, zweite, dritte Zeitlupe, doch aus welchem Winkel man den Spielzug auch betrachtete, immer landete der Ball im Netz.

Ich sah gerade Steffi mit Katja draußen vorbeilaufen, als das Lokal explodierte. Vielleicht war es aber auch nur mein Trommelfell, das sich dem Lärmpegel ergab und gerade geplatzt war. Italien war nicht Europameister. Irgendwer hatte das Golden Goal für Frankreich erzielt, ich erhaschte gerade noch die Zeitlupe durch die Finger der grölenden Franzosen hindurch.
Das war's also. Frankreich, nicht Italien. An sich konnte es mir ja ziemlich egal sein, und in ein paar Wochen würde kein Hahn mehr danach krähen, wer nun Meister war oder nicht. Das, was mich am meisten ärgerte, waren diese selbstgefälligen Franzosen am Tresen - und dass ich den Spieltipp gegen meinen Vater verloren hatte.
Als wir endlich vor der Tür standen und die Marseillaise hinter uns zurück ließen, war Steffi verschwunden. Immerhin hatte es endlich zu regnen aufgehört. Wir schlenderten zu McDonald's hinüber und fanden sie und die anderen an einem Tisch sitzend vor. Außer uns waren nur ein paar Teenager da; McDonald's hatte keinen Fernseher.
Die Mädchen, die kaum Notiz von uns nahmen, unterhielten sich weiter über andere Mädels, die wir nicht kannten, über ihr bevorstehendes Abi-Treffen und Typen, mit denen sie zusammen waren, gerne zusammen wären oder nie im Leben zusammen sein möchten.
Wir klinkten uns aus dem Gespräch aus, blieben in unserer

Ecke des Rings, ödeten uns gegenseitig an und warteten auf den Gong zur nächsten Runde.

Auf der Piazza Sant'Oronzo saßen vereinzelt Gruppen von enttäuschten Fans und plauderten in Zimmerlautstärke über den in diesem Jahr ausgerufenen Stellenwettbewerb für Lehrer, die Renovierung der Altstadt und andere dringliche Themen. Die Fahnen lehnten an der Mauer des Amphitheaters oder lagen auf dem warmen Pflaster, und alles, was noch an die Fußball-EM erinnerte, war der Lärm, den ein paar Jungs beim Kicken mit einer Coladose machten, und der einsame Mofafahrer, der von einer Verlängerung keine Ahnung hatte und noch immer hupend seine Runden durch die Innenstadt zog. Morgen früh würden sie ihm sagen, dass Italien nun doch kein Europameister war. Vielleicht.
In der Via S. Tommasi schaltete man die Lichter aus und ging zu Bett. Zurück blieben die Fähnchen auf dem Kühlschrank, die in dem entstandenen Halbdunkel genausogut auch Blau-Weiß-Rot hätten sein können, wenn man nicht so genau hinsah. Oronzo schlief schlecht in dieser Nacht, und weil er seine Frau mehrmals mit aus dem Schlaf riss, wurde er von ihr schließlich auf das Sofa nebenan verbannt. Er fand, dass dies der passende Abschluss eines missratenen Festabends war, und klemmte sich sein Kissen unter dem Arm.

2

„Wo ist er?“, fragte ich.
„Immer noch da drin.“ Mein Vater wies in Richtung Wohnzimmer. Meine Mutter, die am Küchentisch saß, begann leise zu weinen. Vor ihr stand noch immer der Teller mit dem Obst. Steffi blieb bei ihr.
Im dämmrigen Wohnzimmer saß Pippo in seinem Sessel, eingehüllt in seine Decke, und schlief. Besser gesagt, schien zu schlafen. Ich sah ihn mir an, zum ersten Mal seit langer Zeit sah ich ihn mir einmal richtig an. Alt war er geworden und kahl, und seine Haut hatte einen blutarmen Farbton angenommen. Sie waren mir in diesem Moment unendlich fremd, er und seine schwieligen Hände.
Ohne hinzusehen wusste ich, dass mein Vater hinter mich getreten war. Ich wäre lieber alleine geblieben, wie ich da so mitten im Zimmer stand, unfähig, näher an Opa heranzutreten. Nicht aus Furcht, nein; vielmehr aus einer unerklärlichen Art von Respekt, wie man ihn etwa einem Gemälde im Museum entgegenbringt.
„Wieso habt ihr's erst heute gemerkt?“
„Wer denkt denn gleich an so was?“, antwortete mein Vater. „Wir dachten halt, er wäre eingeschlafen.“
„Eingeschlafen!“
„Ja. Deine Mutter hat ihn noch in die Decke eingewickelt. Wir sind sogar extra früher ins Bett gegangen, weil wir ihn nicht wieder aufwecken wollten.“ Er hob an, weiter zu sprechen, zögerte aber. „Du weißt doch, wie schlecht er geschlafen hat in letzter Zeit...!“
„Ich sag doch gar nichts!“
Der Hausarzt kam, um den Totenschein auszustellen. Er blieb nur ein paar Minuten im Wohnzimmer und putzte beim Rausgehen in aller Ruhe seine Brille. Wir standen um Mutter

herum, als sei dies nicht unsere Küche, als befänden wir uns in der Küche einer wildfremden, weinenden Frau. Da Mutter nicht ansprechbar war und mein Vater keine Anstalten machte nachzuhaken, nahm ich den Arzt zur Seite und fragte wegen der Totenwache nach.
Zunächst war er ein bisschen verblüfft und wollte wissen, ob das wirklich unerlässlich sei und warum wir darauf bestünden. Ich erzählte ihm etwas von Brauch und Tradition, und obwohl ich selbst davon weder viel verstehe noch besonderen Wert darauf lege, konnte ich ihn schließlich davon überzeugen, der Aufbahrung Pippos zuzustimmen, nicht zuletzt, weil sein Pieper losging und er im Krankenhaus erwartet wurde.
Ehe er zu seinem Wagen zurückhetzte, versorgte er mich noch schnell mit den nötigsten Instruktionen. Achtundvierzig Stunden höchstenfalls dürfe in Deutschland ein Toter aufgebahrt bleiben, dann müsse der Verstorbene in die Leichenhalle verbracht werden und darüber entschieden sein, was mit geschehen solle. Er meinte natürlich: ob er beerdigt oder verbrannt werde.

Der Herr vom Bestattungsunternehmen - ein gewisser Ballavia - war gebürtiger Italiener, überaus freundlich und versprach, noch am Nachmittag vorbeizukommen, um die Formalitäten der Aufbahrung zu besprechen. Meine Mutter war keineswegs begeistert von der dadurch entstehenden Hektik, die ihre Trauer störte. Doch da mein Vater, der neben ihr saß, grundsätzlich gegen das Aufbahren an sich war, blieb ihr nichts anderes übrig, als die Sache selbst in die Hand zu nehmen.
Der Bestatter sprach mit der gleichen andächtigen Stimme wie am Telefon und für meinen Begriff eine Spur zu leise, als sei ihm schon untergekommen, dass einer seiner ‚Aufträge' noch einmal die Augen aufgeschlagen hatte.
Das mit dem Aufbahren sei überhaupt kein Problem, sein Kompagnon mache ein erstklassiges Make-Up. Ja, Überführungen nach Italien habe er bereits des Öfteren

durchgeführt, wir bräuchten uns um nichts zu kümmern und sollten den Papierkram ruhig ihm überlassen. Apulien? Nun ja, das wäre etwas schwierig, alleine schon der Tatsache wegen, dass wir Hochsommer hätten und der Sarg gekühlt werden müsse. Aber bei weitem nicht unmöglich, nein. Kein Problem, würde nur etwas teurer. Den kühlbaren Sarg allerdings habe er nicht vorrätig; er könne ihn aber innerhalb von vierundzwanzig Stunden besorgen. Pippo müsse daher vorerst ohne Sarg im Bett aufgebahrt werden.

Langsam kam der Bestatter in Fahrt und gefiel sich offenbar in seiner Jovialität, redete auf Italienisch von Zusammenhalt in der Fremde und dass es doch etwas anderes sei, in heimischer Erde begraben zu werden. Mein Vater, der kein Wort verstand, sah genervt aus. Meine Mutter dagegen stimmte dem Bestatter nickend zu; in dieser Phase hätte er ihr auch noch einen Teppich verkaufen können.

Ballavia sprach meiner Mutter und uns nochmals sein Beileid aus und meinte, wir sollten uns keine Sorgen machen, er regele das schon für uns. Dann schnappte er sich den Aktenkoffer mit seinen Mustermappen und versprach, am Abend zum Aufbahren vorbeizukommen.

„Hast du schon bei Tante Innocenza angerufen?“ Meine Mutter nickte.

„War nur der Anrufbeantworter dran“, antwortete mein Vater für sie, „probier du's doch nochmal!“

„Aber sie spricht nur Italienisch!“

„Das macht sie nur bei mir. Die kann ganz gut Deutsch, wenn sie will.“

„Sag ihr nur: ‚Pippo è morto'! Sie wird schon mit dir reden“, meinte Mutter.

Ich ging hinüber ins Wohnzimmer, um zu telefonieren, doch das allzu kurze Kabel beschränkte meinen Bewegungsradius auf knappe zwei Meter. Bemüht darum, der Situation so viel Pietät wie unter diesen Umständen eben möglich zu verleihen,

wandte ich Pippo beim Telefonieren den Rücken zu.
„Klesen?“
„Tante Innocenza? Hier ist Luca - Luca Hübschen.“
Schweigen am anderen Ende.
„Hallo?“
„Si?“
„Weißt du, wer ich bin?“
„Mi scusa?“ Oh Gott, dachte ich, was soll das?
„Pippo è morto“, sagte ich.
Wieder Schweigen, dann:
„Luca?“
„Ja.“
„Wann es ist... passiert?“ Sie sprach jetzt leiser und mit starkem Akzent, aber eindeutig Deutsch.
„Heute Nacht - beim Endspiel. Er hatte wieder einen Herzinfarkt.“
„- - - !“
„Tante Innocenza?“
„Ich komme heute Abend zu dir. - Euch“, kam es unvermittelt.
„Äh... - Weißt du, es reicht, wenn du morgen kommst. Wir lassen ihn aufbahren.“
„No! Ich bahre selbst auf!“
„Du?“
„Ich bahre meinen Bruder selbst auf! Ich komme heute Abend.“
Irgendwie hatte ich das Gefühl, dass sie ein ‚Nein' nicht gelten lassen würde, und so hielt ich meinen Mund. Das Ganze konnte man immer noch vor Ort bereden.
„Na schön. Ich hole ich dich ab; ruf einfach an, wenn du weißt, wann du ankommst!“
„Luca?“
„Ja?“
„Du bist ein guter Junge.“
„Äh... - Ja, danke. - Also, bis später dann.“
„Auf Wiedersehen“, sagte sie. Es klang seltsam förmlich.

Als ich die Küche wieder betrat, hatte Valentina den Platz meines Vaters eingenommen und hielt die Hand meiner Mutter. Mein Vater stand am Herd und briet die Orechiette vom Vorabend. Er wirkte ein bisschen hilflos und fühlte sich ganz offensichtlich nicht wohl in seiner Haut. Ich erinnerte mich an das Begräbnis seines eigenen Vaters. Ich war noch klein gewesen damals, aber soweit ich weiß, hatte Tante Katharina die ganzen Formalitäten erledigt. Ich glaube, mein Vater hasste Beerdigungen fast so sehr wie Krankenbesuche und runde Geburtstage.

„Und?", fragte er.

„Sie kommt noch heute Abend."

Blankes Entsetzen stand in seinem Gesicht.

„Tut mir Leid, aber sie wollte sich partout nicht davon abhalten lassen. Ich hol sie nachher vom Bahnhof ab."

„Aber... wieso denn noch heute?" Meine Mutter war mehr überrascht als erschrocken.

„Ich hab ihr erzählt, dass wir Opa aufbahren lassen. Da hat sie gemeint, sie wolle das lieber selbst in die Hand nehmen."

Im Hintergrund stöhnte mein Vater qualvoll auf.

Meine Mutter erhob sich. „Valentina, hilfst du mir? Wir müssen Tante Innocenzas Bett herrichten."

„Lass mal, Mama, ich mach das schon!"

„Danke. Aber vielleicht lenkt mich das ein bisschen ab."

„Ich komme auch mit", meinte Steffi. Meine Mutter schenkte ihr einen dankbaren Blick.

Als wir alleine in der Küche waren, fragte mich mein Vater:

„Und? Hat sie Deutsch gesprochen?"

„Tante Innocenza?" Er nickte.

„Ja, doch. Vielleicht nicht gerade akzentfrei."

Mein Vater nahm die gebratenen und zischenden Orechiette von der Herdplatte und setzte sich zu mir an den Küchentisch.

„Auch was davon?" Ich schüttelte den Kopf, und er tat einige Spritzer Maggi auf seinen Teller. An jedem anderen Tag hätte meine Mutter ihn dafür gelyncht.

„Ich hab die Familie Giovannas nie verstanden. Und am wenigsten Innocenza! Ich begreife nicht, wieso sie nicht mit mir reden will."
„Vielleicht hat sie mal mitansehen müssen, wie du dich mit Maggi an selbst gemachter Pasta vergangen hast."
„Pass bloß auf, du!" Er hielt mir seine Faust unter die Nase.
„Was ist eigentlich mit Mamas Brüdern? Habt ihr sie angerufen?"
„Ja, die kommen heute Abend noch vorbei. Bruno hat sich telefonisch für die Tage frei genommen, und Enzo hat nächste Woche sowieso Urlaub."
„Kommt Katharina auch?", wollte ich wissen.
„Nein. Ich hab heute Mittag mit ihr telefoniert. Sie meinte, wir sollten ihr Bescheid sagen, wann die Beerdigung stattfindet. Sie lässt euch übrigens alle grüßen."
Mir kam Katharinas Bild in den Kopf, wie ich sie von unserem letzten Besuch her in Erinnerung behalten hatte, und ich fragte mich, ob ihre Attraktivität nachgelassen haben mochte. Inzwischen war dies gewissermaßen nur noch eine theoretische Frage, aber ich war zugegebenermaßen etwas enttäuscht über ihr Fernbleiben.
Oben hörte man die Frauen rumoren. Den Geräuschen nach schlugen sie gerade das Klappbett auf. Oder zerlegten es, je nachdem.
„Ich glaube, da wird unsere Hilfe gebraucht", sagte mein Vater und erhob sich.
„Wann kommt dieser Ballavia zurück?"
„Um fünf. Er hat gemeint, sie könnten alles hier erledigen."

Ballavia war pünktlich, so pünktlich, dass ich den Verdacht hatte, er habe vorm Klingeln schon eine ganze Weile vor der Tür gewartet. Er hatte seinen Kompagnon mitgebracht, einen kahlköpfigen kleinen Mann, der sich meinen Opa wortlos ansah und mit Ballavia beriet, der für uns übersetzte:
„Am besten, wir fangen gleich an; umso weniger stören wir Sie

in Ihrer Trauer. Das mit dem Papierkram können wir auch noch später erledigen. Einverstanden?" Wir nickten.
„Wenn ich recht verstanden habe, soll der Tote in seinem Bett aufgebahrt werden. Richtig? Dann werden wir ihn zuallererst nach oben schaffen. - Zeigen Sie mir bitte, wo sein Zimmer liegt?"
Mein Vater ging mit ihm hinauf. Valentina und Steffi waren bei meiner Mutter in deren Schlafzimmer geblieben. Die drei wollten von der Aktion so wenig wie möglich mitkriegen.
Ballavia, sein Kompagnon und mein Vater hievten meinen Opa die schmale Treppe hinauf und legten ihn in das Bett, das meine Mutter am Nachmittag frisch bezogen hatte.
Der Mann sagte etwas in einem italienischen Dialekt, von dem ich kein Wort verstand.
„Könnten Sie uns wohl etwas warmes Wasser besorgen? Am besten in einem Eimer oder einer Schüssel."
Als ich mit dem Eimer zurückkehrte, waren sie gerade dabei, Opa das Hemd aufzuknöpfen. Er wirkte wie eine Wachsfigur aus Madame Tussauds Kabinett, wie er so dasaß auf der Bettkante.
Der Kompagnon grummelte wieder irgendwas.
„Wenn Sie uns jetzt entschuldigen wollen", meinte Ballavia und machte eine Geste in Richtung Tür, „ich bin sicher, dass Sie uns nicht unbedingt bei der Arbeit zusehen wollen. Wir müssen den Leichnam zunächst in eine liegende Stellung bringen, wenn Sie wissen, was ich meine."
„Wie bitte?"
„Die Tatsache, dass er im Sitzen gestorben ist, soll uns doch nicht daran hindern, ihn liegend aufzubahren, nicht?", fragte Ballavia in vertraulichem Ton.
„Wie wollen Sie das machen?", hakte mein Vater nach. Der Bestatter schien von dieser Frage düpiert zu sein.
„Nun, in manchen Fällen kommt es vor, dass wir ein wenig... Gewalt anwenden müssen, um zu dem gewünschten Ergebnis zu gelangen."

„Nein!“, rief ich.
„Wie?“
„Er sagte nein. Und ich auch. Meine Frau würde nie zulassen, dass man so etwas mit ihrem Vater anstellt. Ich im Übrigen auch nicht.“
„Sollen wir ihn etwa sitzend aufbahren?“
„Warum nicht? Ist das ein Problem für Sie?“
Ballavia zögerte und besprach sich mit seinem Kompagnon. Der runzelte die Stirn und machte eine Geste, die auszudrücken schien: ‚Wenn sie unbedingt wollen!'
„Also gut. Sie sagen, wie Sie es gerne möchten, und wir setzen es um. Wenn ich Sie jetzt bitten dürfte, uns alleine zu lassen... - Ich werde Sie rufen, wenn wir soweit sind.“ Sanft schob er uns aus dem Zimmer und schloss die Tür.

Eins - Null. Nicht schlecht. Um ein Haar hätte Pippo mit seinem Tipp Recht behalten. Auf dem Tisch lag noch immer die Zeitung mit unseren Vorhersagen zum Endspiel auf dem Rand. Zehn Sekunden nur hatten gefehlt, und er hätte zum ersten Mal richtig gelegen. Vielleicht wäre er noch am Leben, wenn...? Eigentlich war es ja wirklich egal. Und doch stimmte mich die Vorstellung, dass das Letzte, was Opa in seinem Leben gesehen hatte, die Niederlage seiner Mannschaft, seines Landes war, auf eine seltsame Art und Weise traurig. Jetzt war er tot, und im Stockwerk über mir wurde er von wildfremden Menschen gewaschen und zu Bett gebracht. Ich schämte mich irgendwie, ohne zu wissen, wofür.
Steffi kam und setzte sich zu mir aufs Sofa. Ihre Hand fühlte sich wunderbar an, wie sie da auf meinem Arm lag. Sie lehnte sich gegen meine Schulter, und ihre andere Hand strich mir über den Rücken. Ich hätte stundenlang so sitzen bleiben können. Als ich meinen Kopf zur Seite drehte, kitzelten mich ihre Haare an der Nase. Doch ich wandte mich nicht ab, schloss die Augen und atmete in ruhigen Zügen ihren Duft ein.
Am Nachmittag kamen Steffis Eltern vorbei. Christa saß über

eine Stunde bei meiner Mutter und hielt ihre Hand, während Karl unruhig auf dem Sofa herum rutschte. Er fühlte sich offensichtlich nicht besonders wohl in seiner Haut, und ich nahm ihn schließlich mit nach draußen.
Nach der Stille, die im Haus herrschte, war es beruhigend, all den Geräuschen zu lauschen, die zu uns herüber drangen: Dem Zischlaut, den die Tauben unseres Nachbarn beim Fliegen machten ebenso wie dem Gezänk der Wellensittiche nebenan oder dem nervigen, auf- und abschwellenden Surren einer Schleifmaschine. Dies alles wirkte seltsam unwirklich, als durchlebte ich einen Traum.
Karl machte mehrere Ansätze, mir was Aufmunterndes zu sagen, bremste sich jedoch stets im letzten Augenblick. Er schien ungewohnt verlegen zu sein, doch ich sah keine Veranlassung, ihn zu einem Gespräch zu ermuntern. Als Christa endlich im Fenster erschien und ihn herüber winkte, fiel uns beiden ein Stein vom Herzen.

Der Zug hatte Verspätung. Ich auch. Der Bahnhofsvorplatz wurde mal wieder umgebaut, und die wenigen Parkplätze waren besetzt. Ich musste den Wagen in der Tiefgarage gegenüber abstellen.
Während ich auf das Einlaufen des Zuges wartete, sah ich dem Regen bei der Arbeit zu und dachte über die Geschehnisse dieses Tages nach. Erstmals hatte ich Gelegenheit dazu; zu vieles war zu erledigen, zu organisieren gewesen. Kaum zu glauben, dass Pippo erst letzte Nacht gestorben war.
Jetzt erst empfand ich so etwas wie Schmerz. Irgendwie war es mir ganz recht gewesen, den ganzen Tag über beschäftigt zu sein, denn ich wusste, dass da etwas in mir lauerte, nur darauf wartete, losgelassen zu werden. Und nun, das spürte ich, nun war der Augenblick gekommen, in dem es für mich nichts mehr zu tun gab, als zu warten, und das Gefühl der Traurigkeit überkam mich mit Gewalt.
Ich wehrte mich nicht gegen die Tränen, die mir in die Augen

schossen, ich wischte sie auch nicht weg. Die Welt war mir egal.

In der Via Vittorio Emanuele in Lecce saß Oronzo Calò mit Freunden zusammen und spielte Karten. Man trank Kaffee. Am Nachbartisch las ein Mann die *Gazzetta dello Sport* vom Vortag, in der noch vom ‚größten Triumph' die Rede war. ‚Erlöst die Squadra Italien?', lautete die Schlagzeile, die Oronzo beim Spielen ständig im Auge hatte. Darunter war ein Foto von Alessandro del Piero mit Dino Zoff abgedruckt, unter dem ‚Bringt Zoff del Piero?' stand. Oronzo widmete sich wieder den Karten, doch er hatte eine Pechsträhne und gab schließlich auf.
„Wo willst du hin?", fragte einer am Tisch, der Gesualdo hieß.
„Nach Hause. Mir reicht's."
„Er will sehen, ob er wenigstens Glück in der Liebe hat", höhnte einer der Jüngeren.
„Dazu muss er doch nicht erst nach Hause fahren!", meinte Gesualdo ernst. Er war bereits mit Oronzo zur Schule gegangen und wie dieser siebzig Jahre alt. Die beiden wechselten einen kurzen Blick miteinander, und Oronzo klopfte ihm wohlwollend auf die Schulter.
„Ich werds zu Hause ausrichten. Bis später."

Ich erkannte sie sofort. Dieses mürrische, alte Gesicht, die grauen, hochgesteckten Haare, das energische Durchkämpfen durch die Menge der anderen Fahrgäste: Kein Zweifel, das war Tante Innocenza. Sie sah mich grimmig an, als ich mich ihr in den Weg stellte, dachte wohl schon daran, mich mit ihrem Koffer gewaltsam zur Seite zu räumen, als sie mich schließlich doch noch erkannte.
„Luca", sagte sie nur.
„Tante Innocenza." Ich hatte keinen Schimmer, was ich zur Begrüßung hätte erwidern können.
Ich wollte ihr die Hand geben, sie aber zog mich an sich und

umarmte mich, unerwartet herzlich sogar. Sie war gut einen Kopf kleiner als ich, und ich musste mich dabei zu ihr herunterbeugen. Ich sah aus, als mache ich einen Diener.
„Wie geht es dir?“, sagte sie, wobei sie jedes Wort einzeln betonte.
„Oh - ganz gut. Und dir? Wie war die Fahrt?“ Ich war froh, dass sie den Startschuss zum Smalltalk gegeben hatte.
„Gut.“ Sie betrachtete mich von oben bis unten, während sie meine Hände festhielt.
„Du bist groß... gewesen.“
„Geworden“, half ich, und sie lächelte. Ich hatte sie nur sehr selten lächeln sehen, aber wenn sie sich dazu durchrang, konnte man sich durchaus vorstellen, dass sie nicht immer eine mürrische alte Frau gewesen war. Pippo hatte mir einmal Fotos aus ihrer beider Jugend gezeigt; ich kann mich noch erinnern, damals gedacht zu haben, sie müsse ein richtig heißer Feger gewesen sein.
„Geworden“, wiederholte sie.
„Man tut, was man kann. Weißt du, Mama ist irgendwann nicht mehr an die Regale rangekommen, und da musste ich wohl oder übel wachsen.“
Sie sah mich zweifelnd an und schüttelte dann den Kopf. Sie hatte kein Wort verstanden. Schweigend gingen wir hinüber zur Tiefgarage. Es regnete wieder einmal; und Tante Innocenza, die neben mir und ihrem Koffer herging, spannte ihren Schirm auf. Er war weinrot und viel zu klein für uns beide. Daher war ich klatschnass, als wir endlich in dem gläsernen Aufzug standen, der uns auf unser Parkdeck brachte.
Tante Innocenza war hin und weg von meinem Wagen.
„Dieses Auto hatte Oronzo auch. Einmal.“ Sie hielt inne und sah mich an.
„Kennst du Oronzo?“ Ich nickte, gab dann aber zu:
„Na ja, eigentlich nicht. Pippo hat mir von ihm mal was erzählt.“
„Ah ja? Was denn?“, fragte sie beiläufig. Mir kamen die wilden

Geschichten in den Sinn, die über sie und Oronzo in meiner Familie kursierten.
„Ach, nichts weiter. Dass er in Apulien Fremdenführer ist oder so.“
„Fremden- ...?“, hakte sie nach, als ich ihr ins Auto half. Das Wort schien ihr nichts zu sagen.
„Fremdenführer - Er zeigt Touristen das Land!“ Der Koffer war sperrig, aber ich schaffte es, ihn auf der Rückbank zu verkeilen. Tante Innocenza wand sich suchend auf dem Beifahrersitz.
„Ich hab leider zur Zeit keine Gurte“, erklärte ich.
„ - - - ?“
„Die Anschnallgurte! Sie sind kaputt!“ Ich buchstabierte es fast. Endlich begriff sie und gab die Sucherei auf.
Ich fuhr betont langsam und vorsichtig. Sie war - wie ich wohl bemerkte - das Autofahren nicht gewohnt, schreckte bei jedem neben uns auftauchenden Wagen zusammen und stützte sich bei jedem noch so zarten Bremser am Blech des Armaturenbretts ab. Ich war froh, als ich sie endlich zu Hause hatte.

Ballavia hatte gute Arbeit geleistet. Mein Opa strahlte, wie er so dalag, eine Ruhe und Erhabenheit aus, die jeden, der die Schwelle seines Schlafzimmers überschritt, zum Schweigen brachte. Besser gesagt, lag er nicht, sondern kauerte vielmehr unter den dicken Laken, mit deren Hilfe Ballavia und sein Kompagnon die ungewöhnliche Sitzstellung geschickt kaschiert hatten.
Das Make-Up war erstklassig, das konnte selbst ich sehen. Die Gesichtszüge schienen geglättet, ohne dass dabei die Falten und Fältchen überschminkt worden waren; gleiches galt für den Hals, der einem frischen Hemdkragen mit sauber gebundener Krawatte entsprang. Die Hände, deren Schwielen kein Puder und keine Creme überdecken konnten, lagen entspannt übereinander auf der Bettdecke. Nicht einmal die Manschettenknöpfe fehlten, - altmodische, quadratische mit Pippos Initialen -, das einzige Paar, dass mein Opa je besessen

hatte. Ja, dies war ein würdevoller Rahmen für die bevorstehende Totenwache.
Tante Innocenza protestierte der Form halber gegen die Aufbahrung durch Fremde, doch war sie, glaube ich, ganz froh darüber, dass diese schon als erledigt abgehakt werden konnte. Während wir Kaffee tranken, war sie ziemlich schweigsam und wechselte lediglich ab und an mit meiner Mutter ein paar Worte - auf Italienisch.
Obwohl sie von der Fahrt müde sein musste, bestand sie darauf, auch während der Nacht Totenwache zu halten. Wir schoben ihr Opas großen Fernsehsessel und den Fußschemel ans Bett, und ich brachte ihr eine Decke und die Krokodil-Wärmflasche nach oben. Mein Vater, der von der ganzen Sache wenig hielt und das Geschirr in der Küche zusammenstellte, schüttelte missbilligend den Kopf und meinte:
„Wenn die uns auch noch im Sessel stirbt, stell ich sie mit dem Ding zum Sperrmüll."
„Na komm, sei nicht so!", sagte ich.
„Wieso nicht? Die Frau lebt seit fünfzig Jahren in Deutschland, weigert sich aber, in meinem Hause Deutsch zu sprechen! Ist doch nicht normal, oder?"
„Reg dich nicht auf!", ermahnte ihn meine Mutter, die eben die Küche betrat. Sie war sehr ernst dabei, und mein Vater schwieg, solange sie anwesend war.
„Vielleicht zeigt der Sessel ja ein zweites Mal seine Wirkung", meinte er leise, als sie wieder ins Wohnzimmer zurück ging, „dann werfe ich eine Plastikplane über sie und stell sie vor die Tür."

Onkel Bruno und Tante Giulia waren die Ersten, die eintrafen. Sie kamen am späten Sonntagnachmittag gegen halb acht an. Mirella dagegen saß nicht im Wagen; sie steckte angeblich mitten in den Prüfungsvorbereitungen. Ich war darüber ein wenig enttäuscht, obwohl wir uns beim letzten Familientreffen ziemlich gezofft hatten.

Irgendwie hatte Bruno es hingekriegt, kurzfristig eine mehrtägige Vertretung für seine Lesungen aufzutreiben; die Semesterferien in Potsdam begannen eigentlich erst in mehreren Wochen. Er hatte ein bisschen zugenommen und sich einen Vollbart zugelegt, der ihm gar nicht schlecht stand. Tante Giulia wirkte müde und abgekämpft. Tiefschwarze Ringe lagen unter ihren Augen, und sie rauchte eine Zigarette nach der anderen, während sich Bruno in Opas Schlafzimmer mit Tante Innocenza unterhielt.
Wir hatten gerade unser Abendessen beendet, als auch Enzo und seine Frau Edith erschienen. Sie hatten Eiskonfekt und Ediths Sohn Ulrich mitgebracht. Beides war mir gleichermaßen zuwider. Die Männer schüttelten einander die Hände, und Edith küsste Mama und Giulia auf die Wange. Ein Blinder hätte gesehen, dass beide sie nicht ausstehen konnten.
Während Enzo nach Pippo sah, nahm Edith die Küche in Besitz, räumte den Kühlschrank für ihr Konfekt um und organisierte sich mit einem ‚Bemüh dich nicht!‘ ihre Getränke. Meine Mutter warf Enzo, der gerade zurückkehrte, einen messerscharfen Blick zu, woraufhin dieser in seiner linkischen Art versuchte, Edith zu bremsen. Ehe ich aufgefordert werden konnte, mich mit Ulrich zu unterhalten, schnappte ich mir Steffis Hand und ging mit ihr hinauf zu meinem Opa und Tante Innocenza.

Sie sah nur kurz hoch, als wir eintraten, und ich überlegte, was ich sagen und wie ich vorgehen sollte.
Zum Glück nahm mir Steffi die Entscheidung ab, indem sie schnurstracks auf sie zu marschierte und ihr die Hand gab.
„Guten Tag, ich bin Steffi - Lucas Freundin.“
Ich war darüber nicht weniger überrascht als Tante Innocenza, die mir einen Blick zuwarf und dann Steffi anlächelte. Es war ein erstaunlich freundliches Lächeln, das ihren Augen einen merkwürdigen Glanz verlieh und ihre Fältchen übers Gesicht tanzen ließ.

„La mia ragazza, Steffi", übersetzte ich unnötigerweise und erntete dafür missmutige Blicke von zwei Seiten.
„Bitte, setzen Sie sich!", forderte meine Tante Steffi auf, und ihre Stimme verriet nur einen schwachen Akzent.
An der Wand neben dem Schrank stand ein einfacher Holzstuhl, den Pippo seit Jahr und Tag als Garderobenständer benutzt hatte. Ich trug ihn ans Bett heran, und Steffi nahm Platz. Einen zweiten Stuhl gab es nicht, also blieb ich im Halbdunkel stehen. Tante Innocenza ergriff Steffis Hände und lächelte:
„So, erzähl mir! Seit wie lange seid ihr zusammen, ihr beide?"

„Ihr habt wirklich nichts gemerkt?"
„Wir dachten, er wäre eingeschlafen", sagte Günther, „nach dem Spiel haben wir einfach noch ein bisschen rumgezappt, und als wir ins Bett gehen wollten, haben wir uns überlegt, dass es unnötig wäre, ihn aufzuwecken."
„Also habt ihr ihn da sitzen lassen?"
„Aber ja! Giovanna hat ihn sogar noch zugedeckt!"
Für eine Weile herrschte Schweigen in der Küche. Alle starrten sie ihre Gläser an oder wandten ihren Blick verlegen von Giovanna ab, die wieder das Obst fixierte, das auf dem Tisch stand.
Es war Bruno, der versuchte, mit belegter Stimme das Gespräch in Gang zu halten:
„Und? Habt ihr euch schon Gedanken gemacht über die...- „, er brach ab und sah zu Giovanna hinüber, „- ...na ja, über die Beerdigung halt? Ich meine, gibt es schon einen Termin?"
„War der Pastor schon da?", warf Giulia ein.
„Heute Nachmittag", meinte Günther. „Er hat auch schon gefragt, wie wir das mit dem Ablauf der Beerdigung machen wollen. Ich hätte ja gleich was mit ihm ausgemacht, ..."
„Papa wollte in Apulien begraben werden!", fiel ihm Giovanna ins Wort. Alle sahen sie an.

„Und du arbeitest jetzt bei einer... assicurazione?“, fragte sie mich schließlich.
„Bei einer Bank“, korrigierte ich.
„Und? Gefällt es dir dort?“
„Geht so. Ist halt ein Job.“
„Und dein Studium?“ Ich zuckte die Schultern.
„So la la.“ Sie schien nicht zu verstehen, was ich damit sagen wollte, also ergänzte ich: „Ist ganz in Ordnung.“
„Deine Mutter ist sehr stolz auf dich.“
„Meine Mutter“, stöhnte ich. „Sie erzählt überall, ich sei ein zukünftiger Wirtschaftsberater.“
„Na und?“, meinte Steffi.
„Erstens weiß ich noch gar nicht, ob ich BWL fertig studiere, und zweitens nervt mich schon alleine der Ausdruck ‚Wirtschaftsberater‘.“
„Na, komm!“ Steffi und meine Tante wechselten einen jener vielsagenden Blicke miteinander, die Frauen anscheinend in die Wiege gelegt werden.
„Ich hab meiner Mutter erklärt, dass ich ja noch mitten im Studium stecke, um das Thema abzubiegen. Weißt du, was sie zu ihren Freundinnen gesagt hat? – ‚Er war schon immer so schüchtern. Einmal brachte er ein Mädchen und redete kein Wort mit ihr. Immer, wenn ich in ihr Zimmer kam, saßen die beiden nur da und hielten Händchen - stumm! Wir dachten schon, wir müssten ihn ins Kloster geben.‘ - Ist das nicht nett?“
Erwartungsgemäß fanden Steffi und Tante Innocenza das Ganze überaus lustig.
„Und die Freundinnen von deiner Mutter?“
„Die haben entweder verständnisvoll genickt oder mitfühlend den Kopf geschüttelt. Und ich hab dagestanden wie der letzte Depp!“
Man sollte niemals versuchen, eine Niederlage zu wiederholen, denn sie erscheint einem dadurch höchstens noch schlimmer. Die beiden amüsierten sich jedenfalls prächtig auf meine Kosten, und auf Pippos Unterstützung konnte ich kaum zählen.

„Er wollte in Apulien begraben werden“, wiederholte sie, „neben seiner Frau.“
„Davon hat er nie was gesagt!“
„Lass!“ Bruno nahm Günther sanft am Arm.
„Es tut mir Leid. Aber ich glaube nicht, dass du das verstehst.“
„Was? Was verstehe?“
„Wie soll ich sagen... ? - Als es mit meiner Mutter zu Ende ging, ist mein Vater mit ihr nach Apulien gefahren.“
„Ich weiß. Sie haben dafür sogar extra den Termin für die Chemo abgesagt.“
„Siehst du, du verstehst es nicht! Der Grund, weshalb die beiden nach all den Jahren gemeinsam runter nach Lecce gefahren sind, war der, dass meine Mutter dort sterben wollte.“
„ - - - ?“
„Sag du's ihm!“, meinte Bruno zu Giovanna. Doch Günther machte eine abwehrende Hndbewegung.
„Du willst damit sagen, die beiden haben gewusst, dass Carlotta nicht mehr zurückkommen würde?“ Er sah sich in der Runde um; alle nickten.
„Sieh mal, der Süden ist unsere Heimat...- „, setzte Enzo an.
„Eure *was*? Du bist doch sogar hier in Saarbrücken geboren!“
„Langsam, wir wollen uns nicht streiten!“, sagte Bruno. „Enzo wollte damit nur klarmachen, dass es für die meisten von uns eine Selbstverständlichkeit ist, einmal in heimischer Erde beigesetzt zu werden, und dass wir Pippos Wunsch, sein Grab mit seiner Frau zu teilen, gerne nachkommen wollen.“
„Schön“, meinte Günther, „schön, wenn euch so viel daran liegt - bitte! Ich hoffe nur, ihr seid euch im Klaren darüber, was sowas kostet.“
Betreten sahen sich die Geschwister untereinander an.
„Wieso? Was meinst du damit?“ Statt einer Antwort ging Günther ins Wohnzimmer hinüber und kam kurz darauf mit einem Schnellhefter zurück, auf dem ein schlichtes Kreuz und der Schriftzug Ballavia eingeprägt waren, entnahm ihm ein

einzelnes Blatt mit handschriftlichen Notizen, warf einen flüchtigen Blick darauf und legte es in der Mitte des Tisches ab. Alle starrten das Blatt an, auf dem diverse Dienstleistungen sowie deren Preise aufgelistet waren. Zusammenaddiert ergaben sie eine Summe von über dreißigtausend Mark.
Wieder war es still in der Küche. Günther brach als Erster das Schweigen.
„Sind Luca und Innocenza oben?" Giovanna, die die Aufstellung des Bestatters ebenfalls zum ersten Mal sah, nickte.
„Ich werd ihn mal holen. Er soll ruhig dabei sein bei unserer kleinen Krisensitzung."
„Günther! Lass ihn!"
„Was denn? Er ist doch kein kleiner Junge mehr!"
Und schon war er auf der Treppe.

3

Die Tür öffnete sich, und mein Vater kam herein.
„Wir haben was zu besprechen. Kommt ihr mal eben mit runter?“
Steffi und ich standen auf. Tante Innocenza rührte sich nicht vom Fleck.
„Sie kann ruhig dableiben. Ist vielleicht sogar besser so“, meinte mein Vater.
In der Küche saßen alle um den Tisch herum und schwiegen sich an.
„Kommt her und setzt euch, wir haben was zu besprechen!“, sagte mein Vater, und ich nahm auf dem erstbesten Stuhl Platz. Onkel Enzo reichte mir ein Blatt Papier, das mit Notizen vollgeschrieben war. Da die anderen auf mich zu warten schienen, beeilte ich mich mit dem Lesen und bemühte mich, irgendeinen unberechtigten Posten zu entdecken. Dann kam ich zum Endpreis.
„Puh! Ganz schön happig!“ Als ich den Blick hob, bemerkte ich, dass alle mich ansahen.
„Was ist?“
„Ich habe deinen Onkeln und Tanten gerade klarzumachen versucht, weshalb es zu überdenken wäre, Pippo nach Apulien zu schaffen.“
„Es war sein Wille“, mischte sich meine Mutter ein, „sein letzter Wille!“
„Schon gut, Giovanna, es war ja nur ein Vorschlag! Aber über eines dürft ihr euch im Klaren sein: Ich bin nicht bereit, diesen Preis hier“, - er zeigte auf die Aufstellung in meiner Hand -, „diesen Preis zu zahlen. Meine eigenen Eltern haben auch ganz einfache Gräber - in Cottbus, obwohl sie da gerade mal vier Jahre gelebt haben!“
„Das ist doch etwas ganz Anderes!“ Meine Mutter war wütend.

„Ich weiß. Trotzdem: Ich will ja nicht als Unmensch oder Knauserer dastehen. Ich bin durchaus bereit, unseren Teil an den Kosten zu tragen. Aber ich sehe nicht ein, dass ich das Beerdigungsunternehmen reich mache, nur um Pippo nach Apulien zu schaffen!"
„Lasst uns doch mal ausrechnen, wieviel jeder von uns zu zahlen hätte!", schlug Enzo vor.
„Damit brauchen wir doch gar nicht erst anzufangen", schnitt ihm Edith das Wort ab, „ich sags jetzt mal klipp und klar: *Wir* haben keine elftausend Mark auf dem Konto!"
Betretenes Schweigen.
„Vielleicht könnten wir uns noch woanders umhören", sagte Giulia hoffnungsfroh, „bei anderen Beerdigungsunternehmen, meine ich."
„Hab ich schon gemacht." Alle Köpfe wandten sich wieder meinem Vater zu, auch der meiner Mutter.
„Na ja, ich hab mir gedacht, dass man bei diesen Preisen schon mal ein Vergleichsangebot einholen könnte", meinte er verlegen.
Für eine Sekunde herrschte betroffenes Schweigen im Raum, und der Blick meiner Mutter durchbohrte ihn regelrecht.
„Und?", fragte Enzo schließlich.
Mein Vater schüttelte den Kopf.
„Fehlanzeige. Die ersten beiden, die ich angerufen habe, führen keine Auslandsüberführungen durch. Ein anderer kommt frühestens am Freitag an einen kühlbaren Sarg und das dazugehörige Auto. Und der letzte hier war sogar noch teurer als Ballavia. Ich denke, der Preis ist realistisch."
„Und mit dem Flugzeug...?", begann Edith, brach aber mitten im Satz selbst ab.
„Bestimmt noch teurer", meinte Bruno.
Mir kam mit einem Mal ein Gedanke.
„Und was wäre, wenn wir Opa selbst nach Apulien transportieren würden? Meint ihr nicht, das wäre möglich?"
Bruno lachte.

„Ja, klar. Setz ihn einfach neben dich! Wenn ihr euch mit dem Fahren abwechselt, seid ihr in zwei Tagen da."
„Bruno!"
„Entschuldige, Giovanna. Aber das ist doch hirnrissig!"
„Wieso?", fragte ich.
„Weil du weder einen Leichenwagen noch einen dieser Spezialsärge hast!"
„Ein Kombi würde reichen. Und den Sarg kriegen wir doch bestimmt auch einzeln."
„Da wäre ich mir nicht so sicher. Außerdem gibt es sicherlich Vorschriften für solche Arten von Transporten."
„Was denn für Vorschriften?", mischte sich Enzo ein.
„Du glaubst doch wohl nicht, dass jeder einfach so mit 'nem Toten im Auto rumfahren kann! - Entschuldige, Giovanna!" meinte er zu meiner Mutter, die sich gerade bei dem Wort ‚Toter' bekreuzigt hatte.
„Da müssen Transitpapiere ausgestellt, der Sarg verankert werden...-", er suchte nach weiteren Gründen.
„Der Sarg muss gekühlt werden!", wandte mein Vater ein.
„Ja - der Sarg muss gekühlt werden!", wiederholte Bruno triumphierend.
„Hast du denn überhaupt einen Kombi?", meinte Enzo.
„Nein."
„Na also! Warum also streiten? Du hast weder einen Kombi noch einen Sarg noch irgendwelche Papiere, die verhindern könnten, dass du bei der nächstbesten Verkehrskontrolle verhaftet wirst!"
„Ich finde, wir sollten uns jetzt mal Gedanken darüber machen, wie wir die Kosten für die Überführung auf uns verteilen würden", mischte sich mein Vater ein.
„*Wir* haben keine elftausend Mark!"
„Wir auch nicht!"
„Giulia!"
„Na, ist doch wahr! Oder hast du noch irgendwo Geld versteckt, von dem ich nichts weiß?"

„Hör doch auf!“ Unwillig winkte Bruno ab.
„Also“, sagte Vater ruhig, „wir können jetzt noch ein paar Stunden lang hier um den heißen Brei herumreden. Billiger wird's dadurch aber nicht.“
Die anderen schwiegen.
„Ich schlage vor, dass jeder sich jetzt mal überlegt, wieviel er für die Beerdigung aufbringen kann. Wir brauchen das Geld ja nicht sofort.“
„Sag mal, zahlt eigentlich nicht irgendeine Versicherung in solchen Fällen?“, wollte Enzo wissen.
„Hab ich schon geprüft. Wenn Pippo auf Urlaubsfahrt in Italien gestorben wäre, hätte unser Schutzbrief gegriffen. Die Versicherung bezahlt in solchen Fällen entweder das Begräbnis im Ausland oder den Rücktransport nach Deutschland - umgekehrt aber nicht den Transport nach Italien.“
„Dann hätten wir ihn nur nach Lecce bringen müssen...-“
„Ganz genau - *hätten*. Haben wir aber nicht. Ich denke mal, wenn er gewusst hätte, dass es bald soweit sein würde, wäre er vermutlich von sich aus ein letztes Mal nach Lecce gefahren.“
„Was uns zur nächsten Frage bringt: Hat Pippo denn selbst nichts dafür gespart? Fürs Grab, meine ich.“ Es war Giulia, die fragte. Mein Vater schüttelte den Kopf.
„Er hat meines Wissens etwas mehr als tausend Mark auf der Bank.“
„Was?“
„Woher weißt du das so genau?“
„Ich habe Pippo jahrelang zur Bank begleitet, er war schließlich nicht mehr der Fitteste. Ihr könnt mir also glauben, wenn ich euch sage, dass er selbst nichts zurückgelegt hat.“
Wieder herrschte Schweigen in der Küche. Mama, der das Gespräch offensichtlich allzu sehr ums Geld kreiste, wirkte abwesend. Die anderen zogen sich zurück, um zu beratschlagen, was ihnen die Beerdigung Pippos wert sei und wie viel ihr Gespartes dabei hergeben würde.

Während wir auf sie warteten, fiel mir eine Geschichte ums Geld ein, die meine Oma betraf. Einmal, ich muss damals etwa elf oder zwölf gewesen sein, hatte sie mir heimlich Geld zugesteckt. Es waren fünfzig Mark gewesen, ein kleines Vermögen für mich, und ich nahm mir vor, sie für eine besondere Gelegenheit aufzubewahren. Nur wenige Monate später starb meine Oma, und aus Pietät ihr gegenüber rührte ich den Schein nicht mehr an, sondern vergrub ihn noch tiefer in meiner Sparbüchse. Erst kürzlich habe ich ihn wiedergefunden; Paul Schlesingers Unterschrift auf der Vorder-, das Holstentor auf der Rückseite. Es ist verrückt, aber das einzige, was mich heute noch an meine Oma erinnert.

„Sechstausend?"
„Sechstausend!", schnaubte Edith verächtlich. „Wir haben keine sechstausend Mark!"
„Haben wir doch! Das Anschaffungskonto!"
„Oh nein! - Dafür habe ich, - wir -, jahrelang haben wir dafür gespart. Das ist unser Wintergarten..."
„Edith - wir brauchen das Geld für die Beerdigung!"
„Das ist unser Wintergarten! - Du hast es versprochen!"
„Ich weiß...- „
„Hast du oder hast du nicht?"
„Edith...-"
„Hast du?"
„Ja."
„Na also!"
„Trotzdem meine ich, dass wir das Geld nehmen sollten für die Beerdigung." Enzo war das Gespräch peinlich.
„Und mein Wintergarten?"
„Den gibt's später."
„Später! Später! Bei dir gibt's alles später!"
„Ich verspreche es dir."
„Kommt mir bekannt vor!"
„Edith... !"

„Hör auf!“
„Lass uns wenigstens einen Teil von dem Geld nehmen!“
„Einen Teil?“
„Ja! Wir müssen ja nicht gleich das ganze Konto auflösen!“
„Sondern?“
„Na ja, sagen wir... fünftausend?“
„Fünf!“
„Dann bleiben uns insgesamt noch zweieinhalb. Was ist?“
Edith rechnete im Kopf alles durch.
„Vier. Höchstens. Die anderen geben bestimmt auch nicht mehr.“
„Nur vier?“, meinte Enzo kleinlaut.
„Vier.“

„Also, wir haben alles nochmal durchgerechnet. Wir könnten für Papas Beerdigung viereinhalbtausend Mark lockermachen“, sagte er nicht ohne Stolz, als sie wieder in der Küche beisammen saßen. Edith warf ihm einen giftigen Blick zu. Ich hatte das Gefühl, als ob die beiden etwas geheimhielten.
„Und ihr?“
„Sechstausendzweihundert, alle Sparbücher zusammen genommen.“
„Siehst du?“, zischte Enzo Edith zu. Die meinte laut:
„Ich dachte immer, du verdienst so gut?“
„Edith!“
„Lass nur, Enzo!“ Bruno schlug einen vertraulichen Ton an. „Ich habe mal erwähnt, dass ich *anständig* verdiene; inzwischen haben wir gebaut, falls du noch nichts davon mitgekriegt haben solltest. - Außerdem wüsste ich keinen Grund dafür, dass dich mein Einkommen in irgendeiner Weise etwas angehen sollte!“
„Wenn ich euch mal bei euren Familiengesprächen stören dürfte“, mischte sich mein Vater ein, „wir haben also zusammengenommen rund sechzehntausend Mark zur Verfügung. Das ist knapp die Hälfte dessen, was die Überführung und die Beerdigung in Lecce kosten.“

„- - - ?"
„Also, ich weiß nicht, wie ihr dazu steht, aber angesichts dieser Daten würde ich mir die Sache nochmal überlegen."
„Und...?"
„Und Pippo doch hier beerdigen lassen."
„Nein!" Meine Mutter sprang auf. Ihre Apathie war schlagartig gewichen.
„Giovanna...-!"
„Nein. Papa wollte in Apulien begraben werden! Basta!"
„Ja, ich weiß, aber wenn wir doch das Geld nicht...-!"
„Hört mal", mir wurde es langsam zu bunt, dieses Gerede übers Geld, „es bringt doch nichts, die Sache wieder und wieder durchzukauen. Wir haben Geld für eine Beerdigung, aber nicht für den Transport. Richtig?" Zögernd nickten die anderen, Mutter sah weg.
„Also, ich habe Zeit, und wenn mir einer von euch seinen Wagen leiht und wir einen Sarg organisieren, fahre ich Opa nach Apulien."
„Luca!" Jetzt meldete sich auch Steffi zu Wort, die die ganze Zeit still neben mir gesessen hatte.
„Nur dass ich dich richtig verstehe: Du willst unseren Urlaub stornieren, um mit deinem Opa nach Süditalien zu fahren?"
„Und mit dir, natürlich. Hey, komm schon, das wird gar nicht so übel!"
„Was?!?" Sie war einigermaßen fassungslos.
„Ihr braucht euch gar nicht zu streiten", meinte mein Vater, „diese Idee ist sowieso Blödsinn. Ich dachte, das hatten wir schon ausdiskutiert."
„Moment mal", sagte Enzo, „vielleicht sollten wir das nicht so vorschnell verwerfen."
„Willst du etwa zulassen, dass Luca illegal seinen eigenen toten Opa durch halb Europa chauffiert?"
„Na ja..."
„Und wenn schon! Er wird es jedenfalls nicht tun!"
„Hast du eine bessere Idee?"

„Allerdings.“ Mein Vater sah zu meiner Mutter hinüber. „Aber die gefällt euch ja nicht.“
„Pippo hat sich gewünscht, neben seiner Frau zu liegen...“
„Ja, ja, ich weiß. - Das führt doch zu nichts...-“

Den Rest der Diskussion bekam ich nicht mehr mit, weil ich Steffi zur Seite nahm und ihr die Sache schmackhaft zu machen versuchte.
„Ich verspreche dir, wir werden das Ganze mit einem richtig schönen Urlaub verbinden, mit allem drum und dran. Und Apulien wolltest du doch sowieso mal kennen lernen.“
„Da hab ich ja auch noch nicht gewusst, dass das mit einem Leichentransport verbunden wäre!“
„Komm schon! Mama liegt so viel daran, und es war Opas Wunsch. Willst du, dass man ihn hier unter die Erde bringt?“
„Moment mal, ist es jetzt etwa meine Schuld, dass deine Onkel das Geld für den Transport nicht haben?“
„Ach Quatsch! Aber wenn wir beide nicht fahren, macht's keiner. Die reden zwar alle von Opas letztem Willen und Heimaterde und so, aber von denen wird sich mit Sicherheit keiner Urlaub und Zeit nehmen und Opa nach Apulien bringen.“
Wir beobachteten meine Onkel und Tanten eine Zeitlang wie durch ein Guckloch. Sie stritten noch immer über die wenigen Möglichkeiten, die ihnen blieben. Mein Vater wurde immer gereizter, ich konnte es an seinem anschwellenden Hals erkennen.
„Aber unser Flug ist doch schon bezahlt!“, sagte Steffi dicht an meinem Ohr. Diesen Einwand hätte ich voraussehen müssen.
„Wir haben doch die Reiserücktrittsversicherung abgeschlossen. In Notfällen kriegt man damit sein Geld zurück. Und wenn das hier kein Notfall ist...!“ Ich wusste, ich hatte Steffi jetzt soweit. Innerlich verabschiedete sie sich offenbar bereits von Fuerteventura.

„Also, wir sollten uns langsam darüber einig werden, was wir tun wollen. Dienstag früh um sechs steht Ballavia vor der Tür, dann sollten wir wissen, was wir ihm sagen.“ Man sah meinem Vater an, dass er sich dazu zwingen musste, Ruhe zu bewahren.
„Meiner Meinung nach sollten wir Lucas Plan nicht vorschnell verwerfen. Vielleicht ist er ja gar nicht so abwegig.“
„Und was sagst du, Bruno?“
„Ich finde, wir könnten das zumindest mal in Erwägung ziehen - als Alternative.“
„Schön. Dann zieht mal - aber ohne mich!“ Mein Vater stand auf und ging schnurstracks zur Tür hinüber.
„Wenn ihr's euch überlegt habt - ich bin in der Garage.“ Und draußen war er. Keiner von uns versuchte, ihn aufzuhalten.
Nach einer Ewigkeit sagte Enzo: „Dann erzähl mal! Wie hast du dir das vorgestellt?“
„Na ja, ich hab da noch keinen Plan gemacht oder so. Aber machbar scheint das Ganze schon zu sein.“
„Was ist zum Beispiel mit dem Sarg?“
„Den kriegen wir nie im Leben einzeln“, meinte Bruno. „Dieser Ballavia wird doch wissen wollen, wozu wir ihn überhaupt brauchen, wenn wir gleichzeitig den Transport absagen.“
„Dann kaufen wir den Sarg eben woanders.“
„Das geht nicht“, antwortete ich, „du hast doch gehört, was Papa eben gesagt hat: Die müssen den Sarg alle extra bestellen! Dazu ist es jetzt zu spät.“
„Heißt also: Ballavia oder keinen?“ Ich nickte.
Wir waren wieder so weit wie vorher. Nach langem Grübeln meinte Giulia schließlich:
„Und wenn wir einfach einen anderen Sarg nehmen? Einen normalen, meine ich.“
„Und wie, bitte, sollen wir den kühlen?“, fragte Edith genervt.
„Da wird uns schon was einfallen!“
„Wartet mal“, sagte ich, „den Sarg zu organisieren ist nicht unser größtes Problem. Viel schwieriger stelle ich mir vor, mit ihm quer durch die Lande zu fahren.“

„Man müsste ihn irgendwie tarnen."
„Ach, kommt schon, das ist doch absurd", mischte sich Bruno ein, „eine illegale Überführung ohne entsprechende Papiere, in einem getarnten Sarg ohne Kühlung...-"
„Für die Kühlung können wir uns doch was einfallen lassen!", unterbrach ihn Giulia, und Bruno wandte sich an mich:
„Und mit welchem Auto willst du da runterfahren? Mit deinem etwa?"
„Ich hab doch gesagt, dass ich noch keinen richtigen Plan habe!"
„Na, Günther wird dir sein Auto wohl kaum leihen! Sieht nicht so aus, als ob er sich mit deiner Idee anfreunden könnte."
„Und... Kennt ihr sonst jemanden mit einem Kombi?", fragte Enzo in die Runde.
Natürlich kannte niemand irgendwen mit einem Kombi. Stille kehrte ein; wir waren wieder am Ausgangspunkt angelangt.
„Sieht so aus, als ob uns gar nichts anderes übrig bliebe, als Papa hier zu begraben", meinte Bruno, der offenbar bereits resignierte.
Mir kam eine Idee.
„Wir brauchen gar keinen Kombi."
„Wie meinst du das?"
„Wir haben doch gesagt, dass wir mit einem Sarg nur unnötig auffallen...-"
„Und?"
„Was bedeutet, dass wir den Sarg tarnen müssen. - Als Schrankkoffer, zum Beispiel."
„Zum Beispiel."
„Aber selbst wenn wir ihn tarnen, dürften wir mit einem Kombi, in dem ein Schrankkoffer liegt, bei den Polizei- und Zollkontrollen immer noch verdächtig genug erscheinen."
„Und weiter?", fragte Bruno ungeduldig.
„Wir müssten also den Koffer nicht nur tarnen, sondern ihn auch ganz natürlich aussehen lassen."
„*Natürlich*? Wie?"

„Indem wir ihn auf einen Anhänger packen, zum Beispiel. Oder ihn aufs Dach schnallen."
„Enzos Peugeot hat eine Anhängerkupplung!", schoss Giulia hervor.
„Moment mal", wehrte sich Enzo, „das ist ein Firmenwagen!"
„Und was ist mit deinem?", wandte sich Edith an Bruno.
„Meinem?"
„Ja!"
„Der kommt leider auch nicht in Frage. Das da draußen ist nur ein Leihwagen. Meinen habe ich heute Nachmittag bei einem Freund gelassen, der eine Werkstatt hier in Saarbrücken besitzt und ihn mir bis spätestens Dienstag reparieren will."
„Ach ja? Was ist denn dran?"
„Getriebeschaden. Der Rückwärtsgang klemmt und lässt sich nicht mehr richtig einlegen. Wir hatten schon seit einiger Zeit Probleme damit, aber die Fahrt hierher hat dem Ding anscheinend den Rest gegeben."
„Das stimmt", bekräftigte Giulia.
„Macht nichts", höhnte Enzo, der den beiden kein Wort glaubte, „Luca muss schließlich nur geradeaus fahren!"
„Und wenn wir ein Auto mieten würden?", fragte Valentina.
„Und mit einem Sarg drin durch vier oder fünf Länder fahren?"
„Was bleibt uns denn sonst noch?"
„Hört mal, wir haben ja noch ein bisschen Zeit", sagte ich, „und heute kriegen wir eh' nichts mehr auf die Reihe. Bevor wir irgendwas unternehmen, sollten wir Folgendes abklären: Wie können wir einen Sarg tarnen beziehungsweise was können wir stattdessen verwenden? Können wir uns die Transportpapiere nicht doch irgendwie besorgen und was ist für die Beerdigung in Lecce notwendig? Kriegen wir von irgendwoher ein passendes Fahrzeug für die Tour? Ehe wir das nicht geklärt haben, läuft gar nichts. Dann müssen wir Opa wohl doch hier beerdigen lassen."

4

Tante Innocenza hatte tatsächlich die ganze Nacht über an Pippos Lager Nachtwache gehalten; na ja, jedenfalls saß sie noch immer - oder schon wieder - neben dem Bett, als ich morgens nach dem Rechten sah. Pippo lag friedlich da in seiner Kauerstellung. Von den Nachbarn, die an diesem Vormittag kondolierten, fanden nur wenige den Weg hinauf, um ihm die letzte Ehre zu erweisen.

Das späte Frühstück nahmen wir in eher gedrückter Stimmung ein. Wie Bruno, mied auch meine Mutter den Blick meines Vaters. Ich vermutete, dass sie sich gestern Abend noch gestritten hatten. Tante Giulia unterhielt sich am Kopfende leise mit Tante Innocenza; meine Schwester lief – genervt durch die Spannung, die in der Luft lag – ständig in der Küche hin und her. Enzo war unrasiert und sah sehr blass aus, Bruno dagegen machte einen ausgeschlafenen und erholten Eindruck. Der Tag versprach heiß und schön zu werden; ein freundlicher Sonnenstrahl hatte den Weg in unsere Küche gefunden, doch außer Bruno und mir schien ihn niemand auch nur zu registrieren.

Wir waren zu zweit gekommen. Steffi, die später an diesem Tag die Sache mit dem Reiserücktritt in Angriff nehmen wollte, war bereits aufgestanden, als ich am Morgen zum ersten Mal die Augen aufschlug. Die Sache mit Pippo ging ihr sehr nahe, und es tat mir jetzt Leid, dass ich über ihren Kopf hinweg Pläne geschmiedet hatte, für die wir unseren Urlaub abblasen mussten. Sie sah nicht gerade glücklich aus.

Auch ich hatte nur wenig Schlaf abbekommen in dieser Nacht. Bis halb drei hatte ich die Schläge der Kirchturmglocken gezählt, war um vier und dann noch kurz vor sechs aufgewacht und fühlte mich wie gerädert. Der Kaffee und das zweite Frühstück trieben wenigstens meinen Puls etwas in die Höhe.

Das Telefon klingelte. Mein Vater, der morgens schon mehrere Kondolenzanrufe entgegen genommen hatte, kam schon nach einer Minute zurück:
„Ist für dich, Luca. Karl."
Am Abend zuvor hatte ich am Telefon noch mit Steffis Vater über unsere Probleme gesprochen. Wenn uns jemand weiterhelfen konnte, so dachte ich, dann er. Meine Onkel waren damit einverstanden gewesen, ihn einzuweihen.
„Ich hab deinem Vater nicht gesagt, um was es geht."
„Gut so. Der ist schon geladen genug. Von wo aus rufst du an?"
„Von der Arbeit. Hör mal, Luca, ich habs überall versucht, aber ohne Erfolg. Bei Heinrichs Theo war ich nahe dran - kennst du den eigentlich?"
Ich verneinte.
„Musst du doch kennen - die Tochter war mit Steffi in der Schule!"
„ - - - ?"
„Frag mal deinen Vater, der kennt ihn auch! - Jedenfalls hat er zwar einen Anhänger, hilft aber diese Woche seinem Sohn beim Bauen. Ansonsten hab ich noch einen Arbeitskollegen mit einem Kombi aufgetrieben, aber der will das Auto demnächst verkaufen. Wäre vielleicht nicht so gut, wenn was drankäme; kann man sowieso nicht machen, ihm noch wer weiß wie viele Kilometer zusätzlich auf den Tacho zu spulen - wie weit ist das bis dahin?"
„Wohin? Apulien?"
„Ja."
„Ich weiß nicht. Knapp zweitausend Kilometer, schätze ich."
„Nein, das können wir nicht machen - stell dir mal vor, der kriegt nachher nichts mehr für den Wagen...!"
„Das würde ich auch nicht wollen."
„Pass auf, er hat mir aber die Nummer von einem Bekannten gegeben, der ein Wohnmobil hat. Na, wär' das nichts?"
„Hm..."
„Den kenne ich allerdings selbst nicht. Käme drauf an..."

„Nein, lass mal! Das geht mir so schon viel zu weit."
„Was willst du jetzt machen?"
„Keine Ahnung. Meine Onkel wollten sich heute auch noch umhören. Vielleicht haben die ja mehr Glück."
„Ich würde euch ja unser Auto mitgeben, aber Christa will ich lieber nichts von der Aktion erzählen."
„Versteh ich gut. Trotzdem danke!"
„Ach so, das mit dem Sarg... Ich hab mir die Sache durch den Kopf gehen lassen. Vielleicht könnte ich euch da was bauen."
„Bauen?" Ich war zugegebenermaßen etwas misstrauisch. Karls ‚Bauarbeiten' waren nicht immer von geprüfter Sicherheit.
„Ja. Na ja, was Unauffälligeres als einen Sarg jedenfalls. Du müsstest mich nur in spätestens zwei Stunden anrufen, ob du einen Wagen aufgetrieben hast, damit ich das noch hier auf der Arbeit erledigen kann."
Was sollte ich tun? Abgesehen von Pippos Transportfahrzeug war der Sarg unser größtes Problem, und wenn uns in den paar verbleibenden Stunden nicht noch ein Wunder widerführe, würde er der einzige sein, der uns aus der Patsche helfen konnte.
„Mache ich. Danke schon mal!"
„Ach was", meinte er verlegen.

„Luca!", fauchte Steffi mich leise an, als ich wieder neben ihr Platz nahm.
„Was ist?"
„Ich hab dir schon tausend Mal gesagt, dass ich das hasse!"
„Was?", flüsterte ich zurück.
„Na, *das*!" Und sie griff sich mit einer zupackenden Geste ungeniert zwischen die Beine. Valentina, die direkt daneben saß, bemerkte es und lächelte süffisant. Die anderen waren mal wieder am Diskutieren, nur der Stuhl meines Vaters war leer.
„Na, komm, so was mache ich nie und nimmer!"
„Klar machst du das! Okay, vielleicht noch ein bisschen plumper..."

Ich wusste natürlich, dass ich mich eben im Schritt gekratzt hatte; als ich die Küche betrat, hörte ich nämlich gerade Giulia in Brunos Ohr flüstern: „...und es Unglück bringt, einen Toten in seinem Auto zu haben“. Der ‚Griff ins Gemächt‘, wie Steffi ihn abfällig nannte, hatte Tradition in unserer Familie; na ja, auf unserer italienischen Seite jedenfalls. Es war eine der vielen Gesten, die Unglück abhielten und die ich mir schon im Kindesalter angewöhnt hatte. Steffi fand das einfach vulgär und abergläubisch.

„Wo ist Papa?“, fragte ich Valentina.
„Ist zu Mama hochgegangen.“
„Gut.“ Ich wandte mich in die Runde. „Hört mal her, ich hab gerade mit Karl gesprochen. Er kann uns eine Art Sarg bauen, aber ein Auto hat er auch nicht aufgetrieben.“
Bruno räusperte sich.
„Ich könnte mir eventuell den Wagen eines Kollegen in Potsdam ausleihen. Soviel ich weiß, braucht er ihn nur gelegentlich.“
„Das dauert doch viel zu lange“, meinte Enzo. „Selbst wenn er ihn dir geben würde, müsstest du die Strecke zwei Mal fahren. Wie lange habt ihr diesmal gebraucht?“
„Ich weiß nicht mehr; fünfeinhalb, sechs Stunden etwa.“
„Heißt also, selbst wenn wir gleich losfahren würden, bräuchten wir mit Abholen und Auftanken gute zwölf Stunden. Dann kämen wir irgendwann die Nacht wieder zurück.“
„Hast du eine andere Idee?“
„Der Hausmeister unserer Firma hat einen Lieferwagen. Wenn man den geschickt tarnen würde, könnte man sogar den Sarg locker verschwinden lassen. Ein bisschen Werkzeug und 'ne Leiter drüber, ein paar Farbeimer rundrum, fertig!“
„Das können wir nicht machen“, erwiderte Bruno, „der Lieferwagen läuft über die Firma und ist garantiert nur für betriebliche Zwecke zu nutzen.“
„Na und?“

„Schon mal was von Fahrtenschreiber gehört? Außerdem dürfte selbst dem dämlichsten Chef auffallen, dass plötzlich der Lieferwagen fehlt.“
„Ich seh schon, am Ende muss ich doch noch den Cinquecento nehmen“, sagte ich.
Enzo lachte.
„Keine Angst, mir ist gerade noch eine Idee gekommen. Dauert nur eine Minute.“ Er stand auf und ging ins Wohnzimmer, um zu telefonieren.
Auch Edith und Giulia erhoben sich und halfen meiner Mutter dabei, das Geschirr einzusammeln und zu spülen.
Steffi verabschiedete sich; sie musste zum Reisebüro. Ich stieß Valentina an und fragte leise:
„Wie geht's Mama?“
„Geht so. Ich glaub nicht, dass sie glücklich über das ist, was hier abläuft.“
„Dazu hätte sie auch echt keinen Grund. Wo ist Papa?“
„Im Garten. Die sind eben regelrecht über ihn hergefallen, als er gefragt hat, ob sie sich endlich entschlossen hätten, Opa hier zu beerdigen.“
„Warum fängt er auch immer wieder damit an?“
„Weil's die einzig mögliche Lösung ist? - Oder habt ihr inzwischen ein Auto und einen Sarg aufgetrieben?“
„Noch nicht...-“
„Noch nicht! Bleibt euch nicht mehr viel Zeit, dir und unseren tollen Onkeln!“
„Wie meinst du das?“, fragte ich.
„Die haben sich doch prima aus der Affäre gezogen. Fahren beide dicke Autos, aber bringen nicht genug Geld für Opas Beerdigung auf.“
„Der Transport ist aber auch sauteuer.“
„Ach komm! Bruno spekuliert seit Jahren mit Aktien - hat er uns selbst immer erzählt. Und Enzo hat Edith wahrscheinlich einen Nerz versprechen müssen, damit er überhaupt die viereinhalbtausend Mark hergeben darf. Und was die

Beerdigung betrifft: Die sind doch nur groß darin, Pläne zu machen, solange ein anderer sich um die Ausführung kümmert. Von denen will doch keiner mit Opa im Auto nach Apulien fahren, oder?“

Sie hatte natürlich Recht, ich sah die Sache ähnlich. Aber wozu einen Aufstand machen? Wenn meine Onkel sich lieber Opas Wunsch widersetzten, als ihn selbst nach Hause zu bringen, war das ihr Problem, nicht meines. Ich sah nur, wie unglücklich meine Mutter wegen Brunos Einknicken und dem Beharren meines Vaters auf Vernunft und Ordnung war, und ihr zuliebe hätte ich Opa notfalls auch mit dem Schubkarren nach Italien gefahren.

„Wo gehst du hin?“, fragte Valentina.

„Nach oben, Opa ausmessen.“

„Was?!?“, hörte ich sie hinter mir, doch ich war schon auf der Treppe, das Metermaß in der Hand. Ich hatte meinen Entschluss gefasst.

Es war mir nicht leicht gefallen, Pippo zu vermessen. Zu sehr haftete dieser Tat die Erkenntnis an, dass er tatsächlich tot war, unwiederbringlich, und dass ich mich darauf vorbereitete, ihn auch wirklich unter die Erde - apulische Erde - zu bringen. Um den Winkel auszumessen, den seine noch immer steifen Beine bildeten, musste ich die Bettdecke zurückschlagen. Zu meiner Überraschung trug er nicht nur das Jackett, sondern seinen kompletten Sonntagsanzug inklusive der passenden Schuhe. Diese waren zuvor geputzt und poliert worden; selbst die Unterseite der Sohlen war sauber wie bei einem ladenneuen Paar. Ballavia war wirklich ein Künstler. Die Bügelfalte der Hose lag akkurat über dem Schienbein, und selbst in der Hockposition, die Pippo einnahm, strahlte er noch Würde aus.

Ich war gerade fertig und glättete die Bettdecke um ihn herum, als Tante Innocenza und meine Mutter eintraten. Flugs ließ ich das Metermaß hinter meinem Rücken verschwinden.

Meine Mutter gab mir ein Zeichen, mich zu entfernen, und

folgte mir dann auf den Flur hinaus. Ehe sie die Tür leise schloss, sah ich, wie Tante Innocenza wieder ihren Posten auf dem Sessel einnahm.
„Luca, ich will Pippo nicht hier begraben lassen!"
„Das musst du auch nicht. Wir kriegen das schon hin."
Sie sah mich zweifelnd an und meinte:
„Ich habe mit Ballavia gesprochen. Der Sarg ist heute früh eingetroffen. Ich habe ihn gefragt, ob er uns den Sarg auch so - einzeln - verkauft."
„Und?"
„Er wollte wissen, ob wir's uns anders überlegt hätten, und was wir dann mit dem Sarg wollten."
„Der Sarg ist kein Problem. Karl hat eben angerufen, er baut uns einen für den Transport."
„Einen Sarg?"
„Na ja, er hat mir nicht gesagt, was genau. Aber sowas ähnliches wie einen Sarg."
Meine Mutter schwieg eine Weile.
„Dein Onkel Enzo sagt, er könne nirgendwo ein Auto auftreiben."
„Hab ich auch schon gar nicht mehr erwartet."
„Und wie wollt ihr mit Pippo nach Italien kommen?"
„„Was denkst du?", fragte ich mit einem Seitenblick zum Fenster. Sie folgte ihm, stand aber anscheinend immer noch auf dem Schlauch.
„Wie, Luca?"
„Wie wär's mit dem Cinquecento?"
Es war eigentlich weniger eine Frage als vielmehr eine Feststellung. Für mich war die Sache klar. Meine Mutter lachte unsicher.
„Das ist jetzt nicht dein Ernst, oder?"
„Haben wir denn die Wahl?"
Große Augen. Dann:
„Aber... da passt er doch nie im Leben rein!"
„Rein nicht - aber obendrauf. Der Dachgepäckträger dazu steht

im Keller.“ Und bevor sie noch Widerspruch einlegen konnte, hatte ich sie auch schon sanft um die Schulter gefasst und zur Tür zurück geführt.
„Bist du sicher, dass das klappt?“, fragte sie. „Ich meine, hält das Auto das denn überhaupt aus?“
„Lass mich nur machen, Mama. - Ich regle das schon!“
„Nein, Luca! Ich will nicht, dass du das tust!“
„Ach was, ich hab doch sowieso Urlaub...-“
„Davon spreche ich nicht“, meinte sie. „Es ist nicht richtig.“
„Aber es war Opas Wunsch...-“
„Es ist nicht richtig. Es ist illegal, und mein Sohn soll nicht deswegen verhaftet werden.“
„Und Pippos Wunsch?“, versuchte ich es erneut.
„Wenn Gott nicht will, dass er in Süditalien beerdigt wird, dann werden wir ihn eben hier beisetzen.“
„Es ist aber nicht Gott, der nicht will, sondern deine Brüder und ihr Anhang!“
„Trotzdem...“ Sie war noch nicht überzeugt.
„Mama“, ich nahm ihre Hände, „bitte! - Ich hab mir alles gut überlegt, und wenn Karl das mit dem Transportbehälter hinkriegt, könnten wir heute Nacht noch los fahren. Ich versprech dir auch, vorsichtig zu sein.“
Sie sah mich eine Weile prüfend an.
„Aber Innocenza darf davon nichts mitbekommen“, sagte sie schließlich.
„Wie sollen wir Opa denn an ihr vorbeischaffen? Sie hält doch ununterbrochen Totenwache!“
„Sie wird schon irgendwann ins Bett gehen“, meinte sie leichthin.
„Und Papa? Willst du dem auch nichts sagen?“ Sie schüttelte den Kopf.
„Er ist sowieso schon dagegen, den Transport selbst durchzuziehen.“
„Du willst ihn vor vollendete Tatsachen stellen?“
„Was bleibt mir übrig?“

„Und Tante Innocenza auch? Ich möchte nicht in deiner Haut stecken."
„Lass das meine Sorge sein! *Du* hast schon genug mit den Vorbereitungen zu tun."
„Schön. - Dann will ich mal was für mein Geld tun...!", sagte ich und betrat die Treppe.
„Luca?", rief mir meine Mutter hinterher.
„Ja?" Ich drehte mich um, und sie kam mir hinterher und umarmte mich. Als sie mich losließ, standen ihr Tränen in den Augen; sie wischte sie mit dem Handballen weg und wandte sich dann wortlos von mir ab. Ich kam mir vor, als zöge ich in den Krieg. Ein Gefühl von tief empfundener Liebe überkam mich, doch ehe ich etwas sagen konnte, öffnete meine Mutter die Tür zu Pippos Zimmer und schlüpfte hindurch. Ich ging wieder zu den anderen in die Küche hinunter.

Onkel Enzo hatte tatsächlich mit seiner Anruferei nichts erreicht, doch das kümmerte mich nicht weiter. Ich führte ein kurzes Telefonat mit Karl und rief dann alle zusammen, um ihnen meinen Plan mitzuteilen. Mein Vater werkelte noch immer im Garten herum und wunderte sich wahrscheinlich darüber, dass wir ihn noch nicht hereingerufen hatten, um die weiteren Formalitäten zu besprechen.
„Also", begann ich, „da uns zur Stunde immer noch kein anderes Auto zur Verfügung steht, habe ich beschlossen, meins zu nehmen."
Die anderen sahen sich teils überrascht, teils belustigt an.
„Wie willst du das machen?", fragte Enzo schließlich. „Damit kommst du ja kaum bis zur Grenze!" Verhaltenes Gelächter. Ich wartete und meinte schließlich, ohne darauf einzugehen:
„Karl sorgt für den Sarg, der mit dem Dachgepäckträger fest verschraubt wird. Fragt mich nicht, wie und aus was er das Ding baut. - Ich hoffe nur, dass es seinen Zweck erfüllen wird!"
„Und wann wollt ihr losfahren? Der Bestatter kommt doch schon morgen früh!"

„Bis dahin sind wir längst weg. Wahrscheinlich werden wir heute Nacht aufbrechen, das hängt auch von Tante Innocenza ab. Und um Ballavia kümmert sich Mama."
„Wieso hängt das von Innocenza ab?", fragte Bruno.
„Weil Mama nicht will, dass sie von der Aktion erfährt. Das gleiche gilt übrigens auch für Papa."
„Ihr wollt Günther nicht mal einweihen?"
„Nein."
„Aber wie soll das gehen?", entrüstete sich Enzo. „Wir können Pippo doch nicht an ihm vorbeitragen, ohne dass er was merkt!"
„Wir können nicht nur, wir müssen wahrscheinlich sogar."
Der Satz blieb unwidersprochen eine Weile in der Luft stehen.
„Was ist mit der Kühlung?", fragte Giulia schließlich.
„Die ist zugegebenermaßen im Moment noch ein Problem."
„Wir könnten doch Eiswürfel nehmen!", schlug Edith vor.
„Eiswürfel?"
„Oder, noch besser: Kühlakkus!"
„Schon, nur haben wir leider nicht so viele auf Lager...-"
„Dann eben beides. - Wir könnten auch die Nachbarn fragen."
„Die Nachbarn fragen? Ob sie uns bei der Beseitigung eines Toten helfen wollen?"
„Nein - ob sie Eiswürfel und Akkus haben! Ihr fahrt doch in Urlaub; wir sagen einfach, wir hätten unsere Kühlakkus verlegt, und ihr bräuchtet dringend welche."

Während mein Vater noch immer nichtsahnend hinterm Haus arbeitete, montierten Enzo und ich den Gepäckträger auf das Dach des Cinquecentos. Er war alt und rostig, und ich hatte ihn, seit ich ihn zusammen mit dem Wagen erworben hatte, noch nie benutzt, daher benötigten wir eine ganze Weile, bis er endlich richtig saß.
Das Werkzeug, das ich stets in einer Kiste auf dem Rücksitz aufbewahrte, lud ich in einen Jutebeutel um und verstaute ihn im vorderen Kofferraum, gemeinsam mit einigen Expandern, die ich aus der Garage mitgehen ließ. Viel Platz für Gepäck

würden wir jedenfalls nicht haben, das stand fest; aber dafür war auch schneller gepackt.
Auf dem Weg nach Hause tankte ich den Wagen voll und erhöhte den Luftdruck in sämtlichen Reifen um ein Bar. Die 18 PS würden mit uns dreien ganz schön zu kämpfen haben bis Süditalien. Aber dafür verteilte Opa wenigstens gleichmäßig sein Gewicht auf beide Achsen. Im Keller fand ich die beiden verrosteten Haubenaufsteller, die ich mal ertrödelt hatte, und montierte sie an der Heckklappe des Cinquecentos. Da wir fast nur mit Vollgas unterwegs sein würden, konnte etwas mehr Frischluft dem Motor nicht schaden.
Ich packte eine kleine Sporttasche mit dem Nötigsten und rief Steffi auf ihrem Handy an, um ihr die freudige Nachricht mitzuteilen, dass wir noch in derselben Nacht aufbrechen würden. Sie war alles andere als begeistert. Das Reisebüro hatte Schwierigkeiten bei der Stornierung unseres Fluges gemacht und ihr nach langem Hin und Her nur einen Gutschein über den halben Preis ausgehändigt. Sie war ziemlich fertig mit den Nerven, und ich hatte Mühe, sie zu beruhigen. Wenn alles gut ging, wir erst einmal unterwegs waren und meine Mutter meinem Vater reinen Wein einschenkte, könnte der sich immer noch darum kümmern, den Reisefritzen einzuheizen und unser Geld zurück zu verlangen. Jetzt aber drängte die Zeit.
In der gebotenen Eile versuchte ich, mir im Geiste ein Bild davon zu machen, was wir für den Campingurlaub benötigen würden, auf den wir überhaupt nicht eingestellt gewesen waren. Der Kocher, wo war der Kocher? Und die Lampe? Drüben, auf dem Sideboard. Luftmatratze! Die hatte ich vor kurzem doch noch irgendwo gesehen...-richtig, im Keller, säuberlich verpackt in einer Plastiktüte. Ansonsten fand ich dort jedoch nichts, was sowohl dienlich als auch platzsparend war. Die Klappstühle mussten diesmal hier bleiben, sie passten beim besten Willen nicht mehr ins Auto. Die Gasflasche auch. Wo zum Geier war bloß dieser Kocher? Und das Zelt?
Als Steffi eintraf, hatte ich den ganzen Krempel schon im Flur

zusammengestellt. Noch durften wir ihn nicht einladen, das hätte meinen Vater misstrauisch gemacht, wenn er den Wagen später zufällig gesehen hätte.
Zum Glück wusste Steffi noch, dass wir den Kocher, das Zelt und den Kleinkram nach dem letzten Urlaub bei ihren Eltern gelassen hatten. Geht doch nichts über ein gutes Gedächtnis - oder eine Freundin, die über eines verfügt.
Christa war am Telefon:
„Hallo Luca. Du willst sicher mit Karl sprechen."
„Ja, danke."
„Was machen die Reisepläne?"
Ich stutzte. Hatte Karl nicht gesagt, er wolle Christa nichts von unserem Vorhaben erzählen?
„Gehen langsam voran."
„Karl ist im Hof. Er werkelt da schon den ganzen Nachmittag an irgendwas rum. Hörst du's?" Im Hintergrund war ein schleifendes Geräusch zu vernehmen. ‚Werkelt an irgendwas rum?' Also hatte er sie doch nicht eingeweiht.
„Ich rufe ihn ans Telefon. - Aber was anderes: Wisst ihr schon, wann die Beerdigung stattfinden wird?"
‚Wenn alles gut geht, Anfang nächster Woche', dachte ich, sagte aber:
„Keine Ahnung. Aber Mama wird euch sicher Bescheid geben. Ich werd sie dran erinnern."
„Mach das! Ich hole jetzt mal Karl. Also, tschüss!"
„Tschüss", sagte ich und sah, während ich wartete, Steffi beim Packen zu. Vielleicht hätte ich das lieber gelassen. Zwei große Reisetaschen standen bereits - je halbvoll gepackt - auf dem Bett.
„Heh", rief ich, „langsam - wo sollen wir die denn unterkriegen?"
Sie sah mich mit großen Augen an.
„Was meinst du, wieviel Platz uns im Auto noch bleibt, wenn erstmal das Zelt und...-"
„Luca?", machte es in der Leitung.

Karl war dran, etwas außer Puste. Offenbar war er vom Hof nach oben gelaufen.
„Karl?"
„Bin fast fertig mit dem Ding."
„Wirklich? Toll! - Was meinst du, kriegen wir das Teil auf den Cinquecento drauf?"
Am anderen Ende der Leitung kehrte Schweigen ein. Nur Karls pfeifender Atem verriet mir, dass die Verbindung nicht unterbrochen war.
„Wie war das?"
„Wir nehmen den Fiat mit", wiederholte ich.
„Na, komm - jetzt mal im Ernst!" Mit dieser Reaktion hatte ich gerechnet.
„Wir konnten bisher kein anderes Auto auftreiben, und wenn wir nicht noch wundersamerweise eins im Prämiensparen gewinnen, haben wir keine Wahl."
Karl schien zu überlegen.
„Gehen müsste das schon", meinte er schließlich und senkte die Stimme, „aber von einem unauffälligen Transport kannst du dann wohl Abschied nehmen."
„Ist Christa in der Nähe?", fragte ich.
„Ja. Genau."
„Okay, Karl, pass auf: Wir müssen wahrscheinlich mitten in der Nacht losfahren. Meine Tante hält Totenwache, und da sie nicht eingeweiht ist, müssen wir warten, bis sie ins Bett geht. Es kann also ein bisschen dauern, bis wir das Teil abholen können."
„Ruf doch einfach auf meinem Handy an, wenn du weißt, wann die Beerdigung stattfindet, ja?"
„Wie?"
„Auf dem Handy! Frag Steffi, sie hat die Nummer!"
„Wie...? - Karl?" Ich war verwirrt.
„Wir sehen uns dann, spätestens auf der Beerdigung. - Und sag deiner Mutter, sie soll sich ruhig melden, wenn sie Hilfe braucht!"
„Äh... ja, mach ich."

„Ja, euch auch. Tschüss, Luca!"
„Ach - Karl!"
„Ja?"
„Steffi sagte, wir hätten das Zelt und den Kocher bei euch gelagert. Könntest du den Krempel schon mal raussuchen? Den müssen wir heut' Abend auch noch einladen."
„Ja, natürlich. Also, tschüss!"
„Tschüss..." Es klickte in der Leitung, und ich blieb alleine mit dem Hörer und Steffi, die eine der Reisetaschen wieder ausgepackt hatte und deren Inhalt nun in die erste hineinstopfte.
„Ich hatte gerade ein seltsames Gespräch mit deinem Vater", sagte ich.
„Ach ja?"
„Er hat was davon gesagt, wir sollen ihn auf seinem Handy anrufen, wenn der Termin für die Beerdigung steht."
„Häh?", kam es aus dem Schlafzimmer.
„Na ja, deine Mutter war wohl in der Nähe, und er hat sie nicht eingeweiht. Ich nehm an, dass er mir damit irgendwas sagen wollte, was sie nicht mitkriegen sollte. - Hast du 'ne Idee?"
„Keine Ahnung. Aber wenn wir heut' Nacht anrufen, wird sie's ziemlich sicher mitbekommen."
„Das denke ich allerdings auch. Aber irgendwas wird er sich schon dabei gedacht haben."

Zum Abendessen saßen wir wieder mit den anderen am Küchentisch. Wenn man einmal davon ausging, dass Ulrich inzwischen sicherlich über unseren Plan Bescheid wusste, waren mein Vater und Tante Innocenza die einzigen, die nicht eingeweiht worden waren, was der Runde einen seltsam verschwörerischen Charakter verlieh. Mir persönlich gefiel diese Konstellation aus einem unerfindlichen Grunde sehr, auch wenn ich sehen konnte, dass meine Mutter ziemlich darunter litt, den beiden etwas vormachen zu müssen.
Sie hatte ihnen erzählt, dass ihre Brüder und sie mit Ballavia abgesprochen hätten, Pippo einäschern und die Urne mit dem

Flugzeug nach Brindisi schicken zu lassen, wo sie ein Mitarbeiter des Lecceser Bestattungsunternehmens in Empfang nehmen würde, den sie heute Mittag mit der Beerdigung beauftragt hätten. Das war die Erklärung, an der die anderen den ganzen Nachmittag über gefeilt hatten, und sie genügte Tante Innocenza ebenso wie meinem Vater, der zwar der Details wegen nachhakte, von Bruno und Enzo aber beruhigt werden konnte, die auf jede seiner Fragen eine plausible Antwort parat hatten.

Tatsache war, dass Mutter sowohl mit Ballavia - um die Beerdigung abzusagen - als auch mit Onkel Oronzo und dem Lecceser Bestatter gesprochen hatte, - die sich um ein reguläres Begräbnis kümmern würden-, ferner mit dem italienischen Konsulat in Saarbrücken, um Erkundigungen wegen der notwendigen Formalitäten einzuholen. Ballavia war über die Absage einigermaßen überrascht und sah sich gleich in seiner Berufsehre gekränkt. Er wollte wissen, ob die Aufbahrung nicht in Ordnung oder der Preis zu hoch gewesen sei und schlug prompt vor, mit seinen Mustermappen vorbei zu kommen und sein Angebot nochmals durchzurechnen. Doch Enzo, den meine Mutter am Telefon für meinen Vater ausgab, machte ihm höflich, aber bestimmt klar, dass er den Auftrag bereits anderweitig vergeben hätte - was ja gewissermaßen auch stimmte.

Ballavia war zerknirscht, fügte sich aber in sein Schicksal, sprach meinem vermeintlichen nochmals sein Beileid aus und legte schließlich auf. Die zur Beerdigung benötigten Papiere hatte meine Mutter bereits in eine Ledermappe gepackt, die sie mir am Tisch überreichte. Opas Pass war darin und sein Führerschein, - mit einem Foto von 1955 -, Geburts- und Sterbeurkunde und ein paar Formulare, die Enzo nachmittags beim Ordnungsamt abgeholt hatte.

Somit waren die größten Hindernisse erstmal aus dem Weg geräumt, und das Beste war, dass meine Mutter weder meinen Vater noch Tante Innocenza ernsthaft hatte belügen müssen,

denn abgesehen davon, dass Pippo nicht per Flugzeug in einer Urne, sondern vielmehr auf dem Dach meines Wagens in einem Behelfssarg reisen würde, entsprach alles, was sie den beiden gegenüber geäußert hatte, der reinen Wahrheit.
Die Beerdigung in Lecce war für kommenden Montag angesetzt. Vorher war noch zu klären, ob man per Auto, Zug oder Flugzeug nach Süditalien aufbrechen würde; es mussten noch Verwandte und Bekannte benachrichtigt und Nachbarn zum Blumengießen für die Zeit der Abwesenheit verpflichtet werden. Kurzum, es war noch eine Menge zu organisieren, und darum kam man schnell von Opas Beerdigung ab und widmete sich den Details rund um die Anreise nach Lecce.
Nach dem Essen nahm Tante Innocenza wieder ihren Platz neben Opas Bett ein, und gegen zehn verabschiedeten Steffi und ich uns. Wir hatten vereinbart, dass wir alle uns spätestens am Samstag bei Onkel Oronzo treffen würden.
Meinem Vater erzählten wir, dass wir den Flug storniert und uns stattdessen für einen Campingurlaub entschlossen hätten, den wir mit der Beerdigung verbinden würden, weshalb wir aber gleich morgen früh aufbrechen müssten. Bei der Gelegenheit ließ ich gleich mit einfließen, dass das Reisebüro sich bockig gestellt und uns nur einen Gutschein ausgeschrieben hatte. Die Reaktion darauf war wie erwartet, mein Vater würde sich morgen darum kümmern, dass wir zu unserem Geld kämen.
Wir schüttelten allen die Hand zum Abschied, sagten „Bis Samstag dann!“, und fuhren nach Hause, um unser im Flur schon auf uns wartendes Gepäck zu verladen. Während Steffi die bereitgelegten Francs und Lire in verschiedene Geldbeutel packte, bearbeitete ich die Schweizer Autobahnvignette, die Onkel Bruno von der Frontscheibe seines Wagens abgekratzt hatte, mit einem Prittstift und klebte sie an die des Cinquecentos.
Das offene Handschuhfach und die kleinen Türablagen waren vollgestopft mit Landkarten und Steffis Radio; der Kofferraum

war mit dem Werkzeug, der Luftmatratze, dem Kochgeschirr und unseren Ersatzschuhen und -zündkerzen schon fast überfüllt.
Hinterm Beifahrersitz klemmte ein Reservekanister, und die Rücksitze belegten unsere Taschen, Jacken, Rucksäcke und Handtücher. Zelt und Kocher, die wir später neben dem Sarg bei Karl abholen würden, würden wohl gerade noch Platz unter beziehungsweise hinter meinem Fahrersitz finden. Mehr an Gepäck war nicht drin, wenn man von der Magnet-Taschenlampe am inneren Dachholm und der Reparaturanleitung auf der winzigen Hutablage mal absah.
Über die Sachen im Fond hinweg konnte ich im Spiegel gerade noch den rückwärtigen Verkehr erkennen; höher packen durften wir sowieso nicht, da uns ohne Nackenstützen bei der ersten Bremsung der ganze Krempel um die Ohren fliegen würde. Gut, der ohnehin geringe Luxus sonstiger Campingurlaube fehlte diesmal gänzlich; aber irgendwie fühlte ich mich auch wohl dabei, mal mit leichtem Gepäck zu reisen.

5

Das mit den Blumen war bereits mit unseren Nachbarn abgesprochen; ich gab den Pflanzen noch einmal ordentlich Wasser, nahm den letzten Rucksack und schloss die Tür ab. Steffis Vespa schoben wir hinters Haus und ketteten sie am Gitter des Kellerfensters fest. Es war kurz vor eins, als ich den Motor abstellte und geräuschlos die letzten hundert Meter zum Haus meiner Eltern hinunter rollte.

In keinem der Fenster brannte noch Licht, doch draußen vor der Kellertür konnte ich Onkel Enzo sehen, der kleine Wölkchen in die sternklare Nacht hinauf rauchte und uns zu sich winkte. Gemeinsam schlichen wir die Treppen hoch und zur Küche, wo die anderen schon warteten: Bruno, Giulia, Edith und sogar Ulrich. Sie standen alle im Halbdunkel um den Tisch herum, auf dem eine einsame Kerze brannte, und sahen aus wie eine geheime Versammlung von Teufelsanbetern.

„Und? Wie sieht's aus?“, fragte ich leise.

„Werden wir gleich wissen. Valentina ist gerade oben und sieht nach.“

„Wo ist Mama?“

„Im Bett. Sie hatte Angst, dass Günther aufwacht, wenn sie nicht da ist.“

„Wir hätten ihm auch ein Schlafmittel geben sollen, dann hätten wir uns das hier erspart.“

„Bruno!“

„Ihr habt Tante Innocenza ein Schlafmittel gegeben?“ Ich muss zugeben, ich war etwas erstaunt.

„Hilft aber auch nicht viel“, sagte Enzo neben mir, „seit ihr weg seid, betet sie an Pippos Bett den Rosenkranz - ununterbrochen.“

„Valentina war gerade erst vor einer Viertelstunde das letzte Mal oben und hat an der Tür gelauscht, da war sie noch...-“

Giulia unterbrach sich. Wie aus dem Nichts stand meine Schwester neben mir.
„Und?"
„Alles klar. Sie schläft."
„Also los!"
„Warten wir lieber noch ein paar Minuten", schlug ich vor.
„Wieso?"
„Vielleicht ist sie gerade erst eingeschlafen. Wir sollten nichts riskieren."
„Ach, Unsinn! Wir warten jetzt schon volle zwei Stunden hier. Lasst uns die Sache endlich anpacken!" Und schon drängten Enzo und die anderen an mir vorbei. Steffi nahm die Kerze vom Tisch und schirmte sie mit der Hand ab, während wir ihnen die Treppen hinauf folgten. Gemeinsam lauschten wir an der Tür zu Opas Schlafzimmer. Rein gar nichts war zu hören.
Leise öffnete Giulia die Tür, und auf Zehenspitzen betraten wir den Raum. Bruno, Enzo und Ulrich gingen voran, daher sah ich Tante Innocenza erst, als ich direkt vor ihr stand. Sie schlief tief und fest in ihrem Sessel; der Rosenkranz lag in ihrem Schoß. Edith behielt sie im Auge, während wir die Decken zurückschlugen und Pippo zu viert aus dem Bett hievten.
„Wartet mal", flüsterte Giulia und hob etwas vom Boden auf. Wir warteten.
„Wie wär's, wenn wir ihn damit einreiben würden?" Sie hielt uns die Flasche entgegen.
„Mit *Klosterfrau Melissengeist*?", fragte Bruno entgeistert.
„Ja - soll doch gegen alles wirken!"
„Giulia - Pippo ist *tot*! Dagegen hilft auch das da nicht mehr."
„Das meine ich doch gar nicht! Aber wir könnten ihn damit einbalsamieren."
„ - - - ?"
„Klar, Giulia! Tolle Idee!", bemerkte Bruno mit sarkastischem Unterton. „Fass mit an, Luca!"
Bruno und Enzo nahmen Opa bei den Schultern, Ulrich und ich schnappten uns die Beine. Er war schwer, schwerer, als ich

vermutet hatte, und wir hatten unsere liebe Mühe, ihn hinaus auf den Gang und die Treppe hinunter zu tragen, deren Stufen im Schein von Steffis Kerze nur undeutlich auszumachen waren. Hinter uns löschte Giulia das Licht und schloss leise die Tür.
„Was ist mit dem Eis?“, fragte ich über die Schulter hinweg ins Dunkel hinein.
„Hol ich jetzt aus der Kühltruhe“, antwortete eine weibliche Stimme, die ich meiner Schwester zuordnete. Während wir auf sie warteten, tränkte Giulia einen Lappen mit dem Melissengeist und tupfte alle Stellen Pippos ab, die sie erreichen konnte.
„Hör endlich auf damit!“, zischte Bruno wütend, und beleidigt trat sie einen Schritt zurück.
Wie eine Prozession mussten wir wirken, wie wir Opa da schweigend gemeinsam zum Wagen brachten; zum Glück war niemand auf der Straße unterwegs. Wir setzten ihn auf den Beifahrersitz des Cinquecentos; Steffi würde dafür bei Bruno mitfahren. Sie nahm ihr Handy aus dem Rucksack und wählte die Nummer ihres Vaters.

Karl war eben eingenickt, als ihn der Vibrationsalarm des Telefons weckte. Christa schlief bereits seit Stunden tief und fest, was ihm das Wachbleiben nicht gerade erleichtert hatte. Er beugte sich im Dunkeln über sie und lauschte; nur ihr tiefes und regelmäßiges Atmen war zu hören, während das Handy in seinem Hosenbund weiterhin vibrierte. Lautlos schlüpfte er aus dem Bett und tappte auf nackten Füßen hinüber ins Badezimmer, wo er seine Kleider deponiert hatte.
„Steffi?“, flüsterte er. „Alles klar. Ich bin unten, wenn ihr kommt.“ Dann streifte er schnell Jeans, Socken und Sweatshirt über und stieg leise die Treppen zum Erdgeschoss und weiter zum Keller hinunter. Seine Schuhe zog er erst auf dem letzten Absatz an, ehe er das Licht einschaltete und die Außentür aufschloss. Die Luft war kühl und klar wie die Nacht selbst,

und zwischen den Giebeln der Häuser hindurch konnte er das Deichselstück des großen Wagens erkennen.

Pippo war gar kein übler Beifahrer. Er ließ mir auf der Strecke, die ich bestens kannte, meine Ruhe, ermahnte mich nicht, schneller oder langsamer zu fahren, und trat mir auch nicht bei jeder Ampel auf der Suche nach einem zweiten Bremspedal das Bodenblech durch. Wir beide führten den kleinen Treck an, hinter uns folgten Enzos Peugeot und Brunos Leihwagen, in dessen Fond Steffi und Valentina saßen.
Ich fühlte mich unwohl in meiner Haut. Zum ersten Mal, seit wir den Plan gefasst hatten, meinen Opa an den gesetzlichen Bestimmungen vorbei nach Apulien zu schaffen, überkam mich Angst. Nicht vor dem Toten selbst, sondern vielmehr vor der Unrechtmäßigkeit unserer Aktion. Jetzt erst wurde ich mir bewusst, dass dies kein Scherz mehr war. Ich hatte keine Ahnung, was auf 'illegale Überführung eines Leichnams ins europäische Ausland' stand, aber ich verspürte keinerlei Neigung, dafür eine Vorstrafe in Kauf zu nehmen.
Andererseits war es für derlei Überlegungen schon etwas zu spät. Der Plan war erarbeitet, abgesegnet und beschlossen, und ich selbst hatte den größten Teil dazu beigesteuert. Nun saß ich hier neben meinem toten Opa und fuhr durchs nächtliche Saarbrücken zu meinem Schwiegervater in spe, der mit einem selbst gebauten Sarg schon auf mich wartete, im Schlepptau den italienischen Part meiner Verwandtschaft, während meine unter Schlafmittel gesetzte Tante zu Hause neben einem leeren Bett Totenwache hielt.

Als unsere kleine Kolonne den Güterbahnhof in Richtung Dudweiler passierte, registrierte ich zu meiner Erleichterung, dass in dieser Nacht keine Verkehrskontrollen stattfanden. Auf dem ganzen Weg begegneten uns vielleicht sieben oder acht Autos. Kein Wunder, denn inzwischen durfte es kurz vor zwei sein, und morgen war für die Menschen, die keine toten

Großväter durch die Gegend karrten, ein ganz normaler Arbeitstag.
Wieder schaltete ich auf den letzten Metern den Motor aus und ließ den Wagen ausrollen; die anderen taten das Gleiche, und lautlos wie eine Blindschleiche glitten wir die Straße entlang und schlängelten uns aufs Trottoir vor Karls Haus.
Ehe wir noch Gelegenheit zum Aussteigen hatten, wurde die Tür vom Nachbarhaus aufgerissen, und Frau Schmitt, alt und kurzsichtig, ließ ihre Katzen raus. Sie guckte zu uns rüber, zögerte, hatte die Tür schon fast zu und überlegte es sich dann doch noch einmal anders. Sie sicherte die Tür mit irgend etwas und kam zu uns herüber. Mir wurde heiß und kalt zugleich.
Weiter vorne konnte ich schemenhaft die Gestalt Karls ausmachen, der mir irgendwelche Zeichen machte. Ich winkte ihm, mir zu Hilfe zu kommen, als es auch schon ans Fenster klopfte. An Pippos Nase vorbei sah ich Frau Schmitt, die zu uns rein starrte. Ich beschloss, zu handeln, und stieg aus.
„N'Abend, Frau Schmitt“, sagte ich leise und lehnte meine Tür sachte an.
„Sie können hier aber nicht parken!“, kreischte sie mich in einer Lautstärke an, die mit Sicherheit die ganze Nachbarschaft wiederbelebte.
„Ich bin's, Frau Schmitt - Luca!“
„Wer?“
„Luca - der Freund von Steffi!“ Richtig, dachte ich, Steffi! Wo war die eigentlich? Hinter Frau Schmitts Rücken sah ich noch imKarl mer rumfuchteln. Anscheinend konnte er sich nicht dazu durchringen, mir zu Hilfe zu kommen.
„Luca? Was machst du denn hier um diese Zeit?“, schrie die Schmitt. Vermutlich hatte sie ihr Hörgerät bereits zu Bett gebracht. Irgendwo bellte ein Hund.
„Das ist aber nicht Steffi da drin, oder?“ Wieder starrte sie in den Wagen, in dem es zum Glück stockfinster war.
„Äh, nein...- „ Hinter mir hörte ich, wie ein Wagenschlag geöffnet wurde.

„Ach, guten Abend, Frau Schmitt!“, sagte Steffi fröhlich und gesellte sich zu uns. Die Nachbarin beäugte sie von oben bis unten und ließ dann einen misstrauischen Blick über die Autos schweifen. Zu meiner Überraschung sah ich, dass keiner der Insassen mehr zu sehen war - wenn man mal von Opa absah, der sich aus naheliegenden Gründen nicht ducken konnte.
Bevor Frau Schmitt noch irgendwelche Fragen stellen konnte, ging Steffi in die Offensive:
„Mein Vater hat ein bisschen viel getrunken. Betriebsausflug.“ Und schon zwängte sie sich an der Alten vorbei und öffnete die Beifahrertür. Karl, der eben zu uns herüberkommen wollte, verschwand rasch wieder in seiner Deckung.
„Hilfst du mir mal, Luca? Ich kann Papa nicht alleine heben.“
„Hat wohl ein bisschen zu viel getrunken, wie?“, kreischte Frau Schmitt, während ich Pippo unter den Achseln griff und aus dem Auto zog.
„Wir schaffen ihn mal besser rein, ehe meine Mutter ihn als vermisst meldet.“
„Die schläft sicher schon“, antwortete ich, wandte mich dabei aber Frau Schmitt zu. Welch hölzerner Dialog! Ich kam mir vor wie auf einer Theaterbühne.
„Ist deine Mutter auch mitgekommen?“, fragte die Alte prompt. Offenbar war sie nicht nur halb blind, sondern auch noch stocktaub ohne ihr Hörgerät.
„Nein. Sie wollte nicht bei meinem toten Opa im Auto sitzen und hat sich lieber hingelegt“, sagte ich halblaut vor mich hin, hatte ich doch nun die Gewissheit, dass sie ohnehin kein Wort verstand. Zu zweit schleiften wir Pippo zum Haus hinüber, während sie uns hinterher sah.
„Gute Nacht!“, rief ich ihr über die Schulter hinweg zu.
„Nacht, Frau Schmitt!“ Doch sie antwortete nicht, stand nur da. Als wir in die Einfahrt einbogen, kam uns Karl entgegen.
„Wo steckst du denn?“, zischte ihn Steffi an.
„Hätte ich etwa zu euch rausspazieren und mich selbst reintragen sollen?“, entgegnete ihr Vater.

„Wärst du früher rausgekommen, hätten wir Pippo ja gar nicht erst für dich ausgeben müssen!“
„Was willst du denn? Hat doch gut geklappt!“
„Na toll“, mischte ich mich ein, „und was ist jetzt mit den anderen? Wenn die jetzt auch noch aussteigen, ruft die Schmitt das Überfallkommando.“
„Lass mal, ich mach das schon“, sagte Steffi und verschwand in der Nacht.
„Also, wohin jetzt mit ihm?“, fragte ich Karl, an dessen Schulter Pippo wie eine Schaufensterpuppe lehnte.
„Macht es dir was aus, wenn wir ihn erstmal hier lassen? Ich fürchte nämlich, dass wir ihn zu zweit nicht bis in den Keller packen werden.“
„Schön, warten wir halt.“
Und wir warteten.
„Wie geht es Giovanna?“
„Besser, seit wir den Plan gemacht haben. Aber sie hat Günther gegenüber ein schlechtes Gewissen.“
„Kann ich nachvollziehen. Das hab ich auch.“
Ich sah ihn über Pippos Schulter hinweg an.
„Wann willst du's Christa sagen?“
„Morgen vielleicht. Aber die wird sich schon wieder einkriegen. Mehr Sorgen macht mir dein Vater.“
„Ach, wenn wir erstmal unterwegs sind, kann er eh' nichts mehr machen! Ich bin nur froh, dass wir weit weg sind, wenn er's erfährt!“
Die anderen kamen zur Tür herein.
„Wo bleibt ihr denn?“
„Wir mussten die Autos zwei Straßen weiter abstellen und von der anderen Seite her kommen, damit die Schmitt uns nicht sieht“, sagte Steffi.
Gemeinsam trugen wir Opa in seiner gekrümmten Haltung durch den verwinkelten Keller hinüber in die Werkstatt.
Da stand er. Groß, passgenau und - grasgrün. Opas Sarg. Irgendwie wirkte er wie ein geschwängerter Sarkophag.

„Ich hab ihn heute nachmittag noch schnell lackiert. Zwar nur mit dem Pinsel, aber es wird schon gehen“, meinte Karl und umrundete uns, die wir Pippo auf den Armen balancierten wie eine Osterprozession ihr Kreuz. Er führte uns nicht ohne Stolz vor, wie sein Wunderdings zu öffnen war. Am Fußende befand sich eine mit zwei Scharnieren befestigte Klappe mit einem Schnapp- und einem Vorhängeschloss, die innen mit einem Dichtring versehen war. Obwohl er das Ganze innerhalb weniger Stunden entworfen und gebaut hatte, sah es tatsächlich ziemlich professionell aus. Gut, über die Farbe konnte man streiten, aber vermutlich hatte er nichts anderes im Haus gehabt. Außen auf der Klappe prangte ein riesiges D-Schild.
„Also, legen wir ihn rein!“, sagte ich, und wir hoben Pippo auf das Niveau der Werkbank an, auf der der Sarg stand.
„Karl?“, kam es schlaftrunken von oben. Wir erstarrten zu Eis.
„Sag was, Papa!“, flüsterte Steffi.
„Ja, Schatz?“
„Wo bist du denn?“
„Im Keller. Leg' dich wieder hin, Schatz! Ich hatte bloß Durst, und oben war kein Sprudel mehr!“
Stille auf der Treppe, dann:
„Mach nicht so lange! - Geh ich halt aufs Klo, wenn ich schon auf bin...!“
Wir hielten die Luft an und Opa in der Schwebe, wagten aber nicht, uns zu bewegen. Über uns war ein leise plätscherndes Geräusch auszumachen; Bruno und Enzo schauten sich höflich interessiert in der Werkstatt um und taten, als ob sie es nicht hörten. Nur Ulrich grinste mich blöde an. Meine Arme wurden langsam taub unter der Last, und der Schweiß rann mir übers Gesicht. Endlich rauschte die Klospülung über uns. Wir lauschten auf Christas sich langsam treppauf entfernende Schritte und schoben endlich Pippo vorsichtig in seinen Transportsarg.
Es stellte sich heraus, dass er genau hineinpasste. Der Buckel, den der Behälter dort machte, wo Opas angewinkelte Knie

lagen, setzte sich in gerader Linie nach hinten fort und bildete zum Abschluss einen kleinen Bürzel für die Füße.
„Dient gleichzeitig als Spoiler“, erklärte Karl zur allgemeinen Erheiterung.
„Aus was hast du dieses Ding eigentlich zusammengebacken?“, wollte ich wissen.
„Also, das vordere Teil ist ein ganz normaler Jetbag, den ich einfach durchgesägt habe. Die andere Hälfte war dagegen ein echtes Problem. Du weißt gar nicht, was ich mir alles ausgedacht habe, bis ich die Lösung hatte...-“
„Und die wäre?“, unterbrach Enzo ihn. Karl streckte stolz die Brust raus.
„Rasenmäher-Aufsatz.“
„ - - - ?“
„Na ja, zuerst hatte ich vor, einen der alten Zementbottiche oder Steffis altes Schwimmbecken zu verwenden. Aber als ich die Maße verglich, stellte sich heraus, dass der Aufsatz von meinem Rasenmäher genau den richtigen Durchmesser hatte. - Seht ihr, hier, da sind die Teile zusammengenietet!“
Fachmännisch besahen wir uns sein Werk. Er hatte saubere Arbeit geleistet, keine Frage. Unsere dankbaren Blicke machten ihn offensichtlich verlegen, und schnell meinte er:
„Also los jetzt, bringen wir ihn raus!“
Wir verteilten die Kühlakkus und Eisbeutel im Inneren des Sarges und trugen das grüne Etwas durch den Keller zurück und zur Straße hinauf. Seit Frau Schmitt uns gesehen hatte, war sicher gut eine Dreiviertelstunde vergangen, und es war unwahrscheinlich, dass sie hinter den Gardinen noch immer auf die Rückkehr meiner Onkel wartete. Dennoch beeilten wir uns mit der Montage des Jetbags, der das Autodach vorne wie hinten ein gutes Stück überragte. Doch die Konstruktion schien sehr stabil zu sein, um die Verwindungssteifigkeit müssten wir uns also vermutlich keine Sorgen machen.
Wir verabschiedeten uns in aller Kürze von meinen Onkeln und begleiteten Karl zurück in den Keller. Der Seesack mit dem

Zelt und der Gaskocher lehnten beieinander an der Wand, daneben ein flacher Pappkarton.
„Was ist das?", fragte ich und hängte mir den Seesack um.
„Ist auch für euch. Nimms ruhig mit!"
Steffi öffnete den Karton und zog einen chromfarbenen Grill hervor.
„Was ist das denn?"
„Ein Reiseschwenker. Deine Mutter meinte, dass ihr ihn vielleicht unterwegs brauchen werdet."
„Sicher doch - bestimmt! Ein unentbehrliches Utensil für die Reise!"
„Nimms halt mit! Sie hat's gut gemeint."
Wir fügten uns und gaben Karl zum Abschied die Hand.
„Danke", sagte ich.
„Ach, wofür denn?" Er winkte ab und umarmte seine Tochter.
„Fahrt vorsichtig, und lasst euch nicht erwischen!"
„Bis dann!"
Opa wartete schon auf uns, als wir am Auto ankamen. Sein Sarg schimmerte neonfarben im Laternenlicht. Wir verluden das Zelt, den Kocher und den Schwenkgrill hinter den Sitzen.
Irgendwas drückte mich im Kreuz, und ich nahm eines der Handtücher aus meiner Reisetasche und stopfte es zwischen den Seesack mit dem Zeltgestänge und das Kunstleder des Sitzbezugs.
„Luca?", sagte Steffi leise.
„Was ist?"
„Wenn du jetzt den Motor anlässt, steht die Schmitt bestimmt wieder auf der Matte."
Da hatte sie allerdings Recht. Ich überlegte einen Moment. Karl lag inzwischen sicher schon wieder im Bett.
„Setz' du dich ans Steuer, ich schiebe!"
Schwerfällig setzten sich die kleinen Reifen des vollbeladenen Cinquecentos in Bewegung. Ich kam wieder ins Schwitzen; zu dämlich, dass wir auf die Idee nicht schon früher gekommen waren und meine Onkel zum Schieben dabehalten hatten.

Lautlos glitten wir durch die Nacht, besser gesagt, Steffi glitt, während ich ihr und Pippo hinterher lief. An der nächsten Ecke ließ sie den Wagen ausrollen, stoppte und überließ mir den Fahrersitz. Während der kleine Motor auf Touren kam, gingen in dem Haus gegenüber die Lichter an, und ich beeilte mich, uns außer Sichtweite zu bringen.

Achtzehnhundert Kilometer. Gut und gerne. Wenn man von einem Durchschnittstempo von sechzig bis fünfundsechzig Stundenkilometern ausging, - mehr war dem Cinquecento mit Opas Sarg auf dem Dach nicht zuzutrauen -, konnten wir es bis zum Abend bis an die Adria schaffen. Das bedeutete zwar gleich zu Beginn eine ziemliche Ochsentour, hatte aber den Vorteil, dass wir in meinem Cousin Michele eine Anlaufstation hatten. Er arbeitete im Supermarkt eines Campingplatzes und würde uns sozusagen als Sprungbrett für die Weiterfahrt dienen.
Mutter hatte bereits alles per Telefon mit Michele organisiert. Wir würden Pippo dort zwischenlagern und uns ein wenig Ruhe gönnen. Je nachdem, wie der Transport bis dahin gelaufen war, könnten wir übermorgen entweder einen Urlaubstag in Cattolica einlegen - Steffi zuliebe, der ich ja versprochen hatte, den Transport Pippos mit einem Urlaub zu verbinden - oder aber eine Fünf-Stunden-Etappe in den Gargano nachschieben. Das letzte Stück bis Lecce wäre dann entweder am Donnerstag oder am Freitag fällig.
Wie auch immer, diese erste Fahrtstrecke würde gleichzeitig die Nagelprobe sein - für uns, den Wagen und vor allem für Opa. Gegenüber diesen elfhundert Kilometern und der Million Gefahren, die sie für uns bargen, würde der Rest ein Kinderspiel sein. Bis heute Abend würden wir zigmal getankt, vier Grenzübergänge passiert und ebenso viele Länder durchkreuzt haben. Solange wir Italien nicht erreicht hatten, würde der Cinquecento auch ohne Dachbox auffallen wie ein bunter Hund. Und wie lange das Eis in Pippos Sarg halten würde, stand in den Sternen. Uns blieb nur das Prinzip Hoffnung, oder besser: Zuversicht.
Dennoch, ich freute mich auf unseren Urlaub, ich freute mich

auf Italien, und ich freute mich sogar darüber, dass wir den Fiat mitnahmen. Mit ihm würden wir nicht so schnell ankommen wie mit einem moderneren Auto, aber heißt es nicht, der Weg sei das Ziel? Ich war mir sicher, dass unser Weg - auch wenn er in diesem Fall etwas länger dauern sollte - uns wesentlich besser auf den Urlaub einstimmen würde als ein Flug nach Fuerteventura. Nur Steffi musste ich davon noch überzeugen.

Die ersten hundertzwanzig Kilometer lagen hinter uns. Es war anstrengender, als ich gedacht hatte, den ohnehin schon seitenwindempfindlichen Wagen auf der Straße zu halten. Der Fahrtwind der überholenden Autos wirkte wie eine Druckwelle, und ich war froh, dass in dieser Nacht nur wenige Menschen unterwegs waren. Die Autobahn war streckenweise lausig beleuchtet, und das funzelige Abblendlicht des Fiats ließ mich nicht weiter als vielleicht zehn Meter voraus sehen.
Steffi schlief gegen das Fenster gelehnt, ihren Pullover zu einem Kissen zusammengerollt. Sie hatte die Schuhe ausgezogen, und ihre Füße, die der Mond in einem rätselhaften Winkel beleuchtete, waren ständig in Bewegung . Ich beugte mich vor und sah über mir das Kopfende von Opas Sarg in die Nacht hineinragen. Alles in Ordnung.
Ungefähr zwei Stunden mochten wir jetzt unterwegs sein. Das vielspurige Chaos vor Strasbourg hatten wir gerade hinter uns gebracht, und ich entschied mich dafür, den Rhein bei Kehl zu überqueren und den Weg entlang seiner deutschen Seite zu nehmen. Wenn alles so gut weiterlief wie bisher, würden wir in weiteren zwei bis zweieinhalb Stunden Basel erreichen, ehe dort noch der Berufsverkehr einsetzte.
Das röhrende Motorgeräusch aus dem Heck nahm ich schon seit Sarreguemines nicht mehr wahr, es war schon jetzt zu etwas Vertrautem geworden, einem freundlichen Brummen, ich ließ mich einlullen und entspannte mich.
Das Ufo ließ mich aus meinem Halbschlaf aufschrecken. Es raste mit Lichtgeschwindigkeit an uns vorbei und spülte uns

wie Strandgut auf den Seitenstreifen. Ich riss das Steuer hart nach Backbord und brachte uns wieder auf die Bahn. In der Ferne verglühten die Rücklichter des Ufos, das in Wahrheit ein BMW gewesen war.
Mit einem Mal war ich hellwach, mein Herz spürte ich bis zum Hals pochen. Steffi hatte von alledem nichts mitbekommen. Sie verzog im Schlaf nur unwillig den Mund und rückte sich in ihrem Sitz zurecht. Ich konzentrierte mich wieder auf die Straße, auf der es sich langsam belebte. Ganze Milchstraßen von Zwillingssternen schwärmten uns entgegen, und die Angriffe der Ufos wurden nun häufiger. Vor uns dämmerte der neue Morgen herauf und versprach einen wolkenfreien Himmel.

„Luca", kam es von weit her, „Luca, wach auf!" Steffis Stimme. Ehe ich die Augen aufschlug, zählte ich in Gedanken die letzten Fakten zusammen: Pippo, Sarg, meine Onkel, Autobahn...- Noch während ich die Augen aufschlug, packten meine Hände das Steuer, und ich suchte die Fahrbahn nach ihren Begrenzungen ab. Doch da waren plötzlich keine mehr, wie ich durch die milchige Scheibe registrierte! ...‚Ausfahrt', ‚Rastplatz Mahlberg'... - Mein Herz erhöhte eben wieder seine Schlagzahl, als mir alles wieder einfiel.
Ein kleines Mädchen spazierte vorbei, an der Hand seine Mutter. Es lachte uns an und verrenkte sich den Hals nach unserem Auto, als die beiden sich entfernten. Ich sah ihnen nach, wie sie zum Vater einstiegen und davon fuhren.
„Luca?", hörte ich Steffi wieder neben mir.
„Hm?"
„Alles in Ordnung?"
„Bin okay."
„Wo sind wir?"
...‚Freiburg 35 km'...
„Irgendwo zwischen Offenburg und Freiburg. Wie spät ist es?"
„Halb acht." Sie streckte sich und streifte den Pulli über. Ich wollte das Verdeck aufklappen, besann mich angesichts des

Jetbags jedoch eines Besseren und öffnete stattdessen die Tür. Draußen war es kühl, aber windstill. Nur in den Wipfeln der Bäume ringsum raschelte es leicht. Ich stieg aus und machte ein paar Dehnübungen. Die frische Luft tat mir gut, und ich fühlte mich wieder etwas ausgeruhter.

„Hast du Hunger?"

Steffi schüttelte den Kopf. „Ich hab Kopfweh."

Ich klappte ihre Sonnenblende nach unten, hinter der ein Streifen Aspirintabletten klemmte.

„Ich würde sagen, wir frühstücken in der Schweiz. Aber einen Kaffee brauche ich jetzt schon. - Bleibst du hier?" Wieder schüttelte sie den Kopf und zeigte auf das ‚Toiletten'-Schild über dem Eingang.

Auf dem Weg dorthin gähnten wir uns gegenseitig an. Kaum ein Dutzend Autos standen zu dieser Stunde auf dem Parkplatz, aber weiter hinten konnte ich eine ganze Reihe von LKW und Bussen erkennen, was den Umstand erklärte, dass sich an der Selbstbedienungstheke eine größere Gruppe von Leuten drängte, die sich gegenseitig zur Eile anhielten. Dennoch war Steffi längst wieder zurück, als ich endlich dazu kam, meinen Espresso zu bestellen. Er war schlecht und teuer, brachte mich aber immerhin wieder auf die Beine.

Schon von Weitem sahen wir sie. Sie standen um den Wagen und spannten von allen Seiten ins Innere. Während wir näher kamen, musterte ich sie von oben bis unten. Sie waren teilweise ein bisschen eigenartig angezogen. Die Frauen trugen fast alle Weiß, die Männer Schirm- und Kapitänsmützen. Andächtig machten sie einen Schritt zurück und standen Spalier, als ich näherkam und aufschloss. Engländer?, dachte ich bei mir. Keiner sagte ein Wort, sie standen einfach nur da, höflich lächelnd wie Japaner auf einer Exkursion. Ich öffnete Steffi die Tür von innen und ließ den Motor an. Sie winkten uns nach, als seien wir uralte Bekannte. Ich tankte den Fiat auf - zwölf Liter - und kaufte bei der Gelegenheit gleich noch eine Flasche

Wasser. Auf dem Weg zur Autobahnauffahrt passierten wir die Engländer erneut. Der Fahrer, der mit ihnen vorm Bus stand und rauchte, sah gleichgültig durch uns hindurch.

Auf dem Radio hatte Steffi bestanden. Nicht, dass ich etwas gegen Musik beim Fahren hatte, im Gegenteil; aber dieses Ding war uralt und hatte außerdem kein Kassettenfach. Also hörten wir *Radio Salü*, bis der Empfang Gott sei Dank zu schlecht wurde. Danach war das große Rauschen zu hören, und schließlich gab Steffi die Suche nach einem anderen Sender auf.

Der Verkehr wurde dichter, je näher wir Basel kamen. Kurz vor der Grenze überprüfte ich Pippos Sarg auf festen Sitz und vergewisserte mich, dass man durch den Staub auf der Frontscheibe nicht sah, dass die Vignette recycelt worden war.

Die Grenzkontrolle selbst gestaltete sich als Spießrutenlauf, weil die Posten auf beiden Seiten unbedingt mal einen Blick ins Innere des Cinquecentos werfen wollten. Bei anderer Gelegenheit wäre ich über so viel Interesse erfreut gewesen, dieses Mal aber brannte mir unser Weiterkommen auf den Nägeln.

Um die Sache nicht unnötig zu komplizieren, gab ich bereitwillig Auskunft zur Technik; das Probesitzen der versammelten Schweizer Grenzbeamten konnte ich dagegen mit Mühe und Not gerade noch verhindern. Fröhlich wünschten sie uns eine gute Fahrt, nicht ahnend, welche Fracht wir an ihrer Nase vorbei transportierten.

„Ihr habt *was*?!?“

„Du hast mich schon verstanden.“

Günther schüttelte den Kopf. Er war leicht aus der Fassung gebracht und versuchte, sich selbst davon zu überzeugen, dass dies bloß ein dummer Scherz war.

„Nein. Nein, das habt ihr nicht getan! - Bruno, das würdest du doch nicht tun, oder?“

Bruno schwieg und vermied es, ihn anzusehen, ebenso wie die anderen, die um den Küchentisch herum saßen.
„Ihr hättet es mir sagen müssen“, presste Günther leise hervor. Bruno räusperte sich.
„Wie denn? Du hast dich doch vehement...-“
„Ihr hättet es mir sagen müssen!“, schrie Günther. Er war außer sich vor Wut und wusste zugleich nicht, wohin damit.
„Hör mal, es ist doch alles in Ordnung...-“
„Was ist in Ordnung? Gar nichts ist in Ordnung! Gerade von dir hätte ich eigentlich ein bisschen mehr Verantwortungsgefühl erwartet! Luca...-“
„Günther, schrei nicht so!“, unterbrach ihn Giovanna mit einem Blick zur Decke.
„Was ist? Innocenza?“
„Ich habe ihr gesagt, dass Ballavia Papa heute früh mitgenommen hat und mit dem Spezialsarg nach Lecce fährt.“
„Ballavia? Warum?“ Giovanna schwieg.
„Sie wollte sie nicht unnötig aufregen“, half Bruno aus.
„Ach nein! Wie rührend!“, rief Günther, senkte aber gleich die Stimme wieder.
„Aber mich, mir könnt ihr ja ruhig die Wahrheit sagen - jetzt, wo alles gelaufen ist, wie?“
„Hätten wir's bloß gelassen“, meinte Enzo in die Runde hinein.
„Ja, hättet ihr mal bloß! Aber jetzt ist's zu spät! Und soll ich euch was sagen? Ich mache mir Sorgen! - Ja, stellt euch vor, es mag euch ja spießig erscheinen, aber ich mache mir Sorgen um die beiden! Was ist, wenn der Zoll sie kontrolliert? Schon mal drüber nachgedacht? Nein? Schade - jetzt ist's dafür auch zu spät!“
„Günther!“
„Was denn? Übertreibe ich etwa? Sehe ich wieder mal alles zu schwarz?“
„Wir machen uns auch Sorgen. Aber das schien in der Eile der einzige Weg zu sein.“
„Oh nein! Du weißt genau so gut wie ich, dass es andere

Möglichkeiten gegeben hätte! Und wenn deine Tante und deine Brüder und wir genug zusammengetragen hätten, wäre dein Vater auf ganz reguläre und legale Weise zu seiner Beerdigung in Italien gelangt."

Ihm kam plötzlich ein Gedanke.

„Wissen Karl und Christa auch davon?"

„Nur Karl. Er hat den Sarg gebaut."

„Was?!?"

„Sags ihm, Bruno!"

„Er hat ihn aus einem Jetbag und einem Rasenmäheraufsatz zusammengenietet."

„Einem *was*?"

„Rasenmäheraufsatz. Weißt du, so ein Ding, das hinten das Gras auffängt, wenn...-" Doch Günther gebot ihm zu schweigen.

„Und Karl fand die Idee wahrscheinlich ganz toll, wie? Und warum hat er Christa nicht eingeweiht?"

„Günther, komm, machs mir nicht so schwer! Ich hatte doch keine Ahnung, was ich machen sollte! - Und das mit dem Transport war Lucas eigene Idee!"

„Ja, klar! Und ihr habt ihn vermutlich mit allen Mitteln davon abzuhalten versucht...?"

„Nein, das nicht."

„Hör zu, Günther, ich seh die Sache so: Unser Vater sollte nicht in Deutschland begraben werden. Und Ballavia ist zu teuer. Ich finde das sehr anständig von Luca und Steffi, dass sie angeboten haben, die Sache zu übernehmen. Die beiden sind doch erwachsen, und den Vorschlag haben sie von sich aus gemacht."

„Ich glaubs nicht", sagte Günther und erhob sich von seinem Stuhl, „ich glaub das einfach nicht. Bin ich hier bei den Corleones gelandet? – Enzo, was ist denn mit *deinem* Sohn?"

„Stiefsohn", bemerkte Edith.

„Meinetwegen auch das! - Was ist denn mit ihm? Warum in aller Welt hast du denn eigentlich nicht *ihm* deinen schicken

Wagen geliehen und *ihn* nach Italien runter geschickt?"
„Weil das da draußen nicht mein Wagen ist!"
„Sondern?"
„Ein Firmenwagen."
„Und was ist mit...-"
„Leihwagen. Ich bekomme meinen erst Mittwoch zurück", erklärte Bruno, noch ehe Günther ausgesprochen hatte.
Der blickte sich suchend unter den Anwesenden nach einem Schuldigen um.
„Giovanna!"
„Was?"
„Sag doch auch mal was dazu! - Warum hast du ihm nicht wenigstens unser Auto mitgegeben?"
„Das hättest du ihm doch nie überlassen!"
„Natürlich hätte ich es ihm nicht überlassen! Ich scheine ja auch der Einzige hier zu sein, der noch bei Verstand ist!"
„Scht!"
Früher noch als die anderen hatte Giulia die Schritte auf der Treppe gehört. Abrupt brachen die Gespräche ab, und in die entstandene Stille hinein trat Innocenza. Sie schien weder von der aufgeladenen Stimmung noch von dem unnatürlichen Schweigen um sie herum Notiz zu nehmen, sondern ging schnurstracks auf Giovanna zu und nahm sie beiseite. Leise unterhielten sich die beiden auf Italienisch miteinander, und Giovanna meinte:
„Bruno, wann, sagtest du, kriegst du dein Auto zurück?"
„Wahrscheinlich morgen..."
„Das heißt, ihr fahrt mit dem Alfa zum Flughafen?"
„Na ja, ich denke..., - wie spät ist es? -, ich denke, ich rufe mal an und frage nach, ob er schon fertig ist. Warum?"
„Tante Innocenza hat angefragt, ob ihr sie mitnehmen könntet."
„Äh..."
„Danke! Nett von dir."
„Moment mal! Wir fliegen von Berlin aus."
„Berlin? Aber ich dachte, wenn ihr schon mal da seid...-"

„Giovanna - Wir sind doch überhaupt nicht für eine Reise gerichtet! Wir müssen doch zumindest ein paar Sachen packen."
„Ich könnte euch doch was leihen."
„Lass mal. Wir müssen auch noch dies und das abklären bis zum Wochenende. Das können wir nicht alles von hier erledigen. Wir sehen uns ja in ein paar Tagen in Lecce schon wieder."
„Und wann wolltet ihr los?"
„Nun, ich dachte, Samstag Abend. Von Tegel aus verkehren sicherlich ein paar Maschinen täglich. Und ihr?"
„Wahrscheinlich auch Samstag - aber früh. Wenn wir morgens einen Flieger erwischen, könnte Oronzo uns gegen Mittag abholen. - Was meinst du, Günther?" Doch der war in Gedanken offenbar woanders und im Übrigen dem Gespräch nicht gefolgt.
„Ich werde mal nachfragen, wie's mit Flügen von Ensheim aus bestellt ist."
„Dann lass mich erst noch mit der Werkstatt telefonieren - dauert auch nur eine Minute!"
„Hier", sagte Enzo, „nimm mein Handy! Dann müsst ihr euch nicht ums Telefon streiten."
Alle mit Ausnahme von Günther erhoben sich von ihren Stühlen und verstreuten sich im Haus, um erste Vorkehrungen für die Reise zu treffen. Bruno verschwand mit Enzos Handy im Garten, Giovanna setzte sich zuerst mit der Auskunft und dann mit den Flughäfen in Saarbrücken-Ensheim und Luxemburg in Verbindung, und Innocenza, die sich noch immer entsetzlich müde fühlte, begab sich wieder nach oben, um ein kleines Nachmittagsschläfchen halten. Am Tisch zurück blieb Günther, dessen Gedanken sich nur sehr schwerfällig ordnen wollten.

7

Dicker Nebel breitete sich aus und verwischte die Kontur der Landschaft ringsum. Man sah die Hand vor Augen kaum, und schemenhaft nur konnte man seine Umwelt wahrnehmen. Aus der Ferne ertönte ein Nebelhorn, aber noch war kein Positionslicht zu erkennen. Doch wir wussten, schon bald würde der Bug des Schiffes auftauchen, irgendwo inmitten des wabernden Nichts, und es würde sie mit sich bringen, die Untoten, rastlose Seelen auf der Suche nach Zerstörung, nach ewigem Frieden. Da war wieder das Nebelhorn, näher diesmal, viel näher. Und da, genau hinter uns, konnte ich seine Positionsleuchten ausmachen, vier, acht, ein ganzes Meer. Und mit Macht erklang sein Horn.

„Luca!“, schrie Steffi, und ich lenkte uns auf den Seitenstreifen, während der Lastzug an uns vorüberdonnerte. Der Nebel zog herauf und hüllte uns nun vollkommen ein.
„Was ist das?“
„Weiß ich doch nicht! Ich will raus hier!“
„Warte!“ Ich hielt sie am Arm fest für den Fall, dass sie vorhatte, sich aus dem Auto zu stürzen.
„Da vorne muss gleich eine Ausfahrt kommen, bis dorthin müssen wir's schon noch schaffen. Ich will nicht unbedingt der Autobahnpolizei erklären, was wir auf dem Dach haben. Okay?“
Sie nickte stumm, und ich fuhr vorsichtig an. Nach wenigen Metern hatten wir wieder freie Sicht, und ich beschleunigte den Wagen. Zurück auf die Autobahn traute ich mich nicht, denn hinter uns machte sich eine Nebelbank breit, aus der die Autos nur so hervor- und an uns vorüberschossen. Endlose zwei Kilometer später kam endlich die Ausfahrt. Wir gelangten auf eine Landstraße und nahmen den erstbesten von ihr

abzweigenden Feldweg, der nach wenigen Metern in einen Wald führte.
Das Heck des Cinquecentos qualmte, als stünde es in Flammen. Die Rauchfahne, die wir die letzten Kilometer über hinter uns hergezogen hatten und die nun senkrecht in den Himmel stieg, war sicher meilenweit zu sehen. Ich rechnete jeden Moment mit dem hiesigen Forstwirt, der uns beim vermeintlichen Versuch, seinen Wald abzufackeln, auf frischer Tat erschießen würde.
Ich sah sofort, was los war. Durch die Aufsteller stand die Motorhaube des Cinquecentos oben gut und gerne drei Zentimeter offen, und in dem entstandenen Spalt versickerte nun das Schmelzwasser aus Pippos Sarg. Vorsichtig öffnete ich die Klappe am Fußende. Der innen angebrachte Dichtring hatte zwar seine Funktion nicht vollkommen erfüllt, uns jedoch vor dem Schlimmsten bewahrt. Ein Schwall Eiswasser kam mir entgegen und verdampfte zischend auf den heißgefahrenen Teilen des Motorblocks.
Ich angelte die Taschenlampe aus dem Innenraum und besah mir flüchtig das Innere des Jetbags. Alles war in Ordnung, ein wenig Tauwasser hatte sich an den Wänden niedergeschlagen, aber das würde in der Sonne verdunsten. Die Kühlakkus hatten Körpertemperatur, das Wasser von den losen Eiswürfeln füllte die Plastikbeutel, in die man sie gepackt hatte. Aber irgendwoher musste die Brühe doch gekommen sein! Mir blieb nichts anderes übrig, als Pippo aus seinem Sarg zu nehmen und diesen unter die Lupe zu nehmen.
Steffi, die Schmiere stand, machte keinen Versuch, mir dabei zu helfen. Auch gut. Vorsichtig zog ich Opa aus dem Jetbag heraus, ließ ihn über die Haube hinunter gleiten und platzierte ihn auf dem Fahrersitz. Dann stellte ich mich mit den Zehenspitzen auf die Kante des Motorraums, da, wo die Haube unten abstand, und leuchtete den ehemaligen Rasenmäheraufsatz aus. Die Akkus, die nun frei zugänglich waren, packte ich in eine Plastiktüte, ebenso die Wasserbeutel. Am Kopfende fanden sich mehrere geleerte Beutel, deren Inhalt

offenbar nur recht mangelhaft gegen Auslaufen gesichert worden war. Ich packte sie zu den anderen, wischte den Sarg mit einem Handtuch trocken und untersuchte Pippo auf Wasserschäden. Seinen Rücken zierte ein riesiger Fleck. Ansonsten schien er unversehrt zu sein.
„He, sieh mal", rief ich, „Opa hat schon sein erstes Hemd durchgeschwitzt!"
Doch Steffi rührte sich nicht von der Stelle, schenkte uns keinen Blick.
„Komm, hilf mir mal, ihn wieder zu verstauen!"
„Nein." Ich hielt inne.
„Wie?"
„Ich kann das nicht."
„Es ist ganz leicht. Ich hebe ihn hoch; du musst nur ein bisschen schieben."
„Das meine ich nicht." Sie starrte in den Wald hinein.
„Sondern?"
„Ich kann nicht. - Kann ihn nicht anfassen."
„Opa?"
„Eine Leiche."
„Sag nicht sowas! - Wieso kannst du Opa nicht anfassen?"
„Weil ich mich ekele!"
Na toll, dachte ich. Und das sagt sie mir jetzt? Genau in diesem Augenblick?
„Das sagst du mir jetzt?"
„Das hätte ich dir auch schon früher gesagt, wenn du mich gefragt hättest."
„Dich gefragt? Du wusstest doch, dass wir Opa nicht die ganze Fahrt über da drin lassen würden!"
„Aber ich hätte auch gedacht, dass du und Papa euch überlegt hättet, wie du das anstellen würdest!"
„Komm, lass uns jetzt nicht streiten. Hilf mir einfach, ihn da wieder rein zu kriegen; ja? Je schneller wir damit anfangen, desto schneller sind wir auch wieder fertig und können weiter!"
„Nein!"

„Steffi!“
„Nein!“
„Du hast doch auch angepackt, als uns Frau Schmitt erwischt hat!“
„Ich fass ihn nicht an! Nicht noch einmal.“
Da stand ich nun, meinen Opa in den Armen, der mir schwerlich den Rücken stärken konnte, mir gegenüber Steffi, die die Arme vor der Brust verschränkt hielt und den Wald über unsere Köpfe hinweg nach Förstern abzusuchen schien. Allmählich kühlte der Motor des Cinquecentos ein wenig ab; der Nebel hatte sich verzogen. Kitschig ausgedrückt, könnte man auch sagen: Er hatte den dunklen Wolken Platz gemacht, die unsere Beziehung zu überschatten drohten. Aber wir standen beide noch nie auf Kitsch.

Sie blieb eisern und mir nichts anderes übrig, als Pippo irgendwie alleine wieder aufs Dach zu befördern. Ich hatte inzwischen eingesehen, dass Steffis Weigerung, mir zu helfen, nicht mangelndem Willen, sondern ihrer Angst und ihrem Ekel vor dem Toten entsprang, und obwohl ich mich noch immer über sie ärgerte, akzeptierte ich diese Einstellung und fand mich mit dem Gedanken ab, sie bei der Aktion 'Pack den Opa in den Sarg' außen vor zu lassen.
Die Frage war nur: Wie konnte ich es ohne ihre Hilfe schaffen? Mehrere Ansätze, Pippo die Haube hinauf zu schieben, scheiterten. Ich erklomm das Dach und versuchte, ihn in den Jetbag zu ziehen, während ich rittlings auf diesem saß. Mit Sicherheit gab ich dabei ein Bild für die Götter ab, schaffte es aber auch auf diese Weise nicht. Zu schwer war Opa, zu wackelig meine Position. Im Geiste verfluchte ich Steffi hundertfach, wie sie tatenlos dastand, unfähig, mit anzupacken.
Endlich kam mir die Idee mit dem Hebel. Ein Brett wäre ideal gewesen, aber da ich keine Ahnung hatte, wo ich in dieser Gegend eins herbekommen sollte, behalf ich mir mit zwei armdicken Ästen, die ich in der Nähe fand. Unter den

Gepäckträger geklemmt, führten sie wie Schienen oder eine Rutsche zu Boden. Ich breitete das Handtuch gegen das Baumharz über die Äste, legte Pippo darauf und hob sie an den Enden in die Höhe, bevor ich sie auf die Schultern nahm und ihn waagerecht mit einer Hand in den Jetbag zurück schob. Die ganze Angelegenheit klappte besser als erwartet, und endlich schloss sich die Klappe hinter Pippos Absätzen.
Ich war schweißgebadet, aber glücklich - jedenfalls für den ersten Moment. Was blieb, war das Problem der Kühlung des Sarges. Die Sonne stand schon hoch, und der Tag versprach heiß zu werden. Ohne die Akkus, von denen ich mir längere Kühldauer versprochen hatte, würden wir in der uns bevorstehenden Hitze nicht weit kommen. Doch zunächst einmal mussten wir raus aus diesem Wald. Ich hatte mir schließlich nicht die ganze Mühe gemacht, um jetzt noch aufzufliegen.
Steffi sprach kein Wort, als sie zu mir in den Wagen stieg. Ich ließ sie in Ruhe. Holpernd setzten wir über den Waldweg zurück und bogen wieder in die Landstraße ein. Keiner hatte uns gesehen, Gott sei Dank. Ich fuhr aufs Geratewohl in irgendeine Richtung. Dass wir mit dem ungekühlten Behälter auf dem Dach nicht wieder auf die Autobahn zurück konnten, stand bereits fest, und so spendeten uns die Bäume beiderseits der Straße beim Fahren zumindest ein wenig Schatten.
Wir passierten ein halbfertiges Industriegebiet und folgten der Beschilderung in Richtung Stadtmitte. Der Supermarkt an der Peripherie öffnete gerade seine Pforten; einer der Verkäufer rollte die Pinnwand mit den Sonderangeboten ins Freie. ‘Was soll's?’, dachte ich, wendete den Wagen und rollte als Erster an diesem Morgen auf den jungfräulichen Parkplatz.
Acht Menschen arbeiteten in dem Supermarkt, aber keiner wollte uns die Akkus schockgefrieren oder sie zumindest für ein paar Stunden in die Kühltruhe legen lassen; ich durfte nicht mal das Eis von den Wänden der Truhe kratzen und in Beutel verpacken.

Als ich endlich aufgab und den Supermarkt verlassen wollte, hielt mich Steffi zurück:
„Luca, ohne Kühlung können wir nicht weiterfahren!“
„Weiß ich doch auch! Aber wenn die uns hier doch kein Eis geben wollen...-!“
„Und wenn wir statt Eis was anderes zum Kühlen nehmen würden?“
„- - - ?“
Sie sah über die Schulter hinüber zur Gefriertruhe.
„Du meinst, Pommes Frites und so?“
„Zum Beispiel. Oder Geflügelbrust.“
Wir näherten uns der Truhe und besahen uns deren Inhalt.
„Filetsteak?“
„Zu teuer. Wir müssen uns ans Budget halten.“
„Fischstäbchen?“
„Okay.“
„Bratwurst?“
„Okay.“
„Blattspinat?“
„Bääh!“
Der Verkäufer staunte nicht schlecht, was wir ihm da alles aus der Kühltruhe entführten.
„Geht doch nichts über ein gutes Frühstück“, sagte ich gut gelaunt.
Der junge Kassierer, der uns die ganze Zeit über verstohlen beobachtet hatte, bekam rote Flecken auf die Wangen, als er Steffi das Kleingeld rausgab. Wir verstauten den Kram noch an Ort und Stelle in Pippos Sarg, das Fußende vom Supermarkt abgewandt, von dessen Stufen aus uns der Inhaber zusah. Das Lachsfilet gaben wir wieder zurück, es passte beim besten Willen nicht mehr hinein und war sowieso zu teuer.
Fünf Minuten später waren wir wieder auf der Autobahn. Der Verkehr war jetzt ziemlich dicht, und dadurch, dass wir kaum einmal schneller als 70 Sachen fuhren, zogen wir einen LKW nach dem anderen hinter uns her. Dennoch waren wir bester

Laune. In einer Stunde würden wir in Ruhe frühstücken, auftanken und dann durchfahren bis Italien. Zwar lagen wir schon jetzt gute eineinhalb Stunden hinter unserer Sollzeit zurück, aber wenn alles gut ging, konnten wir immer noch am frühen Nachmittag die Grenze passieren.

Irgendwo in Frankfurt klingelte das Telefon. Jakob Spang, der gerade vom Mittagessen zurückgekehrt war, hob ab und hörte eine auf seltsame Weise wohlvertraute und doch fast vergessene Stimme:
„Jakob? Hier ist Giovanna - Giovanna Hübschen."
„ - - - ?"
„Du weißt doch, wer ich bin?"
„Ja", kam es unsicher, „ich wundere mich nur, dass du es bist. Wir haben lange nicht mehr miteinander gesprochen. - Wie geht es dir?"
„Gut..."
Giovanna zögerte. Sie wusste nicht, wie sie die Sache einleiten sollte, also sagte sie es frei heraus:
„Pippo ist tot."

Es war sinnlos, zu stark brannte die Sonne herunter. Am liebsten hätte ich bis zum Abend im Seelisberg-Tunnel geparkt. Obwohl wir dort weder Gegen- noch Seitenwind hatten, bremsten wir die an unserem Heck klebenden Laster gehörig aus. Die verlorene Zeit würden sie am Nachmittag fluchenderweise aufzuholen haben, zumal sie sich bereits wenige Kilometer zuvor an der Lärmschutz-Großbaustelle bei Luzern zu einem einzigen gigantischen Güterzug zusammen geschoben hatten.
Als wir nach endloser Fahrt endlich wieder ins Freie gelangten, nutzte ich die erste Raststätte für einen Routinecheck des Sarginneren. Wie befürchtet, waren die Tiefkühlhähnchen inzwischen ebenso getaut wie die Putenbrust. Ein dünnes Rinnsal kühlen Wassers plätscherte auf die Motorhaube.

„Was jetzt?“, fragte Steffi, die etwas abseits auf einer Steinbank saß. Weiter hinten war ein mattgrünes Klohäuschen zu sehen, das stark frequentiert wurde, ein ständiges Kommen und Gehen. Eine ganze Armada von LKW parkte gegenüber, darunter drei Tankwagen mit gleichem Logo, die wahrscheinlich Kolonne fuhren. Eine Frau mit käsigem Teint führte ihren Sohn zur Toilette; zwei Autos neben uns schlief ein Mädchen auf dem Rücksitz eines Toyota. Irgendwann endlich fiel mein Blick durch die Scheiben unseres eigenen Wagens, und plötzlich hatte ich eine Idee.
„Jetzt“, sagte ich und schnappte mir mit einem gezielten Griff ins Innere den Grillrost, „jetzt wird geschwenkt!“
„Du spinnst!“
„Willst du etwa das ganze Zeugs hier wegschmeißen?“
„Luca - damit haben wir 'ne Leiche gekühlt!“
„Ich würds noch lauter rausschreien...! Außerdem hab ich dir schon mal gesagt, dass du Pippo nicht so nennen sollst!“
Steffi senkte ihre Stimme.
„Das geht doch nicht!“
„Warum nicht? Der Kram ist vakuumverpackt und schockgefroren. Und Opa ist frisch gewaschen.“
Das Aufbauen des Grillgestells war nicht einfach, aber irgendwie bekam ich die Sache hin. Jetzt noch die Kette am Rost ein- und am Gestell aufgehängt, und fertig war der Schwenker. In Gedanken suchte ich nach einem Adjektiv für ihn und fand, dass ‚niedlich’ ihn am ehesten charakterisierte: Er hatte einen Durchmesser von weniger als dreißig Zentimetern.
„Mach, was du willst, aber erwarte bloß nicht, dass ich davon was esse!“
„Hab dich nicht so! Das wird bestimmt lecker!“
„Nein!“
„Steffi...“
„Nein!“
„Könntest du mir dann wenigstens beim Aufbauen helfen?“
Ich platzierte den Grill über der etwas abseits liegenden

Feuerstelle. Kleinholz fand ich im Gebüsch, Papier im Mülleimer, und im Nu hatte ich ein fröhlich flackerndes Feuerchen entfacht, während Steffi die Verpackungen der Tiefkühlprodukte aufriss, die ich dem Sarg entnommen hatte.
Die ersten Neugierigen näherten sich dem Cinquecento, einige auch meinem Feuer. Ich nutzte die Gelegenheit und lud sie gleich vor Ort zum Mittagessen ein. Die Sache ließ sich besser an als erwartet; während die Hähnchenschenkel auf dem Schwenker brutzelten, saß ich bereits mit einer Familie aus Völklingen und zwei schweizer Wohnmobilcampern bei der exotischen Vorspeise zusammen - Lachs mit chinesischem Reisgemüse. Die Schweizer hatten Kartoffelsalat, die Völklinger Butterbrote beigesteuert, und Steffi hatte sich nach langem Hin und Her doch noch breitschlagen lassen, zumindest ein bisschen von dem Salat zu essen - ein Fehler, wie sich noch herausstellen sollte.
Ich legte die Würstchen auf und tätigte ein paar Geschäfte. Einer der drei Tankwagenfahrer tauschte ein Sechserpack Dosenbier gegen drei Schwenker im Brötchen, und ein Holländer drückte mir für seine Mahlzeit einen Zwanziger in die Hand. Wir ließen es uns gut gehen und stießen auf unser Festgelage an, während unsere Kühlakkus im Gefrierfach des Wohnmobils zu neuen Kräften kamen.
Was denn eigentlich in unserem Jetbag sei und wieso er eine solch groteske Form hätte, wollte einer der Schweizer wissen. Davon, dass man sein Gepäck kühle, habe er schließlich noch nie gehört. Mir war mit einem Male ziemlich mulmig zu Mute. Jetzt musste mir was einfallen, und zwar etwas Gutes.
„Bestimmt hat er da seine Schwiegermutter drin“, witzelte der Schweizer. Die Umstehenden lachten.
„Nein“, sagte ich lässig, „meinen Großvater.“
„ - - - ?“
„Seinen Großvater!“
„Sie glauben mir wohl nicht? - Dann sehen Sie mal her!“
Ich ignorierte Steffis entgeisterten Blick und öffnete die Klappe

des Jetbags. Der Schweizer warf einen Blick hinein und bekam große Augen.
„Mein Gott!"
„Was ist?", fragte sein Kumpel.
„Da liegt tatsächlich einer drin."
„Wie jetzt?"
„Na, ein Mann! Da liegt ein Mann drin!"
Der zweite Schweizer kam heran und besah sich Opas Schuhsohlen.
„Nun, es ist eigentlich kein richtiger Mann", merkte ich an.
„Sondern?"
„Eine Wachsfigur."
„Wachsfigur? Auf diesem Auto?"
Ich fragte mich, ob ein toter Großvater ihnen plausibler vorkäme, sagte aber:
„Ja. Wir müssen halt sparen. - Also, besser gesagt, die Mitarbeiter des *museo delle cere* in Cocúmola."
„ - - - ?"
„Kennen Sie Cocúmola? Wahrscheinlich nicht. - Sehen Sie, es ist ein ziemlich kleiner Ort in Apulien, und mit den finanziellen Mitteln, die dem Kurator des Museums zur Verfügung stehen, kann man nicht gerade große Sprünge machen. Das Museum ist sehr bescheiden eingerichtet, aber man versucht, neue Wege zu gehen."
Ich ließ den Blick durch die Runde schweifen. Die Leute warteten auf die Auflösung, also tat ich ihnen den Gefallen.
„Na ja, eine gut gemachte Wachsfigur kostet eine Menge Geld. Also hat man sich überlegt, sich für den Anfang mit Figuren zu begnügen, die andere Museen nicht mehr benötigen, weil sie unpopulär geworden oder nicht mehr aktuell sind."
„Zum Beispiel?", fragte der Völklinger Familienvater. Ich zeigte mit schwungvoller Geste auf den Sarg.
„Wolfgang Schäuble!"
„Wolfgang Schäuble?"
„Genau der. Wir mussten extra einen Transportbehälter

anfertigen lassen, weil man ihn in sitzender Position gestaltet hat. Sehr unpraktisch."
Der Völklinger, der ins Innere des Jetbags linste, wurde nun mutiger.
„Kann ich ihn mal anfassen?"
Ich zögerte, aber was blieb mir übrig?
„Sicher doch - Überzeugen Sie sich ruhig, die Arbeit ist erstklassig!"
Er näherte sich vorsichtig Pippo und hob ein Hosenbein an.
„Da sind ja Haare drauf!"
„Wie ich sagte: Erstklassige Arbeit."
„Evelyn, komm mal her - das musst du dir ansehen! Der hat Haare auf den Beinen!"
Doch seine Frau schüttelte den Kopf.
„Komm doch - der beißt nicht!"
Aber Evelyn blieb standhaft, also kam der Völklinger schließlich zurück zum Grill. Die Schweizer versuchten, das Gesicht der Wachsfigur auszumachen, aber es war zu dunkel, und die Knie waren im Weg.
„Was ist mit dem Rollstuhl?"
„Was soll damit sein?"
„Na, Schäuble sitzt doch im Rollstuhl!"
„Ach, das. Der war zu teuer. Im Museum wird man ihn wahrscheinlich hinter einen Schreibtisch setzen oder so."
„Und Sie arbeiten also für dieses Museum?"
„Ja, aber nur selten. Normalerweise kauft der Kurator seine Figuren nur in Italien, und eine Spedition übernimmt den Versand. Aber ich war ohnehin auf dem Weg nach Italien, und dies hier war ein Schnäppchen. Ich habe durch Bekannte zufällig Wind davon bekommen, dass ein Museum in Süddeutschland sich von einigen Figuren trennen wollte, die mehr oder weniger in den Parteispendenskandal verwickelt sein sollen, und den Kurator verständigt, dass ich ihm probehalber eine mitbringe."
„Ah ja?"

„Kohl hätte ich sogar umsonst gekriegt."
„Warum haben Sie ihn nicht genommen?"
„Wie hätte ich den denn auf meinen Wagen kriegen sollen? - Außerdem wollen den nicht mal mehr die Italiener haben."
Die Schweizer kamen herüber und setzten sich zu uns.
„Aber schmilzt die Figur denn nicht in dieser Hitze?", fragte einer von ihnen.
„Das genau ist das Problem", meinte ich, „wir müssen alle paar Stunden anhalten, um für Kühlung zu sorgen. Wenn das so weitergeht, ist bis Cocúmola nichts mehr von Wolfgang übrig."
„Sie wollen an die Adria?" Ich nickte.
„Schade. Wir fahren die andere Richtung, sonst hätten wir Ihnen mit unserem Kühlschrank ausgeholfen. Aber Sie könnten unsere Akkus zusätzlich mit hinein packen."
„Danke, aber die brauchen Sie doch sicher selbst...-"
„Ach was, nehmen Sie sie schon! Sagen wir, als Gegenleistung fürs Essen."
Und schon stieg er ins Wohnmobil und kam nach kurzer Zeit mit einer Plastiktüte voller Kühlakkus zurück. Während die Völklinger die Grillstelle säuberten und Steffi, bei der sich der Kartoffelsalat zurückmeldete, auf der Toilette verschwand, packte ich zusammen und verstaute die Akkus im Jetbag, die mir der Schweizer anreichte. Fünf Minuten später waren wir startklar. Opa war gekühlt, der Schwenker verstaut, und wenn wir es heute noch bis Cattolica schaffen wollten, mussten wir uns ganz schön ranhalten.
Die Schweizer, die selbst am Aufbrechen waren, klopften zum Abschied auf den Sarg:
„Gute Reise, Herr Schäuble!"
Im Rückspiegel sah ich, dass sie uns nachwinken. Nicht zu fassen, wir fuhren mit einem Toten quer durch Europa, aber überall hinterließen wir fröhliche Menschen.
„Cucumula?", fragte Steffi zweifelnd.
„*Cocúmola*", verbesserte ich. „Sieh mich nicht so an - den Ort gibt's tatsächlich! Pippo wurde dort geboren."

„Wo sind die beiden jetzt, Giovanna?“
„Ich weiß es nicht. Sie wollten eigentlich gegen Nachmittag bei Michele sein.“
„Bei wem?“
„Michele ist ein entfernter Cousin von mir. Er arbeitet auf einem Campingplatz an der Adria.“
„Weiß er Bescheid?“
„Ja. Er wird Luca helfen, Papa bis zur Weiterfahrt zu verstecken.“
„Und dann?“
„Die Beerdigung ist für Montag angesetzt. Die beiden haben also jede Menge Zeit. Luca will aber so schnell wie möglich Lecce erreichen.“
„Kann ich verstehen.“ Jakob Spang überlegte eine Weile und meinte dann:
„Hör zu, ich werde versuchen, so schnell wie möglich einen dieser Kühlsärge zu besorgen. Wenn wir die beiden bei deinem Cousin abfangen, könnten wir Pippo den Rest der Strecke ganz regulär im...-er scheute sich davor, das Wort Leichenwagen zu benutzen - ...im Kühlwagen transportieren.“
„Das würdest du tun?“
„Natürlich! - Ich weiß, dass einiges vorgefallen ist zwischen Pippo und mir, aber er ist trotzdem immer mein Freund geblieben.“
Giovanna zögerte, Jakob bemerkte es.
„Er hat vermutlich nicht mehr viel von mir gesprochen, nicht wahr?“
„Nein. Kein Wort.“
Betretenes Schweigen am anderen Ende der Leitung.
„Jakob...- „
„Es tut mir Leid, Giovanna. Wirklich sehr Leid.“
„Ich weiß.“
„Glaubst du, er...-?“
„Nein.“

„Nein?“
„Jakob, er war verbittert über das, was geschehen ist. Du weißt doch, was für ein Sturkopf er war!“
„Das stimmt, das war er - ein Sturkopf!“
„Aber er hat dich nicht gehasst oder so, da bin ich sicher. Ich habe oft versucht, mit ihm über damals zu reden, aber er wollte davon nichts hören. Ich hätte es gerne gesehen, wenn ihr euch versöhnt hättet.“
„Ich auch, Giovanna. Ich auch. Ich habe oft an euch denken müssen und wäre gerne einfach mal runtergefahren, um ‚Hallo' zu sagen.“
„Hättest du's mal getan...!“
„Ich hatte doch keine Ahnung...- „
„„Ja. Ich weiß. - Es wäre schön gewesen.“
„Meinst du?“
„Ich glaube, irgendwie hat er trotz allem immer darauf gewartet.“
Jakob räusperte sich.
„Gerade daran habe ich eigentlich nicht geglaubt. Ich dachte, es sei besser, die Dinge so zu belassen, wie sie waren.“
„Er hat es wahrscheinlich selbst nicht gewusst.“
„Giovanna?“
„Ja?“
„Wie denkst du denn darüber?“
„Keine Ahnung. Papa hat nie mit mir darüber geredet, und Mama hat es mir überhaupt erst kurz vor ihrem Tod erzählt. Ich dachte damals, dass wir der Arbeit wegen hierher gezogen wären.“
„Na ja, das stimmt ja auch gewissermaßen... - Wie alt warst du eigentlich, als ihr weggezogen seid?“
„Neun.“
„Neun? Du meine Güte!“
„Ja, es ist viel passiert seitdem...“

8

Es herrschte das wunderbarste Urlaubswetter, das man sich nur vorstellen konnte. Da der Verkehr mehr und mehr zunahm, verließen wir die Autobahn und wichen auf Landstraßen aus, die meist parallel zur Autobahn verliefen. Dass wir die letzte Auffahrt vorm Gotthard verpassten, war dagegen nicht geplant. Ehe wir uns versahen, überquerten wir auf einer Brücke die Autobahn und befanden uns auch schon auf dem ersten Teilanstieg zum Pass. An Umdrehen war bei dem regen Verkehr nicht zu denken, und als einige hundert Höhenmeter später die nächste Wendestelle auftauchte, hatten wir uns bereits für den Pass entschieden. Ich fuhr dennoch rechts ran, um die Autokolonne vorbei zu lassen, die wir schon seit dem Tal hinter uns herzogen.
Die nächstbeste größere Lücke nutzte ich, um mich wieder in den Verkehr einzufädeln und das Durchschnittstempo der Nachfolgenden auf der Passstraße zu drosseln. Die schlimmsten Anstiege lagen noch vor uns, und ich betete inständig darum, dass wir sie meistern würden, ohne dass einer der hinter uns Fahrenden aussteigen und uns während der Fahrt lynchen würde.
Zu meiner Überraschung konnten wir das Tempo halbwegs beibehalten, und der kleine Wendekreis des Cinquecentos ersparte es mir, in den Kurven vom Gaspedal zu gehen. So zockelten wir bergauf und beobachteten die Autoschlange, die entlang der unter uns liegenden Serpentinen zu immer größerem Ausmaß anwuchs.
Endlich war die Passhöhe erreicht, und als ich auf den Parkplatz einbog, schickten wir gemeinsam mit einigen hundert Nachfolgenden einen Seufzer der Erleichterung zu Tal. Der Motor war reichlich heiß gelaufen und wurde sogleich von einigen deutschen Rentnern kritisch beäugt und mit

Kommentaren bedacht. Bereitwillig gab ich Auskunft zu Motor und Baujahr, Preisen und Verbrauch und hörte mir die Anekdoten der Männer über diesen oder jenen Bekannten an, der auch einmal einen solchen Wagen besessen hatte.
So sehr mich dies normalerweise amüsierte, in diesem Moment war es mir lästig, und ich war froh, als ihr Fahrer endlich den Bus anwarf und die Rentner Richtung Adria davon fuhren. An das Winken und die zugleich bewundernden wie mitleidigen Blicke hatte ich mich inzwischen gewöhnt.
Steffi besorgte in dem kleinen Lokal etwas Trinkbares, und ich überprüfte währenddessen Opas Sarg auf Schmelzwasser. Die tiefgefrorenen Akkus hielten die Kälte tadellos, also schloss ich die Klappe schleunigst wieder.
„Hast du das Ding verriegelt?", fragte Steffi.
„Was denkst du denn?"
Wir saßen auf der Leitplanke, die den Parkplatz und das Lokal eingrenzte, und beobachteten die Neuankömmlinge, die auf dem Weg zum Klo am Fiat vorbei kamen und ihn und seinen merkwürdigen Dachkoffer neugierig umrundeten. Die Cola war herrlich kühl in der Nachmittagshitze, und während sie mir die Kehle herunter rann, genoss ich die spektakuläre Aussicht. Hinter uns ging's steil bergab, und man konnte das ganze Tal bis weit hinter Airolo überblicken, das von den gewaltigen Gebirgszügen der Tessiner Alpen umschlossen wurde. Auf den Gipfeln glitzerte Schnee.
„Erzähl mir was von deinem Opa!", forderte mich Steffi auf.
„Was denn?"
„Ich weiß nicht. Irgendwas."
Ich überlegte, aber es fiel mir auf die Schnelle irgendwie nichts Erwähnenswertes ein.
„Hast du ihn gern gehabt?" Ich nickte.
„Klar."
„Von wegen ‚klar'. Mein Opa war einfach ein nörgeliger alter Geizkragen, der mit jedem Streit angefangen hat. Außerdem stank er immer nach Urin."

„Prost“, sagte ich und setzte die Flasche wieder ab.
„Sorry.“
„Pippo war ganz anders, obwohl er auch seinen Dickkopf hatte. Aber es war irgendwie... na, anders halt. Du weißt schon...-“
„ - - - ?“
„Er hat Streit nie gesucht; aber er hat sich auch nie von jemandem rumkommandieren lassen - schon gar nicht von meiner Mutter, obwohl sie's oft versucht hat.“
„Warum?“
„Warum er sich nicht hat rumkommandieren lassen?“
„Nein. Warum sie es versucht hat.“
„Keine Ahnung. Es hing wohl damit zusammen, dass er sich ihrer Meinung nach ziemlich hatte gehen lassen, nachdem meine Oma gestorben war.“
„Und? War das so?“
„Ich weiß nicht. Ich hab keine Ahnung, wie er früher war.“
„Wie lange ist das mit deiner Oma her?“
„Ungefähr vierzehn Jahre. Sie hatte Lungenkrebs.“
Steffi überlegte.
„Wie alt war dein Opa da?“
„Wart' mal... so sieben-, achtundsechzig. Warum?“
„Ich dachte gerade, dass es schlimm sein muss, in dem Alter jemanden zu verlieren.“
„Das ist wohl immer schlimm, oder?“
„Das meine ich nicht. Aber wenn du dein ganzes Leben mit jemandem verbracht hast und er dann stirbt, muss dir doch was fehlen.“
„Willst du damit sagen, dass *ich* dir nicht fehlen würde, wenn ich jetzt hier runterstürzte?“
„Du bist blöd!“ Sie sprang auf, nahm mir die leere Flasche aus der Hand und ging ohne ein weiteres Wort in Richtung Lokal davon. Thema beendet. In der Zeit, bis sie wieder zurück kam, schraubte ich die Zündkerzen heraus und säuberte sie oberflächlich von den Brennrückständen. Sie waren in ebenso tadellosem Zustand wie das Motoröl, das ich zufällig erst

vorletzte Woche gewechselt hatte. Honigfarben tropfte es vom Messstab auf den Lappen in meiner Hand.
Steffi kam zurück und nahm Platz. Ich tat das Gleiche und warf den Motor an.
„Bist du jetzt sauer?“, fragte ich.
Keine Antwort.
„Hey, ich wollte doch nur das Gespräch ein bisschen auflockern.“
„Guck auf die Straße - wir rollen!“
Der Verkehr über den Pass schien immer noch zuzunehmen; womöglich gab es einen Stau vorm Gotthard-Tunnel. Ich stieß in die erstbeste Lücke und nahm den Abstieg in Angriff.

Später dann fiel mir tatsächlich noch ein Erlebnis mit meinem Großvater ein. Ich hätte Steffi gerne davon erzählt, doch sie hatte sich offenbar vorgenommen, mich während der nächsten Stunden mit Nichtbeachtung zu strafen, und ich hatte das deutliche Gefühl, dass dies nicht der richtige Moment dafür war, das Gespräch von eben wieder aufzunehmen. Also behielt ich meine Erinnerung für mich.
Doch während wir eine Haarnadelkurve nach der anderen passierten, gingen mir einige Dinge zu Pippo durch den Kopf, - Erlebnisse, Kleinigkeiten -, die ich längst vergessen geglaubt hatte.
Da war zum Beispiel seine Sprunghaftigkeit, wegen der er immer wieder abrupt das Thema wechselte, als habe er plötzlich den Faden verloren - besonders, wenn ihm dieses nicht gefiel. Ich hatte nie herausgefunden, ob diese vermeintliche Altersdemenz eine Selbstschutzvorrichtung seines Hirns oder einfach nur ein Trick von ihm war.
Eine Anekdote kam mir in den Sinn, die er mir vor Jahren erzählt hatte. Meine Großmutter war kurze Zeit zuvor gestorben, und ich hatte das Bedürfnis verspürt, zu erfahren, was für eine Art Mensch sie eigentlich gewesen war. Umgekehrt schien Pippo froh darüber zu sein, seine

Erinnerungen an sie mit jemandem teilen zu können. Ich weiß selbst nicht mehr, wie wir darauf kamen oder worüber wir vorher gesprochen hatten, aber nach einer seiner für ihn so typischen Kunstpausen meinte er unvermittelt und übergangslos:
„Deine Großmutter hat mir mal als Pausenbrot ein Kotelett eingepackt. Das war damals, als ich noch hier unter Tage arbeitete."
Von den Geschichten aus der Bergwerkszeit meines Großvaters konnte ich gar nicht genug bekommen. Er war zwar nur knapp drei Jahre lang eingefahren, doch hatte er seinerzeit immerhin als Kolonnenführer gearbeitet. Als kleiner Junge faszinierte mich dieses Paralleluniversum unter Tage über alle Maßen.
„Wir hatten nicht gerade viel Geld damals", fuhr Pippo fort, „und ich war es nicht gewohnt, richtiges Essen mitzubekommen. Also vergaß ich das Kotelett und aß in der Mittagspause stattdessen von den Kartoffeln, die ich üblicherweise mitnahm; erst auf dem Nachhauseweg spürte ich es in meiner Tasche."
„Was hast du getan? Es weggeschmissen?", fragte ich.
„Bist du verrückt? Ich habs gegessen - heimlich, nach dem Abendbrot, obwohl ich schon satt war, weil ich mir aus Reue extra viel draufgepackt hatte. Mir war vielleicht schlecht hinterher."
In Gedanken an dieses Gespräch musste ich lächeln. So war er gewesen, mein Großvater. Irgendwie war ich froh, dass mir diese Geschichte eingefallen war.

„Na? Was hat er gesagt?"
Giovanna zuckte die Schultern.
„Er will zusehen, dass er einen Leichenwagen organisiert."
„Wozu das denn?" Günther war erstaunt.
„Damit er Papa in Cattolica von Luca übernehmen kann."
„Übernehmen?"
„Wieso erst in Cattolica?", wollte Bruno wissen.

„Weil wir vorher vermutlich nichts von den beiden hören werden. Ich habe Luca zwar gebeten, von unterwegs anzurufen, aber er wollte möglichst ohne längere Pausen durchfahren und sich erst melden, wenn sie bei Michele angekommen sind.“
„Wenn sie denn bis dorthin durchkommen!“, wand Günther ein.
„Bis wann weiß Jakob, ob er den Wagen kriegt?“
„Er meinte, bis spätestens morgen früh. Er will sich später nochmal melden.“
„Wir sollten Michele schon mal vorab Bescheid geben.“
„Das kann ich doch machen“, schlug Enzo vor, „wir haben schon ewig nicht mehr miteinander gesprochen.“
„Das Register mit der Nummer liegt auf dem Tisch“, rief Giovanna ihm ins Wohnzimmer nach.
„Hast du eigentlich mit dem Flughafen telefoniert?“
Giovanna nahm einen Notizzettel von der kleinen Pinnwand neben dem Herd.
„Zwei Flüge wöchentlich, dienstags und freitags; jeweils halb elf.“
„Ab Ensheim?“
„Machst du Witze? - Ab Luxemburg. Die Frau an der Auskunft in Ensheim hat nur gelacht, als ich nachgefragt habe. Die wusste nicht mal, wo Lecce liegt.“
„Also, was sagt ihr?“ Günther sah sich in der Runde um; Edith und Enzo nickten.
„Sieben Tickets also?“
„Sechs“, widersprach Edith und wandte sich Ulrich zu, „oder?“ Der schüttelte den Kopf.
„Ulrich kann nicht mitkommen. Er hat nächste Woche einen Kurs, auf den er sich vorbereiten muss.“
„Einen Lehrgang“, verbesserte dieser.
„Sechs also. Ich würde sagen, wir machen die Sache gleich klar, sobald Enzo fertig ist.“
„Das kann dauern.“
„Nimm doch sein Handy!“, schlug Edith vor und kramte in Enzos Jackett.

„Nichts. Er hat es wohl mitgenommen." Günther winkte ab. „Lass mal, das hat Zeit! - Aber wir sollten versuchen, das Telefon später frei zu halten für den Fall, dass Luca anruft."
Ein Geräusch von Schritten auf der Treppe ließ ihn verstummen. Innocenza kam herein und ging schnurstracks an allen vorbei und in den Garten hinaus, als seien sie überhaupt nicht da. Die anderen schauten ihr nach, wie sie sich auf die hölzerne Bank neben der Hecke setzte.
„Alles im grünen Bereich", meinte Ulrich trocken.

Die Abfahrt vom Gotthard-Pass hinunter war wider Erwarten genauso stressig wie der Aufstieg, da sich das Tempo des fließenden Verkehrs, das wir um einiges verschleppt hatten, nun umso mehr erhöhte. Die Trommeln des Fiats hatten ihre liebe Not, die Last abzubremsen, und ich musste vor den Haarnadelkurven immer wieder runterschalten, was das unsynchronisierte Getriebe trotz Zwischengas zu äußerst hässlichen Geräuschen animierte. Obwohl wir jetzt mit Schwung bergabwärts wedelten, zog ich mal wieder eine ganze Schlange von Autos hinter mir her.
Eine Ewigkeit später hatten wir endlich die Talsohle erreicht. Mir war furchtbar heiß, aber ich beschloss, uns erst einmal ein gutes Stück voran zu bringen, ehe wir uns die nächste Rast gönnten.
Steffi ging's nicht allzu gut. Ihr war immer noch schlecht vom Kartoffelsalat, und ihre Kopfschmerzen hatten sich verschlimmert. Zum Glück stand die Sonne nicht mehr so hoch, und wir durchfuhren ein ganzes Stück des Tals im Schatten der Berge.
Die kühle Luft war wunderbar, auch wenn sie die Abgase der vor uns Fahrenden mit ins Auto trug. Ich fragte mich, wie spät es wohl sein mochte. Steffi hatte ihre Uhr abgenommen und lauschte mit geschlossenen Augen der Musik, die aus dem Kofferradio auf ihren Knien kam.
Wir umrundeten die Berge und hatten die Sonne wieder voll

über uns. Der Verkehr löste sich wieder etwas auf, wir konnten unser Tempo also gut beibehalten. Der Cinquecento lief jetzt richtig rund, und die ‚Volvo'- und ‚M.A.N.'- Schilder an den Kühlern der LKW im Rückspiegel ignorierte ich inzwischen ebenso wie deren Gehupe, das sich anhörte wie die Glocken des Jüngsten Gerichts.

Neben mir schreckte Steffi plötzlich hoch.

„Was ist?", fragte ich, doch statt einer Antwort drehte sie nur ihr Radio lauter:

„...gebeten, sich auf Verzögerungen von bis zu zwei Stunden einzurichten. - Und nun eine Meldung zum Sport: Im Vorfeld der in zwei Monaten beginnenden Olympischen Spiele...-"

Steffi schaltete das Radio aus.

„Hast du's gehört?"

„Was gehört?"

„Das mit den Grenzkontrollen."

„ - - - ?"

„Die haben gesagt, dass heute an der Grenze zu Italien verstärkt Kontrollen durchgeführt werden."

„Wieso das denn?"

„Keine Ahnung. Drogen, Zigaretten, Schwarzgeld der CDU... - Jedenfalls müssen die in den letzten Tagen größere Mengen von irgendwas gefunden und daraufhin jetzt die Kontrollen verschärft haben."

„Na toll!"

„Was sollen wir denn jetzt machen?"

„Was weiß ich? Über die Grenze müssen wir jedenfalls. So oder so."

Ich überlegte.

„Bis dahin sind's noch gut dreißig Kilometer. Wir müssen vorher eh in Bellinzona zum Tanken raus, dann können wir uns in Ruhe was ausdenken."

„Und was, zum Beispiel?"

„Sehen wir, wenn wir da sind."

Die Raststätte in Bellinzona lag bereits zu einem guten Teil im Schatten der Alpen, was uns nur recht sein konnte, waren doch die Kühlakkus im Jetbag mit Sicherheit schon wieder weitgehend aufgetaut.
Während Steffi mal wieder in Richtung Damentoilette verschwand, kontrollierte ich kurz und möglichst unauffällig den Kühlzustand im Inneren des Sarges. Die größere Anzahl an Akkus hatte ihren Zweck erfüllt, Pippo hatte nur leichte Temperatur. Da ich ihn und den Wagen nicht allein lassen wollte, wartete ich, bis Steffi zurückkehrte.
Auf der Raststätte herrschte reger Verkehr. Geschäftsleute in dunklen Anzügen, Familien mit Kindern und ganze Busladungen von Urlaubern strömten in das Restaurant oder aus ihm heraus, um wieder ins Auto zu steigen und anderen Platz zu machen. Wer nicht kam, war Steffi. Ich beschloss, mich auf die Suche nach ihr zu machen.
Die ersten Frauen, die ich vor der Damentoilette abfing, hielten mich offenbar für einen Triebtäter und liefen überhastet an mir vorbei. Endlich erklärte sich ein Mädchen - offenbar eine Holländerin - bereit, sich drinnen nach Steffi umzusehen. Kurz darauf kam sie mit Bedauern auf dem Gesicht zurück. Ich bedankte mich und wünschte ihr eine gute Fahrt, worauf sie etwas erwiderte, das ich nicht verstand, und mir ein hinreißendes Zahnlücken-Lächeln schenkte, ehe sie wieder durch die Tür schlüpfte.
Von einem Fenster des Restaurants aus warf ich einen Blick auf den Cinquecento, der nach wie vor an seinem Platz stand. Zwischen den beiden Limousinen, die ihn flankierten, wirkte er wie ein Spielzeug. Von Steffi keine Spur, auch nicht in dem Präsentshop gegenüber. Langsam begann ich mir Sorgen zu machen.
Auf dem Weg zu dem kleinen Supermarkt begegnete ich der Holländerin von eben. Wieder lächelte sie, diesmal jedoch ohne Zahnlücke, was möglicherweise auch mit dem Kerl zusammen hing, der sie im Arm hielt. In dem Laden standen die Leute

Schlange vor der Kasse, was mir nur recht war, konnte ich so doch unauffällig einen Blick in die Landkarten werfen, die in einem Regal auf Käufer warteten. Leider war kein detaillierter Plan der unmittelbaren Umgebung vorhanden, auf dem Schleichwege über die Grenze verzeichnet gewesen wären.
Jemand hielt mir plötzlich von hinten die Augen zu; ich hoffte inständig, dass es Steffi sei.
„Hab ich dich endlich gefunden!"
„Gleichfalls. - Wo hast du denn bloß gesteckt?", fuhr ich sie an.
„Wieso? Ich war doch nur mal für kleine Leichengräber..."
„Warst du nicht. Ich hab nachgesehen... - Also, nicht ich, sondern das Mädel da...-"
„ - - - ?"
„Na ja, eine Holländerin halt. Ich hab sie aufs Klo geschickt, um nach dir zu sehen."
„Du hast eine wildfremde Frau aufs Klo geschickt?"
„Ach was. Die war doch sowieso schon auf dem Weg dahin. Ich hab sie lediglich gebeten, nach dir...-", ich bemerkte das Grinsen, das sich auf Steffis Gesicht auszubreiten begann, „-ach, leck' mich doch!"
„Hab ich dir schon mal gesagt, dass ich Männer, die erröten, süß finde?", lachte sie.

Bei Rivera erwischte uns eine schier endlose Steigung, die kein Ende mehr zu nehmen schien. Die Tachonadel fiel zitternd wie der Tiefenmesser eines U-Bootes, ich beschwor sie im Geiste, zu verharren, doch unaufhaltsam sanken wir dem Meeresgrund entgegen.
„Wie ging's ihm denn?", fragte Steffi schließlich, um das Schweigen zu brechen.
„Den Umständen entsprechend, würde ich sagen."
M-A-N las ich in Spiegelschrift, als der nächste LKW zum Überholen ansetzte. Im Rückspiegel sah es aus, als rasten wir rückwärts in eine Mauer, so erschreckend schnell flogen die Kühlergrille auf uns zu.

„Waren die Akkus noch kalt?“
„Na ja, ‚kalt‘ wäre vielleicht übertrieben. Aber es geht noch.“
„Was machen wir jetzt?“
Darüber zerbrach ich mir in ebendiesem Moment selbst den Kopf. Ein Firmenschild tauchte am Fahrbahnrand auf, das mich stutzen ließ: ‚Brums by Brummel'; ein willkommener Anlass für einen Scherz, doch danach war mir nun wirklich nicht zu Mute.
„Erstmal tanken“, hörte ich mich schließlich sagen. „Ich mach auch den Reservekanister voll, in Italien ist der Sprit ein gutes Stück teurer.“
„Wie weit ist es noch bis zur Grenze?“, wollte Steffi wissen.
„Zehn, vielleicht fünfzehn Kilometer.“
„Die werden uns doch garantiert kontrollieren. Ich meine, wir fallen doch total auf mit dem Ding auf dem Dach.“
„Ich weiß“, meinte ich düster.
„Und die werden sicher nachsehen wollen, ob wir auch tatsächlich nur Gepäck darin transportieren.“
„Mmh.“ Ich wusste, dass sie Recht hatte, doch ehe ich mir deshalb noch Sorgen machen konnte, kam mir auch schon eine Idee.
„Schatz, ich habs!“
„Du hast's?“
„Ja. - Genau das ist es!“
„- - - ?“
„Na, das, was du gerade gesagt hast: ‚Die werden sicher kontrollieren wollen, ob wir da oben Gepäck drin haben!'“
„Und?“

Gegen Viertel vor sechs reihten wir uns in den Stau vor der schweizerischen Grenzstation bei Chiasso ein. Ich hatte lange mit mir um die Möglichkeit gerungen, einfach vorher von der Autobahn abzufahren und uns über Landstraßen nach Italien durchzuschlagen, mich dann aber doch dagegen entschieden. Zum einen waren wir auch so schon etliche Stunden in Verzug, einen Umweg über Schleichwege konnten wir uns also zeitlich nicht erlauben. Andererseits waren die Zöllner ohnehin für illegale Grenzübertritte sensibilisiert, wenn man den Radiomeldungen glauben durfte, und lenkten mit Sicherheit ihr Augenmerk verstärkt auf die 'grünen Grenzübergänge'. Wir würden also die Flucht nach vorn antreten, uns in die Höhle des Löwen begeben und direkt vor der schweizerischen Haupt-Grenzstation vorfahren in der Hoffnung, dass die Dreistigkeit dieser Aktion uns retten würde.

„Wisst ihr noch, wie Pippo uns einander vorgestellt hat?", fragte Günther in die Runde hinein.
„Ich erinnere mich!", rief Enzo. „Du bist oft mit deinem Mofa gekommen und hast mich auf dem Sozius mitfahren lassen."
„Stimmt", meinte Günther. „Wisst ihr eigentlich, dass Pippo der erste echte Saarländer war, den ich kennen lernte? Nachdem ich in den Westen rübergemacht hatte, hab ich erstmal eine Zeitlang bei Kassel auf dem Bau gearbeitet. Ein Kollege meinte irgendwann, er ginge nach Saarbrücken, um Maschinenbau zu studieren, und fragte mich, ob ich nicht mitkommen wolle. Das war 1963.
Ich hab dann hier als Gelegenheitsarbeiter neben dem Studium das Geld verdient, das ich zum Leben brauchte, und '64 unter Tage angefangen. Pippo war mein Kolonnenführer auf der Grube, und weil ich ihm sympathisch war und ich in Saarbrücken keine Freunde hatte, nahm er mich abends zum Essen mit nach Hause."
„...wo du Giovanna kennengelernt hast", ergänzte Bruno.
„Eine schöne Geschichte, nicht wahr?", lächelte Günther. „Später, als wir schon verheiratet waren, schloss ich mein Studium ab und bekam über Pippo die Stelle bei Saarstahl. Ich glaube, mir ist nie jemand mit besseren Kontakten begegnet...-"
„Sag mal, ist es wirklich schon halb sechs?", rief Bruno plötzlich und sprang auf. „Ich muss unbedingt mal nachhören, ob unser Auto fertig geworden ist."

Während wir im Schritttempo näher krochen, bekamen wir einen Überblick über das Szenario: Im Schnitt wurde jedes zweite oder dritte Fahrzeug rausgewunken, überall sah man Zöllner, die Gepäckstücke durchsuchten und gemeinsam mit Schäferhunden, die Maulkörbe trugen, in Autos rumkrochen. Innerlich jagte ich ein Gebet nach dem anderen gen Himmel, doch vergebens: Die verdächtig aussehende S-Klasse vor uns durfte ungeschoren passieren, uns dagegen winkte ein unnachgiebig aussehender schweizer Beamter auf den benachbarten Parkstreifen.
„Documenti, per favore!"
Ich reichte ihm unsere Pässe, meinen Führerschein und die Zulassung des Cinquecentos. Sorgfältig studierte er sie und bedeutete mir auszusteigen.
„Tedeschi? - Deutsch?" Ich nickte.
Ein anderer Zöllner mit einem Hund an der Leine kam hinzu und nahm die Papiere an sich, während der Erste auf den Jetbag klopfte:
„Was ist in diesem?"
„Unser Gepäck. Kleidung. Schuhe. Ein Zelt und Getränke."
„Offne, bitte!"
Na toll, dachte ich und versuchte, ihn davon abzubringen:
„Aber da ist wirklich nur Kleidung drin! Und eine Luftmatratze und das Zelt."
„Offne Sie!", sagte der Mann, diesmal mit Nachdruck. Ich kramte den Schlüssel für den Jetbag hervor und öffnete das Vorhängeschloss.

9

Das Bestattungsinstitut *Gollmann Nachf.* lag in einem der vornehmeren Außenbezirke Frankfurts, und obwohl schon seit über sechzig Jahren hier kein Gollmann mehr arbeitete, genoss der Name einen gleichermaßen untadeligen Ruf unter den Betuchten und weniger Betuchten Frankfurts.
Herr Ackermann, der vorerst letzte 'Nachfolger' Gollmanns, leitete den Laden bereits seit den späten Siebziger Jahren. Damals hatte sich sein Vater aus gesundheitlichen Gründen aus dem Geschäft zurückgezogen, ohne allerdings je die Fäden wirklich aus der Hand zu geben.
Der alte Ackermann war ein vierschrötiger Handwerker gewesen, ein gelernter Zimmermann und Tischler, der sich nur widerwillig mit der kaufmännischen Seite seiner Tätigkeit beschäftigt hatte und gewissermaßen froh darüber war, seinen Sohn frühzeitig mit selbiger betrauen und sich selbst wieder aufs vertraute Terrain der Fertigung zurückziehen zu können. Er wurde schließlich in einem jener schweren Eichensärge beerdigt, die er zu Lebzeiten selbst angefertigt hatte.
Sein Sohn dagegen fühlte sich in dem kleinen, fensterlosen Büro mit all seinen Aktenordnern und Mustermappen mindestens ebenso heimisch wie in der Werkstatt, die über den Hof lag und in der der ewige Altgeselle seit Jahr und Tag den angelieferten Rohformen den letzten Schliff verlieh. Ursprünglich hatten hier einmal vier Tischler gearbeitet, die noch alle zwölf angebotenen Sargtypen selbst herstellten. Doch die Zeiten hatten sich geändert, die Leute verlangten eine größere Auswahl, und mittlerweile bezog Herr Ackermann alle seine Modelle von einem Hersteller in Lübeck.
An dem Abend, an dem Jakob Spang den Laden betrat, waren außer Herrn Ackermann auch sein Sohn Rainer und Ernst, das Faktotum des Betriebes, zugegen.

„Guten Tag, Herr Spang", sagte Ackermann, als er ihn erblickte, und kam mit ausgestreckter Hand auf ihn zu. Jakob drückte sie kurz und beiläufig; er war es gewohnt, Hände zu schütteln, und wusste um die Wichtigkeit dieser einleitenden Geste, wenn es um Verkaufsgespräche ging. Da ihm in diesem Falle aber nicht nach Verhandeln war, hatte er beschlossen, gleich auf den Punkt zu kommen:
„Horst, ich will es kurz machen. Ich benötige einen Sarg und einen Wagen für eine Überführung nach Italien."
„Setzen wir uns doch...-"
„Das wird nicht nötig sein. - Die Sache ist dringend. Wie lange brauchst du, um alles aufzutreiben?"
Ackermann, der auf halbem Weg zur Sitzgruppe wie festgefroren stand, war etwas verwirrt.
„Nun ja... der Wagen dürfte an sich kein Problem darstellen, aber den Transportsarg müsste ich erst bestellen."
„Wie lange?"
Rainer und Ernst sahen zu ihnen herüber, verwundert über die direkte Art des Mannes, der Horst Ackermann ganz selbstverständlich duzte.
„Ein, zwei Tage vielleicht...-"
„Das ist zu lange. Ich brauche alles spätestens morgen."
„Morgen schon?"
„Besser noch wäre gestern. Erwähnte ich schon, dass es eilt?"
„Ja, schon, aber die Dinge brauchen ihre Zeit. Da muss erst bestellt werden", der Bestatter sah auf seine Uhr, „und ob ich jetzt noch jemanden erreiche, halte ich ehrlich gesagt...-"
„Dann muss ich mich wohl woanders umhören." Jakob wandte sich zum Gehen.
„Wenn Sie einen Moment warten wollen, könnte ich es gleich mal probieren", schob Ackermann rasch nach. Er spürte, dass er zu schwitzen begann, ganz leicht nur.
„Schön, tu das!"
„Ich bitte Sie, Herr Spang, setzen Sie sich doch! Wir müssen doch diese Angelegenheit hier nicht im Stehen regeln."

Diesmal nahm Jakob die Einladung an, schließlich war die Sache nun ins Rollen gebracht. Noch ehe sein Gegenüber den Hörer aufnahm, wusste er, dass der Wagen morgen für ihn bereit stehen würde. Zu wichtig war er als Kunde, zu viele Leute kannte er in der Stadt, als dass es sich irgendwer hätte leisten können, ihn vor den Kopf zu stoßen. Auch Ackermann nicht, der schon gar nicht, waren sein Vater und Jakob doch seinerzeit eng befreundet gewesen.
Was den Bestatter selbst anbetraf, so wusste dieser lediglich, dass Jakob nach dem Krieg die Bäckerei seines Vaters übernommen, sie nach und nach modernisiert hatte und nur wenige Jahre später eine ganze Kette von Filialen besaß. Ackermann Senior hatte er bei der Erweiterung des Bestattungsgeschäftes großzügig unter die Arme gegriffen und sich angeblich auch an der Finanzierung des Wohngebäudes beteiligt.
Soweit er informiert war, besaß Spang Anteile an Dutzenden von Unternehmen unterschiedlichster Art, an Bauunternehmen und Banken ebenso wie an Fleisch- und Obstgroßhandlungen. Ein 'Nein' diesem Mann gegenüber war mehr als schlecht fürs Image des Geschäftes, und die Tatsache, dass dieser ihn, Horst Ackermann, schon auf den Knien geschaukelt hatte, erleichterte ihm seine Verhandlungsposition nicht gerade.
Nach mehrmaligem Anwählen erreichte er seinen Lieferanten endlich auf dessen Handy. Er war schon auf dem Heimweg und keinesfalls gewillt, über Geschäfte zu reden; morgen, ja, morgen werde er gleich in der Frühe nachsehen, wann er den Sarg liefern könne.
Ackermann, Aug' in Aug' mit Jakob Spang, übernahm dessen Kasernenhofton und machte nun seinerseits dem Lieferanten die Hölle heiß, froh darüber, seinen eigenen Frust loszuwerden. Zehn Minuten später hatte er die Zusage, der Sarg werde umgehend per Nachtexpress geliefert.
„Was den Fahrer angeht", meinte er, „gibt es da ein kleines Problem."

„Ein Problem?"
Ackermann nickte.
„Normalerweise fährt Herr Gruber den Wagen", er wies mit dem Kopf nach Ernst, der noch immer mit Rainer etwas abseits stand, „aber da wir bis Montag noch drei Termine haben, kann ich ihn unmöglich entbehren."
„Ebensowenig den Wagen selbst, wie ich vermute?"
„Nein, der Wagen ist nicht das Problem. Wir haben noch einen zweiten in der Garage stehen, den wir für die Termine hier vor Ort durchaus noch verwenden können."
„Dann musst *du* mich eben fahren."
„Tut mir Leid, aber ich kann hier nicht weg. Ich muss mich ums Geschäft kümmern, Sie verstehen?"
Jakob erhob sich, ebenso Ackermann.
„Tja, ich schätze mal, dann wird wohl doch nichts aus unserem Handel...-"
„Nun, Herr Spang, ich hätte da noch an eine andere Lösung gedacht."
„Nämlich?"
Wieder wies Ackermann hinüber in den Laden.
„Sie kennen doch meinen Sohn Rainer?"
„Mmh."
„Wenn es Ihnen recht ist, könnte *er* Sie fahren."
„Mir ist alles recht, wenn du mir bis morgen Fahrer und Wagen besorgst."
„Machen Sie sich keine Sorgen, ich werde mich um alles kümmern."
„Schön. Sag deinem Sohn, er soll mich um sieben Uhr zu Hause abholen!"
„Er wird pünktlich da sein. - Ach, sagen Sie, eine Frage noch..."
„Ja?"
„Wo, sagten Sie, wird der Verstorbene abgeholt?"
„In Cattolica."
„Das... liegt in Italien", meinte Ackermann unsicher.

„Was du nicht sagst!"
„Aber... sprachen Sie nicht von einer Überführung von Deutschland aus?"
„Das ist eine Geschichte für sich, und ich will dich damit nicht langweilen. Sorg einfach dafür, dass dein Sohn mich morgen früh abholt! Den Rest können wir später immer noch klären. - Wenn du mich jetzt entschuldigen würdest - ich habe noch einige Dinge zu erledigen. Guten Abend."
„Auf Wiedersehen, Herr Spang." Ackermann sah ihm nach, wie er die Straße überquerte und um die nächste Ecke bog. Dann rief er Ernst und seinen Sohn zu sich.

Steffi kroch aus dem Wagen, und gemeinsam sahen wir zu, wie die schweizerischen Zöllner Kofferraum und Jetbag durchsuchten, wobei sie nicht gerade zimperlich mit unseren Sachen umgingen. Zu allem Überfluss schnüffelte der Hund zwischen all unseren umherliegenden Gepäckstücken herum.
„Ich will nur hoffen, dass er nicht sabbert", raunte ich Steffi zu.
„Wer? Der Kleine oder der Dünne?"
„Der Hund."
„Ach so." Wenigstens hatte sie ihren Humor nicht verloren. Tapferes Mädchen.
„Wie geht's eigentlich deinem Magen?"
Doch noch ehe sie antworten konnte, machte sich der zweite Grenzbeamte an der Beifahrertür zu schaffen. Er sagte irgendwas auf Italienisch.
„Was ist los?", fragte ich ihn.
„Dobbiamo perquisire la vostra macchina."
‚Perquisire?', dachte ich. Der erste Zöllner kam hinzu und übersetzte:
„Wir müsse jetzt das Innere von Ihre Fahrzeug durchsuche."
„Aber mein Großvater ist schwerkrank."
„Scusi?"
„Er kann nicht aussteigen - er ist gelähmt." Er zögerte, und ich machte ihm die Sache mit Gesten klar. Endlich kapierte er.

„Ah - ist kein Problem. Gianfranco, abbiamo bisogno della sedia a rotelle“, wandte er sich an seinen Kollegen. „Prendila!“
Der dünne Zöllner rannte in Richtung des klotzigen Backsteinbaus davon, hinter dem eine ganze Anzahl von Polizeimotorrädern geparkt war. Während wir auf ihn warteten, fragte ich den anderen Grenzer:
„Che cosa cercate nelle macchine?“
„Siamo in cerca delle droghe“, meinte er knapp, ohne mich anzusehen. Die Verzögerung der Durchsuchung schmeckte ihm offenbar gar nicht. Nervös zerrte der Schäferhund an seiner Leine und schnupperte entlang der Beifahrertür, hinter der Pippo mit toten Augen hinter seiner Sonnenbrille in Richtung Italien schaute.

Rainer Ackermann war alles andere als begeistert. Sein Vater hatte ihm mitgeteilt, welchen Handel er mit Jakob Spang eingegangen war, und die Aussicht, die nächsten Tage damit zu verbringen, einen alten Mann und einen Sarg einige tausend Kilometer durch die Gegend zu chauffieren, erschien ihm nicht gerade verlockend, auch wenn das Ziel Süditalien hieß. Er dachte an Manuela, die gerade Semesterferien hatte und der er erst gestern versprochen hatte, diese Woche mal wieder gemeinsam etwas zu unternehmen, und an Heiko, der sich nach einer Ewigkeit endlich Zeit nehmen wollte, ihm seine neue Festplatte zu installieren.
„Warum kann Ernst das nicht machen?“ Ernst, der unmittelbar neben ihm stand, verzog keine Miene. Er war daran gewöhnt, dass man unliebsame Arbeit auf ihn abschob. Aber das war anderswo auch nicht besser. Sein Schwager, der offiziell übers Arbeitsamt an einer Umschulungsaktion zum Web-Designer teilnahm, hatte gerade letzte Woche noch mit einem Kollegen im Neubau seines Agenturchefs Holzdecken eingezogen und Parkett verlegt. Und seine Schwester schrubbte schon mal die Waschräume der Spedition, weil der Inhaber der Firma es sich angeblich nicht leisten konnte, eine Putzfrau einzustellen.

„Ernst hat Anderes zu tun“, entgegnete Ackermann betont beiläufig. Er war nicht gewillt, in dieser Angelegenheit mit seinem Sohn zu diskutieren. „Komm, wir müssen noch nach dem Wagen sehen!“
Ernst folgte ihm nach draußen, Rainer blieb zurück. Durchs Fenster sah er zu, wie die beiden den großen Volvo durchcheckten und dann unter der Motorhaube des alten Mercedes verschwanden, und verfluchte die Tatsache, dass er von der finanziellen Unterstützung abhängig war, die ihm seine Eltern gewährten. Nachdem er eine Zeitlang mit seinem Los gehadert hatte, griff er zum Telefon und wählte die Nummer seiner Freundin.

Der erste Zöllner kam zurück, einen Rollstuhl vor sich her schiebend. Vor der Beifahrertür machte er Halt und arretierte die Räder. Als er nach der Türklinke griff, sprang ich hinzu.
„Einen Moment, bitte!“ Er sah mich mit großen Augen an.
„Mein Großvater nimmt seine Außenwelt nicht wahr.“
Irritiert verharrte er, das Gesicht ein einziges Fragezeichen.
„Er ist...-“, ich überlegte krampfhaft, „-...hatte einen Schlaganfall!“
„Ch...-?“ Ratlos wandte er sich an seinen Kollegen; der zuckte desinteressiert mit den Schultern.
„Lui è...-“, ich kramte nach dem italienischen Pendant von ‚Schlaganfall’, sagte aber nur: „Lui fa male.“
Ich stieß Opa leicht an und wischte mit der offenen Hand an seinen Augen vorbei, um zu demonstrieren, dass er nicht darauf reagierte. Ich hoffte nur, sie würden nicht den naheliegendsten Schluss ziehen. Doch der zweite Grenzbeamte meinte trocken: „Autistico.“
„Autistico? – ‚Rain Man’?“, fragte der Erste, und ich nickte, um die Prozedur abzukürzen.
Alles klar. Der eine Mann wartete mit dem misstrauisch knurrenden Hund, bis der andere und ich Pippo vorsichtig vom Beifahrersitz in den Rollstuhl gehoben hatten. Er hielt sich gut

mit seinem frisch gekämmten Haarkranz, nur am Kragen seines Hemdes entdeckte ich jetzt einen Wasserfleck, wo wir ihn nicht richtig trocken gerubbelt hatten. Die Zöllner achteten zum Glück nicht darauf, und während sie einige Meter weiter den Cinquecento durchsuchten, registrierte ich mit Zufriedenheit, dass der Fleck in der Sonne im Nu verdunstete.

„Dein Italienisch ist wirklich imponierend“, raunte Steffi mir zu.

„Das nächste Mal kannst du dich ja mal versuchen“, schlug ich vor, ohne mein Lächeln aufzugeben. Wir mussten aussehen, als posierten wir für ein Familienfoto.

„Lui è... fa male!“, imitierte sie mich.

Der Inhalt des Jetbags lag um den Fiat verstreut. Die Taschen hatten wir öffnen müssen, damit der Hund darin umherschnüffeln konnte. Der Bratgeruch des Schwenkers brachte ihn dabei vorübergehend auf eine falsche Fährte, und die Grenzbeamten hatten ihre liebe Mühe, ihn wieder zur Drogensuche anzuhalten. Schließlich gaben sie es auf.

„In Ordnung. Sie könne weiterfahre“, meinte der Erste und sah uns zu, wie wir die Taschen wieder in den Jetbag zurück verfrachteten. Sein Kollege zerrte bereits den Hund hinüber zu einem Lieferwagen, den man gerade herausgewunken hatte. Als es darum ging, Pippo ins Auto zu hieven, packte der freundliche Zöllner wieder mit an.

„Sie können gut Italienisch“, lobte er mich, „habe Sie Freunde in Italien?“

„Nein, ich bin Italiener!“, entgegnete ich. Falls ihn das überrascht haben sollte, ließ er es sich jedenfalls nicht anmerken; er zuckte mit keiner Wimper. Stattdessen überreichte er mir lächelnd unsere Pässe und wünschte uns eine gute Fahrt.

Steffi und ich sprachen kein Wort, während wir die hundert Meter bis zur italienischen Grenzstation zurücklegten. Selbst neben Pippo musste man mir noch meine Verkrampftheit ansehen; im Gegensatz zu mir wirkte er ausgesprochen gelassen.

Es kam, wie es kommen musste: Auch die italienischen Zöllner waren auf der Suche nach Drogen, auch sie winkten uns beiseite. Ich war mir vollkommen im Klaren darüber, dass ich mit meinem Italienisch kaum noch überzeugend wirken konnte, und indem ich noch verzweifelt darum bemüht war, mir den Ausdruck ins Gedächtnis zu rufen, den der Schweizer mit dem Hund benutzt hatte, - 'Autistico'? -, sah ich eine wohlvertraute Figur in meinem Rückspiegel auftauchen.
Tatsächlich, es war der Zöllner von eben. Er war vom Laufen ganz außer Atem und redete in kurzen, stakkatohaften Sätzen auf den Italiener ein. Er zeigte dabei immer wieder auf den Sarg, und der andere starrte aus der Entfernung zu Opa herüber. Mit einem Male fielen mir alle meine Sünden ein. Was auch immer uns verraten hatte, es war mit Sicherheit irgend etwas völlig Unbedeutendes gewesen, irgendeine Kleinigkeit. Vielleicht doch der Wasserfleck?
Der Schweizer kam zu uns herüber, flankiert von zwei italienischen Grenzern, die keine Miene verzogen.
„Ist alles in Ordnung. Ich habe gesagt von ihre Großvater und dass wir haben schon durchsucht ihre Auto." Erneut drückte er mir die Papiere in die Hand und wies die Italiener an, uns Platz zu machen.
Im Schritttempo fuhren wir über die Grenze. Ich betete darum, dass uns nicht in diesem Augenblick der Auspuff abfallen möge. Im Rückspiegel sah ich den Schweizer zu seinem eigenen Zollposten zurückgehen.

Um ein Haar hätte ich die Auffahrt zur Autobahn verpasst. Nur wenige hundert Meter hinter der Zollstation machte die Straße eine scharfe Rechtskurve und gabelte sich dann ohne Vorwarnung. Gerade noch rechtzeitig schrie Steffi: „Rechts!" vom Rücksitz aus, und völlig untertourig bogen wir auf die Autobahn ein. Ich schaltete in den zweiten Gang herunter und nahm Anlauf für den nächsten Tunnel. In unserem Nacken formierte sich eine Hundertschaft von Verfolgern. Scheinwerfer

blitzten auf, jemand hupte, und nach und nach überholten sie uns, während wir allmählich an Tempo zulegten.
Nach dem Tunnel löste sich der Pulk dann endgültig auf, und wir konnten wieder unsere normale Reisegeschwindigkeit aufnehmen. Der kühle Fahrtwind trocknete den Schweiß auf meiner Stirn, aber noch immer trauten wir uns nicht, etwas zu sagen, als versetze uns jedes Wort wieder zurück zur Grenze. Ich saß kerzengrade hinterm Lenkrad und stierte im Dreieck auf Fahrbahn, Tacho und Rückspiegel; Steffi hockte zusammengekauert auf dem Rücksitz und spielte nervös mit ihren Zehen.
Die erste Raststätte ließen wir aus - zu viele Leute, die nach überstandener Grenzkontrolle erstmal pinkeln mussten. Kurz dahinter lag eine Ausfahrt, ich nahm sie und gelangte auf eine holprige Landstraße, der wir ein paar Kilometer weit folgten, bis die ersten Häuser eines Dorfes zu sehen waren. Ich wendete auf der Straße und fuhr die halbe Strecke zurück. Weit und breit war kein Wald zu entdecken, die Landschaft ringsum bestand praktisch ausschließlich aus Feldern.
Da wir es eilig hatten und uns auf der gesamten Strecke kein Mensch begegnet war, entschied ich mich dafür, Pippo gleich hier am Straßenrand wieder in seinen Sarg zu verfrachten. Den praktischen Ast hatte ich natürlich nicht mitgenommen, und an Ersatz war in dieser Gegend nicht zu denken, also musste ich mich diesmal ohne Hebel behelfen.
Etwas unschlüssig öffnete ich die Vorderhaube und besah mir den Inhalt des Kofferraums in der Hoffnung, irgend etwas zweckentfremden zu können. Mehrfach war mein Blick bereits über den Wagenheber gestrichen, als mir endlich eine Idee kam. Ich löste die Gummibänder, mit denen er arretiert war, und sicherte den Cinquecento mit zwei großen Steinen, die ich unter die Hinterräder schob. Dann begann ich damit, den Wagen vorne aufzubocken.
Steffi half mir beim Umladen des Gepäcks und stand Schmiere, während ich mir Opa auf die Schultern hievte und ihn

schließlich mit Mühe und Not in den Jetbag schob. Der Fiat ragte jetzt in einem Winkel von nahezu 40° in die Luft, und ich musste darauf Acht geben, dass Pippo nicht umgehend wieder aus seinem Sarg heraus rutschte, ehe ich das Vorhängeschloss einrasten ließ; aber so hatte ich mir wenigstens die Arbeit ein wenig erleichtert. Ich war fix und fertig und mir im Klaren darüber, dass ich mir fürs Ein- und Ausladen Pippos etwas einfallen lassen musste.
„Was ist mit dem Eis?“, wollte Steffi wissen.
„Was soll damit sein? Wir haben keins.“
„Die Kühlakkus?“ Ich schüttelte den Kopf. „Brühwarm. Mit dem Wasser kannst du dir 'nen Tee kochen.“
„Meinst du, wir kriegen in der Stadt da vorne Eis?“
„Nein“, sagte ich.
„Wieso nicht?“
„Weil das keine Stadt, sondern ein Dorf ist. Wenn's hochkommt, haben die 'nen Bäcker und eine Kneipe.“
„Ich finde, wir sollten es probieren. *So* kommen wir eh' nicht weit.“
„Schön. Fahren wir halt zurück.“
Wieder wendete ich und fuhr diesmal bis in das Dorf hinein. Kein Ortsschild, vermutlich wussten nur die Einwohner selbst, dass es überhaupt existierte. Die Straße wurde schmäler und führte unmittelbar an den Hauseingängen vorbei; hie und da sah man jemanden sich schützend in die Nischen drücken. Eine Handvoll Seitengässchen gingen ab, die jedoch allesamt nach wenigen Metern zu enden schienen. Links eine Art Marktplatz, gegenüber die Kirche, ein Metzger, ein Tabakladen, der Bäcker, und schon waren wir durch. Wir kehrten um und hielten bei dem Marktplatz.
Die Leute im Dorf waren uns gegenüber reserviert, aber hilfsbereit. Der Metzger bot uns sogar an, unser Gefriergut für eine Zeitlang in die Kühlkammer zu legen, was wir jedoch dankend ablehnten. Der nächste Supermarkt lag gute fünfzehn Kilometer entfernt, und ich machte mich gerade mit dem

Gedanken vertraut, eine gute Stunde Umweg in Kauf nehmen zu müssen, als Steffi wieder aus dem Auto sprang und kurz darauf mit einem Beutel eiskalten Wassers zurückkehrte.
„Wo hast du das denn her?“
„Na, woher wohl? Von dem Brunnen da drüben vielleicht?“

„Und ihr wollt es euch wirklich nicht nochmal überlegen?“, fragte Giovanna, doch Brunos Entschluss stand bereits fest.
„Ich muss morgen früh wieder auf der Arbeit zur Verfügung stehen“, sagte er. „Für heute konnte ich gottlob einen Kollegen verpflichten, der mich vertritt. Aber wenn ich morgen ebenfalls nicht auftauche, kriege ich Ärger.“
„Wie lange braucht ihr denn bis Berlin?“
„Frag lieber nicht!“, winkte Bruno ab. „Ich schätze mal, dass wir vor ein, zwei Uhr heute Nacht kaum da sein werden.“
„Dann wärt ihr besser früher abgefahren“, meinte Giovanna.
„Ich hätte ja auch gedacht, dass Udo den Wagen schneller hinbekommt. Und außerdem hatten wir fest vereinbart, dass er sich meldet, wenn er fertig ist.“
„Tja, offenbar ja nicht!“, bemerkte Giulia frostig.
„Es *war* vereinbart!“
„Kommt, streitet euch nicht!“, versuchte Giovanna zu schlichten, doch Günther, der hinzu trat, machte ihre Bemühungen prompt wieder zunichte.
„Was gibt's denn?“
„Ach, nichts. Giulia ist ein bisschen sauer, weil die beiden erst jetzt losfahren.“
„Ein bisschen? Ich bin sogar ziemlich sauer...-!“
„Ja, ja“, brummte Bruno.
„...Weil dieser Herr hier so eine tolle Abmachung getroffen hat!“
„Welche Abmachung?“, fragte Günther.
„Lass gut sein“, antwortete Giovanna, „die beiden müssen jetzt weg!“

Wir füllten ein gutes Dutzend der mitgeführten Müllbeutel mit dem klaren Wasser, verschlossen sie mit Clips und verstauten sie außerhalb des Dorfes in Pippos Sarg. Auf dem Weg zurück zur Autobahnauffahrt begegnete uns ein alter Mann in einem verrosteten Cinquecento. Ich fasste dies als gutes Zeichen für die Weiterfahrt auf, schließlich lagen heute noch gut dreihundert Kilometer vor uns. Ich war mit einem Mal entsetzlich müde, aber ich wusste, dass es noch viel zu früh dafür war, dem Bedürfnis nach Schlaf nachzugeben. Wir waren jetzt seit fast 16 Stunden unterwegs; meinem Zeitplan zufolge wollte ich eigentlich um diese Zeit bereits Bologna passiert haben.
„Alles klar?“, fragte Steffi.
„Ja, ja. Bin nur ein bisschen müde, das ist alles.“
„Soll ich dich ablösen?“
„Du?“
„Nein - dein Opa!“
„Aber du hast den Kleinen doch noch nie gefahren!“
„Schon gut“, sagte sie mit genervtem Unterton, „ich will ja nicht, dass du gegen deine Prinzipien verstößt...!“
„He, das hab ich doch gar nicht gemeint. Es macht mir nichts aus, ich dachte nur... du hast noch keine Erfahrung mit ihm.“
„Wie denn auch? Aber wie sagt dein Vater immer: ‚Erfahrungen sind dazu da, gemacht zu werden?‘“
„Fehler. Du meinst Fehler.“
„Wie auch immer. Muss ich dazu erst den Pilotenschein machen oder so?“
„Nein...-“
„Also?“
Sie war wild entschlossen, ich spürte es, und da ich viel zu müde war, um Widerstand zu leisten, gab ich schließlich nach, und wir tauschten die Plätze. Sie scheiterte bereits an der Sitzverstellung. Ich half ihr, und gemeinsam schoben wir den Sitz in der rostigen Schiene nach vorne, bis sie die Pedale erreichte.

„Also, pass auf: Als Erstes drehst du den Schlüssel auf ‚marcia', bis die beiden Startlämpchen aufleuchten", - sie tat es -, „dann den Choke bis Dreiviertel ziehen..."
„Welcher ist das?"
„Hier - der linke neben der Handbremse. Dann den Starterzug ziehen und ein bisschen Gas geben...", der Motor erwachte zum Leben und drehte wie wild, „und jetzt den Choke wieder reindrücken, bis der Motor sanft läuft."
„Und weiter?"
„Kupplungspedal ganz durchtreten, ersten Gang rein und Kupplung kommen lassen!" ‚Mit Gefühl, hätte ich anfügen sollen, doch es war schon zu spät. Wir machten einen Satz nach vorne, der Motor erstarb.
„Mit Gefühl." Sie sah mich mit diesem Was-du-nicht-sagst-Blick an, mit dem sie im Ernstfall töten konnte. Ich tat, als bemerke ich ihn nicht, und machte ihn so unschädlich.
„Das war schon gar nicht so übel, Fräulein Herrmann. Das üben wir gleich nochmal..."

Sie machte das gar nicht schlecht. Nachdem wir erstmal auf der Autobahn waren und die Schalterei ein Ende hatte, entspannten wir uns beide wieder. Zumindest bis zur nächsten Zahlstation.
Jedes Mal, wenn das Getriebe knirschend nach den Gängen suchte, biss ich die Zähne aufeinander. Doch ich hatte mir vorgenommen, nichts zu sagen. Das Getriebe war alt und viel gewohnt, es würde auch Steffi überleben.
Es herrschte ziemlicher Andrang an der Station. Nur zwei der Posten waren besetzt, und während neben uns die *ViaCard*-Besitzer und LKW durchs Nadelöhr der Zahlstelle hindurch donnerten, krochen wir Barzahler der Schranke gemächlich entgegen.
Ich hielt das Kleingeld parat und zählte es Steffi in die Hand, die es an den Kassierer weiterreichte. Das anschließende Hochschalten verdrängte ich, indem ich in Steffis Radio nach einem vernünftigen Sender suchte.

Obschon ich es mir nicht anmerken ließ, beobachtete ich sehr wohl, wie sie mit dem Wagen umging. Ihre anfängliche Nervosität hatte sich nach einer Weile gelöst, und ich registrierte, dass sie ihre Hände vom Lenkradkranz löste und auf den beiden Speichen ablegte. Sie lenkte den Cinquecento jetzt wie ein Kapitän sein Schiff und wirkte sehr entspannt.
Ich gab die Suche nach einem Sender auf und nahm das Handtuch vom Rücksitz, mit dem ich das Wasser im Jetbag aufgewischt hatte. Es war fast trocken und angenehm kühl, und ich faltete mir daraus ein Kopfkissen. Gegen die Seitenscheibe gelehnt, schloss ich die Augen und lauschte dem gleichmäßigen Dröhnen des Motors.

Wir mussten ein gutes Stück voran gekommen sein, denn als ich die Augen wieder aufschlug, begann es draußen bereits zu dämmern.
„Morgen, Schlafmütze", meinte Steffi fröhlich. Sie wirkte so vertraut mit dem Auto, als sei sie darin aufgewachsen.
„Wo sind wir?", fragte ich.
„Kurz hinter Parma."
„Wie, schon?" Ich war erstaunt und warf einen Blick auf mein nacktes Handgelenk. Ich trage niemals eine Armbanduhr.
„Wie spät ist es?"
„Keine Ahnung", sagte Steffi, „ich tippe mal, es dürfte so neun, halb zehn sein."
„Schätze, wir müssen bald tanken. Hast du in der letzten Zeit eine Raststätte oder sowas gesehen?"
„Nein."
„Dann müssen wir wohl irgendwo rausfahren und uns nach 'ner Tankstelle umsehen."
„Wo?"
„Na ja, spätestens in diesem Reggio nell'Emilia." Den Namen las ich nun schon zum dritten Mal auf den Verkehrsschildern.
„Bist du müde?", fragte ich.
„Schon. Aber es geht noch."

„Ich kann dich ablösen."
„Nee, ist schon in Ordnung."
Ich sah sie an, wie sie da neben mir saß, das grau schimmernde Lenkrad in Händen, und empfand seltsamerweise so etwas wie Stolz in diesem Moment, Stolz - und Eifersucht.
„Was ist?", fragte sie und warf mir einen Blick zu.
„Nichts", antwortete ich, „gar nichts."
„Wie, nichts?"
Doch ich küsste sie nur flüchtig auf die Wange und schloss wieder die Augen.

An einer kleinen Tankstelle außerhalb von Reggio tankten wir den Wagen auf. Es begann relativ früh dunkel zu werden, und viele Autofahrer hatten bereits ihr Abblendlicht eingeschaltet.
Zum ersten Mal, seit wir die Grenze passiert hatten, kontrollierte ich den Jetbag. Opa ging es den Verhältnissen entsprechend gut, und da die Außentemperatur inzwischen erträglich war, mussten wir uns für heute keine allzu großen Gedanken mehr über die Kühlung des Sarges machen.
Der alte Tankwart fragte uns, woher wir kämen. Deutschland? Aha. Wohin wir wollten; Adria sicherlich? Ich bejahte, verschwieg aber die Details. Sie schienen ihn ohnehin nicht weiter zu interessieren, vermutlich war es für ihn eine unumstößliche Tatsache, dass Deutsche an die Adria fuhren. Ich fragte ihn, ob ich bei ihm telefonieren könne, und er wies auf den klobigen Apparat, der an der Wand hing.
Michele ließ sich lange Zeit, nahm dann aber doch ab. Er wirkte beunruhigt, fragte, wo wir steckten, er warte schon seit Stunden auf uns. Angesichts der gebotenen Eile und der Anwesenheit des Tankwarts fasste ich mich kurz und teilte Michele lediglich unseren Standort und unsere voraussichtliche Ankunftszeit mit.
Ich dankte dem Tankwart und gab ihm höflich Auskunft über unsere ‚Reisepläne'. Er machte eine Bemerkung zu dem Jetbag, doch ich tat, als verstünde ich ihn nicht. Ich zahlte das Benzin und das Telefongespräch und stieg wieder in den Wagen.

„Ich hab Hunger“, meinte Steffi.
„Schon wieder?“ Mir wurde bewusst, dass ich selbst auch eine Kleinigkeit hätte vertragen können, aber wir waren ohnehin schon spät dran.
„Ja, stell dir vor - ist ja auch erst zehn Stunden her, dass wir was gegessen haben!“
„Höchstens neun“, bemerkte ich müde.
„Na schön, dann eben neun. Ich hab jedenfalls Hunger. - Glaubst du, der Tankwart weiß, wo wir hier was bekommen?“
Eine Weile ertrug ich ihren Blick, dann gab ich mich geschlagen und öffnete seufzend die Tür.
„Schon gut, ich mach ja schon.“
Der Alte stand noch immer im Türrahmen seines kleinen Kabuffs und sah zu uns herüber. Ich fragte ihn nach einer Pizzeria oder Trattoria, doch er konnte sich an keine bestimmte erinnern. Also fuhren wir einfach aufs Geratewohl in die Stadt hinein. In einer kleinen Pizzeria ließen wir uns Focaccia und eine Flasche Tafelwein in eine Tüte packen und setzten uns wieder auf die Autobahn.
Die Focaccia schmeckte fantastisch. Wir schlangen sie mit Heißhunger hinunter und tranken dazu den Wein, den ich in einen unserer Kaffeebecher füllte. Nach dem Imbiss ging es uns besser. Ich war halbwegs gesättigt und vertiefte mich im Schein der Taschenlampe in die Straßenkarte. Gut zweihundert Kilometer lagen auf dieser Tagesetappe noch immer vor uns, das bedeutete locker drei weitere Stunden Fahrt durch die Dunkelheit.
Ich hatte keine Ahnung, wo in Cattolica nun eigentlich der Campingplatz lag, auf dem Michele arbeitete, und ich hoffte nur, dass wir es bis dorthin ohne weitere Tankpause schaffen würden.

Jakob Spang hatte eigentlich vorgehabt, Giovanna umgehend nach der Zusage Ackermanns davon in Kenntnis zu setzen, dass der Sarg samt Wagen und Fahrer bereit stünde. Doch die

Leitung war besetzt, als er vom Apparat seines Büros aus anrief, und er beschloss, es nach dem Essen erneut zu versuchen.
Er legte den Hörer auf und nahm seinen Mantel. Halb war er schon draußen, als er es sich noch einmal überlegte, zum Schreibtisch zurückging und eine der unteren Schubladen öffnete.
Da lag sie, in eine Klarsichthülle gesteckt, abgegriffen und vergilbt. Er nahm die Zeitung aus der Hülle und schlug sie vorsichtig auf. Dort, auf einer der Seiten im Mittelteil, stand eine kleine Bekanntmachung. Man hätte sie beim Lesen glatt übersehen, so winzig war sie, ein Zweizeiler nur, der besagte, dass beim zuständigen Registergericht des Amtsgerichtes zu Frankfurt am Main am 22. Februar die Umbenennung der alteingesessenen *Bäckerei und Konditorei Johann Spang* in *Spang feine deutsche und italienische Back- und Süßwaren* im Handelsregister eingetragen worden sei. Geschäftsführer sei weiterhin Jakob Spang, wohnhaft in Frankfurt am Main. Die Bekanntmachung war fein säuberlich mit Lineal und Bleistift umrandet worden, und auf der gegenüberliegenden Seite klebte eine Kopie des entsprechenden Handelsregister-Auszugs.
Jakob betrachtete die Zeitung eine Weile nachdenklich, dann faltete er sie wieder zusammen und schob sie zurück in die Klarsichthülle, legte sie in die Schublade und nahm erneut seinen Mantel vom Haken. Ohne sich nochmals umzudrehen, löschte er das Licht und verließ sein Büro.
Sein Koffer stand fertig gepackt zu Hause, und seiner Haushälterin hatte Jakob Spang exakte Anweisungen für die Zeit seiner Abwesenheit erteilt, ehe er sich zu Tisch begab.
Das Essen mit seinen Geschäftspartnern verlief überaus angenehm. Man sprach nur wenig über Geld, dafür umso mehr über die schönen Dinge des Lebens, genoss das Fünf-Gänge-Menü und saß anschließend noch lange bei Kaffee und Cognac zusammen.
Den frühen Termin am nächsten Morgen verdrängte er darüber

ebenso wie den Anruf bei Giovanna. Als er gegen Mitternacht endlich nach Hause kam, genügte ihm ein Blick auf die Leuchtschrift des Radioweckers, um die Sache auf morgen zu verschieben.

10

Endlich da. Die Anspannung der Fahrt ließ etwas nach, jedoch nicht so weit, als dass ich von mir aus an der Promenade von Cattolica angehalten hätte und zum Strand hinunter gelaufen wäre; das war allein Steffis Idee gewesen.
Nervös wie ich war, blieb ich in der Nähe des Wagens. Der Lack glänzte in dem gelblichen Licht der Straßenlaterne, und das Grün von Pippos Sarg strahlte in die Nacht hinaus wie eine Leuchtreklame. Ein Glück, dass außer mir niemand auf der Straße zu sehen war. In Cattolica herrschte die Ruhe vor dem Sturm; bald schon würde es hier von Touristen nur so wimmeln, und in den zahlreichen Bars und Pizzerien entlang der Promenade, vor denen sich jetzt noch die Stühle stapelten, würden Sitzplätze rar werden.
Ein einsamer Hund streunte durch die Straße, er lief von einer Seite auf die andere, duckte sich von Zeit zu Zeit unter die Autos und kam schließlich zu der Stelle, an der ich gegen die Mauer gelehnt stand. Wir tauschten einen Blick miteinander, dann tappte er davon. Leise klickten seine Krallen auf dem Asphalt. Ich wandte mich wieder dem Meer zu, auf dem in weiter Ferne die Positionslichter der Schiffe blinkten. Unter mir sah ich Steffi, die den herangleitenden Schaumkronen davon tanzte.
Es dauerte eine ganze Weile, bis wir den Campingplatz endlich fanden, denn die Wegbeschreibung, die meine Mutter mir mitgegeben hatte, stimmte nicht im Mindesten mit den örtlichen Gegebenheiten überein. Offenbar hatte diese Ecke Cattolicas in jüngerer Zeit einige bauliche Veränderungen erfahren, und wir mussten des Öfteren gesperrte Straßen derart weiträumig umfahren, dass wir uns schließlich nur noch anhand der spärlich angebrachten Schilder orientierten. Da die Urlaubssaison offiziell erst in einigen Wochen eröffnet würde,

verzichtete man noch auf deren Beleuchung; ein Suchscheinwerfer wäre jetzt hilfreich gewesen.
‚Camping internazionale Marina di Venezia' las ich auf einem gigantischen Schild neben dem Eingang. Eine einsame Glühbirne brannte über dem frisch getünchten Pförtnerhäuschen; vom Pförtner selbst jedoch keine Spur. Ich zog vorsichtig an dem massiven Gittertor, es war fest verschlossen. Dahinter konnte ich zwei größere Gebäude erkennen, die vermutlich die Verwaltung beherbergten. Zwischen ihnen hindurch führte ein Sträßchen in den angrenzenden Pinienwald hinein, wo aller Wahrscheinlichkeit nach der eigentliche Campingplatz lag.
„Was ist?", fragte Steffi, die beim Wagen stand. „Siehst du was?"
„Nein. Ist alles dunkel."
„Er wollte doch auf uns warten!"
„Dachte ich auch."
„Was habt ihr denn ausgemacht?"
„Na, eben das! Dass wir uns hier am Eingang treffen würden!"
„Er ist aber nicht da!"
„Das sehe ich", sagte ich und ging zu ihr, „vielleicht macht er ja gerade seine Runde oder so."
„Seine Runde?"
„Ich hab dir doch erzählt, dass er extra seinen Wachdienst getauscht hat. - Na, ist ja auch egal. Am besten, wir warten hier, bis er zum Tor kommt. Vielleicht war ihm ja auch nur langweilig, oder er ist mal für kleine Italiener gegangen."
Wir setzten uns auf ein niedriges Mäuerchen unterhalb des Riesenschildes und warteten. Eine Viertelstunde verging, eine halbe vielleicht, beim Warten übertreibt man ja gerne. Aus dem Pinienwald drang das Zirpen tausender Zikaden, und über uns wölbte sich ein funkelnd-klarer Sternenhimmel. Es war immer noch warm, angenehm jetzt nach der Gluthitze des Tages.
„Klingt wie Schreien", meinte Steffi wie zu sich selbst.
„Hm?"

„Klingt wie Schreien. Die Zikaden."
Ich lauschte konzentriert in Richtung Wald. Dieses monotone Dauergeräusch hatten wir schon am Strand gehört, es aber innerhalb weniger Minuten verdrängt. Nur gelegentlich, wenn die Zikaden wie auf Kommando für einen Moment innehielten und synchron wieder einsetzten, wurde man sich dieses Geräusches wieder bewusst, um es gleich darauf erneut zu vergessen. Es klang ein bisschen nach einem Schrei, da musste ich Steffi Recht geben, aber auch nach einem angeregten Schwätzchen unter Insekten oder nach verliebtem Gesang.
Der Campingplatz lag ziemlich weit vom Schuss. Soweit das Auge reichte, brannte kein Licht außer der Glühbirne über dem Pförtnerhäuschen, und kein Geräusch war zu hören außer dem der Zikaden und einem grummelnden aus der Ferne, das wohl vom Meer herüberdrang.
„Meinst du, die unterhalten sich gerade über uns?", fragte ich.
„Vielleicht hat er uns ja auch vergessen und pennt da oben."
„Michele? Nein, glaub ich nicht. Der wird schon kommen."
„Ich bin todmüde." Sie lehnte ihren Kopf gegen meine Schulter und steckte ihre Hände unter mein T-Shirt. Sie fühlten sich erstaunlich kühl an auf meinem Bauch.
„Ist dir kalt?"
Sie schüttelte leicht den Kopf.
„Nur die Finger."
Ich wartete, bis Steffis Finger sich wieder etwas aufgewärmt hatten, und ließ sie an meiner Schulter dösen. Sanft küsste ich sie, und sie blinzelte mit kaum geöffneten Lidern zu mir hoch.
„Also schön, ich mache mich mal auf die Suche nach ihm. Am besten ist, du setzt dich wieder in den Wagen und passt auf den Fiat und Opa auf. Ich sehe zu, dass ich Michele finde, und komme so schnell wie möglich wieder zurück, okay?"
Sie antwortete mir nicht, sondern nickte nur leicht, ohne die Augen zu öffnen. Widerstandslos ließ sie sich zum Auto führen, und ich setzte sie vorsichtig hinein. Dann schnappte ich mir die Taschenlampe und machte mich auf den Weg.

Ich ging außen an der mannshohen Mauer entlang, die den Campingplatz zum offenen Feld hin abgrenzte. Der Weg war mühsam, denn hier herrschte ein üppiger Wildwuchs vor, und man musste aufpassen, nicht schief aufzutreten und in irgendeine Hecke oder ein Gebüsch zu fallen. Ich warf einen Blick zurück. Undeutlich konnte ich die Konturen des Cinquecentos ausmachen, und irgendein Chromteil blinkte schwach zu mir herüber.
Dreißig Meter weiter stieß ich auf eine alte Waschmaschine und anderen Abfall, der sich um sie herum auftürmte; kurz darauf ließ der Wildwuchs etwas nach, und ein kleiner Pfad führte in den Pinienwald hinein. Die Mauer endete hier, und an ihrer Stelle markierte nun ein hoher Zaun die Grenze zwischen dem Campingplatz-Areal und dem übrigen Wald.
Eine Gittertür kam in Sicht, doch sie war verschlossen. Durch die Baumkronen fiel das Mondlicht trübe auf den Platz, und ich konnte eine ganze Anzahl von weiteren Gebäuden erkennen, vereinzelt auch Wohnmobile und Autos. Das Gekreische der Zikaden umhüllte mich und ließ mich meine raschelnden Schritte wie durch Watte wahrnehmen. Ich hatte den Campingplatz zur Hälfte umrundet, als sich entlang des Zaunes wieder dichte Vegetation breitzumachen begann. Im Kegel der Taschenlampe war beim besten Willen kein Weg mehr auszumachen, und ich umging die Wildnis in immer weiteren Bögen, bis ich den Zaun aus den Augen verlor und schließlich umkehrte.
Der Rückweg erschien mir deutlich kürzer, aber ich wusste ja inzwischen auch schon um die Stellen, wo ich auf meine Schritte Acht geben musste. In den Gebäuden selbst war kein einziges Licht zu erkennen, nur eine schwache Notbeleuchtung führte in den hinteren Teil des Geländes, wo ich die Toiletten vermutete. Ich kam an der Gittertür vorbei und zu der Stelle, wo der Zaun endete und die Mauer begann, und hoffte bloß, dass Michele sich nicht inzwischen am Haupttor aufhielt und den

Cinquecento übersehen hatte. Steffi schlief mittlerweile bestimmt tief und fest.
Es stellte sich die Frage, was wir tun sollten, falls ich Michele nicht ausfindig machen konnte. Wir konnten natürlich immer noch im Auto oder im Freien schlafen, bis am Morgen der Pförtner erscheinen würde. Aber wie würden wir dann Pippo unauffällig aus dem Sarg nehmen? Schließlich war für diese Aktion die Dunkelheit des Abends fest eingeplant gewesen.

Ich steckte noch mitten in diesen Überlegungen, als aus der Waschmaschine vor mir ein Schatten in die Höhe wuchs und mich grelles Licht blendete. Instinktiv hielt ich meine Hände vors Gesicht, eine Geste, die der Schatten offenbar als Angriff auslegte. Das Licht schwenkte hinauf in die Baumwipfel, und im gleichen Moment erwischte mich ein Schlag in die Magengrube. Meine eigene Taschenlampe fiel zu Boden, und ich machte einen Ausfallschritt zur Seite, strauchelte und rollte über den Waldboden. Wieder erwischte mich der Lichtkegel, und im nächsten Moment war der Schatten über mir.
Da ich nichts von ihm erkennen konnte, zielte ich nach Gefühl und trat dorthin, wo ich seinen Schritt vermutete. Das Licht seiner Lampe beschrieb ein S, und ich hörte, wie mein Gegner tief Luft holte. Ich sprang auf und duckte mich im Vorbeilaufen vor möglichen weiteren Schlägen des Angreifers, der aber keinerlei Anstalten machte, erneut auszuholen.
„Hier ist noch was!“, schrie ich ihn an, verpasste ihm meinerseits noch schnell einen Haken, - der sein ungeschütztes Ohr traf -, und schubste ihn zu Boden.
Meine Taschenlampe lag etwas abseits, ich ließ sie liegen und lief im Dunkeln an der Mauer entlang zurück.
„Luca!“, rief jemand hinter mir, doch ich hielt nicht an.
„Luca!“ Noch einmal, ganz deutlich diesmal, und irgendwas in der Stimme verlangsamte meinen Schritt.
„Luca!“ Endlich machte es ‚klick!’ bei mir, und ich hielt inne. Hinter mir hörte ich schnaufend jemanden näher kommen.

„„Luca!“
„Hallo, Michele“, sagte ich erleichtert. Jetzt, wo mich seine Lampe nicht mehr blendete, erkannte ich ihn auch mehr oder weniger deutlich. Nur die Piniennadeln in seinen Locken irritierten mich etwas. Er stand leicht gekrümmt da, holte keuchend Luft und rieb sich das Ohr.
„Musste das denn sein? Ich glaub, mein Trommelfell ist geplatzt!“
„Stell dich nicht so an - ich hab nicht angefangen!“
„Was machst du denn überhaupt hier? Wir wollten uns doch am Tor treffen!“
„Da war ich ja auch, nur du nicht!“
„Wann?“, fragte er.
„Na, vor 'ner Viertelstunde oder so!“
„Dann haben wir uns gerade verpasst. Ich war eben vorne, hab aber niemanden gesehen.“
„Wir haben ewig gewartet!“
„Ist ja gut. Ich musste noch nach dem Generator sehen und meine Runde machen.“ Er krümmte sich noch immer vor Schmerzen und hielt sich den Schritt.
„Hab ich dich sehr schlimm erwischt?“
„Schlimm? Scheiße, du hast mir voll in die Eier getreten!“
„Ja, ja, ist ja gut...! Wir packen dir gleich ein bisschen Eis drauf, dann sind sie wieder wie neu!“, meinte ich und klopfte ihm auf die Schulter. Er stöhnte auf. „Ich hol nur schnell meine Lampe...-“
„Hab ich mitgebracht.“ Er drückte sie mir in die Hand und humpelte voraus, während er den Weg ausleuchtete.
„Was sollte das Ganze eigentlich?“, fragte ich.
„Es gab eine Reihe von Diebstählen auf dem Platz, und seitdem wird hier scharf kontrolliert“, erklärte Michele.
„Kann den Campern doch nur recht sein.“
„Ja, schon. - Pass auf hier! - Aber ich denke, dass das Ganze organisiert war. Die schienen ganz gut darüber informiert zu sein, was wo zu holen war.“

„Und du machst jetzt den Nachtwächter?“
„Ach, das ist nur nebenher. In der Saison haben wir extra jemanden dafür, aber bis der hier eintrifft, wechseln wir uns halt ab. Ich hab mit einem Kollegen aus dem Supermarkt getauscht. Normalerweise wäre ich erst morgen an der Reihe gewesen.“
Wir gelangten wieder am Eingang an. Steffi schlummerte friedlich, den Kopf an die Seitenscheibe gelehnt. Leise klopfte ich gegen das Fenster, und träge schlug sie die Augen auf. Statt auszusteigen, kurbelte sie die Scheibe herunter.
„Darf ich vorstellen? Das ist Michele“, ich wandte mich ihm zu, „und das ist meine Freundin Steffi.“
„Hallo“, sagte Michele. Steffi musterte erst ihn, dann mich von oben bis unten.
„Wart ihr zusammen im Heu?“, fragte sie verschlafen und rieb sich die Augen.
„Nein, aber ich musste ihn erst suchen. Weißt du, er lebt jetzt im Wald!“ Ich schnippte mir Laub vom Ärmel.
Sie schaute mich ausdruckslos an.
„Wie schön. - Können wir jetzt rein?“
Ich drehte mich zu Michele um.
„Hast sie ja gehört. Können wir jetzt rein?“ Er nickte und raunte:
„Ist mit ihr alles in Ordnung?“
„Klar. Sie muss sich nur erst akklimatisieren.“
„Aha. - Na, ich mach euch das Tor auf. Tu mir einen Gefallen und lass den Motor aus, sonst wecken wir den ganzen Platz auf!“
Er öffnete das Tor und kam herüber, um mir beim Schieben zu helfen, während Steffi wie eine Schlafwandlerin neben uns hertrottete. Obwohl das Gelände nur unwesentlich anstieg, ließ sich der mit Pippo und all unseren Sachen vollgepackte Wagen nur schwer schieben, und als er endlich vor dem Gebäude der Platzverwaltung stand, lief mir der Schweiß in breiten Strömen den Nacken herunter.

Auf der Rückseite des zweistöckigen Hauses befanden sich eine kleine Bar, mehrere Videospiel-Automaten und der Supermarkt, in dem Michele tagsüber arbeitete. Er schloss die Tür auf und machte im hinteren Teil des Ladens Licht, wo ich das Lager vermutete. Gemeinsam hievten wir Opa aus dem Jetbag und trugen ihn hinein. Der Supermarkt war klein, wir mussten mächtig darauf Acht geben, nirgendwo anzustoßen.
Der sich an die Fleischtheke anschließende Raum war tatsächlich eine Art Lager, in dem außerdem je eine Wasch- und eine Spülmaschine sowie eine große Gefriertruhe standen. Vorsichtig ließ Michele Pippos Füße zu Boden und öffnete den Deckel der Truhe, die von so gewaltigen Ausmaßen war, dass man darin vermutlich auch den Cinquecento hätte schockgefrieren können.
Opa ging es erstaunlich gut dafür, dass er die letzten Stunden gänzlich ohne Kühlung in seinem Koffer verbracht hatte. Michele packte wieder mit an, und wir betteten Pippo auf Päckchen mit Teigwaren, Fleisch und Eis.
Steffi lehnte währenddessen am Türpfosten und döste vor sich hin. Sie war wirklich ganz schön erledigt. Auch Michele war es aufgefallen.
„Ich hab mir schon gedacht, dass ihr heute keine Lust mehr darauf habt, euer Zelt aufzuschlagen. Wenn ihr mir versprecht, euch nicht erwischen zu lassen, könnt ihr in einem der Wohnwagen schlafen."
„Erwischen?"
„Na ja, die Besitzer kommen frühestens Ende Juli. Aber die Platzverwaltung würde mich dafür rausschmeißen."
„Dann bau ich doch lieber das Zelt auf."
„Nein, ist schon in Ordnung. Lasst euch bloß nicht erwischen!"
„Wirklich?"
„Ja. Im Moment sind nur eine Handvoll Holländer und Deutsche hier und vereinzelte Italiener aus dem näheren Umkreis. Die kennen die Dauercamper nicht. Aber das Auto

lässt du besser draußen. Morgen früh quartiert ihr euch dann offiziell hier ein."
Lautlos ließ ich den Wagen den Abhang hinunterrollen und parkte ihn außerhalb des Gittertores, das Michele wieder verriegelte. Mit unserem Waschzeug unterm Arm folgten wir ihm zum anderen Ende des Areals, dorthin, wo ich bei meinem Rundgang Gebäude gesehen hatte. Erst jetzt, da wir uns ihnen näherten, konnte ich erkennen, dass es in Wahrheit die Caravans von Dauercampern waren. Trutzig wie eine Wagenburg reihten sie sich aneinander, manche hatten Blumenkästen vor den Fenstern, andere Gartenzäune und Zwerge vor der Tür. Wie zu Hause, dachte ich.
Michele führte uns zu einem Wohnwagen, der ganz hinten am Zaun stand, und probierte mehrere an einem Ring hängende Schlüssel aus, ehe er den passenden fand, den er mir in die Hand drückte.
„Danke", sagte ich matt.
„Schon gut. Schlaft euch aus, wir reden morgen. - Ach übrigens, deine Mutter hat mich heute nochmal angerufen."
„Ach ja?"
„Sie sagte irgendwas davon, dass doch noch jemand einen Sarg besorgen will."
„Was? Wieso das denn? - Weißt du, wer?"
„Nein, aber es muss wohl ein alter Freund von Pippo sein...-"
„Ein alter Freund?"
„Ja. Aber frag mich bloß nicht nach dem Namen; am besten, du rufst morgen mal zu Hause an."
„Mach ich. Gute Nacht."
„Nacht. - Zieht die Vorhänge zu, wenn ihr Licht macht!"
Er winkte mir und spähte ins Innere des Wohnwagens nach Steffi, doch die hatte sich schon in die Tiefen der Schlafnische zurückgezogen. Ich sah Michele nach, der dem Lichtkegel seiner Lampe in Richtung Eingangstor folgte, schloss die Tür und verriegelte sie. Es war furchtbar stickig; wahrscheinlich hatte die Sonne den ganzen Tag über aufs Dach geknallt.

Über jedem der Fenster war ein Rollo angebracht, ich zog alle herunter und auch die Vorhänge zu. Nun war es stockfinster, und auf der Suche nach einer Lichtquelle leuchtete ich Steffi direkt ins Gesicht. Sie lag in voller Montur auf einer der Bänke im hinteren Teil des Caravans und verzog unwirsch das Gesicht. Endlich fand ich den Schalter für das Innenlicht und knipste es an.
Die Inneneinrichtung wirkte im Schein der 40-Watt-Birne billig und abgenutzt, aber wir wollten ja hier auch nicht überwintern. Ich warf einen Blick in die Schränke, in denen sich nur das Nötigste befand: Abgestoßenes Geschirr, von dem keine zwei Teile zueinander passten, Besteck und eine Flasche Wermut, die jedoch dem Geruch nach mit Terpentin befüllt war. Immerhin fand sich in dem schmalen Schrank auch eine dünne Wolldecke, die ich mit hinüber zur Schlafnische nahm. Unsere eigene Decke lag im Wagen, und der stand ja jetzt außerhalb des Platzes.
Es dauerte eine Weile, bis ich die freie Sitzbank in ein Bett verwandelt hatte. Eigentlich hätte ich das Ganze gerne auch mit Steffis Bank gemacht, aber da sie schon wieder tief und fest schlief, zog ich ihr nur vorsichtig die Schuhe aus und breitete die Decke über sie, obwohl ich bei der Hitze kaum damit rechnete, dass sie frieren könnte. Ich selbst nahm das Bett, das bequemer war als angenommen; keine zehn Sekunden später befand ich mich im Reich der Träume.

11

Jakob Spang wartete bereits geraume Zeit vor der Haustür, ehe der Leichenwagen endlich vorfuhr. Zu seiner Überraschung war auch Ackermann senior in seinem Wagen mitgekommen, um ihn persönlich zu verabschieden und eine gute Reise zu wünschen. Er habe den Wagen selbst kontrolliert und seinen Sohn genauestens bezüglich Fahrt und Zoll instruiert.
„Alles verstanden, Rainer? Hast du die Liste? - Und vergiss nicht, nach Herrn Butschek zu fragen - *Butschek*!"
Jakob war diese Zurschaustellung von Anbiederei und Duckmäusertum ebenso peinlich wie Rainer, weshalb er Ackermann mit dem Verweis auf die lange Fahrt das Wort abschnitt und zum Aufbruch mahnte.
Das Gepäck war schnell verladen. Im Fond standen neben dem Sarg bereits Rainers Reisetasche und ein kleiner Rucksack, und sie stellten Jakobs kleinen Koffer dazu. Er hatte nur für einen bis zwei Tage gepackt; alles andere ließ sich vor Ort immer noch besorgen. Da es keine Haltegriffe oder Haken gab, hängte er den Kleidersack mit seinem Anzug kurzerhand an eine der Messingstangen, an denen - sorgfältig gefaltet und gerafft - die fliederfarbenen Gardinen hingen, die das von außen in die Seitenscheiben gravierte Firmenlogo würdevoll umrahmten.
„Navigationssystem hat er leider nicht", meinte Ackermann, „immerhin setzen wir ihn normalerweise nur hier innerhalb der Stadt ein."
Jakob bedachte ihn mit einem prüfenden Blick.
„Es wird schon gehen. Karten kann ich gerade noch so lesen."
„Na, Sie kennen sich ja auch aus in Italien, nicht wahr? Sie hatten doch früher oft da unten zu tun?"
„Habe ich immer noch. Mach dir mal keine Sorgen wegen uns! Ich bringe dir deinen Sohn schon heil zurück."
Ackermann lächelte verlegen.

„Ach nein, das wollte ich ja jetzt gar nicht sagen...-"
„Den Wagen natürlich auch." Jakob streckte ihm die Hand hin.
„Wiedersehen."
„Wiedersehen."
Schnell stieg Jakob ein, und Rainer wendete in der nächsten Einfahrt.
„Jetzt aber los, sonst lässt dein Vater uns gar nicht mehr weg!"
„Butschek!", rief Ackermann, als sie an ihm vorbei kamen, und sie winkten ihm zu.
Rainer ging sehr vorsichtig mit dem schweren Transporter um. Er war an die Ausmaße des Volvos ebensowenig gewöhnt wie an dessen Brems- und Motorleistung und gebrauchte das Gaspedal nur sparsam.
„Tritt drauf, Junge! Wir sind hier nicht auf dem Friedhof!"
Zaghaft gab Rainer ein bisschen mehr Gas. Sanft und geräuschlos beschleunigte der Wagen. Sie befanden sich inzwischen auf dem ersten Autobahnabschnitt hinter dem Frankfurter Kreuz. Noch lagen tausende von Kilometern vor ihnen, doch Jakob, der Italien geschäftlich unzählige Male bereist hatte, kannte die Strecke im Schlaf.
„Wer ist eigentlich dieser Butschek?", fragte er.
„Ein Bekannter meines Vaters. Er erledigt die Zollformalitäten für die Schweiz."
„Ist er Grenzpolizist?"
„Nein, nicht direkt. Muss wohl ein größeres Tier sein, aber ich kenne ihn nicht persönlich. Nur vom Hörensagen."
„Aha."
Eine Weile schwiegen beide. Rainer, dem die wieder einsetzende Stille unangenehm war, warf nervös Seitenblicke zu seinem Beifahrer hinüber.
„War der Mann ein Freund von Ihnen?"
„Hm?" Jakob war in Gedanken gewesen.
„Der... der Mann, den wir abholen. Kannten Sie ihn?"
„O ja. Er ist über lange Jahre hinweg mein bester Freund gewesen."

Rainer wartete auf weitere Ausführungen, doch es kam nichts nach.
„Wie ist er gestorben?“
Jakob sah ihn mit einem Blick an, als wolle er überprüfen, ob ihn dies wirklich interessiere. Er wandte sich ab und sah wieder auf die Straße.
„Soviel ich weiß, hatte er beim Fußball einen Herzanfall. Es muss sehr schnell gegangen sein.“
Beim Fußball?, fragte sich Rainer bestürzt. In Anbetracht der Tatsache, dass der Mann neben ihm im Alter seines Großvaters war, hatte er eigentlich mit einer für ältere Leute typischeren Todesursache gerechnet. Eine naheliegende Frage drängte sich ihm auf.
„Sagen Sie, wie alt war er eigentlich?“
„Einundachtzig.“
Donnerwetter, dachte Rainer, nicht schlecht für sein Alter!
Die nächsten Kilometer über sinnierte er darüber nach, wie wenig Sport er selbst im Augenblick trieb, und kam zu dem Schluss, dass dies in Anbetracht der möglichen Folgen vielleicht gar nicht so schlecht sei.

Es war bereits heller Tag, als ich aufstand. Ich war vor Stunden schon einmal wach geworden, aber gleich wieder eingeschlafen. Wir hatten die Rollos noch immer herunter- und die Vorhänge vorgezogen, es war stockdunkel und stickig in dem Wohnwagen. Vorsichtig lupfte ich eines der Rollos, das mir prompt entglitt und sich surrend aufwickelte. Sofort durchflutete Sonnenlicht das Innere, das nur aus aufgewirbelten Staubpartikeln zu bestehen schien.
Neben mir drehte sich Steffi murrend der Sitzbank zu. Ich verzichtete darauf, sie zu wecken, und suchte nach meiner Hose, die ich am anderen Ende des Caravans deponiert hatte.
Da ich sie nicht auf Anhieb fand, öffnete ich ein weiteres Rollo und auch das dahinter liegende Fenster, das, wie ich wusste, zum Zaun hin ging und daher einem zufällig vorbeikommenden

Camper nicht gleich unsere Anwesenheit verraten würde.
Die hereinströmende Luft war unwesentlich kühler, brachte jedoch eine leichte Brise und den Geruch von Meerwasser mit sich. Ich zog mich an, entriegelte die Tür und trat vorsichtig ins Freie.
Im Vergleich zu dem schwülen Inneren des Wohnwagens war es hier draußen beinahe schon erfrischend kühl, obgleich die hoch stehende Sonne den Pinienbäumen kaum eine Chance zum Schattenspenden ließ und die schlaff an ihrem Mast herabhängenden Fahnen absolute Windstille signalisierten.
Ich fragte mich, wie spät es wohl sein mochte; Mittagszeit, vermutete ich. Keine Menschenseele ließ sich sehen, nur hie und da klapperte Kochgeschirr, und aus der Mitte der uns am Nächsten gelegenen Wagenburg stieg ein dünner Rauchfaden in den Himmel hinauf.
Vorsichtig schlich ich an den Caravans vorbei und ging hinüber zum Supermarkt, fand ihn jedoch ebenso verschlossen vor wie die Rezeption. Nur der Pförtner döste im Schatten seines frisch getünchten Häuschens auf einem Klappstuhl. Er war etwa in meinem Alter und hatte ein hageres, pockennarbiges Gesicht und dunkle Ringe unter den Augen. Ich fragte ihn nach Michele, doch er wusste auch nicht, wo er steckte. Wenigstens konnte er mir die Uhrzeit sagen, es war kurz nach halb eins.
Ich fragte ihn nach dem Strand, und er beschrieb mir den kürzesten Weg dahin. Ob ich ein Freund von Michele sei, wollte er wissen; er habe mich hier noch nie gesehen. Ich klärte ihn darüber auf, dass ich erst gestern aus Deutschland angereist und außerdem Micheles Cousin sei.
„Ah, Deutschland, meinte er, woher denn von da? Saa...? - Wo?“ Aha, Saarbrücken also. Sabuken, sprach er es aus. Nein, kenne er nicht, aber sein Onkel habe früher bei Köln gearbeitet. Glaube er. Das Gespräch plätscherte dahin und versickerte schließlich endgültig, und nachdem wir uns anstandshalber eine Minute lang angeschwiegen hatten, ließ ich ihn und seinen Klappstuhl zurück und schlenderte über den Platz davon.

Das Gelände war weitläufiger, als ich zunächst angenommen hatte, was daran lag, dass es nicht in gerader Linie verlief, sondern sich dort, wo der Pinienwald besonders dicht wucherte, hie und da zu einem schmalen Fahrweg verengte und sich erst auf den Lichtungen dahinter wieder ausbreitete. Dieser Teil des Areals wurde offenbar als Abstellplatz für die Caravans der Dauergäste genutzt, die dutzendweise dicht an dicht geparkt in der Sonne standen.
Unmittelbar hinter dem Gebäude der Platzverwaltung und weiter hinten in der Nähe unserer Wagenburg befanden sich die Waschgelegenheiten, ganz außen am Zaun die Toilettenhäuschen. Für einen Campingplatz dieser Größe erschienen mir die sanitären Einrichtungen etwas knapp bemessen, was vermutlich einer der Gründe dafür war, dass dieser lediglich mit zwei Sternen ausgezeichnet war.
Da ich Michele nicht finden konnte, ging ich hinüber zur Bar. Vor der offen stehenden Tür hing ein Perlenvorhang zum Schutz vor Fliegen, und aus dem Inneren der Bar dröhnte der Fernseher. Die Klimaanlage lief auf Hochtouren und ließ beinahe den Schweiß auf meinen Armen gefrieren. Der Typ hinterm Tresen tat geschäftig, wischte mal hier, räumte mal da und tat sich ansonsten keinen Zwang an, mir Beachtung zu schenken. Wahrscheinlich war die Bar offiziell noch nicht geöffnet, immerhin hatten auch der Supermarkt und die Verwaltung über Mittag geschlossen.
Ich trat an den Tresen und bestellte einen Kaffee. Wortlos füllte der Barmann ihn in den kleinen Filter, klapperte ein bisschen mit dem Geschirr und warf die Maschine an. Jede seiner Bewegungen schien in der verkachelten Bar eigene Geräusche zu machen, die von den Wänden abprallten wie Squashbälle.
Gurgelnd meldete die Kaffeemaschine Vollzug, und nach einigem geschäftigen Tamtam bekam ich das Tässchen mit meinem Schluck Espresso hingeschoben.
„Posso avere un dolce?“, fragte ich. Der Typ wies auf die Käseglocke und meinte, ich solle mich bedienen.

Ich nahm mir ein Cornetto und verlangte eine Flasche Wasser. Er holte sie aus dem Kühlschrank, stellte sie auf den Tresen und tippte den Betrag in die Registrierkasse, die ratternd den Beleg auswarf. Mich sah er dabei kaum an.
In aller Ruhe trank ich meinen Kaffee und aß das Hörnchen. Im Fernseher lief irgendeine Spielshow, deren Regeln ich nicht durchschaute. Da mich der Barkeeper und sein Fernseher nervten, zahlte ich, verließ die Bar und setzte mich an einen der Tische vor dem Eingang. Obwohl es hier schattig war, traf einen die Hitze wie ein Faustschlag, und ich schwitzte schon nach kurzer Zeit mehr als zuvor.
Ein paar junge, braungebrannte Italiener kamen vorbei und verschwanden hinter dem Duschhaus. Vermutlich gehörten sie zum Inventar des Platzes, denn wie der Pförtner trugen auch sie T-Shirts mit dem Aufdruck ‚Camping Internazionale Marina di Venezia'. Ansonsten war niemand zu sehen; selbst die Klappergeräusche des Kochgeschirrs waren aus der Luft verschwunden. Die Grillen hatten meine ganze Aufmerksamkeit für sich und nutzten dies weidlich aus. Ich schloss die Augen, rollte mir die eiskalte Wasserflasche über die Stirn und döste ein wenig in der Hitze, ehe ich mich wieder auf den Weg zurück zum Wohnwagen machte.

Erwartungsgemäß war Steffi noch immer nicht aufgewacht. Ihre Gesichtszüge waren ganz entspannt, nur ihre Finger und Zehen bewegten sich im Traum. Ich ließ sie schlafen, zog mir meine Badesachen an und schlug den Weg zum Strand ein, den mir der Pförtner gewiesen hatte.
Auf dem beplankten Weg, der durch die künstlich errichteten Dünen führte, humpelten zwei Alte in Richtung Wasser. Die Frau, selbst etwas wacklig auf den Beinen, trug eine gigantische Strandttasche und zwei Klappstühle über der Schulter. Beim Gehen stützte sie ihren Mann, dessen zittrige Hand ständig waagerecht Halbkreise zog, als hangele er sich an einem unsichtbaren Geländer entlang. Ich konnte nicht anders und

ging hinüber, um der Frau beim Tragen des Gepäcks und ihres Mannes zu helfen.
Er sah mich mit großen Augen unfreundlich an und murmelte irgend etwas in einem grauenvollen italienischen Dialekt, als ich ihn am Arm nahm. Auch die Frau wusste offenbar nicht, wie sie auf mein Angebot reagieren solle, rang sich aber ein Lächeln ab. So legten wir die letzten Meter bis zum Strand zurück, er - dem Grundton nach - vermutlich böse Verwünschungen ausstoßend, sie krampfhaft lächelnd und Worte des Danks formulierend - beides in absolut unverständlichem Italienisch. Ich für meinen Teil war heilfroh, als wir endlich sandigen Boden erreichten und ich sie wieder sich selbst überlassen konnte.
Der Strand selbst war keine zweihundert Meter lang und wurde von beiden Seiten her von bizarr geformten Felsen begrenzt. Irgendwo dahinter musste der Hauptstrand von Cattolica liegen, der sich kilometerweit entlang der Promenade erstreckte. Aber für den Anfang war das hier auch schon nicht schlecht. Außer mir waren um diese frühe Vormittagszeit nur eine Handvoll Menschen am Meer; die letzten Familien brachen gerade auf, vorneweg die matronenhaften Mütter, die mit Sporttaschen voller Spielzeug, Sonnenschirmen und Bergen von Handtüchern beladen an mir vorbeistampften. Ich sicherte mein Handtuch mit Kieselsteinen gegen den warmen Wind, der über dem Strand wehte, und watete in das überraschend kühle Nass hinein.
Die Gänsehaut auf meinen Armen und Beinen verschwand, nachdem ich einige hundert Meter weit zu einer Boje hinausgeschwommen war. Die Wassertemperatur nahm sich jetzt geradezu paradiesisch aus, und die Menschen am Strand waren nur noch Pünktchen. So, dachte ich bei mir, kann das Leben durchaus Spaß machen.

Lange hielt ich es nicht am Strand aus. Die Sonne brannte gnadenlos herab, und da ich die Sonnencreme gestern im Auto

gelassen hatte, wartete ich nur so lange, bis meine Sachen getrocknet waren und ging dann zurück zum Campingplatz. Die beiden Alten waren verschwunden, wahrscheinlich war es ihnen lange vor mir zu heiß geworden. Ich duschte mir schnell den Sand und das Salz aus den Haaren. Als ich aus der Kabine trat, lief mir zufällig gerade Michele über den Weg.
„Ich muss noch was erledigen“, sagte er, „warte hier, ich bin gleich zurück!“
„Okay“, antwortete ich und setzte mich auf ein niedriges Mäuerchen, das eine Kakteenanpflanzung einfasste.
In der prallen Sonne trocknete meine Haut abermals innerhalb von Sekunden. Gerade, als ich spürte, dass ich mich unmittelbar davor befand, mir einen Sonnenbrand zu holen, erschien Michele wieder. Gemächlich schlenderten wir über den Platz zu unserem Caravan hinüber.
„Ich hab gerade Pause“, meinte er, „aber wie das so ist: Wenn was kaputt geht, dann garantiert, wenn ich frei habe.“
„Ach ja?“
„Ja. Vorgestern gab’s kein warmes Wasser, letzte Woche haben die Putzfrauen vergessen, die Duschen im hinteren Teil des Platzes zu reinigen, und wenn sonst mal alles stimmt, muss ich garantiert für meinen Chef in die Stadt fahren, weil er wieder mal was vergessen hat oder irgend etwas furchtbar Dringendes zu erledigen ist.“
„Ich seh schon, deine Arbeit macht dir Spaß...!“
„Macht sie auch“, entgegnete Michele, „aber außerhalb der Saison fehlen uns für die Platzwartung vorne und hinten Leute, dann müssen halt diejenigen einspringen, die gerade zur Stelle sind. Aber in ein paar Wochen, wenn’s hier richtig rund geht, kann ich mich endlich wieder ganz um den Laden kümmern.“
Wir hatten beinahe unseren Wohnwagen erreicht, als ich Steffis Stimme erkannte. Sie sang. Vorsichtig linsten wir um die Ecke. Da saß sie im Schatten des Caravans, dem Zaun zugewandt, und jonglierte zwei Kieselsteine mit ihren Füßen. Den einen Stein warf sie mit dem rechten Fuß hoch in die Luft und fing

ihn geschickt mit dem linken auf, während der zweite bereits wieder in der Luft war. Sie war ganz gefesselt von diesem Spiel und bemerkte nicht, dass wir ihr dabei zusahen.
Nun nahm sie einen weiteren Kiesel hinzu und versuchte, mit allen dreien zu jonglieren. Für eine kurze Weile gelang es ihr sogar, ein Kunststück, das ich nicht mal mit den Händen zu Stande brachte. Dann kam sie aus dem Takt, und die Steine fielen zu Boden. Sie machte einen weiteren Versuch, dann noch einen und noch einen.
„Was macht sie da?", fragte Michele leise.
„Unfug."
„Na, dann passt sie ja hervorragend zu dir", flüsterte er, „woher kann sie das?"
„Sie hat als Kind viel mit Behinderten gespielt. Körperbehinderten", fügte ich hinzu.
„Aha. Das ist... seltsam."
„Genau das hab ich ihr auch schon gesagt."
„Aber schön... irgendwie", meinte er.
Wir konzentrierten uns wieder darauf, Steffi beim Jonglieren zuzusehen. Inzwischen hatte sie den Dreh raus, kickte, fing und warf die Steine und hielt sie so eine ganze Zeitlang in der Schwebe, bis einer ein Stückchen zu weit flog und sie ihren Rhythmus verlor. Plötzlich drehte sie sich zu uns um; sie hatte bemerkt, dass sie beobachtet wurde. Michele klatschte ihr Beifall.
„Hey, das war ja große Klasse", strahlte er sie an. Steffi lächelte.
„Wie lange seid ihr schon da?"
„Sind gerade erst gekommen. Hast du gut geschlafen?" Ich gab ihr einen Kuss, als sie herüber kam.
„Wie ein Stein." Sie hob mir einen der Kiesel entgegen und lachte. Hinter mir stand Michele und spitzte die Lippen. Ehe er reagieren konnte, gab ich ihm einen Kuss, und er wischte sich angewidert über den Mund.
„Eigentlich wollte ich ja Steffi küssen", meinte er.

„Michele“, ich legte meine Hand auf seine Schulter, „du bist mein Cousin, und ich kann dich wirklich gut leiden. Aber alles teile ich nun auch wieder nicht mit dir.“
„Schade eigentlich. Gerade wollte ich deiner Freundin vorschlagen, die kommende Nacht bei mir zu schlafen - ist viel bequemer.“
„Vergiss es! Da sind wir schon wieder weg. - Es sei denn, du machst uns heut’ Abend deinen Risotto. Dann könnten wir nochmal drüber reden.“
„Schön, dass ihr das unter euch ausmacht“, mischte sich Steffi ein. „Wieso kannst du eigentlich so gut Deutsch?“
„Ich habe bis vor vier Jahren in Deutschland gelebt. Zuerst mit diesem Kerl da und seiner Familie in Saarbrücken und später in Völklingen. Meine Schwester und mein Onkel wohnen immer noch da.“
„Wie kommt es, dass mir Luca nie etwas von dir erzählt hat?“
Michele machte große Augen.
„Soll das heißen, du hast ihr nie von mir erzählt? Schäm dich! Ich erzähle allen Mädchen hier von nichts anderem als dir.“
„Na klar doch... - Aber ich hab dir von ihm erzählt!“, sagte ich zu Steffi. „Erinnerst du dich an die Sache mit der doppelten Verabredung, die ich mit siebzehn hatte?“
Sie überlegte kurz, und ich half ihr:
„Michele und ich waren mit zwei Mädchen verabredet, und er ist nicht gekommen...-“
„Ja, stimmt, da war was...“, meinte sie zögernd.
„ ...und ich musste den Abend mit den beiden verbringen, obwohl eigentlich keine von ihnen was von mir wollte, sondern beide nur wegen Michele mitgekommen waren. - Die eine ist jetzt mit Torstens Schwester zusammen. „
„ - - - ?“ Sie zuckte die Schultern.
„Doch! Wir sind ihnen letztens erst in der Stadt begegnet - vor der Apotheke!“
„Ja, stimmt, ich erinnere mich... - Oh Gott, du meinst dieses Nilpferd!!!“, rief sie.

„Genau die. Ich hab dir noch erzählt, dass ich mal mit ihr ausgegangen bin und was für ein Glück ich hatte, dass sie nicht auf mich stand."
„Echt?", fragte Michele interessiert. „An die kann ich mich gar nicht mehr erinnern. Wie hieß die denn?"
„Katrin oder so ähnlich. An der hättest du deine helle Freude gehabt, glaubs mir! - Der Kerl hat schon immer ein Faible für Emanzen gehabt. Dabei haben die tollsten Mädchen auf ihn gestanden, obwohl er schon damals wie ein schmieriger, kleiner Hütchenspieler ausgesehen hat."
„Tja, die mochten eben alle mein zwielichtige Seite", meinte Michele gelassen, „Frauen stehen auf sowas."
„Na, meine nicht. - Oder?"
„Weniger", antwortete Steffi.
„Irgendwer hat mal gemeint, Michele sei der Bauknecht unter den Jungs aus meiner Klasse."
„Der was?", fragte sie verblüfft.
„Der Bauknecht. - Du kennst doch den Spruch? ‚Bauknecht weiß, was Frauen wünschen'..."
„Nee." Steffi schüttelte den Kopf und lachte. „Was? Bauknecht weiß...?"
„...was Frauen wünschen", wiederholte ich, und sie sah mich verwirrt an. „Ach, vergiss es!", sagte ich verärgert. Sie räusperte sich und wandte sich wieder Michele zu:
„Und warum bist du zurückgegangen?"
„Nach Italien?", fragte Michele.
„Ja."
„Ach, all die Mädchen... irgendwann war mir das einfach zuviel... - Nein, im Ernst: Meine ganze Familie ist hierher gezogen. Meine Eltern, meine Geschwister und meine Großeltern. Alle außer meiner ältesten Schwester. Eigentlich wollten wir damals runter bis nach Lecce, aber dort sah es mit Arbeit ziemlich mies aus. Also sind wir hier in der Nähe bei Verwandten hängen geblieben, die uns auch nach und nach Jobs verschafft haben. Aber ich denke mal, dass wir

irgendwann wohl doch wieder nach Lecce zurückgehen werden."
„Gefällt's dir denn hier?", fragte Steffi.
„Warum nicht? Ist doch schön hier. Und wenn der Platz schließt, helfe ich mal hier, mal da aus. Irgendwas findet sich immer. - He, Luca, vielleicht besuche ich diesen Winter mal Gianfranco in Bergamo. Der hat jetzt ein eigenes Restaurant."
„Hm, hab ich schon gehört. Willst du bei ihm arbeiten?"
„Ach, keine Ahnung. Mal sehen, was sich ergibt. Du weißt ja, wie er ist..."
Ich nickte, und er wandte sich wieder Steffi zu.
„Nein, wirklich, mir gefällt's hier einfach. Es ist schön warm, nicht zu stressig, und den Strand hast du gleich vor der Tür. Was will man mehr?"
„Na ja, ich möchte sowas nicht mein Leben lang machen..."
„Tust du doch schon", unterbrach ich sie.
„Ich? Wieso?"
„Weil dein ganzes Arbeitsleben vor dir liegt wie ein offenes Buch. Nein, mehr wie ein einzelnes Blatt: Du weißt genau, was noch passieren wird in den nächsten dreißig Jahren. Besser gesagt, was *nicht* passieren wird."
„Hört, hört, das sagt der BWL-Student, der nicht mal seine Lehrzeit abwarten konnte! – Und außerdem ist das doch was ganz Anderes!"
„Was denn, du studierst BWL?", fragte Michele überrascht.
„Nicht gewusst?"
„Doch, schon. Ich glaube, ich hab sowas gehört - aber ich dachte, das wär'n Witz gewesen!"
„Macht mich nur fertig", sagte ich und ließ den beiden ihren Spaß. „Aber was ist mit deinem Laden? Che casino! Michele!" Ich äffte einen Klischee-Italiener nach und gestikulierte wild umher.
„Gibbete Mensche wo wolle einkaufe, ecco? Issede Lade zu, könne nit kaufe. Make Lade auf, ma pronto!"
Michele sah mich seelenruhig an und meinte dann todernst:

„Du hast dich wirklich kein bisschen verändert."
Er wandte sich Steffi zu.
„Bist du sicher, dass du bei dem da bleiben willst? Ich hab mich seit damals total geändert. Bin jetzt ein seriöser Geschäftsmann. - Ich würde auch dafür sorgen, dass du immer genug zu essen kriegst."
Steffi schüttelte lächelnd, aber bestimmt den Kopf, und ich antwortete stattdessen:
„Michele, lass mir wenigstens die eine, ja?"
„Aber sie ist so dünn...!"
„Michele!"
„Schon gut..."

„Woher kannten Sie meinen Großvater eigentlich?", fragte Rainer, der den großen Wagen mittlerweile im Griff hatte und sich auf der tristen Autobahnstrecke langweilte. Sie befanden sich mittlerweile auf der A 5, der sie noch einige Stunden lang bis zur Schweizer Grenze folgen würden. Seit der Erzählung über das Ackermann'sche Ferienhaus in der Provence hatte Jakob Spang ihre Konversation auf kurze Anweisungen bezüglich der weiteren Fahrtstrecke, das Aufzeigen von Abzweigungen und Autobahnkreuzen und das stoisch-ruhige Lotsen durch Baustellen und Verkehrsknotenpunkte beschränkt.
„Konrad? Ach, den kenne ich schon ewig!", meinte Jakob, als sei der alte Ackermann noch am Leben. „Wir haben schon miteinander Geschäfte gemacht, da war Deutschland noch von den Alliierten besetzt. Kannst du dir das vorstellen? Über fünfzig Jahre ist das her - fünfzig! Dein Vater war damals noch gar nicht auf der Welt, und dein Großvater mühte sich damit ab, das Geschäft behalten zu können."
„Wieso?", fragte Rainer.
„Weil er es überhaupt nur bekommen hat, weil der alte Gollmann im Frühjahr '41 enteignet worden war. Hat dir dein Vater nie was davon erzählt?"
Rainer schüttelte den Kopf.

„Gollmann war Jude, wie einige Hunderttausende in Frankfurt auch. Ich weiß nicht wie, aber irgendwie hat er es über Jahre hinweg geschafft, dass die Behörden ihm gegenüber ein Auge zugedrückt haben. Jeder wusste, dass er Jude war, und während der Hitlerzeit haben sich dann auch immer mehr Leute von ihm abgewandt. Dein Großvater übrigens auch."
Er sah Rainer prüfend an, doch der ging auf den Seitenhieb nicht näher ein und fragte stattdessen:
„Und Sie?" Der Mann wurde ihm langsam wieder unsympathisch.
„Ich? Ach Gott, ich war zu der Zeit gerade mal sechzehn!"
„Aber Sie waren vermutlich auch nicht gerade ein Freund des jüdischen Volkes?"
Rainer erinnerte sich, dass sein Vater ihm gegenüber erwähnt hatte, dass es in Jakob Spangs Familie viele Anhänger der NSdAP gegeben habe und dass diese nach dem Krieg unter den Besatzern sofort wieder auf die Füße gefallen sei. Wie konnte dieser Mann sich nur anmaßen, so über seine, Rainers, Familie zu reden?
„Ach...! Für mich hat Politik nie eine große Rolle gespielt. Natürlich wurden Rassenunterschiede damals zu einem Politikum gemacht, aber deshalb waren wir noch lange nicht alle Judenhasser. Sagen wir's mal so: Wir wären vermutlich auch unter anderen Umständen nicht mit den Gollmanns befreundet gewesen. Wir hatten nichts miteinander gemein."
„Und was war mit den anderen?"
„Was meinst du?"
„Na, mit den anderen jüdischen Bürgern!"
„Du lieber Himmel! Mir scheint, du schätzt mich völlig falsch ein. Die Juden! Das ist, wie wenn du heute jemanden fragst: Bist du ein Freund der Kurden?
Unter Hitler haben viele Menschen wirklich unschöne Dinge getan, das lässt sich nicht leugnen. Aber meine Familie - soweit ich das beurteilen kann - war gottlob daran nicht beteiligt, falls es das ist, was du wissen möchtest.

Ich bin in meinem Leben viel rumgekommen und habe mit Juden genauso Geschäfte gemacht wie mit Moslems, Christen oder Buddhisten. Mir ist die Religion eines Menschen genauso egal wie seine Hautfarbe, seine Nationalität oder seine politische Einstellung."
Jakob legte eine Pause ein, als wolle er das Gesagte einwirken lassen.
„Die Wahrheit ist, dass sich Geschäfte ganz einfach besser tätigen lassen, wenn man seinem Geschäftspartner unvoreingenommen gegenüber tritt. Ich hatte geschäftlich schon mit vielen Schlitzohren, Gaunern und Halsabschneidern zu tun, aber nie hat mich jemand versucht, derart dreist aufs Kreuz zu legen wie die Deutschen, die ich im Ausland kennen gelernt habe. Die machen einen auf vertraut und Heimat und Ach-wie-schön-einen-Landsmann-zu-treffen, und wenn es dann endlich ums Verhandeln geht, ziehen sie dich über den Tisch."
„Aha", bemerkte Rainer mit unverhohlenem Desinteresse.
„Ja, mein Junge, so ist das! Du bist noch jung, da glaubt man vielleicht noch, die Menschen müssten nett zu einem sein, weil man doch schließlich umgekehrt auch nett zu ihnen ist. Alles Blödsinn! Wenn du irgendwann einmal das Geschäft von deinem Vater übernimmst, wirst du sehen, was ich meine."
„Ich weiß nicht, ob ich das will", meinte Rainer.
„Was willst?" Jakob warf einen Blick auf die Straßenkarte.
„Das Geschäft von meinem Vater übernehmen. Ich glaube nicht, dass ich das will."
„Sondern?"
Jakob fragte es wie nebenbei, doch Rainer bemerkte den lauernden Unterton.
„Keine Ahnung. Erstmal mein Studium beenden, dann vielleicht im IT-Bereich arbeiten..."
Er hatte eigentlich erwartet, dass Jakob Spang ihn nun fragen würde, was ‚IT' bedeute, doch der meinte nur:
„Wie alt bist du? Neunzehn, zwanzig?"
„Ich bin einundzwanzig."

Jakob machte eine Geste, als erkläre dies alles, sagte aber nichts.

„Und was war nun mit dem Laden?“, fragte Rainer schließlich, nachdem das Schweigen minutenlang andauerte.

„Der Laden? Ach ja...“ Jakob sprach, als sei er in Gedanken gerade meilenweit weg gewesen.

„Der Laden. Nun, offensichtlich hatte Gollmann irgend etwas falsch gemacht, irgend etwas übersehen bei seinen Bemühungen, nicht aufzufallen. Er hatte mit Sicherheit das ganze Viertel geschmiert, vom zuständigen Gebietsleiter bis hin zum gemeinen Polizisten. Sogar die SS hat gut daran verdient, den Juden Gollmann nicht zu ‚bemerken‘, der im Übrigen glänzende Geschäfte mit dem Krieg machte. Der Laden - euer Laden - brummte, und wie alle Bestatter kam Gollmann mit dem Beerdigen gar nicht mehr nach. Aber, wie gesagt, irgend etwas ging schief in diesem Frühjahr ‘41. Vielleicht hatte Gollmann jemanden übers Ohr gehauen, oder einer der bestochenen Beamten hat mehr Geld gefordert, als er zu zahlen bereit war. Es gab auch Gerüchte, dass er versucht hatte, einen hohen SS-Offizier zu schmieren, der ihn hochnehmen ließ. Jedenfalls verschwanden Gollmann und seine Familie von heute auf morgen, die Möbel wurden beschlagnahmt, die große Wohnung mit einem Offizier zwangsbesetzt und der Laden geschlossen. Nach einer Woche - ach was! - zwei Tagen krähte kein Hahn mehr nach Gollmann. - Hältst du es mit dem Frühstück noch bis zur Schweiz aus?“

„Kein Problem“, meinte Rainer und wartete auf den Fortgang der Geschichte.

„Wenn du willst, können wir aber auch vorher raus.“

„Nein, ist in Ordnung. Ich frühstücke sowieso gern später.“

„Der Vorteil der Jugend“, sagte Jakob, „ich kann leider nicht mehr so lange schlafen. Um sechs, spätestens halb sieben bin ich wach. Als ich so alt war wie du, hätte ich gerne öfter mal ausgeschlafen. Aber damals durfte ich nicht. - Und heute, wo ich dürfte, kann ich nicht mehr.“

Er lachte, verschluckte sich und bekam einen Hustenanfall. Mit zittrigen Händen suchte er in der Innentasche seines Jacketts nach etwas, zog schließlich ein kleines, billiges Plastikdöschen hervor und schluckte eine der darin befindlichen Pillen hinunter.
„Sind Sie in Ordnung?“, fragte Rainer besorgt, doch Jakob nickte nur mit zusammengepressten Lippen. Er sah mit einem Male bleich aus.
„Möchten Sie was trinken? Wasser? Ich habe eine Flasche Wasser hinten in meiner Tasche.“
Jakob machte eine abwiegelnde Handbewegung, die Rainer allerdings keineswegs beruhigte. Er lenkte den Wagen auf die rechte Fahrspur und ließ ihn auf dem Standstreifen ausrollen.
„Alles in Ordnung“, sagte Jakob matt und holte ein paar Mal tief Luft, „es geht schon wieder.“ Rainer langte hinter seinen Sitz und zerrte seinen Rucksack nach vorne. Er entnahm ihm die Wasserflasche und einen Pappbecher, füllte ihn und reichte ihn Jakob, der ihn dankbar entgegen nahm.
In kleinen Schlucken trank er das Wasser. Er spürte Rainers besorgten Blick, der auf ihm ruhte.
„Es ist nichts, wirklich. Aber mein Herz will manchmal nicht ganz so wie ich.“ Er zog erneut das Pillendöschen hervor und schüttelte es. „Dann muss ich ihm ein paar Drogen geben.“
Wieder lachte er, diesmal aber, ohne zu husten, und Rainer registrierte zu seiner Erleichterung, dass es ihm offenbar tatsächlich wieder besser ging.
„Also, junger Mann, zweiter Versuch!“ Jakob wies die Straße entlang. Rainer legte den Gang ein, beschleunigte und ordnete sich wieder in den Verkehr ein.

12

Pippo lag noch genauso da, wie wir ihn gestern Nacht auf die Tiefkühlprodukte gebettet hatten. Obwohl hinter ihm und seinem Anzug inzwischen mehrere Umbettungs-Aktionen lagen, wirkten beide durchaus noch vorzeigbar.
„Fürs Erste können wir ihn hier lassen“, sagte Michele, „hierher verläuft sich nicht mal mein Chef.“
Es beruhigte mich, Opa gut aufbewahrt zu wissen; was mich weniger beruhigte, war die noch ungelöste Frage, wann wir wieder aufbrechen sollten. Pippo war kein Wein; insofern würde sich sein Zustand vom langen Lagern nicht zu seinem Vorteil verändern. Mir selbst wäre es nur recht gewesen, wenn wir uns ein wenig ausruhen und spätestens am Nachmittag weiterfahren würden. So allerdings, wie ich Steffis Laune nach der Ochsentour vom Vortag einschätzte, würde es nicht leicht werden, sie von meinem Zeitplan zu überzeugen. Ich würde dabei mit sehr viel Fingerspitzengefühl vorgehen müssen.
Mein erster Versuch scheiterte jedoch kläglich, was vielleicht auch an Micheles Anwesenheit lag. Wir waren gerade wieder in den Verkaufsraum des kleinen Supermarktes zurückgekehrt, in dem bereits eine ältere Frau an der Fleischtheke wartete. Während Michele sich um sie kümmerte, nahm ich Steffi beiseite.
„Hör mal...“, begann ich, doch schon fiel sie mir ins Wort:
„Also, ich würd jetzt gerne was essen und dann runter zum Strand. Ich hab Hunger wie ein Bär.“ Sie war total aufgedreht, ein Zeichen dafür, dass sie so langsam wach wurde.
„Ja, ja, schon gut“, meinte ich nervös. Ich beschloss, ihre gute Laune auszunutzen. „Hör mal...-“
„Wie is'n der Strand?“
„Na ja, ganz schön...“
„Und das Wasser? Schön kühl bestimmt, nicht?“

„Hör mal“, begann ich erneut, „wegen Opa...“
Sie wirbelte durch den Gang zwischen den Regalen. „Wie wär's mit Tomaten zum Frühstück? Guck mal, wie saftig die sind!“
„Sehr schön. - Ich dachte, wir gehen kurz an den Strand...“
„Aber erstmal wird gefrühstückt. Marmelade?“
„Okay.“
Sie warf mir die Packung zu.
„Ja, ...gehen an den Strand, packen zusammen und düsen weiter.“
„Guck mal - Krabben! Mmmh.“ Ein weiteres Päckchen landete in meinen Armen. „Wie meinst du'n das, ‚weiter düsen'?“
Ich spürte, wie ich leicht ins Schwitzen kam. Wie sag ich's meiner Freundin?
„Na ja, ich denke, je schneller wir weiter kommen, desto besser.“ Jetzt war es raus. Puh! Mit einem Mal fiel mir die seltsame Zusammenstellung von Waren auf, die ich in meinem Arm hielt. „Tomaten, Marmelade, Krabben... sag mal, willst du mir vielleicht irgendwas schonend beibringen?“ Jetzt schwitzte ich richtig.
„Allerdings“, antwortete Steffi und kam auf mich zugeschossen. „Du hast mir versprochen, dass wir uns unterwegs erholen und Urlaub machen würden. Jetzt sind wir kaum einen halben Tag hier, - ich war noch nicht mal am Strand -, da willst du schon wieder weiter fahren!“ Sie war sehr hübsch an diesem Morgen, mit ihrem Schlabbershirt und dem verwuschelten Haar.
Michele, der bei der Kundin kassiert hatte, kam hinzu.
„Wie? Was soll das heißen, ihr fahrt weiter? Ihr seid doch gerade erst angekommen!“
„Michele, bitte! Wir haben ein gewisses Zeitproblem. Pippo hält sich nicht ewig in deiner Truhe, und in Lecce warten sie schon auf ihn; da kann ich doch nicht hier in aller Ruhe Urlaub machen!“
„Aber wenn du ihn bei der Hitze rausholst und aufs Dach

packst, wird das deinem toten Opa auch nicht gerade gut tun!“, meinte Steffi. „Das wird höchstens irgendwelches Viehzeugs anlocken - *Luca*!“
„Was ist?“
„Du hast dich schon wieder gekratzt!“
„Hab ich nicht!“
„Hast du wohl!“, beharrte sie.
„Na schön“, gab ich zu, „vielleicht hab ich’s doch getan. - Er aber auch!“
„Muss sie denn sowas beschreien?“, verteidigte sich Michele.
„Was beschreien?“, fragte Steffi.
„Na, das von den Viechern, die sich an Pippo gütlich tun!“
Automatisch ging meine Hand in Richtung Schritt; ich beherrschte mich und steckte sie in die Hosentasche, wo Steffi nicht sehen konnte, dass ich mich berührte.
„Wie?“, fragte sie erstaunt. „Soll das heißen, ihr kühlt hier ‘nen Toten, fasst ihn an, tragt ihn herum, habt aber Angst davor, dass ihr Unheil heraufbeschwört, wenn ihr zum Beispiel darüber redet, dass die Frau von eben todkrank aussieht?“ Da sie mich diesmal direkt ansah, ließ ich es sein, mich zu berühren; dafür bemerkte ich hinter ihr Micheles Handbewegung. Wir zuckten die Schultern.
„Das ist halt so“, versuchte ich zu erklären, „so was auszusprechen, bringt Unglück. Das ist wie mit schwarzen Katzen oder Nonnen.“
„Nonnen?“, rief Steffi. „Soll das heißen, ihr kratzt euch bei dem Wort ‚Nonne’ alle zwischen den Beinen?“
„Nein, nicht bei dem Wort. Nur wenn sie vorbei gehen.“
„Ach so, nur wenn sie *vorbei gehen*...! Das natürlich was Anderes... - Und ihr schämt euch gar nicht dabei?“
„Wir machen das ja nicht offen, sondern... unauffälliger halt!“
„Aha, unauffälliger. Aber bei mir müsst ihr euch ja keinen Zwang antun, wie?“
„Na komm...!“, begann ich. „Es soll halt kommendes Unheil abhalten – wie wenn du auf Holz klopfst...!“

„Toter Opa, tote Katze, Stromausfall, Inflation... alles Unglück dieser We-elt“, rief sie plötzlich fröhlich und tanzte dazu vor uns herum, „na los doch, kratzt euch! – Hagel, Blitzschlag, Erdbeben, toter Opa in der Tiefkühltruhe...“
„Steffi, es reicht!“, zischte ich und hielt ihr den Mund zu. „An die paar Leute, die’s jetzt noch nicht wissen, können wir ja nachher noch Handzettel verteilen, ehe wir fahren.“
„Ahem“, räusperte sich Michele. „Dazu wollte ich gerade noch was sagen. Ihr könnt so bald noch nicht weiter fahren. Jedenfalls nicht mit Pippo.“
„Wie war das?“
„Du kannst ihn jetzt nicht da rausholen“, murmelte er in einem verlegenen Tonfall, als habe er soeben mein Auto in Brand gesteckt.
„Ach? Und wieso nicht?“
„Weil alle Welt dich sehen kann!“ Er betonte jedes Wort und schob mich zur Tür.
„Na, was siehst du?“
Ich zuckte die Schultern.
„Den ganzen Platz siehst du!“, rief er. „Weil das hier nämlich der Präsentierteller *des Camping Internazionale Marina di Venezia* ist!“
„Und warum hast du daran nicht früher gedacht?“, knurrte ich ihn an.
„Konnte ja nicht wissen, dass du’s so eilig hast. Außerdem war das die einzige Möglichkeit, Pippo hinreichend zu kühlen.“
„Was schlägst du also vor?“, fragte ich müde.
„Dass ihr’s euch jetzt schön gemütlich macht, euch an den Strand legt...-“
„Erstmal Frühstück!“, wandte Steffi ein.
„...in Ruhe frühstückt und euch ein bisschen ausruht. Heute Abend sehen wir dann weiter. Dann könnt ihr euch immer noch entscheiden, ob ihr nicht doch noch die Nacht über hier bleibt.“
„Wir wollen so schnell wie möglich weiter“, sagte ich.
„Überlegs dir halt - Pippo ist hier doch gut untergebracht. So

eine gute Kühltruhe musst du erst einmal wieder finden."
Ich bedachte Michele mit einem tödlichen Blick; er tat, als habe er ihn nicht bemerkt.
„Schön, schön, denk einfach mal in Ruhe drüber nach...! Hier habt ihr schon mal frische Brötchen", er packte sie auf die Theke, „ansonsten kann ich euch den Parmaschinken empfehlen."
„Vielleicht noch ein bisschen Käse?", wandte sich Steffi an mich, doch ich hörte schon gar nicht mehr richtig hin. Meine Gedanken rotierten; wir hatten ein Problem.
„Pecorino? - Ist würzig, probier mal..."
Was nun? Wenn wir warten mussten, bis es dunkel wurde, kämen wir heute nicht mehr sehr weit. Ich hatte eigentlich geplant, es heute noch bis in den Gargano zu schaffen. Das entsprach einer Fahrtstrecke von ungefähr dreihundert Kilometern oder fünf Stunden Fahrtzeit.
„Oder der hier? Der ist ein bisschen milder..."
Kein Vergleich zu den elfhundert Kilometern, die bereits hinter uns lagen; aber nachdem wir uns gestern abgehetzt und aufgerieben hatten, widerstrebte es mir, den Tag zu vertrödeln, bloß weil wir an Opa nicht mehr rankamen.
Mir fiel plötzlich etwas ein.
„Hast du nicht gesagt, meine Mutter hätte gestern angerufen?"
Michele machte ein erstauntes Gesicht.
„Hast du denn noch nicht zurückgerufen? Sie sagte, es sei dringend."
„Hab ich ganz vergessen. - Wo ist hier das Telefon?"
„Gleich um die Ecke, neben dem Eingang. Hier, nimm meine Karte mit!"
Michele zog ein Telefonkärtchen aus seiner Jeans und reichte es mir über den Tresen.
„Bin gleich wieder da."
Eines der beiden Telefone war defekt, und ich musste warten, bis der andere Apparat frei wurde. Ich wählte die Vorwahl für Deutschland und die Nummer von zu Hause und wartete.

Es dauerte ewig, bis jemand abhob; dann war Valentina dran.
„Hi, ich bin's“, sagte ich.
„Na, endlich! Wo hast du denn gesteckt?“
„Wieso? Wir waren unterwegs!“
„Mama hat sich schon Sorgen gemacht, dass ihr an der Grenze verhaftet worden wärt oder so. Warum hast du dich denn nicht gemeldet?“
„Tue ich doch gerade! Wir sind erst gestern Nacht hier angekommen und haben bis eben geschlafen.“
„Wie war denn eure Fahrt?“
„Ziemlich chaotisch. Kurz hinter Basel ist uns das Eis schon zum ersten Mal weggetaut...“
Ich erzählte Valentina in aller Kürze von unserem Großeinkauf im Supermarkt, dem Schwenken auf der Raststätte, den Grenzkontrollen und der nächtlichen Keilerei mit Michele.
„Da habt ihr ja einiges hinter euch. Und wo habt ihr Opa jetzt?“
„In Micheles Kühlschrank. Dem geht's gut. - Sag mal, ist Mama da?“
„Im Moment nicht. Sie ist mit Papa in der Stadt; die mussten noch irgendwelche Papiere besorgen, und Papas Ausweis ist abgelaufen.“
„Na toll! Was ist mit dem Rest der Sippe?“
„Bruno und Giulia sind gerade eben nach Berlin abgereist, und Enzo ist auch wieder zu Hause.“
„Tante Innocenza?“
„Ist noch hier, aber Mama hat Enzo überredet, sie am Freitag zum Flughafen mitzunehmen.“
„Ihr fliegt erst am Freitag?“
„Na ja, früher ging nichts von hier ab...“
Ich bemerkte, dass das Guthaben der Telefonkarte rapide schwand.
„Hör mal, Mama hat angerufen wegen dem Sarg für Opa. Weißt du was darüber?“
„Nur, dass sie mit Jakob telefoniert hat und dass der sich wieder melden wollte, wenn er den Sarg bekommen hat.“

„Jakob?“ Ich war überrascht. „Jakob Spang? Der besorgt den Sarg?“
„Ja.“
Ich war ein wenig verwirrt. Schon begann es, im Hörer zu piepen.
„Du, hör mal, mein Geld ist gleich alle. Sag Mama, dass ich mich später wieder melde und dass hier alles in Ordnung ist!“
„Okay“, kam es vom anderen Ende.
„Und sag ihr auch, dass wir voraussichtlich erst morgen früh von hier wegkommen!“
Das Piepen wurde allmählich penetrant.
„Erst morgen?“
„Morgen. Erklär ich euch später. Sag ihr nur...-“
Es machte klick, dann war die Leitung tot. Das Guthaben war verbraucht. Ich hängte ein und ging wieder hinüber zum Supermarkt.

Jakob Spang kam von der Toilette zurück.
„So, jetzt gönnen wir uns erstmal ein ordentliches Frühstück!“
Rainer nickte. Mittlerweile hatte er einen Bärenhunger, und da auch Jakob einen Kaffee inzwischen gut gebrauchen konnte, hatten sie nach dem Passieren der Schweizer Grenze dem Frühstück oberste Priorität eingeräumt und an der Raststätte in Pratteln eine Pause eingelegt.
Die Zollformalitäten waren dank Herrn Butschek, dem Bekannten von Rainers Vater, kein Problem gewesen; er bereitete ihnen sogar schon die Papiere für Italien vor, damit sie dort später nicht unnötig aufgehalten werden würden.
Etwas verlegen hatte Rainer ihm den billigen Zwetschgenschnaps seines Vaters überreicht und in dessen Namen Grüße bestellt. Herr Butschek aber war an derlei ‚Aufmerksamkeiten’ offenbar gewöhnt und bedankte sich routiniert dafür.
Zuvor hatten sie kurz vor Basel in einem gigantischen Stau gesteckt, der sie beinahe zwei Stunden gekostet hatte. Als sie in

Pratteln angelangten, war es Viertel vor Eins, und beide verspürten großen Hunger.
Im Selbstbedienungs-Restaurant packte Jakob sein Tablett so voll, als kaufe er für zwei ein.
„Wollen Sie das alles alleine essen?“, fragte Rainer erstaunt, während sie an der Kasse anstanden.
„Möchtest du was davon?“
„Nein, das nicht. Ich meinte nur, das sei vielleicht ein bisschen viel für einen.“
„Wirklich, ich geb dir gerne etwas ab.“
„Nein, danke.“
Als sie an die Reihe kamen, zahlte Jakob für sie beide.
„Äh... vielen Dank.“ Rainer war zugleich verlegen und dankbar für diese Geste. Doch Jakob tat, als habe er ihn gar nicht gehört und als sei es das Selbstverständlichste auf der Welt, dass er für alle Unkosten aufkomme. Rainer gefiel dieser Wesenszug; sein Vater hatte die Unsitte, jedem, den er einlud, seine Großzügigkeit unter die Nase zu reiben.
Sie setzten sich an einen Tisch am Fenster. In dem Restaurant herrschte bereits ein reges Kommen und Gehen, und überall liefen die Angestellten umher und wischten hektisch den Boden und die Tische.
„Glück gehabt“, meinte Jakob und zeigte auf eine Busladung von Tagestouristen, die soeben das Lokal betraten.
Schweigend aßen sie ihr Frühstück. Jakob Spang arbeitete sich systematisch durch sein volles Tablett hindurch, und Rainer hing seinen Gedanken nach.
Da er nicht unhöflich sein wollte, hatte er darauf verzichtet, Jakob nach dem Fortgang der Geschichte über Gollmann und seinen Großvater zu fragen. Er schien in Gedanken wieder ganz woanders zu sein, und Rainer beschloss, ihn dort zu lassen. Zwar war sein Interesse für dieses Kapitel seiner Familienchronik nun geweckt, doch ahnte er auch, dass er unter Umständen auch unangenehme Seiten würde in Kauf nehmen müssen, wenn er weiter darin blätterte.

Noch konnte er Jakob Spang nicht gut genug einschätzen, um zu wissen, welche Teile seiner Erzählungen nun der Wahrheit und welche eher dessen subjektiver Sicht der Dinge entsprachen. Obwohl sich die Aussagen durchaus mit dem deckten, was Rainer selbst von seiner Familie wusste, begegnete er ihnen mit einer gehörigen Portion Skepsis, die nicht zuletzt einer unergründlichen Loyalität seinem Großvater gegenüber entsprang.

Und dennoch, die Erzählungen über Gollmann und das Ferienhaus seiner Eltern eröffneten einige ganz neue Sichtweisen auf seinen Großvater, den Rainer nur als Ehrfurcht gebietenden, herrischen alten Mann kennen gelernt hatte, der sich eher widerwillig und zwangsweise mit seinen Enkeln beschäftigte.

So gesehen, passte die Sache mit dem Haus in der Provence durchaus zu Konrad Ackermann, so wie Rainer, wie alle Welt ihn kannte. Über die Kriegs- und Nachkriegsjahre hatten weder der alte Ackermann noch Horst, Rainers Vater, je viele Worte verloren.

Je mehr er darüber nachdachte, desto mehr kam ihm zu Bewusstsein, wie wenig er über die Ursprünge des Familienunternehmens Ackermann beziehungsweise ‚Gollmann Nachf.' wusste. Mag sein, dass sein Großvater hie und da einmal die eine oder andere Bemerkung über seine Kriegsgefangenschaft gemacht hatte, doch waren dies wohl eher Belanglosigkeiten gewesen; jedenfalls konnte sich Rainer an keine bestimmte erinnern.

Lange fixierte er seinen Beifahrer aus den Augenwinkeln heraus, ehe er fragte:

„Waren Sie auch in Gefangenschaft? Im Krieg, meine ich."

„O ja, das war ich. In einem kleinen Kaff in der Nähe von Ascoli Piceno."

Rainer schüttelte unschlüssig den Kopf.

„Ich war noch nie in Italien. Nie gehört."

„Kunststück", lächelte Jakob, „die Gegend dort würde

vermutlich selbst ich nicht kennen, wenn ich nicht eine Zeitlang dort verbracht hätte. Ist aber auch kein Versäumnis, wenn man nie davon gehört hat. Damals - das war im Frühjahr '45 - war der Ort, in dem wir untergebracht waren, ein ganz kleines Kaff, ein Bauerndorf ohne richtige Straße. Aber vielleicht kommt mir das auch im Nachhinein nur so vor."
„Waren Sie lange dort?"
„Ein gutes halbes Jahr. Von November '44 bis Anfang Juni '45."
„Und... sind Sie jemals wieder dagewesen?", fragte Rainer.
„Ach, wo denkst du hin?", meinte Jakob. „Das war ja nun nicht gerade ein Ferienlager. Du sitzt da - gut tausend Kilometer von zu Hause weg - mit einer Handvoll Kameraden in einer Baracke in Italien. Irgendwo draußen geht der Krieg weiter, und du hast keine Ahnung von der Lage an der Heimatfront, weißt nicht, ob deine Familie noch am Leben ist oder ob dein Haus noch steht, du kriegst nicht mal mit, was ein paar Kilometer weiter passiert. Das Einzige, was du noch weißt, ist, dass du morgens aufzustehen und das Vieh zu füttern hast, und selbst das weißt du nie *so* sicher. Möglich, dass ein Mannschaftswagen aufkreuzt und dich zum Verhör mitnimmt, einfach so, aber wenn du Glück hast, lassen sie dich in Ruhe."
Jakob Spang brach ab; er hatte sich in Rage gesprochen und war nun wütend auf sich selbst. Grimmig lächelte er Rainer zu, der schon wieder seinen besorgten Blick aufgesetzt hatte.
„Ich rede zuviel. Wahrscheinlich langweile ich dich."
„Nein", entgegnete Rainer wahrheitsgemäß, „wirklich nicht. Ich find's interessant."
„Dein Großvater hat dir wohl nicht allzu viel vom Krieg erzählt?"
„Praktisch gar nichts. Jedenfalls nichts, an das ich mich noch erinnern könnte."
„Na ja, eigentlich wollte ich damit auch nur sagen, dass es uns im Grunde genommen sehr gut ging. Die Bauern dort behandelten uns wie ihresgleichen, da gab's selten mal ein

böses Wort. Aber fremd geblieben sind wir uns trotzdem irgendwie."
„Wenigstens waren Sie im sonnigen Italien", meinte Reiner leichthin und bereute es im selben Augenblick. „Ich meine, unter den gegebenen Umständen natürlich...", schob er rasch nach, denn Jakob sah ihn durchdringend an.
„Täusch dich da mal nicht! Der Winter Vierundvierzig war lausig kalt; besonders, wenn man wie wir in einer zugigen Baracke schlief."
Schweigen kehrte ein. Rainer tat seine Bemerkung Leid; keinesfalls hatte er damit den Krieg und Jakobs Gefangenschaft bagatellisieren wollen. Er fragte sich, ob er sich entschuldigen sollte, konnte sich jedoch nicht entscheiden. Dann war der Moment vorbei, und er beschloss, stattdessen einfach darüber hinweg zu gehen und das Thema künftig zu vermeiden.

„Sag mal, Michele, verkauft ihr hier auch Seile?"
„Seile?", fragte er erstaunt. „Nein, wieso?"
„Ich hab da so 'ne Idee... erklär ich dir später. Wo kann ich so was kriegen?"
„Unten im Ort vielleicht. Wenn nicht, würde ich zum Hafen runter fahren. - Wie dick sollen die Seile denn sein?"
„*Das* Seil - ich brauche eigentlich nur eins. Fingerdick sollte reichen."
„Wie gesagt, probiers mal im Ort. Wenn du von hier aus reinkommst, ist gleich links ein Laden, der solche Sachen führt. Ansonsten gibt's am Hafen sicher auch sowas. Am besten, du fragst dort nochmal nach."
„In Ordnung", sagte ich und sah Steffi an, die mit zwei Einkaufstüten in der Hand neben mir stand, „haben wir hier dann alles?"
Sie lächelte ihr bezaubernstes Lächeln und hielt mir die Tüten entgegen.
„Bezahlen müsstest du noch. Ich hab kein Geld."
„Lasst mal, das machen wir später", meinte Michele, „esst

erstmal was und kommt nachher wieder vorbei, okay? - Aber passt auf, dass euch keiner bei den Wohnwagen sieht!"
„Schon klar." Ich griff mir eine der ausliegenden Zeitungen. „Wenn wir eh anschreiben lassen...", erklärte ich ihm. „Bis später!"
„Ciao", flötete Steffi, eine Spur zu vertraut für meinen Geschmack.
„Ciao, bella!", rief uns Michele nach. Wenn er nicht mein Cousin wäre, hätte ich ihm an diesem Punkt sicher klar gemacht, wo seine Grenzen waren. Andererseits kannte ich ihn und seine Art gut genug, um mir dies für später vorzubehalten, wenn aus charmanter Plauderei konkretes Baggern würde. Ich hoffte bloß, im richtigen Moment zur Stelle zu sein, um ihn bremsen zu können. Was Frauen betraf, traute ich ihm keinen Meter über den Weg.
Allmählich erwachte der Campingplatz wieder zum Leben. Rundum machten sich die Menschen strandfertig, die ihr Mittagsschläfchen beendet hatten, wurden Kinder eingeölt und Sonnenschirme aus den Caravans geholt. Ein dicker Mann in Pantoffeln, der gerade den Kies vor seinem Wohnwagen fegte, sah uns beim Vorbeigehen nach; Steffi, besser gesagt. Gelassen schlenderten wir weiter und warteten, bis er zu seiner Familie gerufen wurde, ehe wir im Bogen zu ‚unserem' Wohnwagen zurückkehrten.
Obgleich es drinnen stickig und heiß war, wagten wir es nicht, die Tür oder die Fenster weiter als einen Spaltbreit zu öffnen. Es hätte vermutlich auch wenig bewirkt, denn im Gegensatz zu den Wagenburgen ringsum wurde das Dach nicht von einem zusätzlich darüber gespannten Tuch beschattet. Ich traute mich kaum zu atmen; zu knapp schien der Vorrat an Sauerstoff zu sein. Auch Steffi stand der Schweiß auf der Stirn, kaum dass wir die Sachen für unser spätes Frühstück ausgebreitet hatten.
„Holst du mal Besteck? Oberste Schublade", meinte sie und verteilte Teller und Tassen.
„Ich hab uns Eistee gemacht." Sie zeigte mir die Wasserflasche,

in der eine urinfarbene Flüssigkeit schwappte, und rührte diese mit dem Stiel eines Rührlöffels um.
„Fein“, sagte ich und hielt ihr meine Tasse hin.
„Du, sag mal...-“, begann Steffi.
„Hm?“
„Wieso hieß Pippo eigentlich Pippo?“
„Was meinst du?“, fragte ich.
„Na ja, hat das Wort irgendeine Bedeutung? Ist das ein Spitzname?“
„Wie kommst du denn jetzt darauf?“
„Weiß nicht. Hab mir nur so meine Gedanken gemacht.“
„Verniedlichung von Giuseppe“, antwortete ich.
„Hatte er den Namen schon immer?“
„Welchen? Giuseppe?“
„Neiiin - Pippo!“ Ihre Stimme hatte einen genervten Unterton. Ich ließ sie ein wenig schmoren, ehe ich antwortete:
„Soweit ich weiß, nannten ihn schon immer alle so, bis auf die alten Tanten, die ihn ‚Peppi‘ riefen. Aber frag mich jetzt bloß nicht, wieso.“
Der Schinken auf unseren Broten schwitzte nicht weniger als wir und nahm in der Hitze einen faden Geschmack an. Mir war, als bisse ich in rohes, handwarmes Fleisch. Lustlos kauten wir an den ersten Bissen herum, nahmen einen Schluck Tee und kauten weiter.
„Da kriegt doch der Begriff ‚Dauerwurst’ eine ganz neue Dimension“, bemerkte ich mit vollem Mund.
„Ich halt das nicht aus!“ Steffi stand auf, packte ihren Teller und stürzte sich ins Freie.
Ich ging ihr nach und nahm den Mülleimer mit, der unter der Spüle stand. Ein paar Schritte vom Caravan entfernt begann der Pinienwald, und wir stellten unsere Teller auf dem umgedrehten Eimer ab. Während Steffi den Eistee holte, entfaltete ich zwei der billigen Klappstühle, die ich gestern bereits in einer Ecke entdeckt hatte.
Gegenüber der stickigen Hitze des Wohnwagens herrschten in

dem spärlichen Schatten der Bäume regelrecht angenehme Temperaturen, wenngleich man auch hier noch ins Schwitzen kam. Doch wir genossen unser Frühstück mit dem schwitzenden Schinken und den lauwarmen Tomaten, die mich in ihrer Konsistenz an meinen ersten Zungenkuss mit sechzehn erinnerten.

„Du", begann ich und schluckte das trockene Brot hinunter.

„Ich?"

„Ich denke, wir sollten doch noch heute losfahren."

Schweigen. Ewig lange. Ich zweifelte schon daran, ob ich das nun tatsächlich gesagt oder mir nur vorgenommen hatte, es auszusprechen.

Dann:

„Aber Michele sagt, wir kommen im Hellen nicht an deinen Opa ran."

„Wir fahren los, sobald es dunkel wird."

Wieder verfiel sie in Schweigen, aber ich spürte, dass ihr mein Vorschlag gar nicht gefiel.

„Ich hab nochmal drüber nachgedacht. Es ist sowieso sicherer, wenn wir nachts fahren und Landstraßen benutzen."

Steffi sah mich an.

„Übertreibst du jetzt nicht ein bisschen?"

„Nein. Bei all den Schwierigkeiten, die wir bisher hatten, bin ich nicht gerade scharf drauf, in eine Kontrolle zu kommen. Und noch weniger, bei dieser Affenhitze zu fahren und Pippo alle paar Stunden aus dem Sarg zu hieven. - Du packst ja nicht mit an!"

„Ich hab dir gesagt, warum", meinte sie.

„Stimmt. Ich mache dir ja auch gar keinen Vorwurf. Aber letzten Endes bleibt diese Arbeit ganz allein an mir hängen, und deshalb werde ich nicht mehr tagsüber fahren."

„Wir könnten ja auch morgen früh aufbrechen, wenn es noch nicht so heiß ist", schlug sie vor.

„Nicht, wenn wir den Gargano erreichen wollen. Das sind gut und gerne dreihundert bis dreihundertfünfzig Kilometer. Und

bis dorthin müssen wir auf jeden Fall kommen, sonst wird das letzte Stück bis Lecce umso happiger."
Steffi schüttelte die Krümel von den Tellern und begann damit, das Geschirr in den Eimer zu räumen.
„Schön", sagte sie schließlich, „fahren wir also heute Nacht."
Sie klang nicht gerade überzeugt, aber ich würde ihr die Sache schon noch schmackhaft machen.
Ich sah ihr nach, wie sie mit dem Eimer in der Hand zur nächsten Waschstelle hinüber ging. Da der Eistee inzwischen brühwarm war, sah er nicht nur nach Urin aus, sondern schmeckte jetzt auch entfernt danach. Ich goss ihn hinter den Zaun, schnappte mir die Stühle und folgte Steffi.

„Haben Sie Ihren Freund auch im Krieg kennen gelernt?"
„Wen?"
„Ihren... Freund. - Den Mann, den wir... abholen." Er wies mit dem Daumen in Richtung Ladefläche, wo der Kühlsarg stand.
„O ja, ganz recht. Pippo war sozusagen mein Mitbringsel aus dem Krieg."
„Mitbringsel?"
„Natürlich! Ist doch besser, einen Freund mitzubringen als Granatsplitter im Bein oder ein schwangeres Mädchen!"
Über diese Weisheit musste Rainer erst einmal nachdenken.
„Na ja, genau genommen ist er erst Jahre nach dem Krieg nach Deutschland gekommen", gab Jakob zu, „er war also sozusagen ein verspätetes Andenken."
„Also haben Sie damals doch Bekanntschaften geschlossen!"
„Das stimmt. Aber Pippo gehörte auch nicht zu dem Landvolk, bei dem wir einquartiert waren. Die Leute selbst haben untereinander kaum miteinander gesprochen, geschweige denn mit uns.
Pippo war im Sanitätskorps. Aus irgendeinem Grund hatte man ihn von Lecce aus bis nach Teramo geschickt; vorher war er, glaube ich, irgendwo bei Campobasso stationiert gewesen. Ich wurde im November '44 verwundet, geriet in Gefangenschaft

und somit ins italienische Feldlazarett bei Teramo. Dort haben wir uns kennen gelernt."

„War dieser..."

„Pippo?"

„Ja, war dieser Pippo Arzt?", fragte Rainer.

„Ach was, Arzt", winkte Jakob ab, „er hatte vor dem Krieg als Erntehelfer gearbeitet. Zu dieser Einheit kam er eigentlich wie die Jungfrau zum Kind. So weit ich weiß, hat man ihn vor die Wahl gestellt, als Infanterist oder Sanitäter zu dienen. Das hieß, sich wahlweise den Kopf wegschießen zu lassen oder die weggeschossenen Köpfe der Kameraden einzusammeln. Unter diesen Umständen hat er sich halt für Letzteres entschieden."

Es wurde dunkel, und Jakob brach schlagartig ab. Sie befuhren nun den Gotthard-Tunnel; mit einem Mal spürte er einen Druck auf seinem Trommelfell, als rase er mit einem Lift abwärts, und er nahm die Geräusche um sich herum wie durch Watte wahr.

Er kannte dieses Gefühl von früheren Fahrten her und wusste, dass es stets einherging mit einer Beklemmung, einer Art Klaustrophobie, die anwuchs, je tiefer man in den Berg vordrang. Er öffnete den Mund und ein wenig vor sich hin, um den Druck zu mindern, jedoch ohne nennenswerten Erfolg.

Auch Rainer war etwas mulmig zu Mute, da der Tunnel überhaupt kein Ende zu nehmen schien. Dieses Unwohlsein war ihm bereits vom Seelisberg-Tunnel her vertraut, den er vor zwanzig Minuten durchquert und nach dessen erfolgreicher Bewältigung ihn ein merkwürdiges Glücksgefühl durchströmt hatte. Nur war der Seelisberg-Tunnel kaum halb so lang wie der Gotthard, und nervös registrierte Rainer Ackermann die kleinen Tafeln an der Wand, die ihre augenblickliche Position angaben. ‚4', wischte es an ihnen vorbei. Wie lange war nochmal der Gotthard-Tunnel?

„Wie weit ist es noch?", fragte er in das Vakuum der Fahrerkabine hinein.

„Was?"

„Der Tunnel! Wie lange geht das noch so?"

Jakob, der die ersten Anzeichen von Panik bei seinem Fahrer durchaus bemerkte, sagte:
„Nicht mehr lange. Wir sind gleich durch. - Behalte den Tacho im Auge!“ Er hörte seine Stimme von weit her in Mono. Jetzt bereute er es, den Weg durch den Tunnel gewählt zu haben. Seine eigene Beklemmung hatte inzwischen beinahe jenes Niveau erreicht, auf dem er am liebsten ausgestiegen und zu Fuß weitergegangen wäre, ein ungutes Gefühl, das für ihn nur mit seiner Höhenangst zu vergleichen war. Er hatte diese Strecke nun mit Sicherheit schon einige hundert Male bewältigt, doch würde er sich wohl niemals daran gewöhnen. Und angesichts seines immer unruhiger werdenden Fahrers, der irgendwie kein Durchschnittstempo zu finden vermochte, stand für ihn fest, dass der Rückweg für sie beide über den Pass führen würde.
‚1 km’ besagte das Schild, das an ihnen vorbei flog.
„Gleich ist's geschafft“, sagte Jakob Spang. Doch Rainer starrte nur apathisch auf die Straße vor ihnen, die sich wie in einem Videospiel dahin zog und deren Verlauf sich ständig zu wiederholen schien. Jakob versuchte es erneut, diesmal lauter:
„Gleich ist's geschafft.“
„Was?“ Rainer nahm den Blick nicht von der Straße.
„Nur noch ein Kilometer.“
„Das haben Sie vor fünf Kilometern auch schon gesagt“, stellte Rainer fest.
„Nur zu deiner Beruhigung. Aber diesmal stimmt es wirklich.“
Jakob ging kurz die Frage durch den Kopf, ob er den Jungen darauf aufmerksam machen sollte, dass er schon wieder an Tempo verlor und dass die Lichter des Lastwagens hinter ihnen inzwischen bedrohlich nahe rückten, doch er entschied sich schließlich dagegen.
Schon wurde es vor ihnen hell, und als sie endlich ins Tageslicht hinausfuhren, atmete Rainer tief durch. Jakob ließ die Seitenscheibe heruntersurren. Er ahnte, wie seinem Fahrer nach dessen erster Gotthard-Durchquerung zu Mute sein

musste, und aus Erfahrung wusste er, dass Frischluft sich zum Lösen der entstandenen Beklommenheit und Nervosität hervorragend eignete.
Tatsächlich hatte sich Rainer innerhalb weniger Minuten wieder so weit entspannt, dass das Roboterhafte in seinem Gesichtsausdruck verschwunden war und er seinen Blick wieder von den Begrenzungsstreifen der Fahrbahn nahm. Jakob kam zu Bewusstsein, dass er seine eigene Klaustrophobie aus Sorge um seinen jungen Fahrer gänzlich verdrängt hatte. Auf dem Fußboden rollte die Wasserflasche zwischen seinen Schuhen hin und her, und er schenkte Rainer und sich jeweils einen Becher ein.
„Hier, trink, so lange es noch kühl ist!"
„Danke." Rainer nahm einen Schluck.
„Geht's wieder?"
Er nickte und versuchte, beim Lenken mit einer Hand lässig auszusehen.
„Alles klar. Ich bin so lange Tunnel nur nicht gewohnt."
Woher auch?, dachte Jakob, der sich nicht daran erinnern konnte, auf dem Weg zum Ackermann'schen Ferienhaus jemals einen Tunnel befahren zu haben. Und falls doch, hatte er jedenfalls nicht gerade bleibenden Eindruck bei ihm hinterlassen.
Er lehnte sich in seinem Sitz zurück und schloss die Augen. Das Fenster war noch immer einen Spaltbreit geöffnet, und es war angenehm, die frische Luft zu spüren, die über die Stirn hinweg wehte.
Bilder zogen vor Jakobs Auge vorbei, Bilder aus lange vergangenen Zeiten. Ohne dass er hätte bestimmen können, aus welchem Winkel seiner Erinnerung sie kamen, standen sie ihm vor Augen, lebhaft und gestochen scharf, teilweise aber auch seltsam verschwommen, so dass sie undeutlicher zu werden schienen, je genauer er sie betrachtete. Schnappschüsse waren ebenso dabei wie ganze Filme, deren einzelne Szenen allerdings so chaotisch und chronologisch unsortiert wirkten, als habe ein

unachtsamer Cutter die Bildsequenzen willkürlich zusammen gesetzt.
Da war Pippo, der den Kindern im Garten eine Schaukel zusammen baut und seine erste deutsche Bratwurst isst. Ein anderes Bild zeigte ihn selbst, wie er Pippo die Backstube vorführt und dieser erstaunt und respektvoll die großen Industriebacköfen betrachtet.
Pippo vor seinem ersten eigenen Auto; er tut fürs Foto so, als poliere er gerade den Kotflügel mit dem Ärmel seines Anzugs. Sie beide und ihre Frauen vor Jakobs Haus; sein Blick geht von Marianne, seiner eigenen Frau, über Pippo hinüber zu Carlotta, wunderschön in ihrem neuen Kleid. Dann Carlotta alleine, die in einer Bewegung inne hält, die dem Richten ihres Haares gilt. Etwas verlegen dreht sie sich zu Jakob um und sieht beinahe erleichtert aus, als der kleine Enzo ins Zimmer stürzt und sie nach draußen drängt, wo Pippo gerade mit Bruno Drachen steigen lässt.
Marianne, die Pippo zum Geburtstag auf die Wange küsst, woraufhin dieser knallrot anläuft. Carlotta, die zusammenzuckt, jedoch ihre Hand nicht wegzieht, als Jakobs eigene sie zufällig berührt, während Pippo und Marianne mit den Kindern im Garten spielen...-
„Hallo?"
Ein Strudel riss die Bilder in die Tiefe; zurück blieb lichtdurchflutete Leere. Jakob schlug die Augen auf und blinzelte zu Rainer hinüber, auf dessen Gesicht ein merkwürdig besorgter Ausdruck lag.
„Entschuldigung, ich dachte, Sie wären... hätten vielleicht...-"
Er brach ab, unschlüssig, ob er weitersprechen solle oder nicht. Es dauerte einen Moment, ehe Jakob die Umgebung wieder eingeordnet hatte, und noch ein wenig länger, ehe er die Besorgnis des Jungen verstand.
„Ach, du dachtest, ich wäre...-"
„Nein!", bestritt Rainer mit Vehemenz. „Es hätte ja nur sein können, dass Sie vielleicht... Hilfe brauchen oder so."

Jakob war gekränkt. Trotz seiner fünfundsiebzig Jahre fühlte er sich noch immer gesund genug, weiterhin einen Teil seiner Geschäfte selbst zu leiten, obgleich er die Geschäftsführung seines Unternehmens längst aus der Hand gegeben hatte. Wenn er sich die Männer seines Jahrgangs so betrachtete, konnte er nicht umhin, einen gewissen Stolz auf seine körperliche Verfassung zu verspüren, die in der Tat eher der eines Sechzigjährigen entsprach.

„Keine Sorge, mein Herz ist nicht mehr das jüngste, aber so schwach ist es nun auch wieder nicht. Ich muss nur immer daran denken, meine Pillen zu nehmen, dann kann praktisch gar nichts passieren."

„Ich hatte den Eindruck, als ob sie nicht mehr geatmet hätten. Ich wollte nicht... - Es tut mir Leid."

„Das muss es nicht", versicherte Jakob und lächelte ihm aufmunternd zu, „ich war nur in Gedanken, weiter nichts."

Schweigend durchfuhren sie die nächsten Minuten. Erneut tauchten Warnschilder auf, und wieder kam der Verkehr allmählich zum Erliegen, ein Prozedere, das sie inzwischen schon von etlichen Schweizer Autobahnbaustellen her kannten. Jakob ließ die Seitenscheibe wieder nach unten gleiten.

„Der Wagen hat übrigens eine Klimaanlage", bemerkte Rainer. „Soll ich sie höher drehen?"

Jakob winkte ab.

„Ich mag die Frischluft lieber."

Frischluft?, ging es Rainer durch den Kopf. Zweifelnd betrachtete er sich die Abgase, die aus den Auspuffrohren der voranfahrenden Autos aufstiegen und zu ihnen herüber wehten. Er stellte den Motor ab und ließ den Wagen ausrollen. Der Autobahnabschnitt, auf dem sie sich gerade befanden, war fast schnurgerade, und weiter vorne konnte er geöffnete Autotüren und spazierende Fahrer ausmachen. Er sah zu Jakob hinüber, der gleichgültig die Aufkleber auf dem Kofferraum des Autos vor ihnen studierte.

„Wie viele Kinder der wohl hat?", bemerkte Rainer.

„Hm?"
„Na, bei all den Vergnügungs-Parks...!"
„Stimmt", meinte Jakob, „‚Holiday-Park', ‚Walibi Schlumpf', ‚Euro-Disney', ‚Rust'... - Ist aber nichts im Vergleich zu dem da." Er wies auf einen japanischen Van, der sich auf der Spur nebenan vorbei schob. Rainer staunte nicht schlecht über das, was er da las.
„‚Felix an Bord', ‚Valentin an Bord', ‚Maximilian an Bord', ‚Niklas an Bord', ‚Dominik an Bord', ‚Damian an Bord'...? - Sechs Kinder!"
„Ist Dominik ein Junge oder ein Mädchen?", wollte Jakob wissen.
„Keine Ahnung. Junge, glaub ich."
„Wäre ihnen zu gönnen, wenn sie wenigstens *ein* Mädchen hätten."
„Sechs Kinder! Die müssen 'ne Menge Freizeit haben!"
„Vielleicht arbeiten sie an den sieben Zwergen", meinte Jakob.
„Wer? Schneewittchen und ihr Prinz?", lachte Rainer.
„Na, wenn er wirklich ein Prinz ist, hat er sich das sicher ganz anders vorgestellt!"
„Ja, und sich bestimmt schon zigmal verflucht: ‚Hätt' ich die Alte damals bloß nicht geküsst!'"
„‚Warum hat mich bloß keiner vor der gewarnt?'", setzte Jakob noch eins drauf.
Dann war der Van vorbei, und von den Insassen des darauffolgenden Fahrzeugs wurden sie misstrauisch gemustert, wie sie da in ihrem Leichenwagen saßen und lauthals lachten.
„Guckt nicht so!" Rainer schnitt ihnen eine Grimasse, und irritiert wandten sie sich ab.

„Sagen Sie, weil wir gerade bei Namen sind: Ist Pippo ein Spitzname oder so was?"
„Pippo? O ja, so weit ich weiß, hatte er den schon, als er zum Militär kam. Jedenfalls nannten ihn damals im Lazarett alle so. Sein richtiger Name war Giuseppe, aber ich habe nicht ein Mal

gehört, dass ihn jemals irgendwer so gerufen hätte."
„Sind Sie schwer verwundet worden?", fragte Rainer.
„Schon. Für ein Verwundetenabzeichen und eine Fahrkarte nach Hause hätte es allemal gereicht, wenn ich nicht in Gefangenschaft geraten wäre."
„Wieso hat man Sie nicht in ein deutsches Lazarett geschafft?"
„Das war damals eine dumme Situation. Wir waren in diesem Dörfchen da, - San Pietro -, das wir gerade ein paar Tage zuvor eingenommen hatten. Im gran sasso ging das im Winter '44 hin und her, alle paar Wochen beschossen wir und die Amerikaner uns gegenseitig wegen solcher Dörfer.
Wir hatten die Weisung, eines der Häuser am Ortsrand zu halten. Der Plan sah vor, dass sich ein Großteil unserer Einheit zurückziehen und die Amerikaner einkesseln sollte. Was wir zu diesem Zeitpunkt nicht wussten, war, dass die sich längst in den Hügeln um uns herum verschanzt hatten und somit viel näher an uns dran waren, als wir vermuteten. Außerdem hatten sie inzwischen Verstärkung durch italienische Partisanengruppen erhalten, so genannte *bande*, die Anfang des Krieges noch Seite an Seite mit uns gekämpft hatten und sich nach der Kapitulation Italiens auf der anderen Seite wiederfanden.
Als der Beschuss losging, war unser Haus eines derjenigen, die im Sperrfeuer lagen. Ich war unter denen, die als Erste verwundet wurden, weshalb man mich mit den anderen in eines der hinteren Zimmer brachte. Ein Querschläger hatte meinen Oberschenkel durchschlagen, und im Nu war alles voller Blut."
Jakob machte eine Pause, als liefe der zu seiner Erzählung passende Film vor seinem inneren Auge mit Verzögerung in Zeitlupe ab. Inzwischen hatte sich der Stau nahezu aufgelöst, und sie fuhren im Pulk wieder mit rund 60 km/h. Die LKW-Kolonne auf der rechten Spur bestimmte das Tempo und angesichts der dicht an dicht vorüberziehenden Schnellfahrer war an ein Ausscheren auf die Überholspur kaum zu denken.
„Muss schlimm gewesen sein", bemerkte Rainer, um das Gespräch wieder in Gang zu bringen.

„Das war es auch. Ich hatte einen Freund in meiner Einheit, der aus meinem Dorf kam und den ich schon von klein auf kannte. Franz war sein Name, Franz Gerberich, und obwohl wir relativ selten zusammen eingesetzt wurden, war ausgerechnet er es, der mir in dieser Situation das Bein abgebunden hat.“

Wieder brach Jakob ab und holte tief Luft, ehe er fortfuhr:

„Wir hätten gleich wissen sollen, dass unsere Stellung nicht zu halten war. Ich habe keine Erinnerung mehr daran, ob von unserer Seite aus überhaupt auch nur fünf Schüsse abgefeuert wurden. Eigentlich haben alle nur versucht, sich möglichst außerhalb der Schusslinie zu halten und von den Fenstern wegzubleiben.

Die anderen Verwundeten und ich bekamen nicht viel davon mit, was drüben vor sich ging, aber ich erinnere mich noch genau daran, dass der Beschuss plötzlich nachließ und die Kameraden nebenan sich etwas zuschrien.

Im nächsten Augenblick gab es einen Riesenknall über uns, wir zogen die Köpfe ein und hielten uns den Helm mit beiden Händen auf dem Kopf fest. Irgendwas traf mich in die Schulter, und Mauerstückchen regneten auf uns herab.

Das Erste, was ich sah, als ich die Augen aufschlug, war dieser Nebel. In Wahrheit war es ganz einfach Mörtel, der aufgewirbelt worden war und sich nun ganz langsam auf uns nieder senkte. Wir waren von oben bis unten bedeckt damit, als hätten man Mehl über uns ausgeschüttet.

Das Zweite war der Himmel über uns, obwohl ich doch wusste, dass der gar nicht hätte da sein dürfen. Die anderen waren nicht am Bein verletzt, und ich brauchte am längsten, um mich aufzurappeln. Deshalb sah ich alles weitere über die verstaubten Schultern meiner Kameraden hinweg.

In dem Raum nebenan fehlte die gesamte Decke. Die Decke, das Dach, die Dachbalken und Ziegel, alles war in einem runter gekommen; nur die Mauern standen noch. Die Partisanen hatten eine Granate aufs Dach geschossen oder geworfen, und die Kameraden, die sich in dem Raum befunden hatten, waren

allesamt von der Decke erschlagen worden. Franz, der mir noch fünf Minuten vorher mein Bein verbunden hatte, war auch dabei gewesen. - Pass auf, nach dem Kleinbus können wir raus!“
Rainer sah in den Spiegel und nach hinten. Die gravierten Scheiben und die Vorhänge erschwerten die Sicht, dennoch bemerkte auch er nun die Lücke zwischen dem überholenden Kleinbus und dem nächsten Fahrzeug, und er setzte den Blinker und ordnete sich auf der linken Spur ein.
„Dann hatten Sie ja noch regelrecht Glück gehabt, dass sie so früh verwundet worden waren!“, meinte er.
„Na, das kann man wohl sagen! Obwohl ich doch schwerer verwundet war als ursprünglich angenommen. Der Schlag, den ich verspürt hatte, als ich am Boden lag, und der bohrende Schmerz, der sich anfühlte, als ob jemand mit seinem Messer in meiner Schulter rumwühlte, kamen daher, dass mich ein Granatsplitter getroffen hatte. Wenn ich mich nicht instinktiv weggedreht hätte, hätte es mich am Hals erwischt.
Jedenfalls wurden wir an diesem Tag regelrecht überrannt, und wer fliehen konnte, tat es; aber daran, die Verwundeten wegzuschaffen, dachte niemand mehr. Irgendwann so gegen Abend haben uns dann die Amerikaner gefunden und in ihr eigenes, italienisches Lazarett gebracht.“
„Und dort haben Sie diesen Pippo kennen gelernt?“
„Genau. Er mühte sich damit ab, von einem meiner Kameraden zu erfahren, worin dessen Verletzung bestand, und da ich in den anderthalb Jahren einigermaßen Italienisch gelernt hatte, übersetzte ich für ihn und spielte fortan den Dolmetscher für die Station.
Ich habe mich während dieser Zeit im Lazarett mit einigen Italienern angefreundet - wenn man so sagen kann. Die meisten kamen aus dem Süden und waren vor dem Krieg Bauern, Erntehelfer, Handwerker oder Fischer gewesen. Im Grunde genommen waren sie dort ebenso fehl am Platze wie wir selbst. Mit Pippo führte ich lange Gespräche darüber, was wir nach

dem Krieg anfangen würden. Ich erzählte ihm, dass ich erst kurz zuvor geheiratet hatte, und er zeigte mir seinerseits ein Foto von Carlotta, seiner Verlobten, das er immer mit sich herum trug.
Als man uns einige Monate später auf die umliegenden Dörfer als Arbeitskräfte verteilte, kannten Pippo und ich Familie des anderen fast auswendig. Wir stießen auf ein Wiedersehen an, aber die Ereignisse nach Kriegsende waren derart turbulent, dass ich Pippo total aus den Augen und dem Sinn verlor - und ihn erst Jahre nach dem Krieg durch Zufall wieder traf."
„Wie das?", fragte Rainer. ‚Milano 138, Chiasso 96', las er auf einem Schild am Straßenrand.
„Nun, ich war damals mit meiner ersten Frau in Süditalien unterwegs. Sie wollte Urlaub, ich Ideen und Rezepte für neue Backwaren. Du kennst doch unsere italienischen Spezialitäten?"
Rainer nickte. Die Bäckerei Spang war berühmt dafür. Sicher gab es in Frankfurt keine Handvoll Menschen, die sie nicht kannten.
„Na ja, da hab ich mir gesagt: ‚Warum nicht das Angenehme mit dem Nützlichen verbinden?' und ihr vorgeschlagen, zur Abwechslung mal nach Süditalien zu fahren. - Der Norden", fügte er in vertraulichem Ton hinzu, „ist nämlich im Vergleich dazu ein Entwicklungsland, was das Backen betrifft. Das ist der Fluch der Industrialisierung, wenn du mich fragst."
„Aha", meinte Rainer, den die Geschichte mit Pippo eigentlich weitaus mehr interessierte als die von den Backrezepten.
„Ja, und wie wir da über die Piazza del Duomo in Lecce spazieren, ruft mich plötzlich jemand an. Ich erkannte den Mann nicht sofort, aber es stellte sich heraus, dass auch er in dem Sanitätkorps gedient hatte, in dem ich damals versorgt worden war. Er hieß Bartolomeo, und er erinnerte sich tatsächlich noch an mich - der Himmel weiß, wieso. Durch ihn erfuhr ich, dass außer ihm auch sein Freund Giuseppe, - nein, er nannte ihn auch Pippo -, wieder nach Lecce zurückgekehrt sei.

Was soll ich sagen? Er hat uns noch am selben Tag mitgenommen zu Pippo, und wir haben erst mal einen auf den Krieg getrunken und einen darauf, dass wir ihn überlebt haben."
„Und dann?", fragte Rainer, als eine unverhältnismäßig lange Pause entstanden war.
„Dann? Dann haben wir einen darauf getrunken, dass wir wieder was zum Trinken hatten. Wir lernten Pippos Familie kennen - die Eltern, seine Geschwister, die Großmutter und irgendwelche alten Tanten, die mit im Hause wohnten. Und natürlich seine Frau und seine Tochter. Pippo hatte kurz nach dem Krieg geheiratet, aber er und Carlotta kannten sich schon von klein auf. Er lud uns ein zu bleiben, und so verbrachten wir den Rest unseres Urlaubs bei ihm und seiner Familie. Für mich war es, als träfe ich alte Bekannte wieder, schließlich kannte ich ja bereits alle möglichen Geschichten über sie."
„Und Sie haben ihn nach Deutschland mitgebracht?"
„Na ja", lachte Jakob, „ganz so schnell lief das Ganze nicht ab. Um genau zu sein, hatte ich die Idee dazu erst, als wir wieder zu Hause in Frankfurt waren. Pippo hatte mir erzählt, dass er gelegentlich bei einem Konditor aushalf, und ich dachte mir, dass er vielleicht ganz gut zum italienischen Teil unseres Backsortiments passen würde, den wir damals gerade ausweiteten. Also schrieb ich ihm, dass ich es gerne sehen würde, wenn er für mich arbeitete; ein Jahr später nahm er mein Angebot an und kam mit Sack, Pack, Kind und Kegel nach Deutschland."
Die Autobahn führte durch einen Taleinschnitt und eine kleine Senke, hinter der sie die Raststätte Gotthard-Süd passierten. Ein kleines Sportflugzeug kam das Tal herunter, und Jakob sah ihm zu, wie es nach und nach an Höhe verlor und direkt die Tankstelle anzuvisieren schien, hinter deren Dach es schließlich verschwand. Eine Minute später kam auch der kleine Flughafen in Sicht. Die Berge wichen zur Seite, und die Sonne breitete sich in dem Tal aus.

„Es war schön, ihn und seine Familie bei mir zu haben“, meinte Jakob abschließend, mehr zu sich selbst als zu Rainer, „eine wirklich schöne Zeit.“

13

„Mmmh“, seufzte Steffi neben mir, „ist das schön.“
Zweifelnd sah ich mich um, verzichtete aber darauf, ihr zu beschreiben, wie schön es am Mittag gewesen war, als ich den Strand noch für mich alleine hatte. Der hatte sich inzwischen enorm bevölkert, und rechts und links lärmten die Kinder der italienischen Großfamilien vom Platz.
Der dicke Mann von vorhin war auch darunter, trug aber jetzt Badelatschen statt seiner Pantoffeln. Zu meinem Missfallen registrierte ich, dass er zu uns herüberstarrte. Ich setzte mich so, dass ich ihm die Sicht auf Steffi versperrte, nahm meine Sonnenbrille ab und fasste ihn selbst fest ins Auge. Eine ganze Weile gafften wir uns gegenseitig an, dann wandte er sich endlich ab.
Ich schnappte mir die Zeitung. Von der EM wurde schon jetzt kein Wort mehr erwähnt. Überhaupt schien Fußball in Italien urplötzlich eher eine Randsportart zu sein.
„Hier steht, der Supreme Court hat beschlossen, keine schwulen boyscouts mehr aufzunehmen.“
„Was ist ein boyscout?“, fragte Steffi nach einer Weile.
„Pfadfinder, glaub ich. - Ich frage mich bloß, wie die das kontrollieren wollen.“
„Vielleicht müssen sie einen Test machen?“
„Einen Test? Was für einen Test denn, bitte?“
„Vielleicht spielen sie ihnen Pornos vor und gucken, wie sie drauf reagieren?“, mutmaßte Steffi, ohne die Augen zu öffnen.
Ich ließ mir den Vorschlag durch den Kopf gehen; er schien mir plausibel zu sein.
„Wahrscheinlich müssen sie dann die Hälfte ihrer Betreuer entlassen... - Oder hier: In Vermont werden homo- jetzt heterosexuellen Paaren gleichgestellt. Scheinen 'ne große Lobby dort zu haben. Wir reden immerhin über AMERIKA.“

„,Vermont, die Hochburg für Schwule'", meinte Steffi, „weiß doch jeder!"
„Oh, Mister President, kommen Sie doch heute Abend zum Grillen - und bringen Sie Ihren Mann mit!"
„,...und sagen Sie ihm bitte, dass es reizend von ihm war, mir seinen Seidenschal zu leihen'", ergänzte Steffi und lachte. „Steht da eigentlich auch irgendwas Anderes als dieser Schwulenkram drin?"
„Sicher. Melissa Etheridge hat ihre Freundin von David Crosby künstlich befruchten lassen."
„Was?" Sie fuhr hoch.
„Steht hier." Ich zeigte ihr den Artikel. „Was dabei rauskommen soll, schreiben sie aber nicht."
„,Ne bärtige Lesbe vielleicht?", fragte Steffi. Mit niemandem auf der Welt hätte ich lieber politisch unkorrekte Diskussionen geführt. Die Zeitung hatte sie übrigens mittlerweile okkupiert; auf den Ellbogen gestützt, mühte sie sich mit einem Abschnitt über Melissas Lebenslauf ab. Der Rest des Blattes handelte vom Tode Vittorio Gassmans.
„Ich muss nachher noch Verschiedenes besorgen", sagte ich.
„Aha", meinte sie abwesend.
„Kommst du mit?"
„Wann?"
„In zwei, drei Stunden vielleicht."
Sie verzog das Gesicht.
„Wir sind doch gerade erst gekommen!"
„In spätestens zwei Stunden wird's dir hier sowieso zu heiß werden."
„Werden wir ja sehen." Sie legte die Zeitung zur Seite und zog sich ihren Hut ins Gesicht.
„Crem dich lieber ein, bevor du dir 'nen Sonnenbrand holst."
„Pff", winkte sie ab.
Eine Menge Kinder planschten am Wasserrand, ich stand auf und ging hinunter. Nach einigen Schritten wurden das Wasser tiefer und die Kinder weniger. Mit kräftigen Zügen schwamm

ich an der Boje vorbei ins Meer hinaus. Das Meer war an dieser Stelle tiefblau und noch einmal um einige Grade kühler; nicht weit entfernt zogen Windsurfer ihre Bahnen. Auf Höhe des Strandes von Cattolica sah ich ein Motorboot eine riesige Banane hinter sich herziehen, auf der Dutzende von Touristen saßen.

Was ich beim Zurückschwimmen ebenfalls sah, war, dass Steffi von drei jungen Italienern umlagert wurde. Ich benötigte keinen Spiegel, um zu wissen, dass ich nicht gut in Form war und meine Badeshorts nicht gerade sportlich wirkten, aber ich versuchte, meiner Erscheinung möglichst viel Würde zu verleihen, als ich näher kam. Was allerdings ziemlich unnötig war, denn die Vier bemerkten mich erst, als ich unmittelbar vor ihnen stand.

Ich scheuchte den ersten Jungen von meinem Handtuch, was die anderen gegen mich aufbrachte. Den Zweiten, der offenbar auf eine Extraeinladung wartete, bedachte ich mit einem Blick, der durch Wände gegangen wäre. Endlich verzogen er und seine Kumpel sich wieder in Richtung ihrer eigenen Handtücher, die nur wenige Meter entfernt lagen.

„Hey, Fremder!“ Steffi, die auf dem Bauch lag, blinzelte mich unter ihrem Hut heraus an. „Bist du etwa eifersüchtig?“

„Ach was“, meinte ich cool, ohne eine Miene zu verziehen. Aus den Augenwinkeln sah ich, dass nun nicht nur der dicke Mann, sondern auch die drei italienischen Jungs zu uns herüberstarrten. „Ich wollte dir nur die Peinlichkeit ersparen, dich mit der Mutter des Kleinen auseinanderzusetzen.“

„Aha! Also doch!“, kam es unter dem Hut hervor.

„Na hör mal, die waren ja gerade mal halb so alt wie du! - Wusste gar nicht, dass du auf kleine Jungs stehst.“

„Wenigstens waren sie so galant, dass sie mir glatt den Rücken eingerieben hätten. Auf die Idee kommen andere Leute ja nicht von selbst! Und außerdem haben wir uns sehr nett unterhalten.“

„Unterhalten, wie?“

Ich machte mich auf meinem Handtuch breit. Fast

augenblicklich verdunsteten die Wassertropfen auf meiner Haut, und zurück blieb ein leichtes Prickeln. Ich schloss die Augen und lauschte dem sanften Rauschen des Meeres und dem Lärmen der Kinder.

Völlig unvermittelt traf mich etwas Hartes am Kopf, und gleichzeitig fegte mir Sand ins Gesicht. Ich sprang auf und spuckte den Sand aus, der in meinen Mund gelangt war.

Da standen die drei und feixten zu uns rüber. Steffi, die ebenfalls eine Ladung Sand abgekriegt hatte, fuhr sich lächelnd durch die Haare, während ich den Fußball aufhob, der auf meinem Handtuch lag. Er war nagelneu und aus diesem Kunststoff-Wunderzeugs gemacht, und auf einem der wabenförmigen Felder prangte das offizielle *EM-2000*-Emblem.

Ich sah mich um und über die zum Fang erhobenen Hände der drei grünen Jungs hinweg. Nicht etwa, dass auf ihren Gesichtern irgendein Zeichen des Bedauerns zu entdecken gewesen wäre, keine Spur; überdies warteten sie anscheinend allen Ernstes auf die Rückgabe ihres Balles.

Direkt neben dem Campingplatz-Areal befand sich ein eingezäuntes, verwildertes Grundstück, das von den Strandbesuchern offenbar als Müllkippe benutzt wurde, und genau dort landete der Ball in hohem Bogen. Kein schlechter Schuss, dachte ich bei mir, indem er zwischen den Büschen verschwand. Die Jungs glotzen ihm ungläubig hinterher und einer von ihnen - es war der, den ich von meinem Badetuch gescheucht hatte - hielt mir dabei noch immer die Hände entgegen; anscheinend war er allgemein ein bisschen schwer von Kapée.

„Forza la Francia!“, rief ich.

Ohne mich noch weiter um die Jungs oder Steffi - die mich entsetzt ansah - zu kümmern, machte ich's mir wieder auf dem Handtuch bequem, behielt die drei aber unauffällig im Auge, um weiteren unliebsamen Überraschungen vorzubeugen. Eine Zeitlang standen sie unschlüssig herum, dann versuchten sie,

über den Zaun hinweg und auf das Grundstück zu gelangen. Doch er war zu hoch und mit rostigem Stacheldraht gesichert, und sie gaben es schließlich auf, packten ihre Sachen zusammen und stiegen auf ihre Mofas. Ich ignorierte das Dröhnen der Motoren und schloss genüsslich die Augen.
„Mmmh“, seufzte diesmal ich, „diese Ruhe...“
An Steffis Schweigen merkte ich, dass sie sauer auf mich war. Sollte sie nur, schließlich war es nicht meine Schuld, dass sich die feuchten Träume dieser Jungs nun doch nicht erfüllen würden.

„Sag mal, wie wird der Sarg da hinten eigentlich gekühlt?“, wollte Jakob wissen.
Sie befanden sich mittlerweile auf der Raststätte in Bellinzona, wo auch Steffi und Luca eine Pause eingelegt und schließlich eine Lösung für das Problem mit den Grenzkontrollen gefunden hatten. Vier mehr oder weniger lange Staus lagen hinter ihnen, durch die sie insgesamt mehr als eine Stunde Zeit verloren hatten.
Rainer, der neben dem Wagen stand und ihn gerade volltankte, meinte:
„Die Kühlaggregate in der äußeren Hülle werden durch eine zweite Batterie gespeist. Ist das Beste, was der Markt zu bieten hat.“
„Und der Sarg selbst ist ein... Wechselsarg?“
Jakob war sich nicht sicher, wie die korrekte Bezeichnung lauten könnte.
„Ja, wir verwenden ihn immer wieder. Für den Transport bleiben die Verstorbenen da drin, und sobald wir sie abliefern, werden sie in ihre eigenen Särge umgebettet und darin beigesetzt. Oder verbrannt“, fügte er nüchtern hinzu.
Jakob zögerte.
„Aber wir könnten doch theoretisch darin genauso gut auch unsere Getränke kühlen? Ich meine, nachdem wir sie in irgend etwas eingewickelt haben oder so.“

Rainer wiegte nachdenklich den Kopf.
„Ich weiß nicht... - Mein Vater würde das sicher nicht wollen."
„Das mag ja sein. Aber dein Vater ist nicht da, und kühles Wasser ist besser als warmes, hab ich Recht?"
„Wo wollen sie hin?", fragte Rainer.
„Uns frisches Wasser besorgen", rief Jakob ihm zu und ging in Richtung der Raststätte davon. „Außerdem muss ich noch telefonieren. Warte hier auf mich, ich bin gleich zurück!"
Er betrat eine der Telefonzellen neben dem Eingang und wählte Giovannas Nummer in Saarbrücken.
„Hübschen", meldete sich eine weibliche Stimme.
„Giovanna?", fragte Jakob.
„Valentina."
„Valentina! Hallo, mein Name ist Jakob Spang. Ich war mit deinem Großvater befreundet...-"
„Ich weiß", unterbrach ihn die Stimme, „Sie wollen sicher mit meiner Mutter sprechen?"
„Äh... ja", sagte Jakob, unsicher, ob Valentina nicht mit ihm reden oder nur hilfsbereit sein wollte. Er hörte, wie Giovannas Name durch das Haus am anderen Ende gerufen wurde, und er versuchte sich vorzustellen, wie Giovanna und ihre Tochter Valentina wohl aussehen mochten.
„Jakob?", hörte er eine andere weibliche Stimme, der ersten nicht unähnlich.
„Hallo Giovanna. Wie geht es dir?"
„Ganz gut so weit. - Wo bist du?"
„An der Raststätte in Bellinzona. Wir brauchen noch gut vier bis fünf Stunden bis zur Adria, eventuell auch länger, wenn das mit den Staus so weitergeht. Was ist mit Luca?"
„Bei dem hat anscheinend alles geklappt. Er ist bei Michele in Cattolica."
„Hat er was von den Staus oder Straßenverhältnissen gesagt?", wollte Jakob wissen.
„Ich glaube nicht, aber ich habe nicht selbst mit ihm gesprochen. Ich kann Valentina aber gerne fragen..."

„Nein, nein, lass nur! Werden wir ja sehen, wenn's so weit ist. Ich wollte mich auch nur kurz melden, ehe wir weiterfahren. - Und Giovanna...-"
„Ja?"
„Es tut mir Leid."
Für eine Sekunde schwieg die Stimme im Hörer, dann:
„Auf Wiedersehen, Jakob."
„Wiedersehen, Giovanna", antwortete er, ehe das Besetztzeichen ertönte. Sie hatte aufgelegt.

Gegen 17:20 Uhr erreichten sie die italienische Grenze bei Chiasso. Da der Leichenwagen zwar ein Radio besaß, Rainer und Jakob sich jedoch nicht auf einen Sender einigen konnten, erfuhren sie erst dadurch von den Kontrollen, als sie sich bereits mitten im Stau vor der Grenzstation befanden.
Noch immer wurden im Schnitt zwei von fünf Autos kontrolliert, zu denen auch der Volvo zählte. Im Gegensatz zum klimatisierten Inneren herrschten draußen noch immer gut und gerne Temperaturen um die dreißig Grad, und Rainer schwitzte im Stehen.
Die Papiere, die Butschek, der deutsche Grenzbeamte, ihm mitgegeben hatte, interessierten die italienischen Zöllner – wie ihre schweizer Kollegen zuvor - nicht besonders. Einer von ihnen verschwand damit in seinem Büro und führte einige Telefonate, die ihn allerdings in seiner Absicht, den Wagen durchsuchen zu lassen, eher noch zu bestärken schienen.
Während zwei seiner Kollegen das Gepäck von Rainer und Jakob und den Sarg unter die Lupe nahmen, - in dem sie zu ihrer Verwunderung lediglich eine Familienpackung eisgekühlter Wasserflaschen fanden -, studierte er die Fahrzeugpapiere und horchte die beiden nach dem Zweck ihrer Reise aus.
Selbst nachdem er in dieser Hinsicht einigermaßen zufriedengestellt schien, ließ er nicht eher von dem Leichenwagen ab, bis nicht auch der Unterboden, die

Innenverkleidungen und der Motorraum untersucht worden waren.
„Ist ja schlimmer als bei der Einreise in die U.S.A.“, merkte Jakob an.
Als die Grenzbeamten endlich von dem Volvo abließen, war es kurz vor sechs. Sobald sich der Verkehr hinter dem Autobahnkreuz und dem Tunnel ein wenig verteilt hatte, schwenkte Rainer auf die Überholspur. Eigentlich hätten sie längst am Ziel ihrer Tagesetappe in Cattolica sein sollen, und er vertraute darauf, einen Teil des Zeitverlustes durch den beherzten Tritt aufs Gaspedal wieder wettmachen zu können.

Als ich die Augen wieder aufschlug, glühten meine Schultern regelrecht vor Hitze. Erst jetzt fiel mir ein, dass ich vergessen hatte, mich einzucremen. Das Überziehen des T-Shirts war eine Qual.
Steffi, die neben mir lag, war schlauer gewesen, sie hatte sich ihr Handtuch um die Beine gewickelt und sich ihr T-Shirt über die Brust gelegt. Nicht elegant, aber praktisch, das musste man ihr lassen. Nett, dass sie dabei auch an mich gedacht hatte, dachte ich bei mir und versah mein Gesicht, meine Arme und meine Schienbeine im Nachhinein mit Sonnencreme.
„Steffi?“
„Hmm?“, kam es träge unter dem Hut hervor.
„Ich fahr jetzt in die Stadt. Kommst du mit?“
Sie setzte sich auf und blinzelte mich müde an.
„Ich glaub, ich würd jetzt lieber nochmal schwimmen gehen.“
„Ich auch, aber vorher will ich noch ein paar Sachen besorgen.“
„Bringst du mir Shampoo mit?“, fragte sie.
„Das heißt, du kommst nicht mit?“
„Ich muss jetzt ins Wasser.“
„Na schön“, seufzte ich, „welches Shampoo?“
„Egal. Für normales Haar. Und nichts mit Kamille.“ Sie zog mich an den Ohren zu sich herüber und küsste mich. „Danke, Schatz.“

Ich sah ihr über die Schulter nach, wie sie zum Wasser hinunter ging und vorsichtig hinein watete. Soweit ich das überblickte, waren wir das einzige Paar ohne Kinder an diesem Strandabschnitt, und die Augen der meisten Männer ringsum hingen wehmütig an Steffis jungem und wohlgeformtem Körper.
Mir ging plötzlich auf, dass wir auf dem Platz vermutlich auffielen wie bunte Hunde, was bedeutete, dass unser Versteck im Caravan keineswegs sicher war und das unauffällige Verladen von Pippo uns vor größere Schwierigkeiten stellen würde als angenommen.
Bevor ich den Campingplatz verließ, schaute ich noch auf einen Sprung bei Michele vorbei.
„Sag mal“, überfiel er mich, noch ehe ich richtig zur Tür herein war, „hast du Lorenzo gesagt, dass ihr seit gestern Abend hier seid?“
„Wer ist Lorenzo?“, fragte ich.
„Arbeitet auch hier auf dem Platz. Er sagte, du hättest dich heute früh mit ihm unterhalten und ihm erzählt, dass ihr gestern Abend angekommen seid.“
„Der Typ, der am Eingang sitzt? Pockennarbiges Gesicht, düsterer Blick, sieht aus wie Iggy Pop?“
„Wie wer?“
„Iggy... - Vergiss es!“
„Was hast du ihm gesagt?“ Michele wirkte beunruhigt.
„Nur, dass wir Freunde von dir sind...-“
„...und dass ich euch gestern noch auf den Platz gelassen habe?“
Ich zuckte die Schultern.
„Na ja, ich dachte, das wäre am besten...! - Wieso?“
„Weil es sein könnte, dass man euch jetzt eine Übernachtung in Rechnung stellt. Außerdem könnte jemand auf den Gedanken kommen, zu fragen, wo ihr die Nacht verbracht habt.“
„Na, in deinem Bett natürlich!“, meinte ich gelassen. „Sag ihnen doch einfach, wir Deutschen stehen auf flotte Dreier!“

Er verdrehte die Augen; anscheinend machte er sich ernsthaft Sorgen.
„Hey, es tut mir echt Leid, Michele. Ich konnte doch nicht wissen, was das nach sich ziehen würde. Außerdem, was hätte ich denn sagen sollen? Dass wir nachts über den Zaun geklettert sind? Ich hab angenommen, dass der Typ da schon seit morgens saß."
Das leuchtete offenbar auch ihm ein, und er beruhigte sich etwas.
„Wenn nicht, bezahlen wir halt für die Übernachtung. So wild ist das auch wieder nicht."
„Na ja", meinte Michele, „vielleicht kann ich's ja auch so hinbiegen, dass ich euch als Besucher darstelle und sage, dass du ihn missverstanden hast. - Willst du in die Stadt?"
Ich nickte.
„Wir werden wahrscheinlich doch schon heute Abend losfahren", teilte ich ihm mit.
„Was? Wieso denn?"
„Es ist sicherer, und wir haben nicht so viel Verkehr bei Nacht. Außerdem wird es Pippo dann nicht so warm."
„Was ist mit dem Sarg?", fragte er.
„Ich hab eben mit Valentina telefoniert, aber sie wusste noch nicht, ob das Ganze geklappt hat. Wir werden später nochmal zu Hause anrufen."
„Vielleicht kommt dieser Freund...- weißt du jetzt, wer er ist?"
„Jakob", sagte ich.
„Vielleicht kommt dieser Jakob ja heute noch an, wer weiß?"
„Unwahrscheinlich. Mir wär's ja auch lieber, wir könnten hier auf ihn warten. Aber wenn ich Valentina richtig verstanden habe, hat er eben erst von Pippos Tod erfahren, und ich glaube nicht, dass er in der Zwischenzeit einen Leichenwagen organisieren konnte. Falls doch, kann er uns unterwegs aufgabeln. Du und ich, wir werden ja schließlich in Kontakt bleiben."
„Auf jeden Fall essen wir heute Abend noch zusammen, ja?"

„In Ordnung", meinte ich. „Vielleicht haben wir ja auch Glück, und ich bekomme nachher gesagt, dass Jakob bereits unterwegs ist und wir Pippo in der Tiefkühltruhe lassen können. Aber ich rechne ehrlich gesagt nicht damit."
„Ach, wenn du gerade in die Stadt fährst: Könntest du mir was mitbringen?"
„Kann ich."
„Ich war heute früh schon mal dort, aber ich hab vergessen, was abzuholen", erläuterte er.
„Sag schon!"
Er kramte in seinen Taschen und legte einen knittrigen Zettel auf die Theke, den er mit der flachen Hand glatt strich.
„Beim *Circolo della caccia* ist ein Flansch hinterlegt, den ich für die Pumpe hinterm Haus benötige."
„*Circolo della caccia*?"
„Die Vereinigung der Jäger. Sind lauter alte Männer, die sich auf ein Gläschen treffen und von den Zeiten träumen, in denen sie noch wildern konnten. Frag nach Salvatore!"
„Wie groß ist so'n Flansch?" Ich wollte keinen Achsbruch in Kauf nehmen.
„Ach, nicht groß!" Er maß mit beiden Händen eine Spanne von zwanzig Zentimetern ab. „Der wiegt nicht mehr als ein halbes Kilo."
„Na schön. Gib her!" Er reichte mir den Zettel. *Circolo della caccia-Cattolica* stand darauf.
„Und was heißt Flansch auf Italienisch?", fragte ich.
„‚La flangia', ganz einfach - kann man fast wörtlich übersetzen."
Ein sehr hübsches Mädchen betrat den Laden und steuerte zielsicher den Ständer mit den Sonnenbrillen an. Sie trug ein eng anliegendes Top, ausgefranste Shorts und die Haare hochgesteckt und sah nicht so aus, als passe Michele in ihr Beuteschema. Dass er sie dennoch anbaggern würde, stand außer Frage. Er hatte einen einfachen Charakter, und sie strahlte genau die Portion Selbstbewusstsein und Arroganz Männern

gegenüber aus, die nötig war, um ihn in Fahrt zu bringen. O ja, dachte ich, das ist genau das richtige Mädchen für Michele!
Gier stand in seinen Augen, als ich ihn mit dem Mädchen alleine ließ und hinter ihrem Rücken Grimassen schnitt. Armer Kerl, dachte ich bei mir, hoffentlich lässt sie noch ein bisschen was von ihm übrig! Um sie machte ich mir keine Sorgen; an Typen wie Michele war sie sicher gewöhnt.

Ich ging zwischen den Gebäuden hindurch und kam an dem Pförtnerhäuschen vorbei, neben dem noch immer der Klappstuhl stand, auf dem Lorenzo gesessen hatte. Ein kleines Kofferradio plärrte im Inneren des Häuschens, wo ein Mann an einem kleinen Schreibtisch saß und etwas in einem Aktenordner abheftete. Er war ein gutes Stück älter als Lorenzo und trug zu seinem kurzärmeligen Hemd eine dunkelblaue Krawatte. Vermutlich der eigentliche Pförtner, dachte ich. Ich winkte ihm zu, als sei ich hier zu Hause und verließ den Campingplatz durch das halb geöffnete Tor.
Den Cinquecento hatte ich in der Nacht zuvor unter einem Olivenbäumchen geparkt, doch nun, da es bereits Nachmittag war, stand er in der prallen Sonne. Das Faltverdeck konnte ich nicht öffnen, da sich noch immer der Gepäckträger mit dem Jetbag auf dem Dach befand, also gab ich den Dreiecksfenstern eine Chance. Sie öffneten sich nur unwillig, - ich konnte mich nicht daran erinnern, sie jemals benutzt zu haben -, ließen sich aber vollständig umdrehen. Während ich den staubigen Weg nach Cattolica hinunterfuhr, genoss ich den kühlen Wind, der ins Innere wehte und das Azurblau des Meeres zu meiner Linken.
Den Laden am Ortseingang, den Michele mir beschrieben hatte, konnte ich nicht finden, also hielt ich mich am Meer entlang und gelangte zur Strandpromenade.
Bei Tag herrschte deutlich mehr Betrieb als nachts, wenngleich viele der Tische vor den Eisdielen und Cafés noch nicht besetzt waren. Ich fühlte mich versucht, den Cinquecento-Fahrern

zuzuwinken, die mir vereinzelt entgegen kamen. Mein Wagen erregte ungewohnt wenig Aufsehen; die Blicke, die mich hie und da trafen, bezogen sich samt und sonders auf den Jetbag, den ich wie ein Kanu auf dem Dach spazieren fuhr.
Das Schild ‚drogheria' sprang mir ins Auge. Ich parkte in zweiter Reihe davor und besorgte uns ein Shampoo mit Kirsch-Banane-Duft, einer Mischung, wie man sie nur in Italien antreffen konnte. Die Frau hinter der Theke war ebenso rundlich wie nett und beschrieb mir den Weg zum *Circolo della caccia*, wo ich Micheles Pumpenflansch abholen wollte.
Die Vereinigung der Jäger lag etwas versteckt in einer Seitenstraße. Ein winziges Schild hing über der Tür, und ohne die Drogistin wäre ich vermutlich glatt daran vorbeigefahren. Zwei Alte saßen vor dem Eingang und verfolgten misstrauisch, wie ich den Wagen abstellte und auf die offenstehende Tür zusteuerte.
Im Inneren des Hauses war es kühl und überraschend hell. Der *Circolo della caccia* bestand aus zwei hohen, lichten Räumen, die durch einen breiten Durchgang miteinander verbunden und jeweils mit Sofas und Sesseln vollgestellt waren. Als ich eintrat, verstummte das Gespräch der versammelten Jäger schlagartig, als hätte ich eine konspirative Sitzung unterbrochen. Alle starrten herüber zu mir.
„Ich... - Salvatore?" Mehr brachte ich nicht hervor.
Einer der Männer erhob sich und kam mit einem neugierigen Ausdruck auf dem Gesicht auf mich zu. Nicht, dass er mir etwa die Hand gereicht oder seinerseits ein Wort gesagt hätte, nein; er guckte mich bloß an, wie man eine Statue im Museum betrachtet. Fehlte nur noch, dass er um mich herum ging.
„Ich soll...", - wie nicht anders zu erwarten, war mir das Wort ‚flangia' entfallen -, „etwas abholen." ‚Wie im Deutschen', ging mir durch den Kopf. Nur: Wie war nochmal das deutsche Wort? Schelle, Muffe...? Der Mann musterte mich noch immer. Ich versuchte, den Begriff zu umschreiben:
„Qualcosa per... per..." Allmählich brach mir der Schweiß aus.

Ich hatte nicht oft Gelegenheit, Italienisch zu sprechen, und nun wollte mir das Pendant zu ‚schrauben' nicht mehr einfallen. Die greisen Jäger guckten mich an, als habe ich nicht mehr alle Tassen im Schrank.
„Per fare cosa?", fragte Salvatore freundlich.
„Per fare...", ich überlegte, ob eine Pumpe im Italienischen weiblich oder männlich ist, und entschied mich für Letzteres: „Per fare il pompino."
Für eine Sekunde herrschte lähmendes Schweigen, dann brachen Salvatore und seine Kumpels in ein derart brüllendes Lachen aus, dass selbst die beiden Alten von draußen neugierig wurden und hereinkamen.
„Vuole fare il pompino!", klärte Salvatore sie auf, und zwei weitere zahnlose Münder klafften lächelnd auf. Es war wie in der Muppetshow.
„È per Michele - Michele De Cicco." Mein Versuch, die Dinge klar zu stellen, produzierte weiteres Gelächter, und Salvatore legte mir die Hand auf die Schulter.
„So, so, für Michele tust du das also?", meinte er mit einem schiefen Blick in Richtung Sitzgruppe.
„Er ist mein Cousin", erwiderte ich, und noch einmal brandete Gelächter auf.
„È il cugino!", grölte einer der Jäger, als seien alle anderen schwerhörig.
Ich beschloss, erstmal gar nichts mehr zu sagen. Mir war schleierhaft, was so lustig an meinem Italienisch war, aber daran, dass ich mich mit irgendeiner Bemerkung lächerlich gemacht hatte, bestand wohl kein Zweifel. Daher widerstand ich dem Drang, einfach wieder zu gehen; sie hatten ihren Spaß gehabt, nun wollte ich im Gegenzug endlich den Flansch.
Der Flansch!, schoß es mir durch den Kopf, und ich sagte:
„Ha una flangia per lui?" Salvatore lachte erneut, schien aber nun endlich zu verstehen, was ich wollte. Er verschwand im Nebenzimmer und kam kurz darauf mit einem kleinen Karton zurück.

„Danke“, brachte ich widerwillig hervor.
„Und nichts für ungut“, er reichte mir lächelnd die Hand, und ich ergriff sie.
„Ich glaube allerdings nicht, dass ihm die Größe passt“, meinte er, als ich mich zum Gehen wandte. Unter tosendem Gelächter verließ ich den *Circolo della caccia*.

Der Weg zum Hafen endete an einer der zahlreichen Wanderbaustellen der Stadt, und da die Umleitungsschilder wohl nicht ganz gereicht hatten, musste ich mich selbst durchschlagen. Prompt verfranste ich mich und befand mich plötzlich wieder auf der Hauptstraße, die aus Cattolica hinaus führte.
Immerhin fand ich durch diesen Zufall doch noch den Laden am Ortseingang; besser gesagt, wendete ich praktisch direkt davor, als ich wieder umkehren wollte. Erst im letzten Augenblick entzifferte ich die ausgeblichene Schrift über der Tür. Sie war mir bei der Hinfahrt überhaupt nicht aufgefallen.
Der Laden war nicht viel größer als ein Zimmer und im Erdgeschoss eines Wohnhauses untergebracht. Ich hatte eigentlich erwartet, ein breit gefächertes Sortiment an Segelbedarf, Klampen, Beschlägen, Vertäuungen und so weiter vorzufinden und war daher auf das im Inneren herrschende Chaos nicht vorbereitet. Überall lagen, standen oder hingen Werkzeuge, Ölkanister, Zinkwannen und Ölzeug herum; die ringsum angebrachten Regale quollen über vor Schrauben, Nieten, Splinten und anderem Kleinkram. Zwei nagelneue Außenbord-Motoren und ein Auto-Vergaser lagen aufgebockt vor dem Verkaufstresen, und darüber war ein altes, zerrissenes Fischernetz an die Decke genagelt, durch dessen Maschen mir ein Schwertfisch aus Plastik entgegen ragte.
Der Besitzer, ein knorriger Mann von Mitte Fünfzig, musterte mich eingehend, während ich ihm beschrieb, was ich suchte. Anscheinend war er misstrauisch gegenüber Leuten, die mit Fischerei nichts am Hut hatten. Wortlos schlurfte er in sein

Lager hinüber und kam kurz darauf mit dem Gewünschten in der Hand zurück. Achtlos legte er es auf den Tresen und sah mich gelangweilt an; ich stellte keine Herausforderung für sein Sortiment dar. Als ich ihn um zwanzig Meter Seil bat, brachte er mich in Verlegenheit, indem er mich nach der Dicke und dem Material fragte.

Da ich mit seinen sparsam vorgebrachten Erläuterungen - er geizte mit Wörtern, als verwalte er ein ganz bestimmtes und begrenztes Kontingent davon - zu den diversen Seilqualitäten und -gütegraden nicht viel anfangen konnte, verschwand er wieder nach nebenan und brachte ein gutes halbes Dutzend aufgewickelter Seilstränge mit, die er über den Arm gelegt hatte und mir nun vorführte. Selbst mit den entsprechenden Demonstrationsobjekten vor Augen fiel es mir schwer, seinen Ausführungen zu folgen. Ich entschied mich schließlich für ein elastisches, gewachstes Hanfseil von etwa zwölf Millimeter Dicke, das mir ausreichend stabil für meine Zwecke erschien.

Die Sägeblätter hatte ich schon beim Reinkommen bemerkt, doch der Ladenbesitzer, dem ich etwas von Arbeiten an einem Kunststoff-Armaturenbrett erzählt hatte, hielt sie für wenig geeignet und verkaufte mir stattdessen ein Fischmesser, das normalerweise wohl zum Ausnehmen verwendet wurde und eine sichelförmig gebogene Klinge hatte. Um dessen Qualität unter Beweis zu stellen, entnahm er einer Schublade seines Tresens ein weiteres Messer der gleichen Art - aufgrund des abgewetzten Griffes vermutlich sein eigenes - und trennte mit einem einzigen Schnitt und ohne großen Kraftaufwand ein wenige Zentimeter langes Stückchen meines Seiles ab. Ich besah mir die Schnittkante, sie war sauber und kaum ausgefranst.

Beim Preis für die Sachen war ich mir nicht sicher, ob er gerechtfertigt war oder ob man mich etwas übervorteilte. Andererseits hatte ich keine Ahnung, was man üblicherweise dafür bezahlte, und falls es für den Mann zum guten Ton gehörte, ausgewiesene Landratten ein wenig übers Ohr zu hauen, konnte ich auch kaum etwas dagegen tun. Doch war ich sehr zufrieden mit meinen Einkäufen, verließ den Laden und fuhr zurück *zum Camping Internazionale Marina di Venezia.* Auf dem Weg tankte ich den Wagen noch einmal auf. Der Ersatzkanister unter dem Beifahrersitz war noch gefüllt; ich erwog kurz, noch einen weiteren zu kaufen, ließ es dann aber sein. Wir würden auf der Strecke sicher noch an zig Tankstellen mit Zapfautomaten vorbeikommen, an denen man rund um die Uhr Benzin bekam. Dafür erstand ich aber einen Satz Zündkerzen für unglaubliche 3000 Lire, was meinen erfolgreichen Einkaufstag würdig abrundete.

„Hast du eine Freundin?“
Rainer drehte sich überrascht zu seinem Beifahrer um.
„Na, sag schon, hast du?“
„Ja“, antwortete er verlegen.
„Und? Hat sie auch einen Namen?“, bohrte Jakob weiter und biss in sein Sandwich.
„Manuela“, sagte Rainer, der sich über die unverhohlene Neugier des anderen ärgerte.
„Als ich so alt war wie du“, hob Jakob an und hielt ihm ein zweites Sandwich hin. Rainer schüttelte den Kopf.
„Als ich so alt war wie du, war ich schon zwei Jahre verheiratet. Die Trauung fand noch im Krieg statt, ich hatte eine Woche Fronturlaub. Mein Bataillon lag damals vor Rom, und als ich heimkam, bin ich mit meiner Frau zum Priester gegangen und habe ihn gebeten, uns zu trauen. Mein Vater war Trauzeuge und der meiner Frau im Krieg. Ostfront. Ist erst ‘47 zurückgekommen.“
Er legte wieder eine seiner Kunstpausen ein, an die Rainer sich inzwischen gewöhnt hatte.
„Haben Sie Kinder?“, fragte er, ohne selbst so recht zu wissen, weshalb. Im Grunde interessierte es ihn nicht besonders.
„Ja, drei. Die beiden Jungs allerdings hat meine erste Frau nach der Scheidung zu sich genommen. Dieter, der Ältere, ist mit

deinem Vater zur Schule gegangen. Mit meiner zweiten Frau habe ich nur noch eine Tochter." Es klang etwas enttäuscht, wie Rainer fand, aber er verkniff es sich, nachzuhaken.
„Und du?"
„Ich?" Er war überrascht.
„Na ja, du bist noch jung, aber du weißt doch sicher schon, ob du einmal Kinder haben willst, oder?"
Jakob fragte es ohne Hinterlist, das stand fest, aber es war Rainer dennoch irgendwie peinlich, darauf zu antworten.
„Ich weiß nicht. Keine Ahnung. Ich denke schon, irgendwann mal...-" Er spürte, dass er rot wurde. Für seinen Geschmack hatte dieses Gespräch eindeutig zu intime Züge angenommen. Jakob hingegen unterhielt sich ausgesprochen gerne über seine Familie, auch wenn diese seine geschiedene Frau beinhaltete.
„Marianne wollte immer viele Kinder. Das wusste sie schon, als sie selbst noch eins war.
- Na ja, die hat sie denn auch gekriegt, wenn auch nicht alle mit mir", meinte er fröhlich und ohne Bedauern.
„Warum haben Sie wieder geheiratet?", fragte Rainer und bereute es sogleich, weil er sich plötzlich darüber klar wurde, dass ihn dies nun wirklich nichts anging. Doch Jakob Spang war in dieser Hinsicht nicht empfindlich.
„Das ist mindestens ebenso schwer zu beantworten wie die Frage, warum du noch nicht verheiratet bist", schmunzelte er.
„Ich bin noch zu jung", meinte Rainer hölzern.
„Aber irgendwann wirst du's nicht mehr sein, und dann wirst du dich vielleicht fragen, warum du deine Manuela damals eigentlich nicht geheiratet hast."
Oh Gott, dachte Rainer, bloß nicht dieses Geschwätz von wegen ‚eines Tages...'!
„Und möglicherweise wirst du...", fuhr Jakob fort, doch sein Gegenüber hörte schon gar nicht mehr hin. Rainer kannte diese spießigen Gedanken, die sich seine Eltern um ihn und seine Zukunft machten. Zu Hause gab es wegen ihrer unterschiedlichen Einstellung so gut wie immer Streit, und er

hatte keine Lust, nun auch noch mit einem Fremden über sich und sein Leben zu diskutieren. Nach einer Weile versiegte Jakobs Redeschwall, und Schweigen kehrte wieder ins Fahrerhaus des großen Volvo ein.

14

Diesmal winkte der Mann im Pförtnerhäuschen zurück, als ich an ihm vorbei fuhr. Da ich den Wagen nicht unbedingt neben ‚unserem' Caravan parken wollte, stellte ich ihn im Schatten hinter dem größeren der beiden Verwaltungsgebäude ab. Hier würde er bis zum Abend nicht unnötig auffallen.
Ich nahm den Pumpenflansch aus dem Wagen und ging hinüber zum Supermarkt, um ihn Michele zu bringen. Er war nicht da, ein Junge vom Campingplatz stand hinter dem Tresen. Ich erinnerte mich, ihn am Morgen schon einmal gesehen zu haben. Nein, er wisse auch nicht, wo Michele stecke, aber er sei sicher gleich zurück. Ich ließ den Flansch da und sagte, ich käme später wieder.
Auf dem Weg zum Strand hörte ich, wie jemand meinen Namen rief. Steffi saß vor der Bar und winkte mich zu sich herüber. Die Steinplatten auf der Terrasse dampften vor Hitze und leuchteten so hell im Schein der Sonne, dass ich die Augen zusammen kneifen musste, um nicht vorbeizulaufen.
Sie saß am selben Tisch wie ich heute Mittag, ein kühles Bier vor sich. Winzigkleine Wassertröpfchen perlten wie Morgentau von dem Glas ab, und ich nahm einen großen Schluck davon. Es gibt Dinge, die sind einfach unwiderstehlich, und ein eiskaltes Bier bei dieser Hitze gehört eindeutig dazu.
Durch den Perlenvorhang sah ich den *barista*, er wischte noch immer oder schon wieder an seinem Tresen herum. Entweder hatte er einen ausgeprägten Sauberkeitsfimmel oder schlicht und ergreifend nichts zu tun.
An einem der Nachbartische entdeckte ich das alte Ehepaar, das ich mittags zum Strand begleitet hatte. Die Frau erkannte mich auf den zweiten Blick wieder und nickte mir höflich lächelnd zu, während ihre Lippen ein stummes ‚Buonasera' formten. Ihr tatteriger Mann grummelte den Boden zu seinen Füßen an.

„Na, alles gekriegt?“, fragte Steffi und trank ihr Bier aus. Der Schaum sammelte sich auf dem Boden des Glases und auf ihrer Oberlippe. Mit einer koketten Bewegung ihrer Hand wischte sie ihn ab und lehnte sich mit geschlossenen Augen in ihrem Stuhl zurück. An ihrem Hals glänzte ein einzelner Schweißtropfen.
„Ich besorg uns nachher noch ein paar frische Sachen aus dem Supermarkt. Aber aus der Stadt hab ich jetzt alles.“
Der Barmann trat vor die Tür, und ich bestellte noch zwei Bier. Er zögerte und sah mich eine Sekunde lang an, verschwand dann aber wieder im Inneren der Bar. Hinter ihm prasselten die Schnüre des Perlenvorhangs zusammen.
„Ist hier Selbstbedienung?“, fragte ich Steffi.
„Glaub schon. Wieso?“
„Der Typ hat geguckt, als wäre ich der Erste, der hier draußen was bestellt.“
„Also, mir hat er das Bier raus gebracht“, meinte sie, noch immer mit geschlossenen Augen. Ich schwieg dazu.
Aus dem Inneren der Bar drangen das mir inzwischen vertraute Geräusch von klapperndem Geschirr und das brodelnde Zischen der Espressomaschine zu uns heraus. Ein paar Italiener saßen am Tresen und an den Tischen unterhielten sich beim Kaffee oder starrten in den Fernseher. Bei all dem Lärm konnte ich nicht viel verstehen, aber inzwischen liefen anscheinend Nachrichten. Als der Sprecher den Sportbericht ankündigte, wurde drinnen der Kanal gewechselt.
Mir fiel plötzlich auf, dass ich auf dem Campingplatz keine und in Cattolica nur hie und da noch eine italienische Flagge zu Gesicht bekommen hatte. Das EM-Endspiel war keine Woche vorbei, aber in Sachen Fußball herrschte Kehrausstimmung in Italien. Aschermittwoch.
Der Barmann kam mit unseren Bieren, und ich gab ihm mein ganzes Kleingeld. Er blickte leicht pikiert drein, zählte es dann aber auf der Handfläche nach und wollte mir die überschüssigen neunhundert Lire zurückgeben. Ich erklärte ihm, dass dies als Trinkgeld gedacht sei, und nach einer

weiteren Sekunde des Zögerns steckte er es schließlich ein.
„Michele hat uns übrigens für heute Abend zum Essen eingeladen“, sagte ich.
Steffi blinzelte mich aus schmalen Augenschlitzen an.
„Kocht er gut?“
„Na ja, zum Maître würde es wohl nicht reichen; aber seine Orecchiette mit Basilikum sind absolute Weltklasse. Haben wir früher immer auf meinem Zimmer im Studentenwohnheim gekocht.“
„Hat er auch BWL studiert?“, fragte Steffi erstaunt. Ich beobachtete den Barmann, der am Nachbartisch versuchte, mehr als vier Gläser mit einer Hand aufzunehmen. Das Ganze hatte etwas faszinierend Absurdes an sich, und erst, als der Typ aufgab und das fünfte Glas stehen ließ, fiel mir ihre Frage wieder ein.
„Nee, Michele hat nach der Mittleren Reife angefangen zu arbeiten. Aber er hat sich ziemlich oft bei uns auf der Uni rumgetrieben, weil irgendwer ihm gesagt hatte, dass unter den BWLerinnen ziemlich viele hübsche Mädchen seien.“
„Und? Waren es viele?“
„Nö. Wir hatten sie alle vor ihm weggesperrt. Wollten ja schließlich auch was vom Studium haben.“
Lächelnd beugte sie sich herüber und gab mir einen Kuss.
„Mein Weiberheld!“, sagte sie theatralisch und stand auf.
„Wo willst du hin?“
„Mich noch ein bisschen hinlegen. - Oder hast du dir das mit heute Nacht anders überlegt?“, fragte sie hoffnungsfroh.
„Nein. Es bleibt dabei - sobald es dunkel wird, sind wir hier weg.“
„Dann bis später.“ Steffi gab mir noch einen Kuss. „Trinkst du den Rest von meinem Bier?“
„Mach ich. Gute Nacht.“
„Vergiss nicht, mir Bescheid zu sagen, wenn's Essen gibt!“, rief sie mir über die Schulter hinweg zu.
„Geht klar. Vor neun werden wir aber kaum anfangen.“

Ich sah ihr nach, als sie davon ging. Dann war sie hinter dem ersten der Wohnwagen verschwunden; ich griff mir ihr angebrochenes Bier und ließ es langsam die Kehle hinunter laufen.
Eine Familie von sechs oder sieben Personen kam über die Terrasse her auf mich zu. Die lärmenden Kinder waren ebenso übergewichtig wie ihre Mütter oder Tanten, deren Männer im Vergleich dazu eher unterernährt aussahen. Ich fragte einen von ihnen nach der Uhrzeit. Es war zehn vor sieben, Zeit genug, noch einzukaufen und die entsprechenden Vorarbeiten für die Weiterfahrt zu leisten. Ich dankte ihm, trank mein Bier aus und machte mich auf den Weg zum Supermarkt.

Der Bogen um Mailand herum kostete die beiden viel Zeit. Der Verkehr war mörderisch, und in einem unachtsamen Moment gelangte Rainer auf eine Abbiegespur und schaffte es in dem Gewühl nicht mehr, die Fahrbahn zu wechseln. So mussten sie wohl oder übel der Autoschlange in Richtung Innenstadt folgen und sich in den in regelmäßigen Abständen wiederkehrenden Stau einreihen, eine Tätigkeit, an die sie sich seit der Schweizer Autobahn bereits gewöhnt hatten.
Auch Jakob wurde angesichts ihres sich summierenden Zeitverlustes nun langsam nervös, zumal er sich die Schuld an ihrem Umweg gab. Schließlich war Rainer völlig unerfahren, was italienische Verkehrsverhältnisse betraf, und schließlich hielt er, Jakob, die Straßenkarte in Händen, die er nach all seinen geschäftlichen Reisen inzwischen fast auswendig kannte. Er beruhigte sich erst wieder ein wenig, als sie die nächste Auffahrt zur *Tangenziale Ovest* fanden und ihre Umrundung Mailands fortsetzten.
„Meinen Sie, wir kommen jemals in Cattolica an?“, fragte Rainer im Scherz, doch Jakob, der diese Bemerkung als Seitenhieb auf seine fehlerhafte Navigation interpretierte, meinte kurz angebunden:
„Nur keine Hast - wir haben genügend Zeit!“

Michele war noch immer nicht im Laden, doch der Junge von eben, der hinter der Fleischtheke stand und zwei im Partnerlook gekleidete Holländer bediente, gab mir ein Zeichen, herein zu kommen. Er klappte den Durchgang in der Theke hoch und winkte mich in Richtung Lagerraum durch. Ich drückte die Klinke herunter, doch es war abgeschlossen. Als ich mich zu dem Jungen umdrehte, fragte jemand von jenseits der Tür:
„Qui è?“
„Michele?“, rief ich verwundert.
„Luca, bist du das?“
Ein Schlüssel wurde umgedreht, dann öffnete Michele die Tür, zog mich in den Lagerraum hinein und schloss sofort hinter mir wieder ab.
„Na, hat alles gut geklappt mit dem Flansch?“
„Michele, was soll das hier?“
„Ich wollte nur mal nach Pippo sehen.“
„Und du schließt dich dafür ein?“
„Man kann nie wissen“, meinte er.
„Und der Junge...?“
„Der ist in Ordnung. Non ti preoccupare! - Auch was zu trinken?“ Er hielt mir seine halbleere Bierflasche hin, aber ich schüttelte den Kopf.
„Ich war heute früh schon mal hier“, sagte er und nahm einen tiefen Zug.
„Wann denn?“
„Keine Ahnung. Ganz früh jedenfalls, es war noch dunkel.“ Michele machte eine Pause, doch ich schwieg und wartete darauf, dass er mir die Erklärung dafür von sich aus liefern würde. Stattdessen sagte er:
„Weißt du noch, wie ich einmal von Pippo Prügel bezogen hab?“
„Hm, irgendwas ist mir noch in Erinnerung geblieben... - Wie war das nochmal? Hatte er uns damals nicht gefragt, wer von uns...-?“

„Wer von uns es gewesen sei, ja!“, ergänzte Michele. „Und ich Blödmann hatte so’n schlechtes Gewissen, dass ich mich schuldig bekannt habe!“
„Warst du ja auch!“, wandte ich ein.
„Ja, aber nur, was die Erdbeeren betraf - die ich im Übrigen mit dir zusammen geklaut hatte!“
„Na ja...“
„Dass du den Mädchen beim Duschen zugeguckt hattest, konnte ich ja nicht wissen!“
„Du hättest ja nicht gleich ‚hier!‘ rufen müssen, als er gefragt hat!“, meinte ich.
„Au Mann, hat das weh getan!“ Michele wedelte mit der Hand und verzog das Gesicht. „Und die zwei Wochen Hausarrest erst...!“
„Ja, er konnte schon ein harter Knochen sein, wenn er wollte!“
Nachdenklich schwiegen wir die Kühltruhe an, und er reichte mir wieder seine Flasche. Diesmal nahm ich einen Zug, während ich über den merkwürdigen Umstand nachdachte, welch tiefe Gefühle ein so profaner Ort unter gewissen Bedingungen hervorrufen kann.
Als Michele aufschloss und wir den Lagerraum verließen, meinte er:
„Was war jetzt eigentlich mit dem Flansch?“
„Hör bloß auf! Das war vielleicht ein Krampf!“
„Wieso?“, fragte er. „Hatten sie ihn nicht bereit gelegt?“
Ich erzählte ihm von meinen Erlebnissen, und er brach in wieherndes Lachen aus. Der Junge, der inzwischen weiter vorne im Laden einer Frau Gemüse einpackte, sah neugierig zu uns herüber.
„Was ist so komisch daran?“, fuhr ich ihn an.
„‚La pompa‘ ist die Übersetzung für Pumpe“, klärte er mich auf, „‚fare il pompino‘ dagegen heißt ungefähr ‚jemandem einen blasen‘.“ Er lachte noch immer, als ich an die Stelle kam, an der ich seinen Namen erwähnte.
„Du hast gesagt, du tust es *für mich*?“

Mit einem Schlag war er sehr ernst. Ich nickte.
„Ach du Sch...!“
„Ein Glück, dass ich heute Abend von hier abfahre. Wäre mir echt peinlich, mich nochmal in Cattolica blicken zu lassen.“
„Du bist mir ein Freund“, seufzte Michele.
„Wer hat mich denn zu den Gebirgsjägern ins Altersheim geschickt?“, konterte ich.
„War's so schlimm?“
„Schlimmer. Die waren wie die Kinder.“
„Wo hast du eigentlich Steffi gelassen?“, wollte er wissen.
„Sie hat sich nochmal hingelegt. Ich hol sie zum Essen ab.“
„Er holt sie zum Essen ab“, feixte er, „wie romantisch!“
„A propos, was macht denn deine Eroberung?“, konterte ich.
„Eroberung? Was für eine Eroberung?“
„Na, das Mädel von vorhin...!“
Michele machte große Augen.
„...das hier im Laden war: Groß, blond, hübsch...“
Er zuckte die Schultern.
„...wunderschöne Augen...“
Ich formte ihren Brustumfang mit Hilfe meiner Hände nach.
„Ach, die!“, rief Michele und winkte ab.
„Was?“
„Nicht mein Typ“, meinte er lässig.
„Nicht dein Typ? Die Kleine war sogar ganz genau dein Typ!“
Er schüttelte vehement den Kopf.
„Sie hat dich abblitzen lassen, stimmt's?“
„Ach was...“
„Du *hast* sie angequatscht, und sie hat dir 'nen Korb gegeben! Was ist los, lässt du im Alter nach?“
„Sei bloß still! Hättest sie ja selbst anbaggern können.“
„Das ist was Anderes. Ich hab schließlich 'ne Freundin!“
„Wirst du sie heiraten?“, fragte Michele auf eine seltsam ernste Art.
„Ob ich sie heirate? Keine Ahnung. Irgendwann vielleicht schon. Ich weiß nicht. Wieso?“

„Meinst du, sie würde dann stattdessen mich heiraten?“
„Wohl kaum. Sie steht nicht auf Blödmänner.“
„Ich werde sie fragen. Heute Abend werde ich sie fragen“, versicherte er mir.
„Schön, tu das...“
„Ich werde sagen: Susi...-“
„Steffi“, verbesserte ich ihn.
„...Steffi, willst du meine Frau werden? Und sie wird sagen: Ja, Michele, ich will! Endlich! Und wir werden uns umarmen, uns küssen, uns lieben, auf dem Boden, dem Sofa...- „
„Dem Schrank?“
„Da auch.“
„Was ist mit dem Bett?“, wollte ich wissen.
„Nein“, meinte er entschieden.
„Wie, nein?“
„Bett ist zu langweilig.“
„Zu langweilig?“
„Zu spießig. Zu konventionell. Na ja, langweilig halt.“
„Aha.“
„Unsere Liebe ist etwas Besonderes“, schwärmte er, „weißt du, wir sind wie Engel mit einem Flügel...-“
„...und ihr könnt nur fliegen, wenn ihr einander umarmt“, ergänzte ich gelangweilt. „Luciano de Crescenzo. Das T-Shirt hattest du schon, als wir noch zur Schule gingen.“
„Na ja, jedenfalls ist ein Bett etwas viel zu Profanes für Steffi, mich und unsere alles Andere in den Schatten stellende Liebe. Nein, nein“, Michele schüttelte den Kopf, „kommt nicht in Frage. Nicht kreativ genug.“
„Ich sollte dich warnen. Steffi hat's gerne gemütlich“, sagte ich.
„Ach was - bei dir vielleicht! Bei mir wird sie darum betteln, noch einmal auf dem Schrank geliebt zu werden. Sie wird so verrückt nach mir sein, dass sie die Welt um sich herum... - dass sie ihren eigenen Namen vergisst.“
„Bist du da nicht ein wenig optimistisch?“
Er lächelte.

„Ach wo. Höchstens narzisstisch. - Wir werden ja sehen. Heute Abend frage ich sie."
„Na schön", meinte ich, „und was machen wir bis dahin?"
„Wir gehen einen trinken - wenn du schon mal da bist. Betrachte dich als eingeladen!"
„Ich muss aber noch den Wagen präparieren. Und ein paar Sachen aus eurem Laden hier brauche ich auch noch", sagte ich.
„Kein Problem, wir haben doch massig Zeit! Und die Sachen packen wir ein, bevor ihr fahrt. - Komm schon!"
Ehe ich mich schlagen ließ, folgte ich Michele zur Tür hinaus.

Zu meiner Überraschung schlug er nicht den Weg zur Bar ein, sondern nahm mich mit auf sein Zimmer, das im obersten Stock des größeren Gebäudes lag. Lorenzo und ein Junge in einem neongrünen T-Shirt saßen auf dem Boden des langen Flures und spielten darauf Tischtennis, ein Geräusch, das in dem hohen Durchgang laut schallte und das ich schon von draußen gehört hatte. Entlang des Flures drehten sich mehrere notdürftig befestigte Deckenventilatoren und sorgten für eine Prise kühlenden Windes.
Micheles Zimmer war im Vergleich zu den anderen relativ geräumig. Zwei Hochbetten standen an den Längsseiten, doch nur eines der unteren war bezogen.
„Während der Saison habe ich ein kleineres Zimmer", erklärte er mir, „hier schlafen dann die anderen zusammen. Aber im Moment ist nichts los, da können wir's uns noch aussuchen."
Er öffnete mit einem Schlüssel den äußersten Kleiderschrank und entnahm ihm je zwei Flaschen Bier und Weißwein.
„Privatreserve", grinste er und stellte den Wein in den Kühlschrank in der Ecke, „für nachher."
Er drückte mir ein Bier in die Hand, und wir verließen das Zimmer wieder. Das Ping-Pong hatte aufgehört, und Lorenzo und der andere Italiener waren verschwunden.
„Wir haben in der Küche auch noch einen Gemeinschafts-

Kühlschrank, aber der ist nicht sicher“, erklärte mir Michele auf dem Weg nach unten.
„Wo steht der Wagen?“
„Direkt hinterm Haus“, antwortete ich.
„Und was hast du noch zu erledigen?“
„Zeig ich dir, wenn wir da sind.“
Wir traten hinaus ins Freie. Nach der Kühle des Flures traf mich die draußen herrschende Hitze wie ein Keulenschlag. Ich blieb eine Sekunde auf der Türschwelle stehen, bis sich meine Augen wieder an das gleißende Sonnenlicht gewöhnt hatten.
Am Wagen angekommen, beschrieb ich Michele, welche Modifikationen ich vorzunehmen gedachte. Er sah mich zweifelnd an, war mir aber dabei behilflich, mit Hilfe des eben erstandenen Fischmessers zwei Löcher in die Vorderseite des Jetbags zu schneiden. Es ging leichter als erwartet, und wenn die Arbeit auch auf Grund der ausgefransten Schnittkante alles andere als professionell aussah, war ich doch mit ihr und mir durchaus zufrieden. Die Lösung mochte primitiv erscheinen, würde aber ihren Zweck erfüllen.
Die Löcher hatten einen Durchmesser von knapp drei Zentimetern. Aus dem Geräteschuppen, der sich hinter dem Hauptgebäude befand, holte Michele mehrere verschieden große Stahlfeilen, mit denen wir die Schnittkanten nach und nach sauber abschliffen. Ich stellte mich auf die Trittleiter, die er mir ebenfalls brachte, und wischte mit dem alten Handtuch von gestern das Innere des Jetbags aus, den ich anschließend sorgfältig wieder verschloss.
Zum Abschluss unterzog ich den Motor noch einem raschen Check-Up. Der Ölstand war in Ordnung, aber sicherheitshalber wollte ich lieber noch einen Schluck nachschenken. Ich fischte unter dem Fahrersitz nach dem Trichter und der schwarzen Literflasche, steckte den Trichter in den Stutzen und ließ das honigfarbene Öl hinein laufen. Während wir im Schatten unser Bier tranken, überkam mich ein Gefühl äußerster Zufriedenheit. Mein Tagwerk war verrichtet, es gab nichts mehr zu tun.

Gegen neun war ich wieder beim Wohnwagen und holte Steffi aus dem Tiefschlaf. Sie setzte sich auf und sah mich merkwürdig befremdet an. Ihre Frisur war total verwuschelt, und eine Haarlocke stand von ihrem Kopf ab wie ein Horn.
„Wie spät ist es?“, fragte sie und gähnte.
„Kurz vor Abendessen. Hast du Hunger?“
„Weiß nicht“, meinte sie verschlafen und rieb sich mit dem Handballen die Augen. „Ein bisschen vielleicht.“
„Dein Appetit wird schon noch kommen, wenn Micheles Orecchiette vor dir stehen.“
Aus Erfahrung wusste ich, dass sie eine Weile brauchen würde, ehe sie zu einer bewussten Handlung fähig war, also reichte ich ihr ein frisches T-Shirt und ihre Shorts, die sie in Zeitlupe überzog.
„Wo warst du?“
„Bei Michele.“
„Was habt ihr gemacht?“ Wieder gähnte sie und machte Anstalten, sich wieder hinzulegen, doch ich zog sie an den Handgelenken wieder hoch.
„Wir haben uns darum geschlagen, ob du mit mir mitkommst oder bei ihm bleibst und eine Großfamilie gründest.“
„Und?“
„Die Ärzte kümmern sich noch um ihn.“
„Mist!“, sagte sie. „Ich hätte gedacht, dass er länger durchhalten würde.“
„Na ja, er hatte auch keinen Wagenheber als Hilfsmittel zur Hand.“
Ich reichte ihr die Turnschuhe, und nach kurzem Kampf mit den Schnürsenkeln war sie endlich ausgehfertig.
„Das bedeutet wohl, ich hab heute Nacht wieder kein Bett zum Schlafen?“
„Ich fürchte, ja.“
„Mist!“, wiederholte sie matt.

Michele fegte zwischen der Kochnische und dem großen Tisch der Gemeinschaftsküche hin und her, als wir kamen. Auf dem Herd standen mehrere große Edelstahltöpfe, aus denen Dampf aufstieg, der in die altersschwache Abzugshaube gesaugt wurde. Es gab nur einen großen Tisch, an dessen einem Ende Lorenzo und der Junge mit dem neonfarbenen T-Shirt saßen. Beide aßen Fisch mit Gemüse und gaben sich keine Mühe, ihre neugierigen Blicke vor uns auch nur halbwegs zu verbergen.
„Da seid ihr ja!", rief Michele und wischte sich die Hände an einer an der Wand hängenden Schürze ab, um Steffi zur Begrüßung übertrieben herzlich zu umarmen. Er bemerkte, dass wir vom Kopfende des Tisches aus beobachtet wurden, und rief:
„Conoscete i miei amici?"
Lorenzo zuckte die Schultern, der andere schüttelte den Kopf und musterte uns dabei.
„Darf ich vorstellen?", wandte sich Michele an uns. „Das sind Piero und Lorenzo - du kennst ihn ja schon.
Questo è Luca, - mio cugino -, e questa è Steffi - la mia fidanzata."
Die beiden Italiener sahen erst Steffi, dann sich verwundert an, schüttelten uns beiden aber höflich die Hände.
„Setzt euch, ich bin gleich so weit", meinte Michele.
Am anderen Tischende war für uns drei gedeckt, und wir nahmen nebeneinander auf den abgewetzten Holzstühlen Platz. Michele hatte sich für einen Italiener richtiggehend Mühe gemacht, um für ein wenig Behaglichkeit zu sorgen. Neben den tiefen Pastatellern lag das Besteck in Reih und Glied auf den flüchtig gefalteten Servietten, und in buntem Durcheinander waren auf der hölzernen Tischplatte Kerzen mit Wachs fixiert worden, die Michele nun, da wir Platz nahmen, entzündete. Steffi und mir war das Ganze ein wenig peinlich, auch deshalb, weil Lorenzo und Piero beim Essen nach wie vor verstohlen zu uns hinüber sahen.
„Glaubst du nicht, dass du sie ein bisschen verwirrst, wenn du

Steffi als deine Verlobte ausgibst?“, fragte ich Michele, der wieder am Herd stand.
„Ach was! Guck sie dir doch an - die sind schon verwirrt genug fürs Leben! - Stimmt's, Lorenzo?“, rief er zu den beiden hinüber.
„Parla italiano!“, brummte Lorenzo.
„Va bene.“ Michele hatte wohl die Weinflaschen inzwischen in den Gemeinschaftskühlschrank geräumt. Denn aus diesem nahm er nun eine davon heraus, ging zu Lorenzo und Piero hinüber und sagte betont deutlich auf Italienisch: „Gib mir den Parmesan! - Besser so?“
„È meglio cosi.“ Lorenzo griff, ohne hinzusehen, die Parmesanreibe und drückte sie ihm in die Hand. „Geht doch.“
„Grazie mille“, lächelte Michele ihn an. Den Käse platzierte er zwischen uns, schenkte uns von dem Wein ein und ließ die Flasche auf dem Tisch stehen.
„Ach, Luca, du sitzt übrigens hier“, - er legte die Hände auf die Lehne des Stuhles, der mir gegenüber stand -, „ich möchte Steffi nachher noch was fragen.“
Er zwinkerte mir zu und ging wieder an den Herd zurück. Lorenzo warf uns noch einen Blick zu und stocherte dann wieder in seinem Essen herum.
„Warum fragst du sie nicht jetzt?“, wollte ich wissen.
„Weil sie erst noch von meiner Pasta probieren muss.“
Das leuchtete mir ein, und ich setzte mich auf den bezeichneten Stuhl.
„Was will er mich fragen?“, flüsterte sie.
„Ich glaube, er will wissen, ob du ihn heiraten wirst“, raunte ich ihr zu.
„Heh, Luca - nichts verraten!“, rief Michele in meinem Rücken.
„Das hab ich gehört.“
„Dann beeil dich ein bisschen! Je schneller wir gegessen haben, desto früher kannst du sie fragen.“
„Bin schon fertig!“
Er stellte den Herd aus, nahm unsere Teller mit und schöpfte

jedem eine große Portion Rigatoni mit Basilikum darauf.
„Wie? Keine Orecchiette?“, fragte ich, als er uns die Pasta servierte. „Ich bin enttäuscht!“
Er brachte seinen eigenen Teller herüber und nahm neben Steffi Platz.
„Das ist typisch für ihn“, sagte er zu ihr, „so war er schon als kleines Kind. Nie mit irgendwas zufrieden, und immer dieses ‚Meine-Suppe-ess-ich-nicht!‘. Und wehe, wenn's mal Fisch gab, o je! Da wurden dem armen Jungen dann Brote geschmiert oder die Pasta vom Vortag aufgewärmt, sonst wäre er glatt verhungert.“
Steffi, die meine Essgewohnheiten kannte, lächelte mich über die Kerzen hinweg an. Michele ahnte nicht, dass sie noch viel wählerischer war als ich.
„Mmmh, lecker!“, lobte ich die Pasta. In der Tat war sie noch besser, als ich sie in Erinnerung hatte. Lorenzo und der Junge, der Piero hieß, hatten ihre Mahlzeit beendet. Sie stellten ihre Teller auf die Spüle und verließen die Küche, die kurz darauf ein energisch aussehender Mann mit Halbglatze betrat.
„Ah!“, rief Michele und sprang auf. „Darf ich Euch meinen Chef vorstellen? Signor Rinalda - mio cugino e la sua ragazza.“
Wir schüttelten dem Mann die Hand. Er nickte uns unverbindlich zu, und Michele bot ihm von seinen Rigatoni an. Rinalda aber lehnte ohne ein Wort des Dankes ab, nahm sich lediglich eine Flasche Bier aus dem Kühlschrank, nickte uns abermals zu und ließ uns allein.

„Das war aber mal ein sympathischer Mensch“, bemerkte ich ironisch, doch Michele, der schon wieder mit Steffi flirtete, ignorierte mich und mein leeres Glas völlig. Die beiden kicherten wie Teenager, und er goss ihr ständig Wein nach, kaum dass sie einen Schluck davon getrunken hatte. Nur die Flammenwand der Kerzen hielt mich auf Distanz. Ich guckte mir das eine Weile an, dann wurde es mir zu bunt.
„Wolltest du nicht Steffi was fragen?“

Ihr Kichern versiegte, und ernüchtert sahen sie zu mir rüber. Jetzt kam ich mir vor wie ein Spielverderber und wäre am liebsten gegangen. Doch schon meinte Steffi:
„Ja, wolltest du mich nicht was fragen?"
„Äh... - ja, wollte ich." Er fuhr mit zwei Fingern in die Brusttasche seines Hemdes und fischte einen goldenen Ring heraus. Mit der Linken zog er Steffis Hand zu sich heran und steckte ihr den Ring an den Finger, was sie belustigt aufnahm.
„Cara mia, willst du die Mutter meiner Kinder werden?" Sein schmachtender Blick war unerträglich. Steffi sah mich überrascht an, unsicher, ob dies nur ein Jux sei. Ich tat, als wisse ich von nichts.
„Willst du?", fragte Michele.
„Was?"
„Willst du meine Frau werden?"
„Nein!", meinte sie ebenso entschieden, wie Michele vorhin noch das Liebemachen im Bett als zu spießig abgelehnt hatte.
„Nein? Wieso nicht?"
Steffi, der langsam mulmig zu Mute wurde, weil weder Michele noch ich eine Miene verzogen, versuchte, sich den Ring vom Finger zu ziehen, doch er saß zu fest.
„Wieso? Weil ich noch viel zu jung bin! - Was ist das hier für ein Scheißring, ist da Klebstoff dran geschmiert?", fluchte sie.
„Sag nichts gegen den Ring! Der hat meiner Mutter gehört!", beschwerte sich Michele.
Nacheinander probierten auch er und ich uns an dem Ring - vergebens.
„Wir brauchen Seife", sagte ich.
„Oder Fett", meinte Michele, und ehe wir ihn noch daran hindern konnten, hatte er sich auch schon eine Nudel von Steffis Teller geangelt und damit begonnen, die Soße rund um ihren Finger zu verteilen. Tatsächlich gelang es uns auf diese Weise, ihn endlich von dem Ring zu befreien. Ich musste lachen, als ich ihn mir genauer ansah.
„Michele, der hat ja eine Gummidichtung!"

„Was? Zeig her!“ Steffi riss mir den Ring aus der Hand und betrachtete ihn eingehend. Dann warf sie Michele einen tödlichen Blick zu.
„Von deiner Mutter also, wie? Und so wolltest du mich rumkriegen?“
Er zuckte die Schultern.
„Was willst du denn? Du hast doch ‚Nein’ gesagt!“
„Und was, wenn ich ‚Ja’ gesagt hätte?“, wollte sie wissen.
„Dann hättest du den Ring behalten dürfen.“ Er nahm ihn ihr aus der Hand, ging hinüber zum Spülbecken und schraubte ihn zusammen mit dem Tropfsieb wieder in den Wasserhahn.
„War ja nur ein Versuch“, meinte er, als er sich wieder setzte. „Aber wie wär’s mit ein bisschen außerehelichem Fummeln?“
„Nein!“
„Knutschen?“
„Nein!“
„Sex?“
Sie überlegte kurz.
„Okay.“
„Okay?“
„Okay.“
„Na schön, warum eigentlich nicht?“, mischte ich mich ein. „Wenn die Eskimos ihre Frauen miteinander teilen, können wir das auch. - Als Erstes könntest du mal dafür sorgen, dass deine Schwester mit mir ausgeht.“
„Giordana?“, fragte Michele.
„Nein, die andere.“
„Elena? Die ist inzwischen verheiratet.“
„Ich bin da gar nicht so wählerisch.“
„Na, hör mal!“, beschwerte sich Steffi und trat unterm Tisch nach mir.
„Lass ihn doch“, erwiderte Michele, „ich will ja nicht, dass er sich langweilt, während wir es uns gemütlich machen.“
„An Steffi würdest du dir die Zähne ausbeißen“, meinte ich und wich ihrem Tritt diesmal aus.

„Ist deine Schwester hübsch?", wollte sie wissen.
„Nicht im Vergleich mit dir", schwärmte Michele, und ich musste wieder über seine Art lachen.
„Hast du ein Bild von ihr?"
„Ja, oben in meinem Zimmer. Willst du mitkommen?"
„Nein, danke", wehrte Steffi ab.
„Vergiss nicht, wir müssen noch außerehelichen Sex haben!"
„Ach, ich glaube, ich kriege gerade meine Migräne", sagte sie und hielt sich theatralisch die Hand vor die Stirn.
„Oh nein! Nicht schon wieder! Warum passiert sowas immer mir?", lachte Michele und öffnete die zweite Flasche Wein.

Hinter Bologna legten Jakob und Rainer eine weitere Pause ein, um in dem Selbstbedienungs-Restaurant der Raststätte ein kleines, aber teures Abendessen einzunehmen. Jakob wollte auf dem Campingplatz in Cattolica anrufen, konnte jedoch den Notizzettel mit der Telefonnummer nicht wiederfinden.
Er durchsuchte alle Taschen seines Jacketts und seiner Hosen, seine Brieftasche und den kleinen Lederbeutel, in dem er für gewöhnlich sein Notizbuch, den Fotoapparat und ein Ersatzdöschen seiner Herzpillen aufbewahrte.
Doch der Zettel blieb verschwunden, und da er es entgegen seiner sonstigen Gewohnheiten versäumt hatte, die Nummer auch in seinem Telefonregister zu notieren, musste er wohl oder übel in Deutschland anrufen, um Giovanna nochmals darum zu bitten.
Das Freizeichen ertönte, und nach einer Weile meldete sich eine weibliche Stimme:
„Hallo?"
Jakob, durch das nachmittägliche Telefonat sensibilisiert, fragte vorsichtig:
„Valentina?"
„Nein, hier ist Giovanna. - Wer spricht denn da?"
„Jakob", antwortete Jakob. „Hallo!"
„Hallo. Hab ich mich doch nicht verhört. Ich dachte gleich, dass

du das bist; hat mich nur gewundert, dass du nach Valentina gefragt hast."
„Ach, das war nur...-", er brach ab. „Hör mal, Giovanna, ich habe dummerweise die Nummer des Campingplatzes verloren. Kannst du sie mir nochmal durchgeben?"
„Augenblick, da muss ich meine Telefonliste zur Hand nehmen - bin gleich wieder da!" Jakob hörte, wie sich das Rascheln ihres Rockes von seinem Ohr entfernte. Undeutlich konnte er Giovannas Stimme und eine andere, männliche, ausmachen, die vermutlich Günther gehörte. Dann kam das Rascheln zurück, und der Hörer wurde wieder aufgenommen.
„Jakob?"
„Ich bin noch dran."
Sie nannte ihm die Durchwahl des Campingplatzes.
„Camping Internazionale Marina di Venezia. Und frag nach Michele!"
„Ja, ja, ich weiß."
„Wo bist du jetzt?", fragte Giovanna.
„Irgendwo bei Bologna. Noch 'ne knappe Stunde, dann sind wir da."
„Wer ist eigentlich bei dir? Ich habe heute Mittag ganz vergessen zu fragen."
„Ich weiß nicht, ob du dich noch an Horst Ackermann erinnerst", begann Jakob. „Ihr habt ein paar Mal miteinander gespielt, als du noch klein warst...-"
„Stimmt, dessen Eltern hatten ja ein Beerdigungsunternehmen! An den hätte ich gar nicht mehr gedacht."
„Das Geschäft gehört schon lange ihm. Aber er selbst konnte nicht mitkommen, dafür hab ich seinen Sohn dabei."
„Hast du mit Horst gesprochen?", fragte Giovanna.
„Ja, habe ich. Er wollte mir zuerst gar keinen Sarg besorgen. Meinte, das dauere zu lange und einen Fahrer habe er auch nicht parat."
„Weiß er, für wen der Sarg bestimmt ist?"
„Ach was! Ich glaube auch nicht, dass er sich erinnert hätte. Er

hat sich sehr verändert, weißt du; wir haben nicht mehr viel Kontakt zueinander."
„Schade", meinte Giovanna. „Sein Vater und du, ihr wart doch gute Freunde über Jahre."
„Ja, aber das ist lange her. Und Horst ist ganz anders. Sachlicher, geschäftiger...-"
„Unpersönlicher?", kam aus dem Hörer.
„Das auch. Eine andere Generation halt. Für seinen Sohn besteht in dieser Hinsicht noch Hoffnung, aber ich fürchte, dass er seinem Vater und dem Geschäft nicht entgehen kann."
„Wie meinst du das?"
„Er ist zu unbeständig", antwortete Jakob. „Ich glaube, er hat viele Ideen, aber keine Ahnung, wie er sich daraus ein Leben zimmern kann. Jedenfalls macht er diesen Eindruck auf mich. Studiert ein bisschen hier, jobbt ein bisschen im Geschäft seines Vaters...-"
„Das kenne ich. Mit Luca war es zeitweise ähnlich", sagte Giovanna, „mal dies, mal das."
„Und jetzt?"
„Er studiert jetzt Betriebswirtschaft. Und in den Semesterferien arbeitet er bei einer Bank."
Hört sich eigentlich genauso ‚spannend' an, dachte Jakob, doch er sagte bloß: „Wie schön."
Für ihn als Mann der Praxis stellte ein Studium in den meisten Fällen reine Zeitverschwendung dar. Er war es von klein auf gewohnt gewesen, mit den Händen zu arbeiten, zehn, zwölf, manchmal fünfzehn Stunden am Tag. Zwar hatte Jakob im Laufe der Jahre auch die Vorzüge zu schätzen gelernt, die seine studierten Mitarbeiter beispielsweise der Lohnbuchhaltung zu Gute kommen ließen, doch zog er noch immer die körperliche Arbeit der geistigen vor. Für ihn bedeuteten Computer eine Arbeitserleichterung, keine Religion, und mit Abscheu sah er auf diejenigen herab, die sich hinter ihrem Bildschirm verkrochen, wenn es galt, Lösungen zu finden.
Doch er spürte auch, dass die Zeiten vorbei waren, in denen

Männer wie Konrad Ackermann und Jakob Spang das Sagen hatten, Männer, die sich selbst für keine Arbeit zu schade waren, die die Ärmel hochkrempeln und noch anpacken konnten. Sein Geschäftspartner und größter Konkurrent, halb so alt wie er selbst, führte sein Unternehmen mit Rotstift und stets modernster Technik. Seine Effizienz-Quote lag weit über dem Schnitt, und wenn er, Jakob, diesem Prinzip auch eher skeptisch gegenüberstand, so musste er doch zugeben, dass es dem Kaufmann in ihm überaus imponierte. Eine andere Generation, dachte er bei sich.
„Entschuldige, Giovanna, ich war in Gedanken woanders. - Was hast du gerade gesagt?"

Es war kurz nach zehn, als wir unsere Sachen in den Cinquecento packten und den Wohnwagen aufräumten. Michele erwartete uns im Supermarkt, und in aller Eile verstauten er und Steffi die tiefgefrorenen Kühlakkus im Jetbag und einige Lebensmittel im Wagen. Ich rief in der Zeit nochmal zu Hause an. Eigentlich hatte ich dies vor dem Abendessen erledigen wollen, es aber dann total vergessen. Es dauerte eine Ewigkeit, bis die Leitung zu Stande kam, doch es war besetzt. Ich probierte es erneut, kam aber diesmal nicht mehr durch, ebenso wenig beim dritten Versuch.
„Alles klar!", rief Michele, als ich wieder zu ihnen stieß. Es war inzwischen dunkel genug, um Pippo einigermaßen unauffällig zum Wagen transportieren zu können. Die meisten Campinggäste hatten bereits gegessen und abgewaschen und saßen in ihren Wohnwagen vorm Fernseher; nur vereinzelt hörte man noch Geschirr klappern.
„Hör mal, Michele, ich kann zu Hause niemanden erreichen. Tust du mir den Gefallen und versuchst es nachher noch einmal? Ich muss unbedingt wissen, ob Jakob den Leichenwagen nun bekommen hat oder nicht."
„Klar, aber wo erreiche ich euch?", wollte er wissen.
„Steffi hat ihr Handy mit. Meine Eltern kennen die Nummer,

aber ich schreib sie dir zur Sicherheit nochmal auf. Entweder sollen sie sich melden, oder du rufst kurz an, okay?"
„Geht klar", sagte er. Ich notierte die Telefonnummer des Handys und die meiner Eltern und gab sie ihm.
„Steffi, bist du so weit?", fragte ich in den Wagen hinein.
„Alles fertig!", bekam ich zur Antwort.
„Na schön, dann holen wir jetzt mal Opa!"
Ich stellte den Cinquecento so vor den Eingang des Supermarktes, dass das Heck sich unmittelbar vor der Tür befand, und löschte das Licht. Zwei Angestellte des Campingplatzes kamen ums Haus herum, ehe wir aussteigenn konnte, und wir verharrten in unserer Bewegung. Doch sie unterhielten sich miteinander und warfen kaum einen flüchtigen Blick auf den Wagen.
Als sie verschwunden waren, sprangen wir aus dem Auto, öffneten die Klappe des Jetbags und schlüpften rasch in den Laden.
Michele hatte bereits versucht, meinen Opa aus der Gefriertruhe zu heben, doch er war zu schwer für ihn; um ein Haar hätte er ihn fallen lassen. Pippo machte immer noch einen recht ordentlichen Eindruck, wenngleich man auch seinem Anzug inzwischen erste Spuren des Transports ansah.
„Schade, dass ihr nicht noch ein bisschen bleibt", meinte Michele, „heute ist das Gästezimmer frei geworden. Dann hätte Steffi auch mehr Zeit, mich besser kennen zu lernen."
„Ich glaube, das hier hat ihr für den Anfang gereicht."
„Wieso? Wir hatten doch gar keinen so schlechten Start miteinander!"
„Ganz wie du meinst."
Bevor wir ihn nach draußen trugen, schnallte ich Opa den Gurt um, den ich bei dem bärbeißigen Bootsausstatter in Cattolica gekauft hatte. Er war aus dickem, hellem Leder und ringsum mit Karabinerhaken und Schlaufen versehen und wie ein Tanga mit einem Mittelsteg versehen, der vorne und hinten fest mit dem Gürtel vernietet war. An der Vorderseite des Lederzeuges

befand sich ein zusätzliches Futteral, welches für die Aufnahme einer Angelrute beim Hochseefischen vorgesehen war.
Steffi stand Schmiere, als wir Pippo in seinen Dachsarg hievten. Die beiden Zehn-Meter-Seilstücke hatte ich bereits am Kopfende platziert, wo ich sie von außen durch die Löcher hindurch erreichen konnte. Ich flocht die Enden durch die Schlaufen des Gürtels und befestigte sie mit einem Knoten an den Karabinerhaken, ehe wir mit vereinter Kraft Opa hoch hoben und in den Jetbag schoben.
Mittlerweile war es stockdunkel, aber über uns funkelte nicht ein einziger Stern. Die Außentemperatur hatte sich kaum verringert, und im Laufe des Nachmittags hatte sich der Himmel zusehends bewölkt. Ich hoffte nur, dass uns bei unserer bevorstehenden Nachtfahrt ein Gewitter erspart bleiben würde.
In dem kleinen, hell erleuchteten Büro im Erdgeschoss klingelte das Telefon, doch es war niemand zu sehen, als wir im Leerlauf am Fenster vorbei und den flachen Hang zum Eingangstor hinunterrollten. Michele, der neben uns her lief, sprach einige Worte mit dem Pförtner und öffnete das schwere Tor für uns. Wir stiegen noch einmal aus, um uns zu verabschieden, und er umarmte Steffi herzlicher als nötig.
„Sieht so aus, als müssten wir das mit dem Sex verschieben", meinte er, „aber wenn dir der Kerl da auf die Nerven geht, kannst du ja jederzeit zurückkommen.
Machs gut", er umarmte auch mich und küsste mich links und rechts auf die Wange, „und bring mir Pippo sicher nach Lecce."
Beim Losfahren schob er spaßeshalber den Wagen ein paar Meter weit an, dann wurden wir zu schnell für ihn, und er verlangsamte seine Schritte und blieb winkend stehen. Die Zufahrt zum *Camping Internazionale Marina di Venezia* war holprig, und in dem zitternden Rückspiegel wurde Micheles Gestalt immer kleiner und schließlich von der Dunkelheit ringsum gänzlich geschluckt. Nur die Umrisse der spärlich erleuchteten Gebäude hoben sich noch gegen die Umgebung ab, ehe auch sie hinter der nächsten Kurve verschwanden.

Wir waren wieder auf der Straße, Steffi, Pippo und ich. Die Fahrtstrecke hatte ich mit Michele noch am Abend ausgearbeitet, und ich betete darum, dass die Schleichwege, die er mir provisorisch aufgemalt hatte, noch immer existierten und wir nicht im Dunklen daran vorbei fahren würden. Eine ganze Reihe von Post-its klebte entlang der Windschutzscheibe; darauf waren nacheinander alle Ortschaften aufgelistet, die wir auf unserer geplanten nächtlichen Route passieren mussten.
Steffi war ein wenig wortkarg, was ich darauf zurückführte, dass sie sich nur ungern von Cattolicas Strand trennte. Aber wenigstens hatte sie am Nachmittag ein bisschen geschlafen und war dementsprechend munter, was für das erfolgreiche Angehen dieser anspruchsvollen Strecke nicht unerheblich sein würde.

„Was? Wann?“ Michele konnte nicht recht glauben, was Giovanna ihm da gerade erzählt hatte.
„Ich weiß nicht genau. Schätze mal, dass er innerhalb der nächsten Stunden bei euch eintreffen müsste.“
Michele stöhnte innerlich auf.
„Luca weiß nicht mal, dass Jakob den Wagen organisieren konnte, geschweige denn, dass er längst auf dem Weg hierher ist. Warum habt ihr denn nicht angerufen?“
„Jakob wollte das von unterwegs erledigen“, sagte Giovanna. „Ich hab selbst auch ein paar Mal bei dir angerufen, aber nie ist jemand ans Telefon gegangen. - Ist aber doch nicht so schlimm, oder? Hauptsache, Pippo bekommt jetzt endlich einen ordentlichen Sarg.“
„Das ist ja gerade das Problem“, meinte Michele, „Luca ist vor zehn Minuten abgefahren.“

Nach dem Gespräch war Michele einigermaßen aufgewühlt. Tausend Dinge gingen ihm durch den Kopf, er machte sich Vorwürfe, Luca wieder auf die Straße gelassen zu haben, ohne noch einmal mit zu Hause telefoniert zu haben. Andererseits war die verfahrene Situation natürlich umgekehrt auch die Schuld von Giovanna und Jakob, weil diese sich nicht eher gemeldet hatten. Mehrmals wählte er die Nummer von Steffis Handy, bekam aber nur eine weibliche Automatenstimme an die Strippe, die ihm mitteilte, der gewünschte Teilnehmer sei derzeit nicht erreichbar.

Michele beschloss, in seinem Zimmer auf die Ankunft Jakobs zu warten. Die Rezeption war durch besetzt, und bis der Deutsche mit dem Leichenwagen eintraf, konnten noch Stunden vergehen. ‚Ich muss Lorenzo Bescheid sagen!' dachte er bei sich. Auf der unteren Kante seines Hochbettes sitzend, trank Michele den letzten Schluck Wein direkt aus der Flasche.

Er fühlte sich mit einem Male sehr müde, zog die Schuhe aus und machte es sich gemütlich. Am Morgen war er bereits früh aufgestanden gewesen, um nach Pippo zu sehen, und als er sich nun ein wenig auf dem Bett ausstreckte, schlief er beinahe sofort ein.

Die Ursache dafür, dass Jakob Spangs zahlreichen Versuchen, den Campingplatz *Internazionale Marina di Venezia* telefonisch zu erreichen, kein Erfolg beschieden war, lagen zum einen darin, dass Lorenzo an diesem Abend zum Telefondienst eingeteilt war und zum anderen darin, dass dieser schlechten Fisch gegessen hatte.

Jedenfalls sah er sich gezwungen, das kleine Büro der Platzverwaltung in regelmäßigen Abständen in Richtung Toilette zu verlassen, und da sich alle anderen Bediensteten in den Gemeinschaftsräumen im oberen Stockwerk aufhielten, läutete das Telefon auf dem Schreibtisch unbemerkt vor sich hin.

Einmal hätte Lorenzo es fast geschafft, das Gespräch entgegenzunehmen, doch als er ins Büro hetzte und den Hörer abhob, hatte der Anrufer schon wieder aufgelegt. Lorenzo war darüber derart verärgert, dass er sich beim nächsten Mal für den Rückweg von der Toilette besonders viel Zeit ließ und mit

Genugtuung registrierte, dass das läutende Telefon auch so irgendwann verstummte.

15

Die ersten zwanzig Kilometer bis La Siligata fuhr ich außerhalb der Ortschaften mit Vollgas, denn Michele hatte mir versichert, dass auf dieser Strecke nachts keinerlei Kontrollen zu befürchten seien. Die Küstenstraße war gut beleuchtet, und tatsächlich schien außer uns niemand unterwegs zu sein. Allerdings glaubte Michele etwas von Stichprobenkontrollen bei Pesaro gehört zu haben, und wir bogen daher von der Küste ab und folgten den weniger gut ausgebauten Straßen ins Landesinnere.
Die Beleuchtung ließ hier sehr zu wünschen übrig; trotzdem fanden wir die meisten der Dörfchen, deren Namen auf unseren Post-its standen, wenn auch oft nur über Umwege. Es gab kaum Hinweisschilder, aber angesichts unserer deutschen Phantasielosigkeit hatte Michele auch Kirchen und andere markante Gebäude bei der Routenplanung berücksichtigt, so dass wir nur gelegentlich vom rechten Weg abkamen. Die einzigen Zeugen unserer Rallye durchs nächtliche Italien waren einige Katzen, die durch die Dörfer streiften und uns funkelnde Blicke nachwarfen.
Unsere Absicht war es eigentlich, die Autobahnen und Küstenstraßen zu meiden, um eventuelle Polizeikontrollen zu umgehen, die im Landesinneren nachts kaum stattfanden. Michele hatte uns vorgewarnt, dass die *guardia di finanza* gerade entlang der Küste sehr aktiv sei, da der Zigarettenschmuggel in letzter Zeit wieder zugenommen habe und die *contrabandieri* - die Schmuggler - immer militanter auftraten. In einem Zeitungsartikel war sogar von kugelsicheren und gepanzerten Fluchtfahrzeugen die Rede gewesen.
Doch schon bald war ich mir im Klaren darüber, dass wir es auf diese Weise bis zum frühen Morgen auf keinen Fall bis in den Gargano schaffen würden. Zu groß war die Strecke, zu langsam

kamen wir voran, und als wir uns das x-te mal verfuhren, stand mein Entschluss fest, zur Küste zurückzukehren und es auf gut Glück von dort aus weiter zu versuchen.

Gegen halb zwölf Uhr nachts erreichten Jakob und Rainer den Campingplatz, etwa eine Dreiviertelstunde, nachdem Steffi und Luca ihn verlassen hatten. Die abenteuerliche Verkehrsführung rund um Cattolica hatte sie zunächst einige Umwege nehmen lassen, doch da sie daran bereits gewöhnt waren, machte ihnen dies nicht mehr besonders viel aus.
Als sie endlich vor dem Gittertor standen, schlugen sie innerlich drei Kreuze. Beide fühlten sich müde und abgekämpft und hatten nach der langen Fahrt auch allen Grund dazu. Immerhin waren mit Hilfe der zahlreichen Staus und Giovannas wenig hilfreicher Wegbeschreibung - auch sie mussten mehrmals vor den diversen Baustellen kapitulieren - aus den geplanten zwölf nun doch gut sechzehn Stunden geworden, sie hatten mit dem großen Volvo also die Zeit des Cinquecentos nicht wesentlich unterboten.
Wieder war das Pförtnerhäuschen unbesetzt, nur über dem Eingang und in den Fenstern des Wohn- und Verwaltungsgebäudes brannten einige Lichter. Jakob suchte im Kegel der Scheinwerfer die frisch getünchten Torpfosten nach einem Klingelknopf oder etwas Ähnlichem ab, jedoch ohne Erfolg, und so wies er Rainer an, der Einfachheit halber zu hupen, was dieser nach anfänglichem Zögern auch tat.
Es dauerte eine ganze Weile, bis eines der Fenster im obersten Stockwerk des Gebäudes geöffnet wurde und ein Mann den Kopf herausstreckte. Er schimpfte lauthals auf Italienisch, machte aber keine Anstalten, seinen Platz zu verlassen und ihnen das Tor zu öffnen. Also hupte Rainer noch einmal, und der Mann am Fenster bekam einen mittleren Tobsuchtsanfall. Endlich verschwand er wieder in seinem Zimmer und kam kurz darauf in Begleitung eines zweiten Italieners aus der Tür des Verwaltungsgebäudes heraus.

Die beiden wirkten noch ein wenig abgekämpfter als die Neuankömmlinge jenseits des Tores, was in Lorenzos Fall daran lag, dass er sich zwar längst zu Bett begeben, seinen renitenten Magen aber erst nach langem Kampf in den Schlaf gerungen hatte. Piero, der ihn im Büro abgelöst hatte, war bereits seit den frühen Morgenstunden auf den Beinen und demzufolge über dem hell erleuchteten Schreibtisch ebenfalls eingedöst. Keiner von ihnen war erfreut darüber, mitten aus dem Tiefschlaf gerissen zu werden.
Jakob bemühte sein etwas eingerostetes Italienisch, doch es stellte sich heraus, dass zumindest Piero wenigstens ein bisschen Englisch und sogar Deutsch verstand, so dass die beiden sich einigermaßen in verständigen konnten. Lorenzo und Rainer dagegen sprachen kein Wort miteinander, sondern verfolgten das Gespräch aufmerksam, als verstünden sie mehr als bloß ein paar Fetzen davon.
Ja, Piero erinnerte sich an Steffi und Luca, aber er meinte, er habe die beiden heute Abend wieder abfahren sehen. Lorenzo konnte dies zwar nicht bestätigen, - er war zu der Zeit gerade wieder auf der Toilette gewesen -, schlug aber sinnvollerweise vor, Michele zu wecken, was sie denn auch taten. Als Rainer den Volvo vor dem Verwaltungsgebäude abstellte, beäugten Lorenzo und Piero misstrauisch den im Inneren des Leichenwagens aufgebahrten Sarg und beinahe synchron berührten beide sich im Schritt.

Wir hatten die Tenna überquert und eine falsche Abzweigung genommen. Nun befanden wir uns auf einer gut ausgebauten Straße, die uns nach Amandola und weiter ins Gebirge hinauf führen würde. Ich wusste das, weil Michele mich bei der Routenplanung darauf hingewiesen hatte.
„Was ist?“, fragte Steffi, als ich am Straßenrand anhielt.
„Wir haben uns verfranst. Siehst du das Schild?“
Vor uns, gerade noch im Kegel der Scheinwerfer, war ‚Amandola’ zu lesen.

„Amandola. Müssen wir da nicht hin?“, fragte sie leichthin und entfaltete die Straßenkarte.
„Nein - da müssen wir nicht hin“, presste ich mühsam hervor. Ihre Unbefangenheit machte mich wütend.
„Und jetzt?“
„Jetzt“, sagte ich und entriss ihr die Karte, „jetzt sehen wir zu, dass wir eine Straße finden, die uns wieder zum Meer zurückführt.“
„Wie wär's mit dieser Dingsda 78?“, meinte sie und knotete sich die Haare zu einem Zopf zusammen, „die müsste gleich hinter Amandola vorbei führen.“
Ihre Gelassenheit war nicht gerade dazu geeignet, meine Wut abklingen zu lassen, aber ich musste ihr wohl oder übel Recht geben, die strada statale 78 lag tatsächlich unmittelbar hinter Amandola und führte später direkt zum Meer hin.
Wortlos faltete ich die Straßenkarte zusammen und schaltete die Innenraumleuchte aus. Gerade als ich losfahren wollte, sah ich die Scheinwerfer im Spiegel, und schon war der Wagen vorbei und stoppte neben uns. Es war ein betagter Alfa-Romeo, und an den Seiten seiner dunkelblauen Karrosserie las ich den weißen Schriftzug ‚Carabinieri'.
Ich hielt den Atem an, als könne ich dadurch verhindern, dass die beiden Polizisten ausstiegen und an mein Fenster traten. Hinten reinbeißen hätte ich mir können, dass wir die Überlandstrecke gewählt und uns verfahren hatten. Wieder kam die Wut auf Steffi hoch, obwohl ich wusste, dass ich mindestens genauso daran Schuld hatte, dass wir zuguterletzt doch noch in eine Kontrolle geraten waren.

„Sie müssen Jakob sein“, stellte Michele fest und streckte ihnen die Hand entgegen.
„Giovanna hat Sie schon angekündigt. - Ich bin Michele De Cicco, ich gehöre zur Familie.“
‚Zur Familie?', schoss es Rainer durch den Kopf, ‚wie meint er das?' Manuela und er hatten erst kürzlich irgendwo im

Kabelfernsehen die x-te Wiederholung von *Der Pate* gesehen.
„Angenehm“, sagte Jakob. „Wo ist Luca?“
„Leider schon wieder weg...-“, begann Michele.
„Was?“, fragten Jakob und Rainer entsetzt und absolut gleichzeitig.
Michele erklärte ihnen, dass Luca keine Ahnung von dem Leichenwagen habe. Er selbst habe erst davon erfahren, als er nach Lucas Abfahrt mit Giovanna sprach, und bislang konnte er diesen telefonisch noch nicht erreichen. Valentina habe Luca am Morgen nicht einmal sagen können, ob das Organisieren des Leichenwagens überhaupt geklappt hätte. Und später am Abend habe er zu Hause niemanden mehr ans Telefon bekommen, so dass er nun wohl davon ausgehen müsse, dass Steffi und er auf sich allein gestellt sein würden.
Angesichts der neuen Situation sah sich Jakob ein wenig aus der Fassung gebracht, denn eigentlich hatte er fest damit gerechnet, Luca noch auf dem Campingplatz anzutreffen. Doch musste er sich auch eingestehen, dass er selbst eine gewisse Mitschuld an dem Missverständnis trug; immerhin hatte er schon gestern Abend gewusst, dass Rainer und er Pippo mit dem Spezialsarg im Gepäck hinterherfahren würden. Die Tatsache, dass er Giovanna dies erst so spät mitgeteilt hatte, ärgerte ihn nun, umso mehr, da er als vielreisender Geschäftsmann normalerweise niemals einen Termin oder Anruf vergaß. Wie auch immer ihm dieser Fehler hatte unterlaufen können, er erschien Jakob unverzeihlich, und er fühlte sich mit einem Male so alt, wie er wirklich war.
Immerhin hatte Luca die Nummer von Steffis Handy dagelassen, was ihn zumindest so lange auf einen glücklicheren Fortgang der Reise hoffen ließ, bis er sie selbst auf dem Apparat in dem kleinen Büro gewählt hatte. Jakob lauschte einige Sekunden in den Hörer und reichte ihn dann Michele, der ihn entgegen nahm und nach kurzer Zeit - ohne ein Wort zu sagen - wieder auflegte.
„Was ist?“, fragte Rainer, der mit Piero in der Tür stand.

„Die Maschine ist wieder dran", klärte Michele ihn auf. „Sie hat wieder ihren Spruch aufgesagt von wegen ‚der gewünschte Teilnehmer ist zur Zeit nicht erreichbar'."
Rainer verdrehte die Augen. „Na toll!", entfuhr es ihm, was Jakob zwar verständlich, aber unangemessen fand. Schließlich gehörte Rainer nicht zur Familie, sondern wurde für seine Dienste gut bezahlt.
„Wahrscheinlich haben sie vergessen, das Ding aufzuladen", meinte Michele. Er hätte gerne versucht, Jakob, der wie ein Häufchen Elend auf dem Bürostuhl saß, ein wenig aufzumuntern, wusste aber nicht recht, wie.
„Am besten, wir versuchen es morgen früh noch einmal", schlug er vor, „vielleicht melden sie sich ja von sich aus."
„Haben Sie hier ein Gästezimmer?", fragte Jakob, dem Giovanna bereits am Telefon versichert hatte, für die Unterkunft in Cattolica werde gesorgt.
Michele half den beiden, ihr Gepäck nach oben zu tragen. Das Zimmer neben seinem war innerhalb weniger Minuten hergerichtet, und da Jakob und Rainer erklärten, sie hätten erst vor einer Stunde zu Abend gegessen, ließ er sie alleine und versprach, sie am nächsten Morgen gegen halb acht zu wecken, ehe er sich selbst wieder zu Bett begab.

Zum Glück schienen die beiden nicht zu der Sorte Carabinieri zu gehören, die ihren langweiligen Nachtdienst dadurch aufpeppen, dass sie das erstbeste Auto von oben bis unten durchsuchen. Anscheinend ging ihre Schicht dem Ende zu und sie hatten kein Verlangen danach, jetzt noch die schmutzige Wäsche zweier Urlauber zu durchwühlen. Zwar leuchtete einer von ihnen mit seiner Stablampe ins Innere des Cinquecentos, tat das aber eher unmotiviert und lustlos und aus einer Art Pflichtbewusstsein heraus. Dennoch sträubten sich mir die Nackenhaare, als er prüfend an der Halterung des Jetbags rüttelte.
„Di dove siete?", wollte der Ältere von ihnen wissen.

„Germania", rief der mit der Lampe, der sich gerade unser Nummernschild besah, noch ehe ich antworten konnte.
„Siete tedeschi? - Deutsche?", fragte der Erste. Wir nickten, unsicher, ob diese Tatsache sich nun positiv oder negativ für uns auswirken würde. Er warf sich in die Brust und sagte zackig auf Deutsch:
„Eins - zwei - Polizei!"
Neben mir hörte ich Steffis befreites Lachen; ich selbst war zu überrascht dazu. Doch fiel mir auf, dass der Polizist lediglich schmallippig lächelte und sein Kollege keine Miene verzog, was mir gar nicht gefiel. Ein ungutes Gefühl überkam mich.
„Dove andate?", fragte er. „Wohin fahren Sie?"
„In den Süden."
„In den Süden? Und weshalb nehmen sie nicht die Autobahn? Geht doch viel schneller!"
„Wir haben uns verfahren."
Die beiden Polizisten wechseln einen Blick miteinander, der zu besagen schien: ‚Der lügt uns an!' Ich spürte, dass sich etwas in ihrem Verhalten änderte.
„Ihre Papiere!", meinte der Ältere kühl.
Ich langte in die Gesäßtasche meiner Jeans und reichte ihm meinen Führerschein und die Zulassung für den Cinquecento. Er studierte beides ausgiebig.
„Wie spricht man das? *Upsken*?"
„*Hübschen*", erwiderte ich. „Luca Hübschen."
Er musterte mich kurz, vertiefte sich wieder in die Papiere und meinte dann, ohne aufzusehen:
„Durchsuch das Gepäck!"
Der andere, der in der Zwischenzeit unsere Pässe kontrolliert hatte, gab sie Steffi zurück und begann damit, das Innere unseres Autos zu durchwühlen. Ich hätte gerne gefragt, wonach sie eigentlich suchten, doch verkniff ich es mir und dachte stattdessen darüber nach, was ich tun würde, wenn der Jetbag an die Reihe kam.
Steffi, die dem Treiben hilflos zusah, wirkte verwirrt.

„Was ist los?“, fragte sie. „Stimmt was nicht?“
„Alles in Ordnung“, versuchte ich sie zu beruhigen, „vielleicht haben wir einfach die falsche Antwort gegeben.“
„Was ist, wenn sie...-?“ Sie brach ab.
„Ich weiß nicht. Noch nicht.“
Mir fiel auf, dass der Carabiniere unserem Dialog neugierig folgte, doch ich war mir ziemlich sicher, dass er kein Wort davon verstand.
„Sie macht sich Sorgen um ihre Kleider. Alles frisch gebügelt, wissen Sie?“, übersetzte ich ihm.
Der jüngere Polizist hatte unsere Taschen und den Benzinkanister aus dem Wagen genommen, um sie besser durchsuchen zu können. Er öffnete den Kanister und roch daran, schraubte dann den Verschluss wieder auf und machte sich an den Taschen zu schaffen. Den Inhalt der ersten besah er sich nur flüchtig und ging nach einer Minute zur nächsten über.
„Mach das richtig“, fuhr ihn der andere an. „Hast du bei mir denn gar nichts gelernt?“
„Aber es ist gleich Feierabend!“, verteidigte sich der Junge und hielt seine Uhr so hin, dass wir alle das Zifferblatt sehen konnten. Es war kurz vor zwei.
„Dann beeile dich ein bisschen“, kam ungerührt als Antwort.
Der Carabiniere am Boden gab sich in seiner Wut nun keine Mühe mehr, unser Gepäck zu schonen. Ein Kleidungsstück nach dem anderen zerrte er aus den Taschen, schüttelte es und warf es dann auf den Fahrersitz. Ich fühlte mich versucht zu protestieren, so wie es jeder Urlauber ohne toten Opa auf dem Dach getan hätte. Aber ich hatte für mich beschlossen, die beiden nicht noch zusätzlich zu provozieren, und bereitete mich innerlich auf den Moment vor, in dem ich den Jetbag für sie öffnen musste. An ihren Gürteln baumelten Schlagstöcke, aber die Pistolen steckten in zugeknöpften und gesicherten Taschen. Trotzdem hatte ich meine Zweifel, ob ich sie überrumpeln könnte, ein Gedanke, mit dem ich für die Zeitdauer eines Moments spielte, ehe ich ihn wieder verwarf.

Ich ging hinüber zu Steffi und nahm sie in den Arm.
„Wenn er Pippo sehen will, musst du den anderen irgendwie ablenken", sagte ich in beiläufigem Tonfall, als wolle ich sie wegen ihrer Bügelwäsche beruhigen.
Die Durchsuchung ging ihrem Ende zu. Der Inhalt mehrerer Taschen lag auf den Sitzen und im Fußraum des Cinquecentos, und der junge Polizist hatte die letzte Tasche in der Mache. Gleich würde er zum Jetbag übergehen; im Geiste sah ich mich bereits mein Geständnis unterzeichnen. Als mich der ältere Carabiniere antippte, wäre ich in meiner Anspannung beinahe in die Knie gegangen.
„Cessare di lavoro," sagte er und tippte auf seine Uhr. „Feierabend."
Wieder lächelte er sein schmallippiges Lächeln und gab mir Führerschein und Zulassung zurück.
„Scusate! - Dai, andiamo!", rief er dem zweiten Polizisten zu, der sich schwerfällig erhob und uns dreien einen säuerlichen Blick schenkte. Ohne ein weiteres Wort zu verlieren, stiegen sie in ihren Wagen und fuhren in Richtung Amandola davon. Wir sahen ihnen nach, bis ihre Rücklichter von der Nacht verschluckt wurden.
„Luca?", hörte ich Steffis Stimme neben mir. „Alles in Ordnung? Du zitterst ja!"
„Alles klar", sagte ich und holte tief Luft. „Mir geht's prima."
Innerhalb weniger Minuten hatten wir das Gepäck wieder in den Taschen und die Taschen wieder im Fond verstaut. Da die Sachen nun ohnehin zerknittert und teilweise beschmutzt waren, kam es auf sorgfältiges Packen jetzt auch nicht mehr an; außerdem hatten wir nicht die Absicht, darauf zu vertrauen, dass es sich die beiden Carabinieri nicht nochmal anders überlegen und zurückkehren würden.
„Soll ich fahren?", fragte Steffi.
„Lass mal", antwortete ich. „Geht schon wieder."
Ohne noch einen einzigen Blick auf die Karte zu werfen, brachte ich den Zweizylinder in Fahrt und steuerte ebenfalls

Amandola an. Wir wussten ja schließlich, dass die Schnellstraße gleich dahinter verlief, und ich hatte keine Lust, auch nur eine Minute länger als nötig in dieser Gegend zu verbringen.
Die Stadt wirkte wie ausgestorben, aber da wir vorgewarnt waren, taxierten wir jedes Seitensträßchen auf eventuell versteckte Streifenwagen hin. Nachdem uns jedoch niemand mehr stoppen wollte, nahm ich die Auffahrt der S 78 und gab dem Cinquecento die Sporen. Endlich eine Schnellstraße, die diesen Namen auch verdiente.
Mir war egal, wie spät es sein mochte und wieviel Zeit uns der Umweg über die ‚Schleichwege' und das Intermezzo mit den Carabinieri gekostet hatte, genauso, wie es mir mittlerweile egal war, wie groß die Gefahr einer Polizeikontrolle auf der Küstenstraße sein mochte. Wir würden jetzt schnurstracks zum Meer zurückkehren, die Autobahn nach Süden nehmen und ansonsten auf Gott und unsere Schutzengel vertrauen, die uns bisher ja auch getreulich begleitet hatten.

Die Tankanzeige begann zu flackern, und ich lenkte den Fiat an den Fahrbahnrand und füllte Sprit aus dem Benzinkanister nach. Das Ganze dauerte knapp fünf Minuten, und während dieser Zeit kam kein einziges Auto vorbei. Wir hatten die Straße ganz für uns alleine.
Bei Ascoli Piceno nahmen wir die Schnellstraße in Richtung Adria. Es herrschte praktisch kein Verkehr, und mit einem schnellen Fahrzeug hätten wir die dreißig Kilometer im Nullkommanichts hinter uns gebracht. So aber wurde ich das Gefühl nicht los, die Motorleistung lasse stetig nach; die Tachonadel zitterte jedoch konstant zwischen den Zahlen 60 und 65 hin und her.
Ein Schild kam in Sichtweite. ‚Valle di tronto' stand da, ein Hinweis auf das Tal, das wir gerade durchfuhren. Steffi neben mir war ziemlich einsilbig und gähnte hinter vorgehaltener Hand. Auch ich fühlte mich müde und abgespannt; obwohl wir

einen Faulenzertag eingelegt hatten, steckte uns beiden noch die lange erste Etappe dieser Reise in den Knochen.
Unterwegs füllte ich an einer Automaten-Tankstelle Benzin nach, ehe uns auch noch die Reserve ausging. Dummerweise hatte ich vergessen, einige der 50.000- und 100.000-Lire-Noten bei Michele gegen kleinere zu tauschen, also tankte ich erst einmal für den einzelnen Zwanzigtausend-Lire-Schein, den ich noch besaß. Die großen Noten würde ich mir für später aufsparen.
Auf meiner Karte war eine Autobahn eingezeichnet gewesen, die parallel zur unserer Straße verlaufen sollte, doch war ich entweder so konzentriert aufs Fahren, dass ich sie nicht bemerkte, oder man hatte die Auffahrten über Nacht weggesperrt; jedenfalls fuhren wir die ganze Strecke bis Porto d'Ascoli, ohne auch nur eine davon wahrgenommen zu haben.
Auch auf der Küstenstraße war nicht viel los und weit und breit keine Polizeistreife zu sehen, wir hätten unbesorgt mit Vollgas durch die Ortschaften fliegen können. Dennoch war ich froh, als wir bei Vila Rosa, - dessen Name mich an die Mexikaner aus der Spülmittelwerbung erinnerte -, endlich eine Auffahrt zur parallel verlaufenden Autobahn fanden, die uns schnurstracks in den Gargano führen würde.
Steffi war inzwischen eingeschlafen. Sie kauerte in seltsamer Verrenkung auf ihrem Sitz, doch ich wagte es aus Angst sie aufzuwecken nicht, ihr auch nur den Pulli wieder unter den Kopf zu schieben, den sie als Kissen benutzt hatte und der ihr auf den Schoß gefallen war. Ich fragte mich erneut, wie spät es wohl sein mochte. Drei, halb vier, schätzte ich, doch war ich mir trotz meines guten Zeitgefühls diesmal gar nicht so sicher. Und gut vier bis fünf Stunden reine Fahrtzeit lagen noch vor uns.

Ich öffnete das Dreiecksfenster und ließ mir den Wind direkt ins Gesicht blasen, um nicht ebenfalls der Versuchung eines kleinen Nickerchens zu erliegen. Etwa auf der Höhe des

Hinweisschildes ‚Pescara 22 km' dämmerte der neue Tag herauf, über dem flachen Land zu meiner Linken, dort, wo das Meer lag. Man konnte es von hier aus nicht sehen, höchstens erahnen, genau wie die Sonne, die noch im Begriff war, den Horizont zu erklimmen. Ihr schwaches Leuchten jedoch breitete sich schon wieder über die Landschaft aus, die ringsum zusehends an Kontur gewann.
Mit halbem Ohr lauschte ich dem gleichmäßigen Brummen des Zweizylinders und versuchte, irgendwelche Störgeräusche auszumachen. Doch der Cinquecento, der sich offenbar freute, wieder italienischen Boden unter den Reifen zu spüren, lief gleichmäßig wie ein Uhrwerk. In Ermangelung von Holz klopfte ich mir beschwörend auf den Kopf.
‚Lord of the starfields' kam mir in den Sinn, ein alter Bruce-Cockburn-Song, den ich früher häufig auf langen Fahrtstrecken aufgelegt hatte. Während die noch schemenhafte Landschaft an mir vorbeizog, summte ich leise die Melodie vor mich hin und bedauerte aufs Neue, keinen Kassettenrekorder statt des Kofferradios mitgenommen zu haben. Andererseits aber hätten wir dann vermutlich niemals Verkehrsberichte gehört und wären den Grenzern bei Chiasso prompt in die Falle gegangen.
Über mir hörte ich den Wind durch die Löcher in Pippos Sarg pfeifen und beschloss, bei nächster Gelegenheit eine Abdeckung dafür zu besorgen. Da die Tankleuchte schon wieder gelegentlich aufflackerte, sah ich mich nach einer Tankstelle um. Die letzte lag bereits eine ganze Weile zurück, aber da ich ein gutes Stück vorwärts kommen wollte, hatte ich sie übersprungen und hoffte nun inständig, dass es nicht gleichzeitig die Einzige auf dieser Autobahn sei.
Ein Anhänger tauchte vor mir auf, und ich überholte ihn, scheinbar in rasendem Tempo. In dem schummrigen Licht sah ich, dass er von einem Trecker gezogen wurde, der kaum Schritttempo fuhr. In der Ferne zeichnete sich scharf das Profil der Abruzzen gegen den klaren, dunklen Morgenhimmel ab, an dem nicht ein einziges Wölkchen auszumachen war. Der Tag

würde sicher wieder heiß und sonnig werden; ich hätte nie gedacht, dass ich solch ein Traumwetter einmal verfluchen könnte.
Endlich erblickte ich das ersehnte Tankstellen-Logo vor mir, und ich bog ab und fuhr, das mitten auf der Bahn stehende ‚Chiuso'-Schild ignorierend, an der Zapfsäule vor. Schließlich konnte man auch hier immer noch am Automaten tanken. Ich fischte einen der 50.000-Lire-Scheine aus dem Geldbeutel und steckte ihn in den dafür vorgesehenen Spalt. Der Automat zog ihn ein und spuckte ihn gleich darauf wieder aus.
Ich glättete den Schein und versuchte es erneut. Diesmal blieb er in dem Kasten, und ich nahm die Zapfpistole in die Hand und wartete. Nichts tat sich. Ich trat vor den Automaten und studierte die Digitalanzeige. ‚50.000 Lire' stand da, und darunter: ‚No benzina', so klein, dass man es leicht hätte übersehen können. Aber was bedeutete das? Wenn die Tankstelle momentan kein Benzin führte, weshalb nahm der Automat dann meine 50.000 Lire überhaupt an? Ich suchte nach der Geldausgabe-Taste und drückte sie - ohne Erfolg.
Als ich mit beiden Händen seitlich gegen das Gehäuse schlug, klappte die Beifahrertür des Cinquecentos auf.
„Was ist denn los?", fragte Steffi mit müder Stimme.
„Dieses verdammte Ding hier hat unser Geld geschluckt!"
Sie stieg aus und kam zu mir herüber.
„No benzina", las sie und gähnte. „Wieso steckst du Geld da rein, wenn's gar kein Benzin mehr gibt?"
„Weil ich das da erst jetzt gesehen habe!", erwiderte ich.
Steffi sah mich mit diesem ‚Ach-Nee'-Blick an, der mich in solchen Situationen regelmäßig in Rage brachte. Um mich abzureagieren, schlug ich nochmals gegen den Automaten und probierte alle Knöpfe durch. Vergebens, die Maschine rückte die Banknote nicht mehr raus. Steffi seufzte desinteressiert und trottete wieder zurück zum Wagen.
„Na toll!", schimpfte ich und versetzte dem Gerät noch einen Tritt. Auf dem Display der zweiten Zapfsäule fehlte der ‚No

benzina'-Vermerk, doch nutzte sie uns ebenso wenig wie die andere, denn sie enthielt lediglich Diesel.
Ich warf einen feindseligen Blick hinüber zu Steffi, die ihren Pulli zum Kissen gerollt und ungerührt wieder ihre Schlafposition eingenommen hatte, was mich nur noch wütender machte. Schließlich - was blieb mir übrig? - stieg auch ich wieder ein und fuhr wortlos zurück auf die Autobahn. Zum Glück flackerte die Tankanzeige nur gelegentlich auf, wir fuhren also noch nicht mit den letzten Tropfen; aber ich wusste auch, dass wir mit dem, was sich noch im Tank befand, keine zwanzig Kilometer weit kommen würden.
Wieder überholten wir den Trecker mit seinem Anhänger, der noch immer die Straße entlangzockelte. Die nächste Ausfahrt ist mein, dachte ich bei mir, die nächste Ausfahrt...

Die nächste Ausfahrt hieß ‚Cittareale', und obwohl sie nicht besonders vertrauenserweckend wirkte, nahm ich sie und schaffte uns von der Autobahn herunter. Die Tankleuchte brannte jetzt dauerhaft, ein schlechtes Zeichen.
„Was ist los?", fragte Steffi unnötigerweise.
„No benzina", brummte ich. Sie warf einen Blick auf das rote Lämpchen.
„Wie lange kann man noch fahren, wenn sie so leuchtet?"
„Ich weiß nicht", antwortete ich, „normalerweise tanke ich beim ersten Aufflackern."
Wir trafen auf eine Landstraße, und da weit und breit kein Hinweisschild zu entdecken war, bog ich aufs Geratewohl nach rechts ab. Ein Fehler, wie sich herausstellen sollte, denn die Straße wurde immer steiler und löchriger, und die kleinen 12-Zoll-Reifen mühten sich mit jeder Unebenheit ab.
Ich spürte, wie meine Nackenmuskeln langsam verkrampften, und nahm gerade wieder eine natürliche Sitzhaltung ein, als unsere Geschwindigkeit schlagartig nachließ und der Motor zu stottern begann. Mein rechter Fuß pumpte ins Leere, und ich konnte eben noch ins Lenkrad greifen und uns auf den

schmalen Schotterstreifen zwischen Fahrbahn und Straßengraben lenken, ehe wir vollends an Fahrt verloren und den Anstieg, auf dem wir uns gerade befanden, wieder zurückrollten.
Der Motor kam mit einem würgenden Geräusch zum Stillstand. Ich stieg aus und sah mich um. Die Gegend war felsig und schroff, aber hinter der nächsten Kurve gab es eine Art Parkbucht, von der aus man einen freien und unversperrten Blick ins Tal hatte. In einiger Entfernung führte die Autobahn vorbei, und unter uns entdeckte ich das Sträßchen, das wir entlang gekommen waren und das sich wie ein achtlos hingeworfenes Band durch die Landschaft hindurch und den Berg hinaufwand.
Außer den Scheinwerfern eines einzelnen Fahrzeugs auf der Autobahn konnte ich in der Umgebung nicht eine einzige Lichtquelle ausmachen. Vermutlich lagen die Dörfer ringsum versteckt in den Bergen und um diese frühe Stunde war keine Menschenseele auf den Beinen. Keine guten Voraussetzungen für jemanden, der unterwegs liegen geblieben ist.
„Und?“, fragte Steffi, als ich zum Wagen zurückkehrte. „Was machen wir jetzt?“
Ich zuckte die Schultern.
„Sieht so aus, als müsste einer von uns ‘ne Tankstelle suchen.“
„Alleine bleib ich hier aber nicht!“, meinte sie entsetzt.
„Wieso alleine? Pippo ist doch bei dir...-“
„Na eben!“
„Dann bist du halt diejenige, welche.“ Ich hielt ihr den leeren Benzinkanister entgegen. „Opa jedenfalls lasse ich nicht alleine.“
„Und wenn wir einfach hier warten, bis jemand vorbei kommt und uns mitnimmt?“, fragte sie hoffnungsvoll.
„Darauf würde ich mich nicht verlassen. Ich hab nirgendwo hier Lichter gesehen, und wenn schon der Autobahn-Verkehr derart mäßig fließt, wird hier auf der Landstraße nicht gerade der Bär steppen.“

Steffi maulte noch ein wenig herum, aber ich hatte keine Lust, mich darum zu kümmern. Der Gedanke, hier festzuhängen, behagte mir ebenso wenig wie ihr, und wenn ich an den Zeitverlust dachte, den wir bereits am Bein hatten und der sich allmählich immer mehr summierte, packte mich die blanke Wut. Andererseits blieb mir ja keine Wahl, und so zog ich schließlich los, den Kanister in der Hand, und hoffte inständig, auf ein Zeichen menschlichen Lebens in dieser gottverlassenen Gegend zu stoßen.

Die Ausläufer der Abruzzen nahmen sich hier, so nahe am Meer, noch relativ bescheiden aus, doch stieg die Straße immer steiler an und wand sich weiter oben in engen Haarnadelkurven den Berg hinauf. Schon bald klebte mir das T-Shirt auf der Haut, und meine Beine wurden bleischwer. Ich war weder an Wandern noch an Bergsteigen gewöhnt, und der Ärger über meine konditionellen Mängel gesellte sich alsbald zu meiner gesammelten Wut über nächtliche Polizeikontrollen, lächerlich kleine Benzintanks und die Unbill des Lebens, die mich dazu verdonnert hatten, meine Freundin bei meinem toten Großvater zurückzulassen, den außer uns niemand in seine Heimat überführen wollte.

Eine Ewigkeit später gelangte ich endlich auf dem Kamm des Gebirges an. Unter mir sah ich das Geschlängel der Straße und die dahinter liegende Ebene, durch die hindurch die Autobahn verlief. Die Stelle, an der Steffi und der Cinquecento standen, konnte ich dagegen nicht überblicken, da mir dichter Laubwald den Blick in diese Richtung versperrte.

Ich folgte der Straße und kam irgendwann nach Rocca San Rufo, das sich als ziemlich kleines Örtchen herausstellte. Auf den ersten Blick war mir bereits klar, dass ich hier nicht fündig werden würde, was Tankstellen im Allgemeinen und Benzin im Besonderen betraf. Als ich die ersten Häuser erreichte, überlegte ich, ob ich die armen Leute hier extra wecken sollte, um mir eine Abfuhr zu holen.

Noch mitten in meinen Gedanken, rannte ich beinahe eine alte

Frau um, die völlig unverhofft aus der Tür eines der Häuser trat, die unmittelbar entlang der Hauptstraße standen. Ich erschrak mindestens ebenso sehr wie sie und hielt ihr meinen Plastikkanister entgegen, als sei dieser der Beweis dafür, dass ich nichts Böses im Schilde führe.

„C'è una stazione di servizio?", fragte ich, als stelle dieser Satz die passende Einleitung zu einem Small Talk in dieser Situation dar. Die Frau sprach kein Wort, sondern schüttelte nur den Kopf. Ich war mir nicht sicher, ob dieses Kopfschütteln bedeuten sollte, dass sie keine Tankstelle kenne oder ob sie mich gar nicht erst verstand, und beschloss, es noch einmal zu versuchen.

„Benzin? Wir sind liegen geblieben. - Siamo fermati senza benzina", erklärte ich. Dann fiel mir auf, wie zusammenhanglos dies auf die alte Frau wirken musste, und ich wiederholte noch einmal:

„Gibt es hier eine Tankstelle?"

Sie schüttelte erneut den Kopf und gab mir endlich eine Antwort. Ihre Stimme war kehlig, klang aber nicht unfreundlich, und ich verstand sogar ein paar Brocken von all dem dialektgetränkten Italienisch, mit dem sie mich in ihr Haus einlud. Ich ergab mich in mein Schicksal und folgte ihr durch die niedrige Tür nach drinnen.

Dort saßen ein alter Mann - vermutlich ihr Gatte - und einige kleine Kinder an einem mit einer durchsichtigen Wachsdecke überzogenen Holztisch beim Frühstück; die Generation dazwischen fehlte.

Die alte Frau wies mich mit einer Handbewegung an, Platz zu nehmen, und erklärte der Runde, weshalb so ein junger Bursche wie ich in aller Herrgottsfrühe mit einem Benzinkanister spazieren gehe, woraufhin der Mann mir wohlwollend auf die Schulter klopfte und mir eine der Kekstüten hinhielt, aus denen sich alle ringsum bedienten. Mir war zu dieser Stunde weiß Gott nicht nach Frühstück zu Mute, doch wollte ich diese netten Leute auch nicht vor den Kopf stoßen und aß pflichtbewusst

von den winzigen Hörnchen, die in einem Korb in der Mitte des Tisches lagen, während mir das Bild von Steffi durch den Kopf ging, wie sie mutterseelenallein am Rande einer einsamen Landstraße stand und auf Pippo und den Wagen aufpasste.
Eine halbe Stunde später - es war inzwischen kurz vor sechs, wie die Wanduhr verriet- war das Frühstück endlich beendet. Der Mann nahm mich und mein Kanisterchen mit nach draußen und führte uns in die Scheune, die gleichzeitig auch als Garage für einen Trecker und ein dreirädriges *Ape* diente. Er fragte mich etwas, das ich nicht richtig verstand, doch als er mir einen 25-Liter-Kanister hinhielt und ich das Wort ‚Diesel' hörte, winkte ich ab. Schließlich fand sich aber auch noch ein völlig verrosteter Kanister mit Normalbenzin, und er legte ihn zusammen mit meinem eigenen auf die Pritsche des *Ape* und stieg ein.
Ich tat es ihm gleich und schwang mich durch die türlose Öffnung ins Innere des Dreirades. Der Zweitakter erwachte zum Leben, wir bogen auf die Straße ein und zuckelten gemächlich dem Berg entgegen.

Steffi staunte nicht schlecht, als wir neben ihr hielten. Wie ich später von ihr erfuhr, war in der ganzen Zeit nicht ein einziges Auto vorbeigekommen, was sie merklich nervös gemacht hatte. Während ich das Benzin mittels der zusammengerollten neuesten Ausgabe meiner geliebten *Oldtimer-Markt* in den Tank einflößte, unterhielten Steffi und der Alte sich mit Händen und Füßen über die Landschaft.
Er verabschiedete uns überschwänglich und zeigte dabei in die Richtung, aus der wir ursprünglich gekommen waren. Ich machte Anstalten, ihm sein Benzin zu bezahlen, doch er winkte ab und nahm mir stattdessen nur den leeren Kanister aus der Hand. Als ich ihn nach einer Tankstelle fragen wollte, meinte Steffi nur:
„Steig schon ein, er hat mir bereits alles genau erklärt!"
Ich wunderte mich ein wenig, leistete aber ihrer Anweisung

Folge und nahm wieder hinter dem Steuer Platz. Der alte Mann blieb neben seinem *Ape* stehen, bis das Orgeln unseres Anlassers endlich fruchtete und der kleine Motor zum Leben erwachte. Dann kletterte er wieder in sein Dreirad, wendete behutsam auf der schmalen Straße und fuhr nach Hause zurück, während wir die entgegengesetzte Richtung einschlugen.
Nach einer Weile kamen wir an der Stelle vorbei, an der wir die Autobahn verlassen hatten; keine zwei Kilometer weiter lag die nächste größere Ortschaft: Cittareale. Die Tankstelle, die der Mann Steffi genannt hatte, lag weiter oben am Berg in einer Parallelstraße und bestand aus zwei antiquierten Zapfsäulen - einer für Benzin, einer für Diesel - und einem Klappstuhl, der an einer von ihnen lehnte. Auf den vierlerorts obligatorischen Wellblech- oder Sperrholz-Verschlag hatte man gleich ganz verzichtet.
Ich stellte den Motor ab und ließ uns sanft die Einfahrt bis zu der Kette mit dem handgeschriebenen ‚Chiuso'-Schild ausrollen. Als wir ausstiegen, schien jedes Geräusch, das wir machten, laut in den Straßen wiederzuhallen. Außer uns war offenbar kein Mensch auf den Beinen, nur ein Hund lief in einiger Entfernung über die Straße und verschwand dann zwischen den Häusern. Vor acht oder neun Uhr würde vermutlich niemand hier aufkreuzen, um uns zu bedienen, wir hatten also eine Menge Zeit.
„Wie wär's mit Frühstück?“, fragte Steffi.
„Okay.“ Ich wagte nicht, ihr zu sagen, dass ich bereits pappsatt war, und sah stattdessen lieber noch einmal nach Pippo. Die Akkus waren schon jetzt nur noch lauwarm; wir benötigten so schnell wie möglich etwas zum Kühlen. Aber bis dahin würde Opa sich gedulden müssen.
Wir holten die Tüte mit den Einkäufen vom Vortag aus dem Wagen und setzten uns auf das knöchelhohe Mäuerchen, das entlang der Straße verlief. Während Steffi uns Brote schmierte, bereitete ich auf dem kleinen Gaskocher den Kaffee. Irgendwo ratterte der Dieselmotor eines Traktors, und ein reichlich

verspäteter Hahn verkündete allen im Ort, dass auch er jetzt wach sei. Welch eine Idylle!

„Augenblick! Aspetti un attimo!“, kam es munter von jenseits der Tür, und Michele wartete geduldig, bis aufgeschlossen wurde und die Tür sich öffnete.
Jakob Spang war bereits fix und fertig angezogen. Statt des Anzuges vom Vortag trug er ein Sporthemd, eine bequeme Sommerhose und Leinenschuhe. Der Anzug indes hing in einer Schutzhülle am Schrank.
„Haben Sie gut geschlafen?“, fragte Michele, der einen Moment brauchte, ehe er Rainer in dem abgedunkelten Zimmer entdeckte. Er saß auf der Bettkante und rieb sich die Augen.
„Danke, sehr gut sogar“, antwortete Jakob und folgte Micheles Blick. „Nun ja, zumindest, was mich betrifft.“
„Ich wollte Ihnen nur Bescheid geben, dass das Frühstück schon drüben in der Küche für Sie bereit steht.“
„Und Sie?“
„Ich muss leider jetzt weg. Aber ich komme später auf jeden Fall nochmal vorbei.“
„Öffnen Sie jetzt ihren Laden?“, wollte Jakob wissen. Michele rollte die Augen.
„Nicht, solange die Deutschen nicht kommen“, meinte er. „Und die paar Italiener, die jetzt hier sind, kaufen sowieso nicht vor neun oder halb zehn ein. Aber ich hab hier noch einen anderen Job.“ Er wandte sich zum Gehen. „Also, bis später dann!“
„Einen Moment noch!“ Jakob hielt ihn mit sanfter Gewalt am Arm zurück. Irritiert musterte Michele ihn, und er ließ sofort wieder los.
„Haben Sie’s nochmal unter der Telefonnummer probiert, die Luca Ihnen gegeben hat?“
„Ja, das habe ich“, sagte Michele und zog den Zettel aus der Hosentasche. „Immer das Gleiche. ‚Der gewünschte Teilnehmer ist zur Zeit nicht erreichbar’.“
„So ein Mist!“, fluchte Jakob und nahm den Zettel entgegen. Er

war derart in Gedanken, dass er überhaupt nicht mitbekam, dass Michele noch immer neben ihm stand, unschlüssig, ob er nun in seine Arbeit entlassen sei. Schließlich drehte er sich aber doch um und ging langsam davon.
„Danke auch!“, rief Jakob ihm nach.

16

Nach und nach erwachte Cittareale zum Leben. Überall wurden Fensterläden aufgeklappt und Rolläden hochgezogen, die Motorengeräusche in der Luft verdichteten sich, Autos fuhren vorbei, und hie und da erschienen die - zumeist älteren - Frauen des Ortes auf der Straße, die sich auf den Weg zum Bäcker machten. Steffi folgte einer von ihnen und kam kurz darauf mit einer Tüte voll duftend-frischer *dolci* zurück, die wir zum Nachtisch aßen.
„Ich wusste gar nicht, dass du so gut Italienisch kannst", sagte ich im Kauen. Gerade kam eine der Alten an uns vorbei und nickte Steffi grüßend zu, als würden sie sich schon ewig kennen. Sie ging auf mein Kompliment erst gar nicht ein, sondern meinte lakonisch:
„Um neun kommt der Tankwart."
„Was?"
„Um neun kommt der Tankwart", wiederholte sie und kaute mit geschlossenen Augen auf ihrem *dolce* herum.
„Mmh... - Sind wirklich gut, nicht?"
„Aber wie spät es jetzt gerade ist, weißt du nicht zufällig auch noch?", bohrte ich nach.
„Viertel nach sieben", meinte sie, „na ja, mittlerweile könnte es auch halb acht sein."
Da mir darauf keine passende Folgefrage mehr einfiel, hielt ich meinen Mund. Der Gargano, so viel stand bereits fest, war auf Grund der zu großen Entfernung für uns gestorben.

„Und?" Rainer hatte noch immer Mühe damit, seine Augen offen zu halten. Eine große Tasse schwarzen Kaffees hätte ihm die Sache möglicherweise erleichtert, aber Michele hatte ihnen lediglich ein lächerlich kleines Espresso-Kännchen dagelassen, dessen Inhalt gerade mal für ein halbes Tässchen ausreichte.

Nun stand es vor ihm auf dem Tisch, während er darauf wartete, dass es weit genug abkühlte, um erneut Kaffee aufzustellen.
„Nichts“, sagte Jakob und setzte sich zu ihm.
„Bestimmt haben sie ihren Akku nicht aufgeladen. Ich meine, wenn sie irgendwo campieren, haben sie doch sicher keine Steckdose in Reichweite. Zumindest keine eigene.“
„Möglich“, räumte Jakob ein und nahm sich eines der frischen Brötchen, die Michele aus dem Laden heraufgebracht hatte. Er versuchte sich vorzustellen, wo Luca und Steffi sich im Moment wohl gerade befinden mochten.
„Was machen wir jetzt?“, fragte Rainer, der es nicht mehr aushielt und die noch immer heiße, silberfarbene Kanne auseinanderschraubte. Das dampfende Kaffeepulver beförderte er in den Mülleimer und füllte frisches nach.
„Wir müssen versuchen, sie irgendwie einzuholen“, meinte Jakob.
„Einholen? Wie denn? Und wo?“ Man merkte Rainer an, dass er stattdessen viel lieber den Rückweg angetreten hätte.
„Das sehen wir, wenn's soweit ist.“ Jakob bestrich das Brötchen mit salziger Butter und schnitt eine Tomate dazu auf. „Vorerst müssen wir zusehen, dass wir hier wegkommen. Und wenn wir sie vor Lecce nicht mehr einholen sollten, bleibt nur zu hoffen, dass sie es ohne Komplikationen schaffen. Dann sind wir aber wenigstens rechtzeitig zur Beerdigung dort.“
„Wann ist denn diese Beerdigung eigentlich?“, hakte Rainer nach, plötzlich hellhörig geworden.
„Übermorgen.“
„Pff!“ Rainers Stöhnen ging in dem Gluckern des Espresso-Kännchens unter.

Der Tankwart, ein freundlicher Mann von etwa sechzig Jahren, machte ganz den Eindruck, als sei er kulinarischen Genüssen nicht abgeneigt. Voller Stolz trug er ein kugelrundes Bäuchlein vor sich her, das ihm in Verbindung mit seinem an der Stirn

zusammenlaufenden Haarkranz das Aussehen eines Mönches verlieh. Ausnahmsweise kannte er nichts und niemanden in Deutschland und war auch nicht im Krieg gewesen; dafür ließ er sich ausgiebig über die Österreicher aus, die er aus irgendeinem Grund nicht ausstehen konnte.
„Haben einen gräßlichen Akzent, die“, bemerkte er. Über seine Schulter hinweg sah ich Steffi zu, die ihre Schuhe ausgezogen hatte und einem kleinen Mädchen ein paar Tricks mit ihren Füßen vorführte.
„Ja, ja“, meinte ich geistesabwesend.
„Und dieser Haider...!“ So, wie er es aussprach, klang es wie ‚Eiter', was ich eigentlich als recht passend empfand. Angewidert verzog er das Gesicht und winkte ab, was wohl so viel heißen sollte wie: Dazu wurde bereits alles gesagt.
„Waren Sie schon einmal in Österreich?“, fragte der Tankwart, um, ohne eine Antwort abzuwarten, fortzufahren: „Ich war mit meiner Frau dort - drei Mal! Die Ober: unfreundlich. Das Essen: miserabel. Und Wien: unglaublich teuer. - Und jedes Mal hat es geregnet!“
„Das tut mir Leid“, erwiderte ich. Mittlerweile saßen bereits drei Kinder um Steffi herum und verfolgten aufmerksam ihre Kunststückchen. Während der Mönch mit der Zapfpistole seine Ansichten über Österreich weiter ausführte, scharten sich im Hintergrund immer mehr Menschen um Steffi, die ich irgendwann vor Zuschauern nicht mehr ausmachen konnte. Nur die auf- und niederfliegenden Steinchen verrieten ihre Position.
„Wo haben Sie so gut Italienisch gelernt?“, fragte mich der Tankwart mit einem schrägen Seitenblick.
„Wie bitte?“
„Sie sprechen gut Italienisch. Wo haben Sie es gelernt?“
„Ich *bin* Italiener“, antwortete ich.
„Ach, wirklich?“, meinte er erstaunt. Ich fragte mich, ob er mich auf den Arm nehmen wollte, und staunte über die Zeit, die es dauerte, den 15-Liter-Tank zu füllen. Zum ersten Mal auf der Fahrt war ich froh, kein größeres Auto genommen zu haben.

„Die Zapfsäule ist defekt", sagte der Tankwart. „Schneller geht's leider nicht." Er folgte meinem Blick zu der Menschenansammlung hinüber.
„Ihre Freundin ist wirklich begabt", bemerkte er.
„Ja, ja", meinte ich mit einem missmutigen Blick auf die Zapfsäule.
Ich bahnte mir einen Weg durch die mit Einkaufstüten behängte Bevölkerung von Cittareale und sah Steffi und dem kleinen Mädchen zu, bis deren synchrones Jonglierstück zu Ende war. Alle Umstehenden klatschten Beifall, dann löste sich die Versammlung nach und nach auf, und ich konnte Steffi endlich loseisen. Sie winkte dem Mädchen nach und schien sehr glücklich zu sein.

„Sag mal, wie wär's, wenn wir den Leuten, die uns das Benzin gegeben haben, etwas schenken?", fragte sie, als wir wieder im Auto saßen.
„Etwas schenken? Was denn, zum Beispiel? Und woher nehmen, vor allen Dingen? Hier gibt's doch kaum Geschäfte!"
„Ich weiß nicht. Ein paar Blumen vielleicht... - Einen Blumenladen wird's doch geben! Oder ein paar Tafeln von unserer Schokolade. Du hast doch gesagt, dass es in Italien nicht viel Süßes zu kaufen gibt."
„Im Süden vielleicht...-", begann ich zögernd.
„Ist doch egal, soll doch nur 'ne kleine Aufmerksamkeit sein. Und wenn wir unterwegs einen Blumenladen sehen, kaufen wir eben noch ein kleines Sträußchen dazu oder so."
Ein kleines Sträußchen?, dachte ich zweifelnd. Aber da ich keinen Gegenvorschlag parat hatte, fuhren wir erneut an der Autobahnauffahrt vorbei und über den Berg hinweg nach Rocca San Rufo, um der noch immer vollständig versammelten Familie - wenn man von der fehlenden Generation absah - unsere Gastgeschenke in Form von vier zerdrückten Tafeln Vollmilch-Nuss-Schokolade zu überreichen. Ich kam mir vor wie ein Entwicklungshelfer.

Die alten Leute musterten Steffi wohlwollend, als stelle ich ihnen ihre zukünftige Schwiegertochter vor, und sie boten uns an, auf einem ihrer Felder in der Nähe zu campieren, wobei sie nicht vergaßen, das Bächlein zu erwähnen, das mitten hindurch fließe und das sich prima zur kleinen Katzenwäsche eigne. Wir lehnten dankend ab und machten, dass wir Land gewannen. Inzwischen war es heller Tag, und Pippo hatte ein wenig Eis bitter nötig.

„Wo im Gargano?“, hakte Jakob nach.
„Keine Ahnung“, meinte Michele, „Ich habe ihnen zwei Adressen von Campingplätzen besorgt“, er griff hinter sich und holte aus einem Regal zwei Prospekte, „aber ich könnte mir denken, dass sie es auf eigene Faust versuchen werden. - Haben Sie sie immer noch nicht erreicht?“
Jakob schüttelte den Kopf.
„Giovanna hat mich eben zurückgerufen. Sie hat mit Steffis Vater gesprochen, und der war sich nicht sicher, ob ihr Handy überhaupt fürs Auslandsnetz freigeschaltet ist.“
„Das heißt also, dass wir keine Möglichkeit haben, die beiden zu erreichen?“ Es war mehr eine Feststellung als eine Frage.
„Wir werden sehen“, sagte Jakob. „Zunächst einmal werden wir ihnen folgen und auf gut Glück versuchen, sie einzuholen. Ich melde mich auf jeden Fall von unterwegs. Irgendwann dürfte Luca oder Steffi ja mal auffallen, dass ihr Handy nicht funktioniert, und dann werden sie hoffentlich so clever sein, zu Hause oder hier anzurufen.“
„Schön.“ Michele nickte.
„Sie haben eben erwähnt, dass die beiden das mit den Campingplätzen auf eigene Faust versuchen werden“, mischte Rainer sich ein. „Warum?“
„Weil die Plätze bei Mattinata liegen und weil sie bestimmt nicht noch einen Umweg von dreißig Kilometern in Kauf nehmen, wenn sie Manfredonia erst mal erreicht haben. Und ich wäre mir auch nicht so sicher, ob sie überhaupt dorthin fahren.“

„Und wieso nicht?“
„Weil das viel zu kompliziert für sie wäre. Ich zeigs Ihnen.“ Michele kramte in dem Schreibtisch nach der Italien-Karte und breitete diese auf dem Schreibtisch des kleinen Büros aus.
„Sie wollten eigentlich überwiegend Landstraßen nehmen. Aber früher oder später müssen sie doch auf die Autobahn rauf, dann kommen sie zwangsläufig hier entlang“, er fuhr die Strecke mit dem Finger nach, „und bei Foggia müssten sie in Richtung Gargano abbiegen. Bis Manfredonia sind’s garantiert hundert Kilometer, das würde sie mit seinem Auto alleine schon gut anderthalb Stunden kosten. Ich glaube nicht, dass Luca diese Strecke nehmen wird.“
„Sondern?“, fragte Jakob, der genauso über die Sache dachte.
„Wenn Sie mich fragen, dann campen die irgendwo wild im Landesinneren. Der Gargano ist bergig, und mit dem Cinquecento ist das bestimmt kein Vergnügen. Ich denke, die schlagen irgendwo in der Nähe der Autobahn ihr Zelt auf, um morgen möglichst früh nach Lecce aufbrechen zu können.“
„Hm.“ Jakob studierte die Karte lange. „Aber eines ist mir dabei noch nicht ganz klar.“
„Was denn?“
Jakob sah Michele ernst an.
„Wie wollen sie Pippo kühlen?“

Wir folgten der Autobahn, die einen Bogen um Pescara machte, über Chieti und weiter nach Vasto. Der Verkehr wurde dichter, und da ich nicht erwarten durfte, die Lösung für unsere Probleme hier auf der Schnellstraße zu finden, nahm ich die erstbeste Ausfahrt und setzte uns auf die Küstenstraße.
Die ganze Zeit über dachte ich darüber nach, wie und wo wir Opa bei der Hitze, die weiter anstieg, kühlen sollten. Kurz vor Términoli brachte mich ein handgemaltes Schild schließlich auf die rettende Idee. ‚Surf- und Tauchschule, Bootsverleih & Fischereibedarf’ stand da, und darunter, etwas kleiner: ‚Camping Villaggio Rio Vivo’. Ein Wink des Schicksals.

Da Pippos Kühlung absoluten Vorrang hatte, verschob ich die Suche nach dem Campingplatz und den damit verbundenen Zeltaufbau auf später und fuhr nach einer kurzen Lagebesprechung mit Steffi gleich weiter zum Bootsverleih. Er befand sich unweit des Hafens von Térmoli in einer nahe gelegenen, felsigen Bucht, die man mit einem betonierten Kai zum Meer hin abgeschottet hatte. An seiner Landseite waren ein gutes Dutzend bunt gestrichener Motor- und Ruderboote fest gemacht, und eine Anzahl Surfbretter lehnte an der Kaimauer.
Wir parkten den Wagen neben einem mächtigen Pick-Up und erkundigten uns in der kleinen Baracke, die als Büro fungierte, nach einem Boot und zwei Taucheranzügen. Der Verleiher wirkte nicht allzu helle und zuckte mit keiner Wimper, als ich das Gewünschte nannte; sein Angebot für einen Tauchkurs oder Sauerstoffflaschen lehnten wir mit der Begründung ab, wir wollten nur ein wenig schnorcheln. Ich ließ ihm meinen Pass als Pfand für das Boot da und stellte eine Kaution für die Anzüge, die wir später abholen wollten.
„Upsken", buchstabierte der Mann laut meinen Namen, während sein Blick ruhelos zwischen meinem Pass und dem Formular hin- und herging. Für einen Moment lang war ich versucht, ihn zu korrigieren, überlegte es mir jedoch anders.
„Si, si - Luca Upsken."
Da wir schon mal da waren, beschlossen wir, uns bei der Gelegenheit auch gleich auf die Suche nach einer einsamen Bucht zu machen.
Das Boot verfügte über einen kleinen Kawasaki-Außenbordmotor und ein einzelnes Paddel; obwohl ich früher schon einmal ein Motorboot gefahren hatte, hielt es der Verleiher offenbar für seine Pflicht, uns in die Bedienung des Außenborders zu unterweisen. Steffi nickte höflich zu seinen Erläuterungen, und endlich ließ der Mann uns losfahren.

„Darf ich Sie was fragen?"
Jakob sah überrascht von der Straßenkarte auf.

„Natürlich“, sagte er.
Rainer räusperte sich.
„Sie haben mir doch erzählt, dass dieser Pippo und Sie... - na ja, dass Sie gute Freunde waren?“
„Die besten“, nickte Jakob.
„Na ja, ich habe mich gefragt, weshalb Sie...-“ Er zögerte.
„Ja?“
„Nun, weshalb Sie sich seit über vierzig Jahren nicht mehr gesehen haben.“
Rainer, der sich aufs Fahren konzentrierte, entging die Reaktion auf Jakobs Gesicht angesichts dieser Frage, doch fiel ihm auf, dass sein Beifahrer eine ganze Weile dazu schwieg, ehe er endlich antwortete:
„Das ist gar nicht so einfach zu erklären.“ Seine Stimme war belegt, und auch er räusperte sich.
„Wir hatten da ein paar Meinungsverschiedenheiten. Pippo wollte sich beruflich verändern, ich wollte, dass er bleibt. Dazu hie und da ein Missverständnis, und schon hängt man mitten drin im Streit. Da kommt schnell eins zum anderen, und ehe man sich's versieht, geht man sich aus dem Weg und hat sich irgendwann aus den Augen verloren.“
„Aber solche Missverständnisse kann man doch auch wieder ausräumen, oder?“, fragte Rainer, der Jakobs Antwort als ein bisschen zu allgemein empfand. Er konnte sich jedenfalls nicht vorstellen, welche Vorfälle oder - wie Jakob es nannte – ‚Missverständnisse' einen Menschen dazu bewegen konnten, jeglichen Kontakt zu seinem besten Freund abzubrechen. Als er jedoch den strafenden Blick seines Beifahrers auffing, bereute er es sofort, nachgehakt zu haben, ohne indes zu wissen, warum.
„Du kannst das als Außenstehender vielleicht schlecht beurteilen“, meinte Jakob milde, doch Rainer spürte, dass der Ton in seiner Stimme bemüht klang. „Manchmal ist das nicht so einfach, wie man denkt.“

Nach einigem Suchen hatten wir gefunden, was wir suchten. Die Bucht lag etwa zwei Kilometer zurück in Richtung Vasto und war von steilen Felswänden umstellt, die sich fast ringförmig um eine Art Lagune schlossen: Das ideale Versteck für einen toten Großvater.

Zufrieden tuckerten wir wieder die Küste entlang dem Hafen von Térmoli entgegen. Ein gutes Stück vor der Bucht mit dem Bootsverleih und außerhalb von dessen Sichtweite machten wir eine Stelle aus, an der wir anlegen und Pippo an Bord nehmen konnten. Wir steuerten ans Ufer und gingen an Land; der Fels lief hier in einzelnen Terrassen den Hang hinauf, und der Aufstieg gestaltete sich relativ einfach.

Weiter oben stießen wir auf Brachland und wilde Macchia. Vereinzelt fand sich das eine oder andere dürre Bäumchen; das Grundstück wurde ganz offensichtlich nicht bewirtschaftet. Zur Straße hin versperrten uns ein halbhohes Mäuerchen und ein grobes, hölzernes Tor den Weg. Es war mit einer rostigen Stahlkette gesichert, ließ sich aber auf der anderen Seite leicht aus den Angeln heben.

Wir traten hinaus auf die Straße und prägten uns die Stelle ein, ehe wir zum Boot zurück gingen. Zehn Minuten später liefen wir wieder beim Bootsverleih ein und machten vor der Baracke fest. Ich sagte Bescheid, dass wir in einer halben Stunde wieder starten würden und dann die Taucheranzüge benötigten.

Mit dem Wagen ging es die Hauptstraße entlang zurück bis zu der Stelle mit dem Holztor. Während ich es zur Seite schob, manövrierte Steffi den Fiat durch die dichte Macchia hindurch so nahe wie möglich an die Klippen heran.

„Ich fasse ihn aber nicht an“, meinte sie, als ich das Vorhängeschloss des Jetbags öffnete.

„Brauchst du wahrscheinlich auch nicht“, antwortete ich, „es sei denn, es geht gar nicht anders.“

Sie widersprach nicht, was ich als Zeichen dafür aufnahm, dass sie gegebenenfalls das Notwendige über ihre Gefühle stellen und mit anpacken würde.

Ich ließ Pippo mit Hilfe des Hanfseiles aus dem Jetbag und die Motorhaube herunter. Sein Körper war noch kühl von der Erinnerung an eisige Akkus, doch würde er bald Temperatur und Aussehen zu seinen Ungunsten verändern, wenn wir ihn nicht schleunigst aus der Sonne schafften. Leider war das Seil nicht lang genug, um ihn von hier oben aus bis ins Boot abzulassen, also würde ich ihn auf den Rücken nehmen und vorsichtig die Terrassen hinunter tragen müssen.
Wir legten Pippo hinter einen der wenigen größeren Büsche, stiegen in den Wagen und verließen das Grundstück wieder.
„Glaubst du wirklich, dass das mit den beiden Taucheranzügen klappt?“, fragte Steffi.
„Wieso nicht?“
„Hast du mal einen angehabt? Die Dinger sind wie eine zweite Haut!“
„Na ja, falls es nicht funktionieren sollte, könnten wir es mit ‘ner Plastiktüte oder so versuchen“, schlug ich vor.
„Du willst ihm eine Tüte über den Kopf ziehen?“ Steffi verzog das Gesicht. „Ist ja eklig!“
„Hast du ‘ne bessere Idee?“ Ich musste mir allerdings eingestehen, dass mir der Gedanke an diese Lösung auch nicht besonders gefiel. „Ansonsten bleibt nämlich nur noch die Kapuze von deiner Regenjacke.“
„O nein - nicht meine Jacke!“
„Tja... dann eben doch die Plastiktüte“, sagte ich gelassen.
Den Rest der Fahrt über schwieg sie sich aus und ließ mich ihre geballte Missachtung spüren. Ich parkte den Wagen und begann damit, in unseren Taschen nach einer Tüte zu suchen.
„Also schön“, meinte sie endlich und knöpfte die Kapuze von ihrer Jacke ab.
Der Bootsverleiher hatte bereits Neopren-Anzüge in verschiedenen Größen zurechtgelegt. Abermals versuchte er, uns einen ‚richtigen’ Tauchkurs schmackhaft zu machen, und um die Dinge nicht unnötig zu komplizieren, versprach ich ihm, gegen Abend vorbeizukommen, um mir von seinem

Tauchlehrer ein Sonderangebot machen zu lassen. Als ich nach dem Anzug mit der Größe ‚XXL' griff, musterte er mich kritisch.
„Der ist viel zu groß für Sie."
„Das lassen Sie mal meine Sorge sein!", wies ich ihn zurecht, und schließlich zog er grußlos mit den restlichen Anzügen ab.
Zum Glück fanden wir die Stelle auf Anhieb wieder, auf deren Höhe Opa in den Büschen lag. Es war nicht einfach, ihn in den ersten Taucheranzug zu stecken. Wir mussten ihn dazu fast aller Kleider entledigen, obwohl er zu Lebzeiten bestenfalls Konfektionsgröße ‚M' getragen hatte. Die ganze Aktion dauerte eine halbe Ewigkeit, und ich war froh, dass wir bereits beschlossen hatten, es nicht auch noch mit dem zweiten Anzug zu versuchen.
„Muss das denn sein?", fragte Steffi zweifelnd in dem Versuch, ihre Kapuze zu verteidigen.
„Es muss. Ich will nicht, dass seinem Gesicht was zustößt."
„Seinem Gesicht? - Wieso?"
„Mein Gott, es gibt Fische, die knabbern ein bisschen hier, ein bisschen da...-"
„Du siehst zu viele Filme!", meinte sie. „Aber wie wäre es denn, wenn wir versuchen würden, ihm nur die Kapuze des zweiten Anzugs überzuziehen?"
Zweifelnd betrachtete ich mir das Teil.
„Käme auf einen Versuch an."
Ich nahm ihr den Neopren-Anzug aus der Hand und stülpte die Kapuze über Pippos Gesicht. Sie passte überraschend gut, und ich verknotete die Ärmel hinter seinem Hals. Zuguterletzt zog ich die Kapuze des großen Anzugs über diejenige, die das Gesicht verdeckte, und legte meinem Opa den Gürtel mit den Karabinerhaken an, der uns das Abseilen erleichtern würde.
„Armer Pippo!", meinte Steffi hinter mir. Sie befestigte eben wieder die Kapuze an ihrer Regenjacke.
„Ist nur zu seinem Besten", bemerkte ich knapp, denn auch ich empfand es nicht gerade als Wonne, so mit ihm umzugehen.

Nachdem wir ihn ins Boot verfrachtet hatten, redeten Steffi und ich kein Wort mehr miteinander, während wir der Bucht entgegenschipperten. Die Sonne hatte nun beinahe ihren höchsten Stand erreicht, doch das Meer schien davon völlig unbeeindruckt zu sein und gab sich undurchsichtig und tiefblau wie Tinte.

Als wir um die letzten Felsen bogen, blieb uns beiden vor Schreck das Herz stehen. Im Wasser der kleinen, schattigen Bucht tummelten sich eine Handvoll Halbwüchsiger; Handtücher klebten wie bunte Briefmarken auf den Felsen ringsum, von deren Spitzen andere Kinder in die Fluten sprangen. Wir hatten uns ausgerechnet deren Lieblings-Badebucht ausgesucht, um Pippo zwischenzulagern!

Da nicht damit zu rechnen war, dass wir eine für beide Seiten akzeptable Lösung finden würden, lenkte ich uns weiter aufs Meer hinaus und folgte weiterhin der Küstenlinie in der Hoffnung, eine andere für unsere Zwecke geeignete Stelle zu finden.

Diesmal hatten wir Glück. Etwa anderthalb Kilometer weiter entdeckte ich eine Ausspülung im Felsgestein, die sich als eine kleine Grotte herausstellte. Von außen war wenig zu erkennen, doch da ich für alle Fälle die Taschenlampe sowie die Arbeitsleuchte aus dem Cinquecento mitgenommen hatte, wagten wir es, mit dem Boot hineinzufahren, wozu ich allerdings sicherheitshalber den Motor einzog und das Paddel benutzte.

Die Grotte war wirklich klein, und wir mussten die Köpfe einziehen, um uns nicht an dem Fels zu stoßen. Innen roch es modrig, doch entschädigte uns der Anblick reichlich dafür: Über unseren Häuptern wölbte sich die Decke hier gute zwölf Meter nach oben, und wunderschöne Stalagtiten wuchsen uns von ihr entgegen. Bei etwas mehr Beleuchtung hätte man es märchenhaft nennen können.

„Perfekt“, sagte ich und ignorierte Steffis ängstlichen

Gesichtsausdruck; meine Stimme hallte in dem Gewölbe wider. Das untere Ende der Grotte hatte das Wasser glatt geschliffen und an einer Stelle sogar eine kleine, felsige Plattform geschaffen. Ich paddelte uns hinüber und stieg aus dem Boot.
„Was machst du da?“, kreischte Steffi.
„Keine Panik“, sagte ich, „ich sehe mich nur mal um, wo wir die Seile am besten befestigen, damit Pippo uns nicht davonschwimmt. Nimm die Lampe, ich bin gleich zurück!“
Ich drückte ihr die große Arbeitsleuchte in die Hand und machte mich selbst mit der Taschenlampe auf die Suche. Gelegenheiten zum Verzurren der Seile fanden sich reichlich. Das Tropfgestein wurde dichter, und schon nach wenigen Metern war mir der Durchgang versperrt.
Ein Loch in der Felswand über mir erregte meine Aufmerksamkeit, und ich stieg vorsichtig hinauf, um einen Blick hineinzuwerfen. Sein Durchmesser betrug kaum mehr als achtzig oder neunzig Zentimeter, und dahinter wand sich eine Art Tunnel ins Innere des Gesteins hinein.
Nun wurde ich richtig neugierig. Der Eingang befand sich in Scheitelhöhe, und ich stemmte mich an dem feuchten Fels nach oben und schlüpfte kopfüber hinein. Ich sollte Steffi Bescheid sagen!, schoss es mir in diesem Moment durch den Kopf, und ich erwog, umgehend den Rückzug anzutreten. Unschlüssig leuchtete ich den engen und kühlen Tunnel entlang, begann dann aber schließlich doch, vorwärts zu rutschen.
Ich dachte eben, dass dies ein wunderbarer Platz für Pippo sein würde, als ich das Loch über mir bemerkte. Es war gerade groß genug, um hindurch zu klettern, und es lag keine drei Meter von dem unteren Eingang entfernt.
Vorsichtig steckte ich meine Arme durch die Öffnung und stemmte mich nach oben. Der Kegel meiner Taschenlampe griff ins Leere und wurde erst ein gutes Stück weit entfernt reflektiert. Vor mir breitete sich eine Tropfsteinhöhle aus, deren Durchmesser ich in dem schwachen Licht auf etwa zehn mal zwanzig Meter schätzte. Etwas benommen und verwirrt

dämmerte mir, dass ich soeben eine echte Entdeckung gemacht hatte, und dann, dass Steffi noch immer auf meine Rückkehr wartete.
Während ich den Tunnel zur Grotte zurückrobbte, überwog jedoch der Stolz mein schlechtes Gewissen, was sich erst durch Steffis verzweifelt klingendes Rufen änderte. Endlich rutschte ich durch den Ausgang und eilte der mir so vertrauten Stimme entgegen, die meinen Namen rief.

„Und einen Mojito?"
Rainer schüttelte den Kopf.
„Wo kommt der her?", wollte er wissen.
„Kuba."
„Kuba? Moment mal, von da hab ich auch schon mal was getrunken! Kommt da nicht der Caipirinha her?"
„Keine Ahnung", meinte Jakob.
„Waren Sie mal in Kuba?"
„Auf Kuba", verbesserte Jakob, was Rainer ärgerte. „Zwei Mal, aber das ist lange her. Ich glaube, '75 zum letzten Mal. Aber ich kenne in Frankfurt einen kubanischen Barmixer, der die tollsten Drinks macht. Früher war ich oft dort."
„Und heute?"
Jakob klopfte sich auf die Brust und seufzte.
„Darf ich nichts mehr trinken. Das heißt, *eigentlich* darf ich nichts mehr trinken."
„ - - - ?" Rainer warf ihm einen fragenden Blick zu.
„Ich beschränke mich aufs Nötigste", erklärte Jakob. „Fahr da vorne mal ab!"
Eben passierten sie ein Straßenschild, auf dem die nächste Ausfahrt angekündigt wurde: ‚Vasto 1000 m'.

Sie saß noch immer in dem Boot, das in der schwachen Strömung jedoch in die Mitte der Grotte getrieben war, und ihre Lampe schwenkte unkontrolliert über die Decke hinweg, während sie abwechselnd zu paddeln und zu leuchten

versuchte. Als ich ihr verängstigtes Gesicht sah, war mein schlechtes Gewissen sofort wieder präsent.
„Luca! Na endlich! – Hast du mich denn nicht gehört?“
„Ja doch, ich bin ja da!“, versuchte ich zu beruhigen. „Komm hier rüber! Ich leuchte dir.“
„Wo *warst* du denn?“, schrie sie. Nun, da sie beide Hände frei hatte, nahm sie das Paddel und ruderte mir das schlingernde Boot entgegen.
„Gut so!“, lobte ich. „Wirf mir die Leine her, ich ziehe dich ran!“
Ich vertäute die grobe Bootsleine an dem Tropfgestein und half ihr beim Aussteigen, wobei ich ihren gleichermaßen erschrockenen wie zornigen Blick auffing.
„Wo warst du?“, wiederholte sie fauchend und schob mich von sich weg. „Lässt mich einfach in einem Boot mit deinem toten Opa sitzen! Ich hatte ‘ne Heidenangst!“
„Tut mir Leid...-“, begann ich.
„In dieser sch...-eiskalten Grotte...!“, fuhr sie fort, und ich wartete, ob noch mehr käme.
„Weißt du eigentlich, wie kalt so eine Höhle werden kann, wenn man mit nichts als ‘nem Toten in einem Boot sitzt?“
„Na, komm“, sagte ich und nahm sie vorsichtig in den Arm, „so lange war ich ja nun auch wieder nicht weg!“
„Mir hat’s gereicht!“, meinte Steffi, schon etwas weniger wütend. Letzten Endes war sie offenbar doch froh, mich zu sehen.
„Dafür hab ich aber auch eine Überraschung für dich!“ Ich führte sie durch das Tropfstein-Labyrinth hindurch bis zu dem Loch in der Wand.
„Was ist das?“
„Das“, hob ich stolz an, beschloss dann aber, es ihr noch nicht zu verraten, „das wirst du schon sehen.“
Sie sah mich unschlüssig an, und da es in dem engen Tunnel keine Möglichkeit gab, sich umzudrehen, stemmte ich sie hinauf und ließ sie vorkriechen. Ich leuchtete ihr voraus, so gut

es ging, doch sie hatte viel mehr mit der Angst zu kämpfen als ich wenige Minuten zuvor.
„Sei tapfer“, rief ich ihr zu, „es lohnt sich!“ Sie befand sich jetzt genau unter dem Zugang zur Tropfsteinhöhle, und ich lenkte den Strahl der Taschenlampe darauf.
„So, jetzt die Arme ausstrecken und durchgreifen! Du musst dich hochziehen!“
„Au!“, hörte ich sie vor mir, aber schließlich kam sie doch noch durch das Loch, und ich folgte ihr.
„Na, was sagst du? Ist das nun ‚wow‘ oder nicht?“
„Wow!“, meinte Steffi andächtig und ließ den Strahl der Arbeitsleuchte über die Tropfsteine wandern. „Das ist echt ‚wow‘!“
„Fein.“ Ich war zufrieden. „Dann holen wir jetzt Pippo.“

Selbstverständlich hätten wir Opa auch direkt in dem Durchgang zwischen der kleinen Grotte und der Höhle lassen können, doch erschien mir die Gefahr zu groß, dass er dort durch Zufall gefunden werden könnte. Nein, die Höhle würde ein besseres Versteck darstellen - und ein originelleres sowieso.
Da er einigermaßen stoßsicher verpackt war, schleifte ich ihn bis zu der Stelle mit dem Loch in der Wand und lehnte ihn dagegen. Ich stieg über ihn hinweg und kroch in die Öffnung hinein, packte die Seile, die sich straff über dem glitschigen Gestein spannten, und zog Pippo mit aller Kraft hinauf. Steffi, die Taschenlampe zwischen die Zähne geklemmt, schob zu meiner Verwunderung am Fußende nach und schaffte es irgendwie, sich hoch zu stemmen und hinter ihm in den Tunnel zu krabbeln.
Halb ziehend, halb schiebend ging es durch die enge Röhre hindurch. Zum Glück erleichterte der feuchte Steinboden das Vorankommen; ich leuchtete mit der großen Arbeitslampe den Tunnel aus und legte sie dann in Reichweite ab, um Opa zu mir heranzuziehen, wobei die Lampe mir mehr als einmal wieder entgegengerutscht kam.

„Können wir ihn nicht gleich hier lassen?“, stöhnte Steffi von weiter unten.
„Und was wird dann aus mir?“, erlaubte ich mir anzumerken.
Für einen Moment war es still, dann antwortete sie:
„Du leistest ihm Gesellschaft, und ich hol euch morgen früh wieder ab! - Lies ihm was vor, das wird ihn beruhigen.“
Meine Finger ertasteten den oberen Rand des Tunneleingangs, und mit einem letzten Ruck zog ich Pippo ins Innere der Höhle.
„Au!“, rief Steffi, der die Arbeitslampe auf den Kopf gefallen war.
„Sorry, hat sich selbständig gemacht!“ Ich reichte ihr meine Hand und half ihr durch die Öffnung hinauf. Während ich Opa in seinem Neoprenanzug über den felsigen Boden zerrte, zauberte sie mit den Lichtkegeln der beiden Lampen Muster auf die glitzernden, orgelpfeifenförmigen Felsen.
„Wow!“
„Ja, ja, wow“, unterbrach ich desinteressiert ihr Schwelgen. „Leuchte mir lieber mal her, damit Pippo nicht in einen Schacht oder so was fällt!“

„Na, ist das nichts?“ Jakob lehnte sich im Schatten des Sonnenschirms zufrieden zurück und lauschte mit geschlossenen Augen den Geräuschen um sich herum.
„Müssten wir nicht weiter?“, fragte Rainer, den das geschäftige Treiben ringsum auf der Piazza nervös machte.
Jakob sah auf und lächelte.
„Sei doch nicht so steif! Du hörst dich ja an wie dein eigener Vater.“
Mit säuerlicher Miene nippte Rainer an dem rötlichen Analcolico. Er schmeckte irgendwie metallisch und sehr süß.
„Eine Pause muss auch mal sein“, sinnierte Jakob. „Sieh dich doch nur mal hier um!“ Er wies in einer weit ausholenden Geste quer über den Platz. „Du musst doch zugeben, dass das hier was hat!“
Sein eigener Blick folgte der Hand, und er betrachtete die

Piazza voller Stolz, als habe er sie und die Menschen darauf selbst erschaffen.
Rainer schwieg und nippte erneut, und Jakob musterte ihn mit ernstem Gesicht.
„Du magst mich nicht, wie?"
Doch ehe sein überraschter Fahrer darauf noch etwas erwidern konnte, drehte er sich zu dem Kellner hin und bat ihn um die Rechnung. Rainer war in Gedanken noch immer mit seiner Antwort beschäftigt, ohne zu wissen, dass er sie im Grunde genommen schon gegeben hatte.
Der Kellner kam und brachte den Kassenbon auf einem Unterteller. Jakob steckte den Bon in die Brusttasche seines Hemdes, beschwerte einen Zehntausend-Lire-Schein mit dem Teller und trank sein Glas aus.
„Hast du Hunger?", fragte er, und Rainer nickte, froh darüber, das Thema wechseln zu können.
„Dann komm! Wir besorgen uns ein paar Tramezzini und machen uns wieder auf den Weg!"
Vom Postamt aus rief Jakob noch einmal bei Michele in Cattolica an, doch der hatte von Luca und Steffi seit ihrer Abreise nichts mehr gehört. Er erwog, es noch einmal bei Giovanna zu versuchen, ließ es aber sein. Sie hätte sicherlich Michele informiert, wenn sich die beiden gemeldet hätten, und er wollte sie nicht unnötig beunruhigen. Immerhin bestand die vage Möglichkeit, dass sie den Cinquecento unterwegs einholen könnten.
Sie verließen Vasto auf der gleichen Straße, die sie gekommen waren, blieben aber auf der parallel zur Autobahn verlaufenden Küstenstraße. Jakob war froh, wieder am Meer zu sein, und er wollte es nicht gleich wieder aus den Augen verlieren. Außerdem hatte Rainer noch nie zuvor die Adriaküste zu Gesicht bekommen, und er wollte ihm zumindest die Gelegenheit bieten, sein Herz daran zu verlieren.
Er verstand den Jungen nur zu gut. Zu Hause wartete die Freundin, und er wurde von seinem Vater zwangshalber mit

einem alten Mann nach Süditalien geschickt, um einen Leichnam zu überführen. Nun war dies zwar nicht zu ändern, aber er würde wenigstens versuchen, ihm die Tage etwas zu versüßen; ein Badeaufenthalt hie und da würde sicherlich dazu beitragen können.
Jakob ließ sich noch einmal die Worte Micheles durch den Kopf gehen; er fragte sich, wie weit Steffi und Luca bei dieser Hitze wohl kommen würden. Seiner Ansicht nach müsste Pippo in seinem Dachverlies - dessen Aussehen sich Jakob aufgrund Giovannas und Micheles Beschreibung nur mit Mühe vorstellen konnte - um diese Zeit bereits gegart sein.
Es war kurz vor halb zwei, und weder Jakob noch Rainer konnten ahnen, dass die von ihnen Gesuchten keine zwanzig Kilometer entfernt den toten Pippo in einer Grotte zwischenlagerten.

17

Wir brachten das Boot zurück zum Verleiher, der sich praktischerweise gerade in der Mittagspause befand, so dass wir uns unsere Erklärungen über den Verbleib der Taucheranzüge sparen konnten. Das Motorboot irgendwo entlang der Küste festzumachen, erschien uns zu riskant. Wir würden einfach heute Abend oder morgen früh wiederkommen und es erst dann mitnehmen, wenn wir es wieder benötigten.

Eigentlich wollte ich Pippo noch immer so schnell wie möglich in Lecce abliefern, so dass ich am liebsten noch am gleichen Abend wieder gestartet wäre. Doch Steffi nötigte mich schließlich zu einer Erholungspause bis morgen früh, um mal wieder etwas Schlaf nachzuholen, was mir nach der Horroretappe der vergangenen Nacht auch ganz recht war. So waren nun erst einmal Zeltaufbauen und Entspannen angesagt.

Der Campingplatz war recht klein und bei weitem nicht so günstig gelegen wie der in Cattolica. Steilküste beherrschte das Bild, und es existierte lediglich ein handtuchbreiter Kiesstrand, zu dem man über hunderte direkt in den Fels gehauener Stufen gelangte. Steffi war *not amused*, das sah ich gleich. Dafür gab es einen kleinen Supermarkt, in dessen Gefriertruhe wir sicher später unsere Akkus kühlen konnten.

Unter einem knorrigen Olivenbäumchen schlugen wir in brütender Mittagshitze unser Zelt auf. Etwas abseits standen einige Wohnwagen und ein halbes Dutzend Zelte, die ringförmig aufgebaut waren und an eine Wagenburg erinnerten. Abgesehen von einem jungen Pärchen, das gerade in einem uralten, mit Tim-und-Struppi-Motiven bemalten VW-Bus vom Platz fuhr, ließ sich von den anderen Campern keiner blicken; vermutlich waren sie zu einem der Sandstrände gefahren, die es weiter oben bei Vasto gab.

Da ich Steffi ein bisschen aufmuntern wollte, schlug ich vor, unterwegs eine Kleinigkeit essen zu gehen und den Nachmittag ebenfalls am Meer zu verbringen - ein Angebot, das sie, wie ich wohl wusste, nicht ausschlagen würde.

Weder Jakob noch Rainer fiel das Schild ‚Surf- und Tauchschule, Bootsverleih & Fischereibedarf' auf, ebensowenig das kleinere mit dem Hinweis: ‚Camping Villaggio Rio Vivo'. Dies mochte zum Teil auch daran liegen, dass sie schon seit geraumer Zeit in einen Disput vertieft waren.
„Aber die Einheimischen hier machen es doch auch!", argumentierte Jakob gerade.
„Schon möglich", erwiderte Rainer.
„Ich würde ja gerne mitkommen, aber ich fürchte, man müsste mich mit dem Kran wieder rausholen." Jakob lachte und wartete darauf, dass Rainer mit einfiele. Doch dieser schwieg beharrlich. Nach einem Räuspern meinte Jakob schließlich:
„Ich kann dir auch eine von meinen Badehosen leihen, wenn's daran liegen sollte."
Rainers Blick verließ für eine Sekunde die Straße; er sah seinen Beifahrer beleidigt an.
„Das ist es nicht", bemerkte er knapp.
„Sondern?", fragte Jakob nach einer Pause.
Rainer stöhnte.
„Ich mag das einfach nicht."
„Was?"
Wieder eine Pause, dann:
„Vor den Leuten."
„Du magst es nicht, vor anderen Leuten zu schwimmen?" Wieder lachte Jakob.
„Nein – von den Felsen aus reinzuspringen", widersprach Rainer. Weiter vorne bog ein bunt bemalter VW-Bus auf die Straße ein, und er ging vorsorglich etwas vom Gas herunter.
„Na ja, das kann ich irgendwo verstehen", meinte Jakob versöhnlich, „wobei mir das Rausklettern am meisten zu schaffen machen würde."

„Ja, das auch“, pflichtete Rainer bei. Er schämte sich wegen seines mangelnden Mutes, und er war wütend auf Jakob, weil dieser ihn dazu gedrängt hatte, sich dazu zu bekennen.
Der kleine, alte Bus fuhr nun in gemächlichem Tempo unmittelbar vor ihnen her, und Rainer konnte das rot beschriebene Kennzeichen lesen, neben dem ein großes ‚B‘ klebte. Eine der Comicfiguren auf dem Heck zeigte ihm einen Vogel.
„Also schön“, schlug Jakob schließlich vor, „wir werden dir eine schöne, einsame Bucht suchen, wo kein anderer schwimmen geht. Einverstanden?“
„Ich mag nicht.“
„Na, komm! Ich würde dir ja gerne einen Sandstrand anbieten, aber hier gibt’s kilometerweit nur Steilküste...-“
„Ich mag überhaupt nicht schwimmen gehen“, unterbrach ihn Rainer.
„Aber es gibt hier hunderte von kleinen Badebuchten! Da werden wir doch wenigstens eine finden, die dir zusagt!“
Ja, ja, dachte Rainer, der nun nicht mehr widersprach; irgendwann würde der Alte es schon von selbst aufgeben. Er setzte den Blinker, zog an dem VW-Bus vorbei und genoss den Fahrtwind, der durch die Seitenfenster hereinwehte. Die Klimaanlage hatte er längst abgestellt, da Jakobs Fenster ohnehin immer geöffnet war. Im Rückspiegel wurde der Bus kleiner, und vor ihnen lag Térmoli.

Wir aßen in einer kleinen Osteria unweit der Hauptstraße. Der Speisesaal war viel zu groß und hatte schon bessere Tage gesehen. An der Wand uns gegenüber wellte sich die Tapete über einem großen Wasserfleck, und in der Ecke über dem obligatorischen Fernseher blätterte der Putz bis aufs blanke Mauerwerk ab.
Es gab ein billiges Tagesgericht mit mehreren Gängen, das wir der Einfachheit halber beide nahmen. Steffi bugsierte unauffällig ihre Meeresfrüchte auf meinen Teller, dafür

überließ ich ihr meinen Salat. Die Pasta hätte für zwei gereicht, und als das dünn geschnittene Fleisch endlich serviert wurde, waren wir bereits satt.
Der Strand von Petacciato lag in unmittelbarer Nähe eines weiteren Campingplatzes und war dementsprechend bevölkert, doch war uns dies nach den Strapazen der Fahrt ziemlich egal. Pippo war fürs Erste in Sicherheit, und wenn wir auch in der Nacht zuvor viel zu viel Zeit verloren hatten, so würden wir Lecce doch morgen locker erreichen.
Wir stellten den Cinquecento am Fahrbahnrand ab und entrollten unsere Handtücher etwas abseits der zahlreichen anderen Badegäste, die sich ausnahmslos in unmittelbarer Nähe der Strandbar niedergelassen hatten. Die wenigen Schwimmer dagegen konnte man an einer Hand abzählen.
„Hat es hier Hai-Alarm gegeben?“, fragte Steffi und hielt nach der schwarzen Flagge Ausschau.
„Glaube nicht“, antwortete ich. „Aber die drei Stunden nach dem Essen sind noch nicht um.“
„Häh?“
„Die drei Stunden - die du erst verstreichen lassen musst, bevor du ins Wasser gehst!“
„Sagt wer?“ Sie machte große Augen.
„Na... - alle!“, erwiderte ich und spürte, wie ich unsicher wurde. Steffi hatte offenbar davon noch nie etwas gehört, und sie musterte mich mit diesem gewissen Blick, der zu besagen schien: Ist das dein Ernst?
„Das ist jetzt aber nicht dein Ernst, oder?“
„Doch! Meine Mutter hat mir das schon als Kind beigebracht...-“, begann ich, brach aber ab, als ich sah, wie sie bei ‚meine Mutter’ die Augen verdrehte, und schloss mit: „Das weiß doch jeder!“
„Ja - dass man nicht unbedingt mit vollem Bauch rausschwimmt“, entgegnete sie, „aber bis in Stehhöhe kann man doch ruhig ins Wasser gehen, oder?“
Ich gab ihr keine Antwort, und sie hakte nach:

„Vielleicht nach zwei Stunden bis in Hüfthöhe?"
Sie machte sich über mich lustig, daran bestand kein Zweifel; ich ignorierte sie einfach.
„Wenigstens mit den Füßen?"
„Ha, ha", sagte ich und schnitt ihr eine Grimasse.
Diesmal dachte ich daran, mich rechtzeitig einzucremen. Der leichte Sonnenbrand vom Vortag war zwar wieder ein bisschen zurück gegangen, aber ich traute der aggressiven Sonne nicht über den Weg; wenn wir nicht verglühten, würden wir heute richtig braun werden.
„Warum machst du das eigentlich?", fragte ich Steffi, die ihre Füße mit einer Lotion einrieb, eine Pflege, die sie mehrmals täglich vornahm.
„Das? Damit sie schön geschmeidig bleiben und nicht austrocknen. - Willst du auch?"
Ich lachte und winkte ab.
„Danke, aber das brauch ich nicht!"
„Schade. Dabei hast du eigentlich schöne Füße."
„Findest du?" Zweifelnd sah ich an mir runter.
„Ja. Finde ich. Aber wenn du sie nicht pflegst, sind sie es vielleicht bald nicht mehr."
„Na und? Sind schließlich zum Laufen da", antwortete ich.
„Findest du meine Füße schön?", fragte Steffi kokett. Ich guckte sie belustigt an, aber sie meinte es ernst. Also betrachtete ich mir ihre Füße.
„Hmm. Sind hübsch. Doch."
„Mir gefallen deine auch. Komm, ich creme sie dir ein!"
„Ach was!", sagte ich unwirsch und zog meine Beine an. Steffi zuckte die Schultern und drehte den Verschluss auf die Flasche. Ich schloss die Augen und genoss die Wärme und das Gefühl, mich mal zur Abwechslung um nichts kümmern zu müssen. Die Müdigkeit kroch in mir hoch, doch ich hatte nicht vor, mich gegen sie zu wehren. Nach wenigen Minuten hatte ich Pippo und den Rest der Welt vergessen und war eingenickt.

„Ich glaube, wir können es langsam aufgeben“, sagte Jakob matt. Gerade fuhren sie wieder auf die Autobahn auf, die sie bei Fóggia verlassen hatten, weil er geglaubt hatte, am Rande der parallel verlaufenden Landstraße Lucas Cinquecento zu erkennen. Es war tatsächlich ein roter Fiat, allerdings kein 500er, sondern ein 600er, und der Fahrer, der unweit des Wagens nach seinen Rebstöcken sah, hätte gut und gerne Lucas Urgroßvater sein können. Dies stellten Jakob und Rainer allerdings erst fest, nachdem sie von der Autobahn auf die Landstraße gewechselt waren und einen Umweg von einigen Kilometern gemacht hatten.
„Jetzt schon?“, meinte Rainer ironisch.
Wie Jakob, brannten auch ihm die Augen vor Anstrengung; seit Stunden hatten sie die Umgebung nach kleinen roten Autos abgesucht. Er ging vom Gaspedal und fädelte sich in die Spur vor den Ticketautomaten ein.
„Und was machen wir stattdessen?“, fragte er.
„Ich würde sagen, wir versuchen‘s noch ein Stück weit in Richtung Gargano“, antwortete Jakob. „Hier müsste eigentlich gleich die entsprechende Autobahn kreuzen.“
„Wollen Sie tatsächlich bis zu diesen Campingplätzen weiterfahren?“
Rainer fuhr an dem Automaten vor und reichte das Ticket an Jakob weiter. Mit einem leisen Sirren schloss sich die Seitenscheibe wieder; die Schranke vor ihnen hob sich, und sie befanden sich wieder auf der Autobahn.
„Es ist die einzige Möglichkeit“, meinte Jakob. „Ich denke zwar nicht, dass sie diesen Umweg in Kauf genommen haben, aber wo sollen wir sonst noch suchen?“
„Und wenn sie durchgefahren sind? Nach Lecce, meine ich?“
Jakob schüttelte den Kopf.
„Das würden sie nicht schaffen. Überleg mal, wir sind praktisch doppelt so schnell wie sie unterwegs! - Wie spät ist es jetzt?“
Er zog die Stirn in Falten und hielt das Gehäuse seiner Armbanduhr dicht an sein Ohr.

„Zehn vor fünf", sagte Rainer mit einem Blick auf das Display des Volvos.
Jakob stellte die Zeiger neu ein und zog das Uhrwerk auf.
„Das heißt, wir sind jetzt fast acht Stunden unterwegs...-"
„Von denen wir bereits eine bei der Pause in Vasto verloren haben", unterbrach Rainer unhöflich.
„Dennoch, selbst wir haben beinahe sieben Stunden bis hierher benötigt", beharrte Jakob. „Was bedeutet, dass die beiden, selbst wenn sie zwölf Stunden am Stück gefahren sein sollten, - was ich bezweifle -, kaum weiter gekommen sein dürften als wir. Du darfst nicht vergessen, dass sie zwischendurch auch noch für die Kühlung von Pippo sorgen müssen." Er zog die Uhr wieder über sein Handgelenk. „Aber bevor wir sämtliche Campingplätze abklappern, rufe ich lieber mal im Gargano an - und auch noch einmal bei Michele."

Michele hatte noch immer nichts von Luca und Steffi gehört.
„Ich verstehe das nicht", meinte Jakob, „die müssten doch mittlerweile gemerkt haben, dass ihr Handy nicht funktioniert!"
„Was ist mit den Campingplätzen?", fragte Rainer, der hinter den vorgezogenen Gardinen im Fond seine Jeans gegen kurze Hosen getauscht hatte und gerade wieder ins Freie kletterte.
„Nichts. Ich hab die am nächsten gelegenen angerufen, aber keiner hat etwas von ihnen gehört. Ich würde meinen, dass sie den erstbesten Platz nehmen würden, wenn sie so lange unterwegs waren."
„Und nun?"
Jakob zuckte mit den Schultern.
„So langsam fällt mir auch nichts mehr ein. Wenn's nicht schon so spät wäre, würde ich sagen, wir fahren gleich weiter nach Lecce."
„Warum tun wir's nicht?", meinte Rainer. „Das sind doch höchstens noch drei, vier Stunden Fahrt."
„Täusch dich da mal nicht!", entgegnete Jakob. „Die Strecke zieht sich. Außerdem will ich noch nicht aufgeben."

„Aber worauf warten wir denn noch?" Rainer wurde allmählich ungeduldig. „Wir könnten doch schon längst dort sein, stattdessen fahren wir hier durch die Lande...!"
Jakobs strenger Blick ließ ihn verstummen.
„Ich bezahle für diese Fahrt", stellte er mit sachlichem Unterton fest.
„Ja, schon klar...-", begann Rainer.
„...Und wenn ich sage, wir bleiben hier, dann bleiben wir hier!" Jakobs Stimme schwoll kaum merklich an. Er war weit davon entfernt, sich wegen einer solchen Lappalie gehen zu lassen, aber ein bisschen Nachdruck konnte bei diesem verwöhnten Bengel nicht schaden.
„Vielleicht hatten die beiden eine Panne, vielleicht sind sie verletzt...-"
„Vielleicht liegt jemand tot auf dem Dach?", versuchte Rainer einen Scherz. Doch Jakob starrte ihn nur ausdruckslos an, bis er sein Lächeln zurückzog.
Immerhin, Mumm hat der Junge, das muss man ihm lassen, dachte Jakob. ‚Vielleicht liegt jemand tot auf dem Dach'! - Ach was, Mumm! Ein großes Maul, das hat er! Und keinen allzu ausgeprägten Respekt. Aber woher auch, bei seinem stocksteifen, altmodischen Vater?
„Wir übernachten in Manfredónia", sagte er laut. „Ich habe mir von Michele ein Hotel empfehlen lassen. Dort ist für heute Endstation. Morgen geht's weiter."
Sie stiegen wieder ein und fuhren weiter. Rainer verlor kein Wort mehr über die Angelegenheit. Na bitte, dachte Jakob, während sich sein Fahrer Sorgen machte, er müsse erneut mit ihm in einem Zimmer schlafen. Jakob aber war ein einsichtiger Mann, und er hatte nicht vor, dem Jungen erneut zuzumuten, sich ein Zimmer mit ihm teilen zu müssen. Doch das wusste Rainer zu diesem Zeitpunkt noch nicht, und Jakob, der wohl erahnte, um welches Thema seine Gedanken augenblicklich kreisten, machte sich einen Spaß daraus, es ihm vorerst noch zu verschweigen.

Sie erreichten Manfredónia gegen Viertel vor sechs - und waren tief enttäuscht. Schon von weitem zeichneten sich die kilometerlange Mole des Chemiewerks und die vor Anker liegenden Tanklastschiffe ab.
„Reizende Kulisse“, maulte Rainer.
Das Hotel *Siponto* befand sich im Zentrum der Stadt, unweit des Kastells. Das Gässchen war breit genug für zwei Autos, und Rainer parkte den Leichenwagen direkt vor der Tür. Ehe sie noch aussteigen konnten, kam der Besitzer des Hotels herausgerannt und beschwor sie, das Auto um Gottes Willen um die Ecke abzustellen.
„Was will er?“, fragte Rainer.
„Er will, dass wir den Wagen woanders parken. Ich glaube, er ist nicht gut fürs Geschäft.“
„Und? Soll ich?“
„Warum nicht?“, meinte Jakob. „Ich bin sicher, er hilft uns im Gegenzug dafür auch mit dem Gepäck.“
Und so war es denn auch. Der Hotelbesitzer ließ die Taschen von seinem Portier holen, während er und Jakob die Anmeldeformalitäten erledigten. Rainer entnahm dem Sarg sein T-Shirt, das er zur Kühlung in hineingelegt hatte. Verwundert registrierte er, dass sich der Hotelportier unauffällig in den Schritt griff, als er den Deckel wieder auflegte; doch er tat, als habe er es nicht gesehen.

„Steffi?“
„Hm?“
„Ich hab mich gerade gefragt, weshalb Jakob sich wohl noch nicht gemeldet hat.“
Mit geschlossenen Augen lauschte ich auf ihre Antwort; eine Ewigkeit verging. Orangerot sah die Sonne jenseits meiner Lider aus, ich hielt mir die Hand vors Gesicht und blinzelte zu Steffi hinüber, die neben mir auf dem Bauch lag. Die Träger ihres Bikini-Oberteils stachen knallgelb von ihrer Haut ab, die inzwischen einen zartbraunen Ton angenommen hatte.

„Vielleicht sind sie aufgehalten worden“, brummte sie in ihr Strandtuch hinein, ohne die Augen zu öffnen. „Und stehen jetzt gerade ohne Benzin auf irgendeinem Feldweg.“
„Ja, klar“, sagte ich, missmutig, weil sie mich hoch- statt ernstnahm, „das wird's wohl sein.“
„Oder Michele hat unsere Nummer falsch notiert“, schob sie nach. Das war schon wahrscheinlicher, überzeugte mich aber nicht.
„Du erinnerst dich...? Die hab ich ihm selbst aufgeschrieben.“
Sie schwieg dazu. Ich konnte nicht erkennen, ob sie nachdachte oder eingeschlafen war. Dafür sah ich einen Trecker den Strand entlangtuckern. Am Steuer saß ein bulliger Mann mit Schiebermütze, auf dem Anhänger hockten zwei junge Typen in Jeans. Sie guckten zu uns rüber, als sie vorbei fuhren, und blieben ein Stückchen weiter unten am Strand stehen.
„Was war das?“, fragte Steffi, ohne aufzusehen.
„Ich glaube, die örtliche Strandreinigung“, gab ich ihr zur Antwort.
Die beiden Typen waren vom Hänger gesprungen und begannen damit, Papierfetzen und Strandgut in Säcke zu packen. Der Mann mit der Mütze war offenbar so was wie ihr Vorarbeiter, er ging vor ihnen her und zeigte mal hierhin, mal dorthin; er selbst hob nichts auf.
„Bist du sicher, dass dein Handy überhaupt funktioniert?“, fragte ich Steffi.
„Klar“, murrte sie nur.
„Ich meine, hier in Italien?“, hakte ich nach. Sie gab einen Ton von sich, den man sowohl zustimmend als auch verneinend hätte interpretieren können. Ich beobachtete die beiden Männer dabei, wie sie Flaschen und andere sperrige Fundstücke kurzerhand über die Dünen beförderten.
„Jetzt mal im Ernst“, begann ich von neuem, „du hast das Ding fürs Ausland freischalten lassen, oder?“
„Glaub schon.“
„Was heißt das, du glaubst schon? Hast du, oder hast du nicht?“

Ihre Gelassenheit brachte mich in Rage. Sie hob den Kopf und blinzelte für eine Sekunde zu mir rüber.
„Was?“, fragte ich. „Was ist?“ Meine Stimme zitterte etwas, ein sicheres Zeichen dafür, dass ich langsam nervös wurde.
„Ganz ruhig“, meinte sie in samtenem Tonfall, als hätte ich sie nicht mehr alle. „Mein Vater hat mir das Ding geschenkt, ich kann dir also nicht sagen, wofür es zugelassen ist.“
„Hast du's schon mal ausprobiert, seit wir losgefahren sind?“
Steffi dachte kurz darüber nach und schüttelte dann den Kopf.
„Nee, ich glaub nicht. - Was machst du da?“
„Hast du es dabei?“ In der Strandtasche war eine Unmenge Krimskrams, Handtücher, Kekse, ein Feuerzeug, Muscheln, Sonnenmilch, Stifte, zerknüllte Tempos, noch ein Feuerzeug, Steine, ein zerfledderter Auslandskrankenschein, Bücher, ein Schlüssel... Sie wartete, bis ich alles zwei Mal in der Hand gehabt hatte, ehe sie sagte:
„Falls du das Handy suchst...-“
„Ja?“ Ich hielt inne.
„Das ist im Auto.“

„Morgen um diese Zeit essen wir in Lecce selbstgemachte Pasta“, schwärmte Jakob. Sie spazierten am Strand entlang, dort, um die Zeit bis zum Abendessen zu überbrücken. Von hier aus präsentierten sich die Raffinerie *Enichem* und die sie umgebende Einöde in all ihrer Trostlosigkeit.
„Und Antipasti! Ich kenne eine Osteria in der Altstadt, da sitzt du zwischen Säulengängen direkt auf der Piazza und hast eine Auswahl an über dreißig Sorten Antipasti, Krabben in Zitronensalbei, Garnelenhäppchen...-“
Er hielt inne und versuchte, sich an weitere Köstlichkeiten zu erinnern.
„Ich mag keinen Fisch“, sagte Rainer verdrossen.
„Die Auberginenröllchen wirst du mögen. Hauchdünn geschnitten, mit feinstem Olivenöl und Melisse...-“
„Auberginen mag ich auch nicht.“

„Na, wir werden schon irgendwas finden, was du isst“, meinte Jakob, der sich allmählich beleidigt fühlte.
„Möchtest du nicht deine Freundin mal anrufen?“, fragte er nach einer Weile, um das Thema zu wechseln.
„Hm?“
„Deine Freundin - sie würde sich doch bestimmt freuen, von dir zu hören?“
„Schon...“, meinte Rainer vorsichtig, und Jakob reichte ihm die Telefonkarte.
„Nimm schon! - Aber lass mir noch zweitausend Lire drauf, ich muss Michele noch einmal anrufen!“
„Danke! - Dann bis gleich!“ Rainer nahm die Karte und marschierte zu der Treppe hinüber, die zur Promenade und den Telefonzellen führte. Auf halbem Weg drehte er sich um und rief Jakob etwas zu.
„Was?“ Er legte die Hand um sein Ohr, um ihn gegen das Rauschen der Wellen besser verstehen zu können.
„Die Vorwahl?“, rief Rainer. „Für Deutschland - die Vorwahl?“
„Null-Null-Neunundvierzig!“, brüllte Jakob.
„Wie?“
„Vier-Neun.“ Jakob zeigte es mit den Fingern. „Null-Null-Vier-Neun.“
Endlich drehte sich Rainer um und lief dem Telefon entgegen. Jakob spazierte noch ein Stück weiter den Strand entlang, ehe er kehrtmachte und dem Jungen auf die Promenade folgte. Der Wind trug einen unangenehmen Geruch von der Chemiefabrik zu ihm hinüber. Unweit der Telefonzellen wischte er eine Bank flüchtig mit dem Handrücken ab und setzte sich, das Gesicht dem Meer zugewandt.
Doch sein Blick ging ins Leere; während er unbewusst die Linie im Auge behielt, die den Horizont markierte und die nun, da es dämmerte, beinahe mit dem wolkigen, diesigen Himmel verschwamm, kehrten seine Gedanken zurück zu einer Zeit, in der es noch keinen Rainer und keine Manuela gab, keinen Leichenwagen und keine Herztabletten und keinen Luca, der

Pippo auf dem Dach seines Cinquecento quer durch Italien fuhr. Nicht einmal den Cinquecento hatte es gegeben damals.
Er fragte sich, wann er sich zum letzten Mal derart intensiv mit sich oder mit Pippo beschäftigt hatte. Spätestens seit Carlottas Tod vor vierzehn Jahren war er darum bemüht gewesen, dieses Kapitel seines Lebens als abgeschlossen zu betrachten; doch hatte er feststellen müssen, dass Pippo darin eine zu große Rolle gespielt hatte, um ihn so einfach aus seinen Gedanken verbannen zu können.
Ja, er hatte oft an ihn gedacht, jedoch nichts unternommen, um ihre Freundschaft wieder aufleben zu lassen. Es wäre an Pippo gewesen, die Dinge in Gang zu bringen, doch der war ihm gegenüber unversöhnlich geblieben. Vielleicht, so überlegte Jakob, war ich zu bequem, vielleicht auch zu feige. Vielleicht beides.
Rainer kam auf ihn zugeschlendert, und er sah auf.
„Fertig?“
„Ja“, meinte Rainer beiläufig. Er sah verwirrt aus; auch Jakob fiel es auf.
„Alles in Ordnung?“, fragte er.
„Ja, ja, klar!“, wehrte Rainer ab und hielt ihm die Telefonkarte hin, während er seinem Blick auswich. Jakob wandte sich von ihm ab und betrat die Zelle. Das Display zeigte noch über viertausend Lire an, als er die Plastikkarte einschob. Rainer hatte sich wirklich ausgesprochen kurz gefasst.
Jakob wählte Micheles Nummer und betrachtete den Jungen, während er auf das Freizeichen wartete. Das Meer zog Rainers Blick ebenso auf sich wie eben noch den von Jakob selbst; geistesabwesend hielt er das Geländer umfasst und kickte Steinchen hinunter auf den Strand. Ausgesprochen kurz, dachte Jakob.

„Luca?“, fragte Henk und hielt mir eine frische Flasche entgegen.
„Gern“, sagte ich, nahm sie ihm ab und suchte nach einem von

Steffis Feuerzeugen. „Äh-“, der Name seiner Freundin war mir entfallen, aber sie sah sofort zu mir her, als sei ‚Äh’ ihr richtiger Vorname, „könntest du mal...-?“ Ich ersetzte den Rest des Satzes durch eine Handbewegung, und sie gab dem Schwenker einen Stubs, so dass er über dem Feuer rotierte. „Danke.“
Sie hatte ein Lächeln drauf, das einem das Gefühl verlieh, sie habe es sich für ebendiesen Augenblick aufgespart; ich hätte den ganzen Abend mit ihr grillen können.
„Danke!“, echote Steffi an meiner Seite und nahm mir, kaum dass ich die Flasche entkorkt hatte, das Bier aus der Hand; Henk grinste, griff hinter sich und reichte mir umgehend eine neue. Der Mann war Gold wert.
Wir hatten die beiden in dem kleinen Supermarkt des Campingplatzes kennen gelernt, als wir fürs Abendessen einkauften. Sie hieß Silvie, Sylvianne oder so ähnlich und kam aus Gent, Henk aus einem Ort in der Nähe von Waterloo, was die beiden Mädchen gleich dazu animierte, uns ihre Improvisationen des gleichnamigen *Abba*-Klassikers vorzutragen und Freundschaft miteinander zu schließen - wenn auch vielleicht nicht unbedingt mit dem Inhaber des Supermarktes, der mit so viel deutsch-belgischem Frohsinn offenbar wenig anfangen konnte. Zum Glück hatten wir ihn bereits vorher dazu überredet, unsere Akkus in der Gefriertruhe zu kühlen.
Henk und seine Freundin studierten zusammen Anglistik und Kunst an der Uni von Antwerpen und waren erst seit kurzem zusammen. Es war ihr erster gemeinsamer Urlaub, und Henk hatte sich eigens dafür den VW-Bus von einem Freund ausgeliehen. Sie waren bereits eine Woche quer durch Frankreich gereist und nun auf dem Weg nach Bari, von wo aus sie nach Griechenland übersetzen wollten. Ich beneidete sie um die offensichtliche Unbeschwertheit, mit der sie ihre Semesterferien genossen.
Wir sprachen übers Studium, Italien, über unsere Eltern und

darüber, wo man in Brügge am besten übernachtet. Henk interessierte sich sehr für den Cinquecento, und wir räumten unser Gepäck in vorübergehend ins Zelt und drehten zu viert eine kleine Runde entlang der Küste. Er redete offen über frühere Urlaubstouren mit seiner Exfreundin nach Schottland und Norwegen, ein Thema, das Sylvie-oder-Sylvianne ein bisschen unangenehm zu sein schien. Steffi kam ihr zu Hilfe und brachte das Gespräch wieder auf Griechenland.
Ihr Handy war übrigens - wie erwartet - unbrauchbar gewesen. Von einer Telefonzelle aus hatte ich in Cattolica angerufen und erfahren, dass Jakob dort übernachtet und sich heute früh wieder auf den Weg gemacht hatte, was mich einigermaßen erstaunte, dachte ich doch, er sei bestenfalls inzwischen in Deutschland losgefahren.
Dies änderte unsere Lage natürlich dramatisch, doch leider war Michele gerade unterwegs, so dass ich ihn nicht dazu befragen konnte. Lorenzo versprach mir aber, ihm auszurichten, Jakob möge sich, sollte er sich wieder melden, morgen Mittag gegen 16:00 Uhr mit uns in Bari auf der Piazza Garibaldi treffen.
Da sich noch ein Restguthaben auf meiner Telefonkarte befand, telefonierte ich noch kurz mit zu Hause. Meine Mutter war froh zu hören, dass alles in Ordnung war, und begann sofort, mir die Neuigkeiten aus Saarbrücken zu erzählen. Ballavia habe sich in Erinnerung gebracht und nochmal wegen der Beerdigung nachgefragt, und ein Herr Reckhofer vom Gesundheitsamt habe wissen wollen, wo Pippo denn nun eigentlich beigesetzt werde. Noch ehe ich ihr von unseren Erlebnissen der vergangenen Nacht berichten konnte, piepte es im Telefon, und die Verbindung brach ab.

Das Essen war bestenfalls mittelmäßig gewesen. Den Tipp hatte ihnen der Hotelbesitzer, der Balbo hieß, mit dem Hinweis gegeben, hier pflege man die regionale Küche und koche nach traditionellen Rezepten.
„Traditionell!“, schnaubte Jakob. „Die Soße schmeckt wie mit

Pulver angerührt! Wahrscheinlich wird das Zeug in der Fabrik da drüben hergestellt."
„Also, mir schmeckt's", entgegnete Rainer mit vollem Mund.
„Schön." Jakob, der erkannte, dass er von seinem Gegenüber keine Unterstützung zu erwarten hatte, versuchte sich zu beruhigen.
„Vielleicht hat man hier ja *Miracoli* erfunden", murmelte er verächtlich. „Tradition! Von wegen!"
„Was hat Michele eigentlich genau gesagt?", meinte Rainer mit vollem Mund, eine Eigenart, die Jakob ziemlich missfiel. Auch war ihm nicht klar, ob es den Jungen wirklich interessierte oder ob er nur das Thema wechseln wollte.
„Dass sie tatsächlich nicht weit gekommen sind. Er hat nicht selbst mit ihnen gesprochen, aber sein Kollege meinte, Luca habe etwas von einer nächtlichen Kontrolle erzählt und davon, dass sie noch immer oben an der Küste seien."
„Und wir treffen sie morgen...-?" Rainer hielt inne.
„In Bari. Um fünf, hat Luca durch Lorenzo ausrichten lassen."
„Wie weit ist das?", fragte Rainer.
„Hundertvierzig, hundertfünfzig Kilometer, schätze ich. Knapp anderthalb Stunden Fahrt. Wir haben jede Menge Zeit."
Sie beendeten ihre Mahlzeit, und Jakob rief nach der Rechnung.
„Oder möchtest du noch einen Kaffee?", fragte er.
„Nein, danke", sagte Rainer höflich.
„Wir können ja nachher noch einen in einer Bar trinken." Der Kellner brachte die Rechnung auf einem Unterteller, und Jakob legte das abgezählte Geld darauf ab und stand auf. „Hier serviert man bestimmt nur Instantkaffee."

Es war schon stockdunkel, als wir das Geschirr hinüber zu den großen Gemeinschafts-Waschbecken trugen und den Abwasch in Angriff nahmen. Henk und seine Freundin wollten ebenso wie wir morgen in aller Frühe aufbrechen, aber ich hielt es für besser, den beiden unseren Grund dafür nicht zu verraten. Wir mochten vielleicht weitgehend auf der selben Wellenlänge

funken, aber ich wollte lieber nicht austesten, wie sie zu einem toten Opa auf dem Autodach standen.
Am liebsten wäre ich schon im Morgengrauen aufgebrochen, aber da unsere Kühlakkus derzeit gerade im Supermarkt einfroren und dieser erst gegen acht öffnete, stimmte ich Henks Vorschlag zu, wenigstens noch gemeinsam zu frühstücken, ehe wir unsere Erledigungen machten. Davon, dass diese im Wesentlichen darin bestanden, Pippo aus seiner Höhle herausholen, ihm seinen Taucheranzug vom Leib zu schälen, ihn wieder neu einzukleiden und in den Jetbag zu verfrachten, erwähnte ich natürlich nichts.
„Goedenacht“, sagte Henk freundlich, als wir an unserem Zelt angelangten. Er und Sylvie-oder-Sylvianne - die über die Erlebnisse ihrer gemeinsamen Reise streng Tagebuch führte, wie wir erfahren hatten - entfernten sich geschirrklappernd in Richtung ihres Busses.
„Nacht!“, rief Steffi ihnen hinterher. Wir verstauten Teller, Besteck und den Kram im Auto. Nur den Grillrost ließ ich draußen; er war nicht mehr gänzlich zu säubern gewesen, und ich wollte ungern den morgigen Tag ausgerechnet mit Fettgeruch beginnen. Etwas entfernt rollte die Schiebetür des VW-Busses ins Schloss, und wir krochen müde und satt ins Zelt.
Statt der Schlafsäcke hatten wir nur eine dünne Decke über uns gebreitet; selbst die war jedoch eigentlich überflüssig. Dennoch mussten wir in dem engen Zelt ein bisschen zusammenrücken. Der Tag steckte mir ganz schön in den Knochen, aber ich war noch nicht müde genug, als dass die Umarmung Steffis ohne körperliche Wirkung auf mich geblieben wäre. Vorsichtig schob ich ihr von hinten mein Knie zwischen die Beine und begann damit, sie sanft zu streicheln. Doch schon schüttelte sie meine Hand ab und murmelte ins Kissen:
„Nicht! Du weißt doch, dass ich meine Tage hab! Außerdem bin ich todmüde.“
Ehe ich mich versah, wanderte mein Knie wieder zurück in

seine Ausgangsstellung; meine Hand blieb unentschlossen auf Steffis Hüfte liegen. Ich wartete auf den Blitzstrahl, der mich zur Bestrafung unweigerlich treffen musste, doch er blieb aus.
„Gödenackt", ahmte ich Henk nach. Steffi drehte den Kopf zur Seite und gähnte.
„Selber Gödenackt."

„Riechst du es?" Jakob sog schnuppernd die Meeresluft ein. Der Wind wehte jetzt in Richtung *Enichem* und brachte eine frische Brise mit sich.
Rainer, der neben ihm am Geländer stand, klatschte mit der flachen Hand eine Stechmücke tot, die sich gerade an seinem Nacken zu schaffen machte.
„Was?", fragte er missmutig. Mit seinen kurzen Hosen bot er den Mücken eine für seinen Geschmack zu große Angriffsfläche. Gerne hätte er diesen Verdauungsspaziergang gegen einen Abend vor dem Fernseher eingetauscht. Doch Jakob zahlte die Spesen, und er wollte ihm gegenüber nicht undankbar erscheinen.
„Na, das!" Er wies auf das offene Meer hinaus. „Erinnert dich das an gar nichts?"
„Erinnern? Woran denn?"
„Was weiß ich?", meinte Jakob. „An die Vergangenheit. Die Zukunft. An etwas, das dir entfallen war und das dir plötzlich wieder gegenwärtig ist."
„Nö", antwortete Rainer wahrheitsgemäß. „Scheint bei Ihnen aber wirksamer zu sein."
„Allerdings", sagte Jakob, ging aber nicht näher darauf ein, obwohl er spürte, dass der Junge auf seine Ausführungen wartete. Allerdings, dachte er. Mich erinnert es an die Urlaube mit Pippo und Carlotta, die Abende am Strand, die oft erst im Morgengrauen endeten, weil wir uns so viel zu erzählen hatten – daran und an einiges mehr.
Jakob aber bereute längst, das Thema angeschnitten zu haben. Eigentlich verspürte er keinerlei Lust, es jemandem zu erzählen

- schon gar nicht diesem Jungen. Um sich wieder aus seinen Gedanken zu reißen, wandte er sich ab und schlenderte ein paar Schritte die Promenade entlang. Schräg gegenüber brannte eine Leuchtreklame mit dem *Segafredo*-Zeichen über der Tür einer Bar.

„Wie sieht's aus?", meinte er in verbindlichem Tonfall, doch seine Stimme klang etwas belegt. „Möchtest du nun noch einen Kaffee?"

18

Die Hitze war schlichtweg unerträglich. Schon beim Wachwerden spürte ich, dass ich klatschnass geschwitzt war. Dazu kam, dass die Luft im Zelt zu stehen schien. Ich kämpfte mich über die Luftmatratze und meine murrende Freundin hinweg und öffnete den Reißverschluss am Eingang. Auf allen Vieren kroch ich ins Freie, nahm eines unserer auf der Wäscheleine hängenden Badehandtücher und ließ mich damit auf dem Boden nieder, um ein wenig auszukühlen.

Während ich versuchte, mich so wenig wie möglich zu bewegen, nahm ich wahr, dass ringsum bereits rege Geschäftigkeit herrschte. Die ersten Camper hatten längst gefrühstückt, ihre Kinder spielten schon wieder zwischen den Caravans Verstecken. Ich fragte einen von ihnen nach der Uhrzeit, es war erst kurz vor acht.

Im Cinquecento zog ich mir in Rekordzeit meine Badehose an, - der Innenraum schien bereits auf 220° C vorgeheizt zu sein -, hob das Badehandtuch vom Boden auf und machte mich auf den Weg zum ‚Strand der hundert Stufen', wie ich ihn insgeheim nannte. Die Vorhänge des VW-Busses waren zugezogen, aber durch den Stoff des Hubdaches drang Henks friedvolles Schnarchen.

Am Kiesstrand drängten sich bereits die anderen Urlauber. Da alle erst gefrühstückt hatten, war ich der Einzige, der sich ins Wasser wagte. Ich spürte die neiderfüllten Blicke der Kinder in meinem Rücken.

Ich trocknete mich erst gar nicht ab, sondern tapste so, wie ich war, die Stufen hoch. Noch ehe ich den obersten Absatz erreicht hatte, war ich wieder trocken. Es war schwül, dicke dunkle Wolken zogen gemächlich heran; der Wind schlief noch, ebenso Steffi.

Immerhin war Henks Schnarchen verstummt, und aus dem

abgedunkelten Innern des Busses kamen rumpelnde Geräusche. Entweder vögelten die beiden gerade miteinander, oder sie machten sich stadtfein fürs Frühstück. Ohne ihnen ihren Spaß missgönnen zu wollen, hoffte ich doch auf Letzteres, denn heute wollte ich keine Zeit verlieren.

Die Zimmer, die Jakob und Rainer im Hotel *Siponto* bewohnten, lagen zum Kastell und somit zur Landseite hin, was nicht weiter schlimm war, konnte man das Meer doch ohnehin nur von den Balkonen des obersten Stockwerkes aus sehen. Die Hangseite bot den Vorteil, dass die Sonne sie am Morgen lediglich streifte und es den ganzen Tag über kühl in den Zimmern blieb.

Dennoch verließ Jakob bereits gegen halb acht frisch geduscht das Hotel, um Oronzo Calò ihre Ankunft für den Abend anzukündigen und sich eine Ausgabe des *Corrière della sèra* zu besorgen.

Oronzo, der in früheren Jahren nie so recht warm mit Jakob geworden war, schien sich ehrlich über dessen Kommen zu freuen.

„Ich hätte nicht gedacht, dass du das für Pippo tun würdest", sagte er nur, und in dieser Fehleinschätzung seinerseits schwang ein Gefühl der Hochachtung für den Deutschen mit. Mochte sein, dass sie sich nicht besonders gut leiden konnten, Respekt brachten sie sich immerhin entgegen.

„Ich möchte ihn gerne selbst nach Hause zurückbringen", meinte Jakob, „aber ich habe leider keine Ahnung, wo er und Luca sich im Moment befinden."

„Aber ihr trefft euch doch?"

„Ja, in Bari. Hoffentlich", fügte er murmelnd hinzu.

„Wie?"

„Nichts."

Oronzo räusperte sich.

„Pippo und du, wie lange habt ihr euch nicht mehr gesehen?", fragte er.

„Vierzig Jahre... - nein, länger ... vierundvierzig!"
„Vierundvierzig?", staunte Oronzo. „Aber Carlotta...-?"
„Ich wollte damals mit ihm reden - er aber nicht mit mir."
Beide schwiegen eine Weile, dann sagte Oronzo:
„Ich bin jedenfalls froh, dass du das tust. Für ihn tust, trotz alledem."
„Ja." Jakob wusste nicht, was er darauf antworten sollte. „Und wie stehen die Dinge in Lecce?"
„Es ist alles geregelt. Ida hat mit dem Padre gesprochen, er wird am Montag die Messe lesen. Sie war auch im Büro der Kommunalverwaltung und hat das mit den Papieren geregelt."
„Ida..."
„Du erinnerst dich an sie?"
„Ist lange her. Sie war damals vielleicht sieben oder acht Jahre alt", meinte Jakob.
„Schon möglich. Ihre Tochter Brunella erwartet übrigens selbst gerade ihr zweites Kind."
„Du hast noch eine Tochter, nicht wahr?", fragte Jakob höflich.
„Eine? Noch drei!"
„Vier Töchter?", lachte Jakob, der an den Kleinbus mit den vielen Aufklebern denken musste: ‚Felix an Bord', ‚Valentin an Bord', ‚Maximilian an Bord'...
„Ja, wir dachten jedes Mal, vielleicht wird's ja diesmal ein Junge. Irgendwann haben wir's dann aufgegeben."
„Und was machen sie heute?", hakte Jakob nach, der sich nicht entsinnen konnte, wann er jemals ein solch langes und privates Gespräch mit Oronzo gehabt hatte.
„Im Moment sind alle außer Anna wieder hier zu Hause. Sie ist meine Jüngste", ergänzte er stolz, um dann - weniger liebevoll - hinterherzuschieben: „Sie lebt mit ihrem Mann in Rom."
Jakob, der spürte, dass dieses Thema seinen Gesprächspartner nicht gerade aufheiterte, räusperte sich und sagte rasch:
„Also dann, ich muss wieder los! Bis heute Abend!"
„Bis heute Abend", erwiderte Oronzo. „Und bringt mir Pippo heil nach Hause!"

„Was tust du da?“, hörte ich Steffis Stimme in meinem Rücken.
„Ich? Och, ich hab mir nur einen Dorn eingetreten“, sagte ich so lässig wie möglich, ließ meinen Fuß los und die Dose mit ihrer Gesichtscreme unauffällig in ihren Toilettenbeutel fallen.
Sie rieb sich verschlafen die Augen.
„Sah aus, als ob du dir die Füße eingecremt hättest.“
„Ach wo! Warum sollte ich?“
„Was weiß ich?“
„Nein, ich hab mir nur einen Dorn eingetreten.“
„Zeig mal!“, forderte sie und rutschte neben mich zum Zelteingang.
„Ist schon draußen. Siehst du?“
„Hm.“ Steffi ließ offen, ob sie mir die Geschichte mit dem Dorn abnahm. „Was machen die anderen?“
„Frühstück, hoffe ich. Vielleicht auch ein bisschen Liebe - wir werden sehen.“
Steffi machte die Hitze offenbar noch mehr zu schaffen als mir, obwohl sie vermutlich noch bis zum Nachmittag durchgeschlafen hätte, wenn ich sie nicht geweckt hätte.
Das Gepäck war bereits weitestgehend verstaut, die Rechnung für den Platz bezahlt, wir würden also nur noch das Zelt abschlagen, unsere Kühlakkus abholen und verschwinden müssen. Henk hielt fragend die Becher in die Höhe, als wir näher kamen. Ich nickte ihm zu, und er goss uns Kaffee ein, während Sylvie-oder-Sylvianne drinnen vor dem Herd stand und Eier in die kleine Pfanne schlug.
Sie aß auf dem ungemachten Bett, Henk auf der Türschwelle. Da wir mit leichtem Gepäck unterwegs waren, hatten die beiden uns ihre Klappstühle zum Frühstücken überlassen. Ich genoss das deftige Frühstück und registrierte mit Zufriedenheit, dass auch Steffis Lebensgeister allmählich wieder erwachten.
„Was müsst ihr denn noch erledigen?“, meinte Henk. „Ich meine, außer das Boot zu bezahlen?“
Ich hatte schon früher mit dieser Frage gerechnet und

antwortete deshalb gelassen und sogar einigermaßen wahrheitsgetreu:
„Wir müssen hier in der Nähe noch etwas abholen, was wir eingelagert haben. - Kann aber ein Weilchen dauern“, schob ich nach, da ich wusste, dass noch eine lange Fahrt vor den beiden lag und sie es sicher eilig hatten, ihre Fähre zu kriegen.
„Sonst hätten wir auf euch gewartet“, sagte Henk höflich.
„Ja, das wäre sicher nett gewesen“, ich war in Gedanken schon bei Pippo und der Frage angelangt, ob wir ihn genauso sicher wieder aus der Höhle herausbekommen würden, wie wir ihn hineingeschafft hatten. „Ihr kommt sicher auch nicht viel schneller voran als wir, oder?“
Henk lachte.
„Oder nicht? Wieviel macht er denn?“
Er drehte sich zu dem Bus um.
„Hundertzehn, -zwanzig“, meinte er. „Etwa neunzig im Schnitt.“
„Na schön - ihr kommt schneller voran als wir“, seufzte ich, „wir schaffen höchstens mal siebzig Sachen mit dem Ding da.“ Ich zeigte auf den Jetbag.
Henk wollte wissen, was wir eigentlich alles darin untergebracht hätten; noch nie habe er einen Cinquecento mit Dachkoffer gesehen.
„Im Augenblick ist er praktisch leer“, sagte ich, „aber ich musste zu Hause jedem versprechen, ihm etwas mitzubringen. Du weißt schon: Zitronen, Pasta, Wein, Marmor...“
„Marmor?“ Sylvie-oder-Sylvianne machte große Augen. Na, das ist doch genau das Richtige für dein Tagebuch!, dachte ich.
„Aber ja!“, bestätigte ich todernst. „Auf dem Rückweg fahren wir die Rivieraküste entlang und kommen auch in Carrara vorbei. Mein Uropa hat nämlich früher einmal in den Steinbrüchen von Massa gearbeitet, und das wollen wir uns unbedingt ansehen.“
Auch dies war nicht gänzlich gelogen. Pippos Vater hatte tatsächlich bei Massa Marmor gesägt, und ich zumindest wäre

sehr gerne mal hingefahren. Nicht, dass es mir der Marmor an sich sonderlich angetan hätte; der lag, wie ich wohl wusste, als Mitbringsel für jedermann am Straßenrand herum. Mich interessierte vielmehr das, was man nicht sah und auch nicht käuflich in einem der Andenkenläden erwerben konnte und von dem ich nicht einmal überzeugt war, dass es noch in der Form existierte, in der mein Urgroßvater sein Tagwerk verrichtet hatte: Die Atmosphäre, der Geist der Vergangenheit sozusagen.
Wir spülten rasch gemeinsam das Geschirr und halfen den beiden beim Einpacken. Sylvies oder Sylviannes Haar roch gut, als wir uns zum Abschied umarmten, Henk dagegen nur nach Schweiß. Kein Wunder, denn die Schwüle des Tages hielt sich hartnäckig und hing lästig wie ein Moskitoschwarm über uns.
Knatternd sprang der Motor des Busses an. Steffi und ich schlenderten zu unserem Zelt hinüber. Henk hupte, als er vom Platz fuhr; dann bog er auf die Hauptstraße ein und sie waren verschwunden.
„Jetzt aber flott!“, sagte ich. In Windeseile schlugen wir das Zelt ab und verstauten es im Inneren des Cinquecentos. Wir besorgten die Kühlakkus und etwas zu trinken und machten uns auf den Weg.

Jakob las den *Corrière* auf der Terrasse einer kleinen Bar an der Uferpromenade bei seiner ersten Tasse Kaffee, ehe er wieder ins Hotel zurückging. Rainer war noch nicht aufgestanden, und Jakob gönnte ihm noch eine halbe Stunde, ehe er ihn vom Rezeptionisten per Telefon wecken ließ.
Als Rainer endlich im Frühstücksraum erschien, machten seine Gesichtszüge einen ebenso zerknautschten Eindruck wie sein am Vorabend offensichtlich achtlos abgestreiftes Hemd.
„Guten Morgen“, meinte Jakob gut gelaunt und sah sicherheitshalber auf die Uhr. Rainer tat, als habe er es nicht gesehen.
„Morgen“, murrte er und ließ sich auf den Stuhl fallen, der Jakob gegenüber stand.

Die Bedienung kam heran und fragte freundlich:
„Tè? Caffè?"
Rainer warf einen Blick in Jakobs Tasse.
„Was trinken Sie?"
„Milchkaffee."
Rainer nickte dem Mädchen zu und zeigte auf die Tasse: „Anche."
„Caffè latte?", notierte sie. „Grazie."
„Gut geschlafen?", fragte Jakob, als sie den Tisch verlassen hatte.
„Gut schon. Nur zu kurz."
„Zu kurz?", lachte Jakob. „Zwölf Stunden: zu kurz?"
„Ich brauche halt meinen Schönheitsschlaf", verteidigte sich Rainer, der jetzt schon wieder besserer Laune war.
„Ich sollte mal mit deinem Vater reden. Lässt er dich denn so lange arbeiten?"
Rainer schüttelte den Kopf.
„Hab in letzter Zeit ein bisschen was für die Uni machen müssen, sonst kostet es mich noch ein Semester mehr. Und Manuela ist ja auch noch da."
„Schlimm, wie?", meinte Jakob. „Gar nicht so einfach, es allen recht zu machen?"
„Sie sagen es", pflichtete Rainer bei.
Die Bedienung kam und brachte den Kaffee.
„Dadurch, dass wir uns nicht so oft sehen, macht sie immer Wahnsinnspläne fürs Wochenende", sagte Rainer zwischen zwei Bissen. „Und wenn ich zwischendrin mal ein Stündchen was lernen will, ist sie gleich wieder beleidigt."
„Und sie? Hast du nicht erzählt, sie studiere ebenfalls?"
„Ja, schon. Ist aber noch im Vorstudium. Erstes Semester, da hab ich's auch noch ein bisschen ruhiger angehen lassen."
„Tja." Wieder wusste Jakob nicht recht weiter, was ihn an sein Telefonat von heute früh erinnerte.
„Ich habe übrigens mit Oronzo Calò gesprochen. In Lecce ist schon alles vorbereitet."

„Aha", meinte Rainer desinteressiert und nahm einen Schluck Kaffee. „Wann müssen wir heute eigentlich los?"
„Wir haben Zeit. Kurz vor halb vier, würde ich sagen. Dann haben wir genügend Luft, um bis fünf in Bari zu sein."
„Und was machen wir bis dahin?", fragte Rainer.
„Nun, die Zimmer müssen bis in einer Stunde geräumt sein. Ich würde vorschlagen, wir lassen das Gepäck an der Rezeption und gehen noch für zwei Stündchen an den Strand. Dann haben wir immer noch genügend Zeit für ein ausgiebiges Mittagessen, ehe wir fahren."
„Mittagessen?", stöhnte Rainer. „Wir sind doch gerade erst beim Frühstück!"
„Wir werden sehen", meinte Jakob diplomatisch. „Wenn nicht, können wir uns ja auch etwas mitnehmen für unterwegs."
„Also, ich brauche vorerst nichts mehr."
„Na, warten wir's ab", sagte Jakob und faltete die Zeitung zusammen.
„Also, wollen wir dann?"

Steffi setzte mich beim Bootsverleih ab und fuhr anschließend zu dem Grundstück, von dem aus wir Pippo ins Boot gehievt hatten. Mit ebendem würde ich sie dort abholen, um gemeinsam zur Grotte hinüber zu fahren.
Wieder hatte ich Glück: Der Verleiher war nicht da, ich wechselte der Form halber einige belanglose Worte mit seinem Stellvertreter, ehe ich zum Steg hinunter ging, mich ins Boot setzte und den Motor anwarf. Desinteressiert wie er war, hockte der Typ längst wieder in seinem ‚Büro', als ich lostuckerte.
Ich nahm Steffi an Bord, die uns dabei fast zum Kentern brachte, und eine halbe Stunde später kam die Grotte in Sicht. Der Wind war aufgefrischt, während sich der Himmel weiter zuzog; es sah nach Gewitter aus. Auch das Meer war aufgewühlt und unruhiger als gestern, was das Rangieren vor dem Eingang erschwerte; wir hatten einige Mühe damit, das Boot von den Felsen fernzuhalten. Mit Mühe und Not und im

vierten Anlauf schafften wir es, den Eingang zur Grotte zu treffen, und eine Welle spülte uns in den steinigen Schlund hinein.

Auch der Wasserstand war höher als gestern, und obwohl ich mich tief ins Boot hinein duckte, konnte ich deutlich spüren, wie mein Rücken an den Felsen entlangschrammte. Was folgte, war ein kurzer Moment der Panik, da wir es versäumt hatten, die Taschenlampen einzuschalten, bevor wir in die Grotte einfuhren.

Dennoch gelang es mir, das Boot zum Ufer zu steuern und Steffi, die noch viel nervöser zu sein schien, an Land zu helfen. Der Hinweg war geschafft, aber darüber, wie wir heil aus der Grotte wieder rauskommen sollten, machte ich mir schon einigermaßen Gedanken. Unheimlich laut hallte das Meeresrauschen von den gewölbeartigen Wänden wider, immer wieder schwappte Wasser in kleinen Wellen ins Boot, als befänden wir uns mitten in einem Sturm. Die Bootsleinen verzurrte ich sehr sorgfältig; bei dem Seegang draußen wollte ich nicht riskieren, ohne Boot dazustehen, nachdem wir Pippo aus seiner Höhle geholt hatten.

Steffi ging voran, ich half ihr beim Einstieg in den Tunnel, der die Grotte mit der Tropfsteinhöhle verband, und kletterte dann hinterher. Nach der Hitze, die draußen herrschte, hätten wir die Temperaturen im Inneren des Schachtes eigentlich als angenehm empfinden müssen. Doch kaum kroch ich den ersten Meter vorwärts, hatte ich auch schon das Gefühl, der Schweiß auf meinem Rücken gefriere zu kleinen Eisflocken.

„Mir ist kalt“, hörte ich Steffi vor mir. „Dir nicht?“

„Nein“, log ich ihren Po an, der vor mir den Gang entlangrobbte. Nicht, dass ich dafür einen konkreten Grund gehabt hätte; aber da sie bei der kleinsten Gelegenheit fröstelte, hielt ich es für meine Pflicht, ihr zu suggerieren, ihr Kälteempfinden sei auch in diesem Fall auf dem Holzweg. Hätte ich ihr die Wahrheit gesagt, hätte sie vermutlich nur noch mehr gefroren.

Wir zogen uns durch die Öffnung in der Decke des Tunnels und krochen in die Tropfsteinhöhle hinein. Es hier schien kühler als gestern zu sein, aber vielleicht kam uns das auch nur so vor. Die Stalagmiten glänzten im Licht unserer Lampen wie Eiszapfen, und ein kalter Schauer nach dem anderen lief mir über Arme, Beine und den Rücken.
„Wo ist es?", fragte Steffi, die sich dicht neben mir hielt.
„Da drüben", ich wies mit dem Strahl meiner Lampe in die Richtung, in der Pippos Mulde lag.
Langsam und vorsichtig näherten wir uns der Stelle. Ein Schmerz unterhalb meines Knies machte sich bemerkbar, und ich richtete den Lichtschein darauf. Offenbar hatte ich mir, ohne es zu merken, irgendwo das Schienbein aufgeschrammt; ein dünner Blutfaden rann langsam zum Knöchel hinunter.
„Was ist?" Steffi, die weitergegangen war, drehte sich zu mir um.
„Nichts. Ich hab mir nur...-" Den Rest des Satzes vergaß ich; etwas hatte mich abgelenkt, etwas, das mich hier an diesem Ort eigentlich nicht hätte ablenken dürfen.
„Was?", meinte Steffi ungeduldig.
„Scht!"
Wir lauschten in die Dunkelheit hinein, die plötzlich gar nicht mehr so dunkel zu sein schien. Im Gegenteil: Vom anderen Ende der Höhle her, etwas oberhalb von uns, tanzte eine Art Irrlicht heran und wurde dabei immer heller. Nun hörten wir beide auch, was es begleitete: Stimmen.
„Runter!", zischte ich und zog Steffi am Arm mit mir. Wir gingen hinter einem Wald von Stalagmiten in Deckung und schalteten die Lampen aus, gerade rechtzeitig, ehe das Irrlicht sich in einen breiten Lichtstrahl verwandelte und die Höhle grellweiß erstrahlen ließ. Schritte waren zu hören, undeutliches Gemurmel, das nach und nach ebenso wie die Schritte selbst verstummte.
„Dieser Teil der *Grotta della Signora* wurde im Jahre 1912 von dem britischen Forscher Anthony Stevenson entdeckt", sagte

jemand über uns auf Italienisch. „Am 15. März schafften er und seine Helfer von der Meeresseite her den Einstieg durch einen unterirdischen Tunnel, dessen Öffnung Sie an der Rückseite der Grotte sehen können. Dieser Teil ist allerdings der Öffentlichkeit nicht zugänglich. Erst später stieß man auf den Durchgang zu den landeinwärts gelegenen Abschnitten der Höhle, die wir ja bereits durchquert haben."
Der Lichtstrahl schwenkte über unsere Köpfe hinweg in die Richtung, aus der wir gekommen waren. Mir schlug das Herz bis zum Hals. Unter mir ertasteten meine Finger etwas Rauhes, Gummiartiges: Pippos Taucheranzüge. Ein Glück, dass ich ihn nicht offen auf dem Boden hatte liegen lassen!
„Hier drüben ragt die ‚Madonna' vom Boden auf", fuhr die Stimme fort, „sie ist in ihrer ganzen Höhe einen Meter sechzig groß." Mein Blick folgte dem Lichtkegel, doch aus unserer Position heraus konnte ich nicht allzu viel erkennen.
„Beachten Sie bitte die zartrosa Einfärbung unterhalb der Spitze. Sie geht auf eisenhaltige Partikel zurück, die in Kalk eingeschlossen über die Jahrtausende hinweg das Gesicht der ‚Madonna' formten. Das Sinken der Luftfeuchtigkeit..."
Was folgte, war ein schier endloser Vortrag über das Alter, die vorherrschende Temperatur im Inneren und die Bedeutung der Tropfsteinhöhle, die Beschaffenheit des Gesteins und den Werdegang des Entdeckers, den der Führer mit einer Reihe von Anekdoten kombinierte, in denen Deserteure und Liebespaare eine tragende Rolle spielten. Mittlerweile hatte ich's mir hinter meiner Deckung so bequem eingerichtet, wie es mir unter den gegebenen Umständen möglich war, und allmählich beruhigte sich auch mein Puls wieder ein wenig.
Geduldig - viel zu geduldig für unseren Geschmack - beantwortete der Führer die sich anschließenden obligatorischen Fragen, ehe er das Licht seiner Starklichtleuchte in die Richtung zurückschwenkte, aus der er gekommen war. In der Höhle wurde es wieder dunkel, und nach und nach verhallten Stimmen und Schritte in der Ferne.

Langsam kamen wir wieder aus unserer Deckung hervor. Steffi knipste ihre Lampe an und strahlte mir geradewegs ins Gesicht. „Was war das denn?“, fragte sie halblaut, aus Angst, von der Gruppe gehört zu werden. Ihre Stimme klang gepresst, und als ich sie anleuchtete, konnte ich deutlich sehen, dass sie zitterte. „Och, nichts weiter“, meinte ich und holte tief Luft, „wir haben nur gestern die *Grotta della Signora* neu entdeckt.“

Zum Glück machte Pippo keine Schwierigkeiten, als wir ihn vorsichtig an den Seilen wieder in den Tunnel hinabließen. Steffi, die ihre Abscheu davor, einen Toten anzufassen, offenbar vorübergehend abgelegt hatte, ging voran und stützte ihn von unten ab; ich hatte mir die Seile um die Oberarme gewickelt und hielt sein Gewicht von oben. Er schien noch schwerer zu sein als gestern, was aber auch damit zusammenhängen konnte, dass ich ständig abbremsen musste.
Die Seile schnitten in meinen Arm, und ich eckte in dem engen Tunnel irgendwo an in dem Bemühen, mich abzustützen und nicht wie auf einer Rutsche bergab zu schießen. Zu allem Überfluss hatte ich mir beim Einsteigen in den Schacht den Kopf angestoßen und fühlte nun, wie sich langsam eine Beule zu bilden begann.
Da ich sprichwörtlich beide Hände voll zu tun hatte und nur ein T-Shirt trug, hatte ich meine Lampe in die Kapuze von Pippos Taucheranzug geklemmt. Ein Fehler, wie sich herausstellte, denn sie verrutschte auf den paar Metern und leuchtete mir nun geradewegs in die Augen. Die Sicht nach unten war mir ohnehin durch seinen Körper verstellt, und nur Steffis „Au!“ - als ich Opa zu schnell abließ - verriet mir, dass sie noch da war. Ich vernahm ein plumpsendes Geräusch, und gleich darauf blendete mich ein zweiter Lichtstrahl.
„Pass auf“, warnte Steffi mich vor, „ihr seid jetzt genau vor dem Eingang! Lass ihn ganz vorsichtig runter!“
Ich tat wie geheißen; zentimeterweise gab ich Seil nach und spürte, wie Opa an meinen Beinen entlang glitt. Der Lichtkegel

meiner Taschenlampe schwenkte nach oben, und Pippo kippte im rechten Winkel aus meinem Sehfeld hinaus.
„Alles klar", vermeldete Steffis Stimme, „ich hab ihn."
Wieder blendete mich ihre Lampe, und ich beeilte mich, aus dem Schacht herauszukriechen. Soweit ich das in dem Licht erkennen konnte, hatte auch Steffi einige Schürfwunden davongetragen, ein Umstand, der mich irgendwie beruhigte. Ich tastete nach der Beule an meiner Stirn, und ein dumpfer Schmerz schoss mir durch den Kopf.
Steffi drehte sich weg und nieste.
„Gesundheit!", sagte ich, und sie zog schniefend die Nase hoch.
„Danke. Wird Zeit, dass wir hier wegkommen. ‚Nen Schnupfen wollte ich mir im Sommerurlaub eigentlich nicht holen."
Wir schleiften den Körper das kurze Stück über den steinigen Boden zum Boot, das auf dem Wasser im Inneren der Grotte tanzte. Ich zog es näher heran, bedrohlich laut schlug die Kunststoffhülle gegen die Felsen, und es gab bei jeder Welle ein schabendes Geräusch, wenn sie an ihnen entlangschrammte.
Während Steffi das Boot hielt, legte ich Pippo - erst die Beine, dann den Kopf - vorsichtig hinein. Dann half ich ihr selbst beim Einsteigen, löste die Leinen und stieß uns sachte vom Ufer ab. Die Wellen hielten dagegen, und ich versuchte, uns auf die Öffnung zuzurudern. Doch die Strömung war zu stark, wir wurden auf den wenigen Metern ab- und auf die Felsen zugetrieben; irgendwann hatte ich die Nase voll und warf den Motor an.
Das Geräusch war irrsinnig laut in der gewölbeartigen Grotte, aber das war uns in dem Moment ziemlich egal. Indem ich den Gashebel so sachte wie möglich drehte, bugsierte ich uns vor die Öffnung und hinaus aufs Meer.
Noch immer versuchte uns die Strömung vom Kurs abzubringen, aber schließlich schlüpften wir doch noch durch den Ausgang hindurch. Das Boot hob sich auf einer Welle, und ich holte mir noch rasch ein paar blaue Flecken am Rücken, dann waren wir endlich draußen.

Die Bewölkung hatte zugenommen, dennoch fühlten wir uns vom Tageslicht erst einmal geblendet.
„Du lieber Himmel! Wie siehst du denn aus?“, fragte Steffi entsetzt, als sich ihre Augen an die Helligkeit gewöhnt hatten.
Ich betrachtete mir meine zerschrammten Beine. Das Blut auf meinem Schienbein war mittlerweile getrocknet, und eine ganze Reihe von Schürf- und Quetschwunden überzog meine Oberschenkel und die Knöchel. Meine Arme sahen auch nicht besser aus: Auch hier war die Haut abgeschürft, und die Seile hatten tiefe Striemen hinterlassen. Ich grinste.
„Wieso? So sehe ich nach Ausflügen mit Pippo doch immer aus!“
Das Meerwasser, mit dem ich das Blut abrieb, brannte wie Jod.
„Aaah“, schluckte ich, „Salz auf unserer Haut - hab ich mir irgendwie immer was Anderes drunter vorgestellt.“
„Stell dich nicht so an!“, meinte Steffi. „Was hast du denn da?“
Sie tastete nach der Beule auf meiner Stirn.
„Au!“ Ich zuckte zusammen. „Muss das sein?“
„Wie schön, dass ich mit so einem harten Knochen zusammen bin!“, seufzte sie. „Es gibt ja solche Mimosen unter den Männern...!“
„Ha - ha. Sag nur, dass deine blauen Flecke dir nicht weh tun?“
Sanft tippte ich eine veilchenfarbene Stelle auf ihrem Bein an.
„Hey, lass das!“, rief sie lachend. „Aufhören! Au!“
„Na, wer ist hier die Mimose?“, fragte ich.
„Ich darf das! Ich darf leiden, ich bin eine Frau!“, entgegnete sie, noch immer lachend. „Hör auf, das Boot kippt gleich um! Dann lockst du mit deinem blutigen Knie die Haie an. Au! Au!“

Der Strand von Manfredónia war im Gegensatz zu dem Cattolicas relativ verschmutzt, und angesichts der nahen Raffinerie wagten sich nur wenige Leute ins Wasser, doch das störte Rainer nicht besonders. Er genoss das Baden in dem flachen Wasser, wenngleich er die zunehmende Bewölkung am Himmel mit Sorge registrierte.

Jakob ließ sich derweil bei einem Herrenfriseur in der Innenstadt rasieren. Signor Ghilardi - der ‚Barbiere' - verrichtete seine Arbeit gleichermaßen flink wie gelassen und war für einen Friseur ausgesprochen wortkarg. Die anderen Kunden schienen täglich vorbeizuschauen und gingen sehr vertraut miteinander um. Kam jemand zur Tür herein, sahen sie und Ghilardi kaum auf, um zu grüßen, und gelegentlich verschwand einer von ihnen wortlos hinter dem Vorhang, der den Laden vom Wohnbereich abtrennte, um die Toilette aufzusuchen oder mit einem Bier zurückzukehren.
‚Wie eine Familie', dachte Jakob, während der Barbiere mit dem Daumen sein Kinn in der Waagerechten hielt, um seinen Hals zu rasieren, ‚oder wie ein altes Ehepaar'. Er mochte die Atmosphäre dieses Frisiersalons, obgleich er sich im Klaren darüber war, dass er selbst in den Augen der anderen nur ein Gast war.
Es waren diese Kleinigkeiten am Rande, die den Reiz Italiens für ihn ausmachten, und während er mit halb geschlossenen Augen die raschen Bewegungen Ghilardis und seines Rasiermessers verfolgte, zogen sie wieder vor ihm auf, die Bilder: Bilder seiner Jugend, Bilder aus dem Krieg, Bilder seiner Zeit mit Pippo, mit Marianne, mit Carlotta. Ghilardi hielt kurz inne, er hatte Jakobs Hals einen kleinen Schnitt verpasst, doch dieser bemerkte es gar nicht. ‚Wie seltsam', dachte er beim Anblick all dieser Bilder, die immer weitere Bilder hervorzubringen schienen, ‚wo wart ihr nur so lange?'

Wir hatten das Boot gut am Ufer vertäut und ihn den Berg hinaufgeschafft, ehe wir uns darum kümmerten, Pippo von seiner Gummihaut zu befreien. Das Risiko, einem Boot oder Badegästen zu begegnen, mochte zwar geringer sein als gestern, erschien uns aber noch immer groß genug.
Wir wuschen uns ein wenig und ließen Pippo derweil in der Sonne trocknen, ehe wir ihn wieder in seinen Sonntagsanzug und den Anglergürtel steckten. Ich band ihm die Seile um die

Brust und befestigte sie an den Karabinerhaken des Gürtels. Die anderen Enden zog ich durch die Löcher, die ich in den Jetbag geschnitten hatte. Ich wollte Opa schon wieder hineinhieven, als mir ein anderer Gedanke kam.

Der Cinquecento parkte über den Klippen unmittelbar vor einem verkrüppelten, aber stämmigen Baum, dessen Wurzeln sich weit in den Fels hinein verankert hatten. Ich zog die Seile in voller Länge heraus und verknotete sie oberhalb der ersten Äste. Dann wies ich Steffi an, auf Pippo Acht zu geben, stieg in den Wagen und startete den Motor.

„Was hast du vor?", hörte ich Steffi rufen, antwortete aber nicht. Stattdessen legte ich den Rückwärtsgang ein und gab sachte Gas. Ein hässliches, schleifendes Geräusch erklang, wie wenn man zu dicht unter herabhängenden Zweigen hindurchfährt, dann sah ich, wie die Seile sich straff spannten. Im Innenspiegel rutschte Opa langsam das Heck hinauf.

Der Motor keuchte, ich regulierte den Leerlauf ein wenig per Handgas und fuhr weiter rückwärts. Pippos Oberkörper verschwand aus dem Rückfenster, seine Beine kamen in Sicht, dann die Schuhe. Steffi ging nebendran her, schob nach und achtete darauf, dass sich der Anzug nicht irgendwo verfing.

Ein Ruck ging durch den Cinquecento; eines der Seile hatte sich von dem Baumstamm gelöst und hing nun die Frontscheibe herunter. Beim Blick in den Rückspiegel konnte ich von Opa nichts mehr sehen, und ich stoppte den Wagen.

„Wie sieht's aus?", fragte ich Steffi.

„Ganz gut", rief sie, „er ist fast ganz drin!"

Ich kuppelte und fuhr wieder einen Meter auf die Klippen zu, um das verbliebene Seil zu entlasten, ehe ich den Motor ausschaltete und ausstieg. Pippo war nahezu gänzlich in dem Jetbag verschwunden, nur die angewinkelten Unterschenkel guckten noch heraus; ich schob nach und schloss die Klappe.

„Warte, die Kühlakkus!", sagte Steffi. „Ich hab sie vorher rausgenommen."

„Kluges Kind", bemerkte ich. Wir verstauten die Akkus so

gleichmäßig wie möglich im Inneren der Dachbox. Sie waren noch immer erstaunlich kalt, obwohl seit dem Verlassen des Campingplatzes inzwischen gut zwei Stunden vergangen waren.
„Geschafft!“, keuchte Steffi und verschloss den Jetbag erneut. „Was jetzt?“
„Jetzt bringe ich erstmal das Boot zurück. In der Zwischenzeit tankst du den Cinquecento auf und holst mich dann anschließend dort ab“, sagte ich, während ich die Seile durch die Löcher stopfte.
„Yes, Sir - zu Befehl!“, salutierte Steffi. Ich musste lachen und küsste sie.
„'Tschuldige. Lass es mich anders formulieren: Würdest du bitte dem Kleinen ein bisschen Benzin spendieren und meinetwegen einen winzigen Umweg in Kauf nehmen, um mich unterwegs aufzulesen? Ich wäre dir außerordentlich dankbar dafür.“
Sie legte den Kopf schief und tat, als müsse sie darüber gründlich nachdenken.
„Na schön.“

Nach dem Essen wäre Rainer gerne noch einmal zum Strand hinunter gegangen. Ihr Gepäck war in einem kleinen Raum hinter dem Tresen der Hotelrezeption gut untergebracht, und ihnen blieben noch einige Stunden Zeit bis zur Weiterfahrt. Doch hatten sich inzwischen die dunklen Wolken nach und nach am Himmel zusammengezogen, und ein böiger Wind, der die ersten Regentropfen mit sich brachte, kam vom Meer herein. Dabei war es trotz allem noch immer schwülwarm, und auf Rainers Stirn standen Schweißperlen. Er und Jakob saßen alleine an einem Tisch in der kleinen Bar, die sich an die Hotellobby anschloss.
„Das Wetter erinnert mich an die Zeit, als Pippo zum ersten Mal nach Deutschland kam“, meinte Jakob, der in den Regen hinaussah. „Es war Hochsommer damals, und in großen Teilen

Italiens herrschte eine regelrechte Hitzewelle, während es bei uns wochenlang in einem fort regnete. Ich werde nie vergessen, wie Pippo und seine Frau aus dem Zug stiegen, er im Hemd, Carlotta im Trägerkleid - sie hatte einen von diesen kleinen Hüten auf, die damals in Mode waren, und der troff binnen kürzester Zeit nur so vor Nässe - und Pippo fragte: ‚Sind eure Sommer alle so?' Ich glaube, er wäre sofort wieder in den Zug zurück nach Italien gestiegen, wenn ich ihm nicht das Gegenteil versichert hätte."

„Warum haben Sie ihn damals eigentlich nach Deutschland geholt?", wollte Rainer wissen.

„Tja, warum...? In Italien - vor allem in Süditalien - herrschte nach dem Krieg nicht unbedingt eine besonders große Nachfrage nach Bäckern und Konditoren. Ich dagegen musste plötzlich den Laden schmeißen und hab händeringend Fachpersonal gesucht. Außerdem war ich ihm was schuldig."

„Schuldig? Inwiefern?"

Jakob bestellte noch einen Analcolico, ehe er antwortete.

„Als ich Vierundvierzig verwundet wurde und wir uns kennen lernten, war ich gerade mal neunzehn Jahre alt. Damals ging's mir wie dir, ich hatte keine Ahnung, was ich später mal beruflich machen würde. Für meinen Vater dagegen stand bereits fest, dass ich nach dem Krieg Volkswirtschaft studieren und irgendwann das Geschäft übernehmen würde. - So war das damals, da wurde man nicht groß gefragt", belehrte er Rainer.

„Aber das war für mich alles noch viel zu weit weg, als man mich für die Infanterie ausbildete und nach Italien schickte. So absurd es klingen mag, aber das war für mich das wahre Leben: Endlich von zu Hause weg, mit den Kumpels in ein fremdes Land, schönes Wetter", er lächelte entschuldigend angesichts des Regens, der die Fensterscheiben hinunter lief, „gutes Essen, hübsche Mädchen... besser hätte es uns gar nicht gehen können. Damals beschloss ich, nach dem Krieg unbedingt was mit Sprachen zu machen.

In Kämpfe waren wir nie verwickelt, jedenfalls nicht, ehe die

Italiener kapitulierten. Das war Anfang September '43. Ich erinnere mich, dass ich meiner Mutter noch einen Tag vor der Bekanntgabe nach Hause schrieb, wie gut es mir inzwischen ergangen war und dass ich hoffte, bald wieder heimzukehren. Kurz darauf besetzten unsere Truppen Rom, und wir waren angehalten, ebendie Italiener zu entwaffnen, die uns bis dahin zur Seite gestanden hatten. Vier Wochen später erklärte uns Italien dann auch offiziell den Krieg, und ab da war es vorbei mit dem schönen Leben in Italien. - Hast du je was von der *Goten-Stellung* gehört?"

Rainer, der sich fragte, was das alles mit Pippo zu tun hatte, der die Schilderungen Jakobs aber nicht uninteressant fand, schüttelte den Kopf.

„Die *Goten-Stellung*", Jakobs Stimme hatte wieder diesen belehrenden Ton angenommen, als doziere er aus einem Lehrbuch, „sollte so etwas wie ein Bollwerk gegen das Vorrücken der Alliierten sein. Offiziell hat man das Ganze natürlich ganz als Absicherung des eigenen Angriffsfeldzuges gesehen, aber im Grunde genommen war es nichts Anderes als unsere Nachhut für den Rückzug in Richtung Deutschland.

Auch mein Regiment war damals damit beauftragt, die Stellung zu halten, derweil hinter unserem Rücken die Kameraden die Beine in die Hand nahmen und machten, dass sie Land gewannen. Unser Oberbefehlshaber, Feldmarschall Kesselring, hatte Hitler zwar persönlich zugesichert, die Stellung noch auf Jahre hinaus halten zu können, aber das schafften wir nicht mal bis zum Winter Vierundvierzig. Da war Italien offiziell schon ein Jahr aus dem Krieg raus."

Jakob machte eine bedeutungsvolle Pause. Mittlerweile hatte der Regen etwas nachgelassen, und dort, wo die Sonne durch die Wolken hindurch aufs Pflaster schien, blitzte sie in den Pfützen auf.

„Meine Einheit zog sich zurück, während andere Verbände noch eine Weile durchhielten. Aber egal, wie schnell wir rannten, die Amis saßen uns immer schon im Nacken. Im Gran

Sasso hat's uns dann erwischt; die Italiener, die inzwischen auf Seiten der Alliierten kämpften, kannten sich in der Gegend viel besser aus als wir, und innerhalb weniger Stunden war unser Nachschub abgeschnitten. Wir hielten uns noch eine ganze Weile, aber im Grunde genommen war's sowas wie ein Himmelfahrtskommando. Ich war froh, als es vorbei war, obwohl wir dadurch in Kriegsgefangenschaft gerieten.
Aber ich wollte ja eigentlich noch etwas von Pippo erzählen", meinte Jakob nach einer weiteren Pause. „Auf der Station in dem Lazarett herrschte eine eher lockere Atmosphäre; einerseits waren wir Gefangene, andererseits war ziemlich klar, dass mit dem Überrennen der *Goten-Stellung* den Amerikanern Tür und Tor in Europa offen standen und dass der Krieg für uns verloren war.
Dafür, dass wir Kriegsgefangene waren, genossen wir eine Menge Freiheiten, die wir auch gerne nutzten. Wir wären ziemlich blöd gewesen, wenn wir versucht hätten, abzuhauen. Außerdem gab es unter uns nur noch wenige Offiziere, und auch die hatten die Schnauze gestrichen voll.
Als Pippo und ich uns im Lazarett kennen lernten, verstanden wir uns auf Anhieb. Sein Vater hieß ebenfalls Jakob, -Giacobo-, also war ihm mein Name gleich sympathisch. Da er neben anderen Dingen auch was vom Backen verstand, gab er mir freundlicherweise das Rezept für die hausgemachten Pasticiotti seiner Großmutter mit auf den Weg, als man mich aufs Land verlegte. Ich hätte damals nicht gedacht, dass die *Frankfurter Cremeschnitten* mal so berühmt werden würden."
„Die *Cremeschnitten*?", wiederholte Rainer ungläubig. „Die mit der Vanillefüllung?"
„Genau die. Als ich das Rezept damals mitbrachte, wollte mein Vater nichts davon wissen. So einen ‚Itackerkram' wollte er auf gar keinen Fall in seiner Auslage sehen. Ich musste Pippos Pasticiotti heimlich backen lassen, damit er nichts davon erfuhr."
„Und?"

„Sie haben allen gut geschmeckt - am besten meiner Mutter“, schmunzelte Jakob.
„Nein, ich meine, was geschah dann?“
„Eine Weile geriet das Rezept in Vergessenheit. Aber kaum ein Jahr später starb mein Vater bei einem Unfall, und da meine Mutter nicht in der Lage war, den Laden alleine zu führen, musste ich zwangsweise einspringen.
Die Konditorei allerdings lief schlecht, und ohne die Bäckerei hätten wir aufgeben müssen. So kurz nach dem Krieg hatten die Leute kaum Geld für das Nötigste. Was also tun? Als Erstes stellten wir die Produktion gänzlich auf Backwaren um, dann erweiterten wir nach und nach wieder das Angebot, und irgendwann lagen sie dann zwischen Salzbrezeln und Kastenbrot: Unsere *Frankfurter Cremeschnitten.*
Sie waren von Anfang an ein Riesenerfolg. Als wir mit der Herstellung begannen, besaßen wir nur den Stammladen und eine Filiale in der Innenstadt. Aber schon 1950, als ich Pippo und seine Familie nach Deutschland holte, hatten wir bereits sieben Filialen in Frankfurt und Umgebung. Heute sind es über hundert in ganz Deutschland.“
„Das heißt also, dass die *Frankfurter Cremeschnitten* Sie reich gemacht haben?“, fragte Rainer.
„Na ja, so weit würde ich jetzt nicht gehen“, entgegnete Jakob aufgeräumt, „außerdem, was heißt schon ‚reich‘? Ich würde aber sagen, dass Pippos Rezept uns wieder auf die Beine geholfen hat.“
Rainer schwieg zu dieser Erklärung. Er hatte schon einiges über Jakob Spangs Geschäftsgebaren gehört, und es verwunderte ihn nicht weiter, dass dieser seinen kommerziellen Erfolg hauptsächlich auf seine eigenen Fähigkeiten als Verkaufsstratege zurückführte. Allerdings ärgerte ihn die Selbstgefälligkeit seines Gegenübers schon ein wenig.
„Ich glaube, es hat aufgehört zu regnen“, meinte er.
„Tatsächlich.“ Jakob sah auf die Uhr. „Ich denke, wir können dann auch langsam aufbrechen.“

Diesmal war der Bootsverleiher vor Ort, als ich eintraf. Er sonnte sich in seinem Klappstuhl und erhob sich, als ich mit den Taucheranzügen überm Arm auf ihn zu kam.
„Sie waren gestern abend nicht da“, stellte er mit vorwurfsvollem Unterton in der Stimme fest.
„Ach ja, der Tauchlehrer, stimmt“, antwortete ich. „Tut mir Leid. Uns ist leider etwas dazwischen gekommen. Deshalb bringe ich die Sachen auch schon wieder zurück. Wir müssen leider schon heute wieder aufbrechen.“
Er ließ sich ein wenig über die schöne Küste und das saubere Wasser aus und darüber, dass sich die Urlauber bei Rimini stapelten, während sie hier nur durchreisten, und wie schlecht dies fürs Geschäft sei. Da Steffi noch auf sich warten ließ, leistete ich ihm beim Schwitzen ein wenig Gesellschaft.
„Wohin geht's jetzt weiter?“, fragte er und nahm einen kräftigen Zug aus seiner Wasserflasche. Ich überlegte, ob es Sinn machte, ihn anzulügen, und sagte dann: „Apulien. Lecce.“
„Ah, Puglia“, meinte er desinteressiert, ein Phänomen, das ich bei ‚Nord'-Italienern schon häufiger angetroffen hatte. Man sprach nicht gerne über den armen Süden, als schäme man sich dieser Region. ‚Dann halt nicht', dachte ich bei mir.
Steffi kam; schon von weitem vernahm ich den unverkennbaren Klang meines Cinquecento. Ich erhob mich, zahlte das Boot und verabschiedete mich rasch. Als ich einstieg, saß der Vermieter schon wieder in seinem Stuhl und ließ die Arme zu Boden baumeln.
„Hast du gesehen?“, fragte mich Steffi. Ich musterte sie von oben bis unten.
„Du hast eine neue Frisur?“, antwortete ich aufs Geratewohl.
„Ach, Quatsch! Komm, ich zeigs dir!“ Wir stiegen also wieder aus, und sie wies stolz auf zwei Aufkleber, die die Löcher im vorderen Teil des Jetbags verdeckten. ‚Pippo a bordo' und ‚Luca a bordo' stand da, und darunter war jeweils ein Baby mit Schnuller abgebildet.

„Sind die nicht süß?“, fragte Steffi und ließ dabei offen, ob sie die Babies oder die Aufkleber selbst meinte. „Ich hab sie an der Kasse der Tankstelle gesehen. Mit ‚Steffi‘ gab es sie leider nicht.“
„So'n Pech aber auch.“ Mehr fiel mir dazu nicht ein. Ich wendete den Wagen und fuhr auf die Küstenstraße hinaus.
„Magst du sie nicht?“
„Doch, doch. Schön.“ Ich gab ihr einen Kuss. „Danke. - Ist beim Tanken alles gut gelaufen?“ Sie nickte.
„Klar. Warum nicht?“, fragte sie schnippisch zurück. Offensichtlich hatte ich ihre Idee mit den Aufklebern nicht genug gewürdigt.
„Ich meine ja nur. Hätte ja sein können...-“ Den Rest des Satzes sparte ich mir.
„Bild dir ja nicht ein, ich käme in Italien ohne dich nicht zurecht!“, sagte sie stolz.
„Ach, komm“, ging ich darauf ein, „ohne mich würdest du doch innerhalb einer Woche verhungern oder...-“
„Du träumst!“, lachte Steffi.
„...oder irgendeinem Kerl die Ehe versprechen, weil du ihn nicht verstehst!“
„Ich kann besser Italienisch, als du denkst!“, meinte sie trotzig. „Fahr mal rechts ran! Da, da vorne bei dem alten Mann! Na los, mach schon!“
Verblüfft sah ich sie an, lenkte den Cinquecento an den Straßenrand und hielt neben dem Mann, der zwar gar nicht so sehr alt, dafür aber ziemlich gebrechlich zu sein schien. Er zog beim Gehen sein rechtes Bein nach und stützte sich deshalb auf eine Art Wanderstock. Steffi kurbelte die Fensterscheibe herunter.
„Mi scusi, signore! Stiamo cercando l'autostrada...-“
Der alte Mann war blieb stehen und rang pfeifend nach Luft; dann machte er einen unsicheren Schritt aufs Auto zu.
„Lau'sada?“, verstand ich, als er die Frage wiederholte. Wir nickten.

„'Lora", fuhr er keuchend fort, und dies war zugleich das letzte Wort, dessen Bedeutung ich noch erfassen konnte. Der Rest ging in einem undefinierbaren Genuschel unter, welches man beim besten Willen nicht mehr mit dem in diesem Landstrich üblichen Dialekt erklären konnte.
Steffi nickte pflichtschuldigst, obwohl auch sie vermutlich kein Wort verstand. Den wachen Augen nach mochte der alte Mann nicht älter als unsere Eltern sein, aber er war zahnloser als Pippo, und mit seinem Italienisch würde er es sicher niemals über die Ortsgrenze hinaus schaffen. Es klang, als habe man ihm im Zuge einer Familienfehde die Zunge herausgeschnitten.
Aber Mühe gab er sich, da konnte man nichts sagen. Während seiner minutenlangen Erklärungen versuchte ich, seine Handbewegungen in die Übersetzung mit einzubeziehen, gab es aber irgendwann auf. Als der Redeschwall versiegte, dankten wir höflich, Steffi kurbelte ihr Fenster hoch, und wir fuhren wieder weiter. Im Rückspiegel wurde der Mann mit dem Stock immer kleiner und verschwand schließlich ganz.
„Was hat er gesagt?", fragte Steffi. „Ich hab nicht alles verstanden."
Bei der Bemerkung musste ich an mich halten.
„Du hast *nicht alles* verstanden?"
„Na ja, soo lange lerne ich ja nun auch noch nicht Italienisch!", verteidigte sie sich.
„Er hat gesagt, du hättest wunderschöne Augen", meinte ich, „und dass er, wenn er nicht schon so alt wäre, dich gerne deinem Freund ausspannen würde."
„Echt?", fragte sie mit gespielter Freude.
„Nein. Nicht echt", antwortete ich nüchtern. „Schatz, der Mann ist taubstumm oder so! Jedenfalls war er nicht zu verstehen."
„War aber trotzdem nett von ihm, uns so ausführlich den Weg zu beschreiben."
„Stimmt. Hätte nicht jeder gemacht", pflichtete ich ihr bei.
„Was meinst du, wie er wohl lebt?"
„Wer? Der Alte?"

„Ja."
„Was weiß ich?", sagte ich. „Vielleicht ist er Frührentner. Genau: Er ist bei der Arbeit mit dem Bein in die Schrottpresse gekommen!"
„Iiih!", meinte Steffi und verzog das Gesicht. „Nein. Besser: Er war der eigentliche Drahtzieher am Attentat auf Hitler und hat bei der Explosion damals ein Bein verloren."
„Der? Der war damals ja noch ein Kind!", zweifelte ich.
„Na eben! Völlig unverdächtig - da vermutet doch niemand eine Bombe im Schulranzen!"
Ich ließ mir die Sache durch den Kopf gehen.
„Und seit damals lebt er unerkannt in diesem Kaff hier? Wurde niemals ausgezeichnet, nie geehrt und musste seine Familie mit Gelegenheitsarbeiten durchbringen?"
„Genau", bekräftigte Steffi.
„Au Mann! Wahnsinn! - Wie heißt er?"
„Hmm... mal sehen. - Franz! Franz Engel. - Das heißt, jetzt nennt er sich Francesco."
„Francesco d'Angelo", ergänzte ich.
„Ja, genau: Francesco d'Angelo."
„Wir sollten umkehren und ihm danken", meinte ich und verlangsamte die Fahrt.
„Ach nein, das wäre ihm bestimmt peinlich!"
„Glaubst du?"
„Hmm."
„Na schön", sagte ich, „dann vielleicht ein andermal."

Der Platzregen brach kurz hinter Cerignola los. Vorangegangen war ein rumpelnder Donner, der sich in rasender Geschwindigkeit auf uns zu zu bewegen schien. Wir fuhren geradewegs in ihn hinein, und plötzlich schüttete es wie aus Kübeln auf uns nieder. Die kleinen Scheibenwischer waren so wirkungslos wie in einer Waschanlage, und unwillkürlich näherte sich mein Gesicht immer mehr der Windschutzscheibe in dem Versuch, die Straßenmarkierungen zu erspähen. In der

unteren Ecke drückte sich der Regen durch die Dichtung und perlte übers Armaturenbrett auf mein Hosenbein ab.
Die anderen Autofahrer schien das Wetter nicht groß zu beeindrucken. Mit atemberaubender Geschwindigkeit rauschten sie an uns vorbei und schoben das auf der Straße befindliche Wasser in großen Wellen zu uns herüber. Den Cinquecento hob es dabei jedes Mal leicht in die Höhe, und mit beiden Händen das Steuerrad umklammernd, surfte ich uns wieder auf die Fahrbahn zurück.
Nach einer Weile hatte ich die Nase voll. Abgesehen davon, hatte Steffi sich auffallend ruhig verhalten, ein sicheres Zeichen dafür, dass auch ihr die Sache nicht geheuer war. Ich nahm die erstbeste Raststätte und brachte uns von der Autobahn runter.
Während Steffi ausstieg und durch den Regen zur Toilette hinüber sprintete, ließ ich den Wagen auftanken und warf einen Blick auf die Karte. Es war nicht ganz zehn vor drei; obwohl wir bei der Grotte viel Zeit verloren hatten, lagen wir noch gut im Plan und konnten den Vier-Uhr-Termin noch locker wahrnehmen. Wenn nur dieser Regen aufhören würde!
Wir befanden uns irgendwo hinter Canosa; bis Bari mochten es noch gut sechzig Kilometer sein, bei trockener und staufreier Strecke etwa eine Stunde Fahrtzeit. Wenn man die Suche nach der Piazza Garibaldi hinzurechnete, würden wir pünktlich am Treffpunkt einlaufen.
Steffi kam zurück und trat prompt in eines der Schlaglöcher, mit denen der Parkplatz überzogen war und das knöcheltief mit Wasser gefüllt war.
„Scheiße!“, fluchte sie, als sie einstieg und die Tür hinter sich zuknallte. Ihre Frisur war nicht mehr als solche zu bezeichnen, aber ich verkniff es mir, sie darauf hinzuweisen. Die Jeans waren klatschnass bis zu den Knien; von den unteren Rändern tropfte es unaufhörlich auf den Teppich.
„Regnet's etwa?“, fragte ich.
„Ach, Scheiße!“, wiederholte sie und zog ihre ruinierten Turnschuhe aus.

„Kannst du mal in meine Tasche greifen und mir die andere Jeans geben?“
Ich tat, wie mir geheißen, und nahm aus dem Seitenfach auch ein Paar frischer Socken. Mit Erstaunen registrierte ich, dass Steffi sich die Hose auszog.
„Hey, hey, was wird das denn?“
„Ich wechsle meine Jeans“, stellte sie fest.
„Vor allen Leuten? Ich dachte, du gehst aufs Klo oder so!“ Ich sah mich um.
„Glaubst du wirklich, ich renne bei dem Wetter nochmal da hin? Und überhaupt, welche Leute? Meinst du, die haben hier nichts Anderes zu tun, als sich im Regen neben unser Auto zu stellen und zu spannen?“ Schon schlüpfte sie in die frische Jeans, zog und zerrte im Sitzen daran herum, bis Knopf und Reißverschluss sich schließen ließen. Der Cinquecento schwankte bedrohlich in den Federn.
„Hör auf“, sagte ich, „du wirfst uns noch um!“
„Reg dich ab, ich bin ja schon fertig!“
Unschlüssig saß sie da, ihre nassen Socken in der Hand.
„Gib mal her!“ Ich nahm sie ihr ab, drehte die sich unter dem Armaturenbrett befindenden Heizungsklappen auf und klemmte jeweils eine rechts und links darin ein.
„Was wird das denn, wenn's fertig ist?“, wollte Steffi wissen.
„Was das wird? Trockene Socken werden das! Keine Sorge - ist alles im Preis inbegriffen!“

Der Hotelbesitzer war heilfroh, als Jakob und Rainer endlich ihr Gepäck abholten und in dem gewaltigen Leichenwagen verstauten. Letzterer war in der Tat fast wortwörtlich tödlich fürs Geschäft, und seiner Meinung nach konnte der Volvo gar nicht schnell genug von seinem Parkplatz wieder verschwinden. Die Regenwolken waren inzwischen weitergezogen, und die langsam wieder hervorbrechende Sonne hatte den Asphalt der Straße im Handumdrehen getrocknet. Nur in der schmalen Seitengasse, in der sich das Hotel *Siponto* befand, war davon

noch nichts zu sehen. Die Häuser waren zu hoch und standen zu eng beieinander, als dass das Sonnenlicht die tiefen Pfützen inmitten des Kopfsteinpflasters erreichen konnte. Ungeschickt stakste Rainer zwischen ihnen umher, Jakobs Gepäck in der einen, sein eigenes in der anderen Hand, nur um letztlich doch noch knöcheltief in einer von ihnen zu versinken. Fluchend nahm er hinter dem Steuer Platz und fuhr den Wagen vor den Eingang.
„Tolles Reisewetter!“, meinte er zu Jakob, der neben ihm Platz nahm.
„Nun jammere mal nicht! Ich hab eben mit dem Besitzer gesprochen, und er hat mir erzählt, dass es in Deutschland schon seit gestern regnet. Außerdem wird's da links über dem Hotel schon wieder hell - siehst du?“
Rainers Blick folgte dem ausgestreckten Finger Jakobs.
„Mag sein - aber dem Schild nach müssen wir rechts abbiegen.“
Jakob sah ihn verdutzt an, doch vermochte er nicht zu sagen, ob Rainer dies im Scherz gesagt hatte.

Das System funktionierte tatsächlich recht gut. Die Abluftwärme des Motors hatte Steffis Socken fast vollständig getrocknet, als diese ein ungutes Aroma im Inneren des Fiats zu verbreiten begannen. Der Grund dafür lag weniger in den Socken selbst als vielmehr darin, dass die Abluft sich in den durch sie verstopften Rohren staute und weiter erwärmte. Wir retteten, was von den Socken noch übrig war, und ließen sie auf der Rückbank auskühlen.
Mittlerweile hatte es aufgehört zu regnen. Die dicken, schwarzen Wolken hatten sich im Gefolge des Donners in Richtung Norden verzogen, und zwischen den zurückgebliebenen, weniger bedrohlich wirkenden Wolkenbänken blitzte ab und zu sogar die Sonne wieder durch. Wir näherten uns Bari. Die Außenbezirke sahen aus wie Bürgerkriegsgebiete im Libanon; es fehlten eigentlich nur noch die zerschossenen Panzer.

Der Autoverkehr nahm zu, kaum dass wir die äußeren Stadtgrenzen passiert hatten. Während ich mit dem Strom auf einer der mittleren Spuren schwamm und laut die Namen sämtlicher Querstraßen herunterbetete, suchte Steffi diese auf dem Stadtplan, der auf ihren Knien lag.
„Ich habs!“, rief sie schließlich. „Via Bottego - wir sind genau richtig. Immer geradeaus, dann stoßen wir geradewegs auf die Piazza Garibaldi!“ Voller Stolz klappte sie den Stadtplan zu.
„Wie weit ist es noch bis dorthin?“, wollte ich wissen.
„Noch ein gutes Stück.“ Ich sah sie an. „Fahr nur! Und pass auf - der Alfa will bestimmt auf unsere Spur!“
„Du sagst mir aber schon, wenn’s soweit ist, oder?“, fragte ich.
„Ja, ja, ist aber noch ein ganzes Stück bis dahin. - Pass auf!“, rief sie.
Mit einem beherzten Vorstoß quetschte sich der Kerl in dem Alfa noch vor mir in die Spur, ich ging voll in die Eisen und behielt dabei meinen Hintermann im Auge, dessen Fahrstil einen gewagten, wenn auch zugleich geistesabwesenden Eindruck machte. Eingekesselt zwischen drei anderen Fahrbahnen rauschten wir durch Bari.
„Oh!“, sagte Steffi.
„Was?“
„Ich glaub fast, das da drüben war die Piazza Garibaldi“, antwortete sie seelenruhig.
„Was? Wo?“ Ich suchte den Rückspiegel nach etwas ab, das nach Piazza Garibaldi aussah.
„Zu spät. Wir sind schon vorbei.“
„Na toll! Und jetzt?“
„Am besten drehst du irgendwo und fährst zurück“, schlug sie vor.
„Oh, danke!“, meinte ich sarkastisch. „Gut, dass ich dich bei mir habe! Ich wäre sonst weitergefahren bis Palermo! - Muss erstmal zusehen, dass ich von der Mittelspur runterkomme“, fügte ich murmelnd hinzu.
„Da vorne könntest du abbiegen. Siehst du’s?“

„Jep." Ich spähte nach schräg hinten und nutzte die erste Unaufmerksamkeit des Fahrers neben mir, um mich meinerseits in seine Spur zu drängen. Wir bogen ab, wendeten und fuhren wieder zurück. Auf dem Weg kamen wir an einer Straßenuhr vorbei. Es war genau zehn vor vier.

„Wie weit?", fragte Rainer.
Jakob sah auf die Karte.
„Vierzig, fünfundvierzig Kilometer etwa. Wir sind pünktlich da."
„Sogar zu früh", bemerkte Rainer.
„Wirklich? Na, dann halt doch mal an! Da vorne, siehst du? Mach schon!"
Nachdem Rainer den Wagen hinter der Autobahntankstelle geparkt hatte, stieg Jakob Spang aus, hob den Deckel des Sarges ein wenig an und entnahm ihm eine gut gekühlte Flasche roten Martini und zwei einfache Wassergläser.
„Ich dachte mir, es wäre doch schade, wenn das Ding da unbenutzt vor sich hin kühlen würde. Immer nur Wasser ist ja schließlich auch nicht so das Wahre, oder? Und Pippo hätte das hier sicher gefallen."
Rainer, dem noch immer sein Gewissen zu schaffen machte, sagte schon gar nichts mehr. Er hatte unzähligen Begräbnissen beigewohnt, Särge geschleppt, Kränze drapiert, Arrangements arrangiert, Tote aufgebahrt, ja, sie sogar geschminkt, und obgleich er dem Beruf seines Vaters und seines Großvaters an sich nicht viel abgewinnen konnte, so glaubte er doch an eine gewisse Ethik und Pietät, mit der man in seinen Augen an derlei ernste Dinge wie den Tod herantreten sollte.
Aber dieser Jakob Spang bezahlte schließlich für den Wagen, und wenn Rainer ihn auch nicht gerade ins Herz geschlossen hatte, so musste er doch einräumen, dass Jakob nicht kleinlich war, wenn es um Verpflegung, Unterkunft und sonstige Spesen ging. Und er mixte ausgezeichnete Cocktails, wie er festgestellt hatte.

„Na?“, fragte Jakob beiläufig, als sie den ersten Schluck genommen hatten.
Rainer besah sich prüfend sein Glas. Das wässrige Rot des Martinis hatte eine marmorierte, orange Färbung angenommen.
„Was ist da drin?“ Er befühlte mit der Zunge den Geschmack, der an seinem Gaumen hängen geblieben war. Irgendwas Fruchtiges, dachte er. „Orangen?“
„Limonen.“ Jakob hielt lächelnd eine Halbliter-Wasserflasche hoch, in der eine blasse Flüssigkeit schwappte. „Die hab ich uns heute früh pressen lassen, als du noch geschlafen hast.“
„Schmeckt gut“, meinte Rainer, „und was sonst noch? Etwas wie...-?“
„Tut mir Leid, das ist mein Geheimnis!“, schmunzelte Jakob.
„Tomatensaft vielleicht?“
„Kein Kommentar.“
„Aber da ist doch auch noch sowas wie Kohlensäure drin...“, sinnierte Rainer. Jakob verschraubte die Flaschen sorgfältig und steckte sie zurück in die Plastiktüte, mit denen die Polster im Inneren des Sarges gegen ein eventuelles Auslaufen des Tomatensaftes geschützt waren. Ein scharlachroter Fleck am Kopfende hätte vielleicht bei der Zollkontrolle den schlechten Eindruck erweckt, der angeblich friedlich Verstorbene sei in Wahrheit im Sarg erschossen worden.
„Haben Sie das Rezept von Ihrem kubanischen Barmixer gelernt?“, fragte Rainer.
Jakob schüttelte den Kopf und lachte.
„Nein, von einer Frau, die sinnigerweise im Gesundheitsministerium arbeitete und die ich während einer Kur kennen lernte. Sie war aus privaten, ich mehr aus beruflichen Gründen ein bisschen... angeschlagen.“ Er klopfte sich auf die Brusttasche, wo sich seine Herztabletten befanden.
„Wusste gar nicht, dass das Bäckereigeschäft eine so knallharte Branche ist“, bemerkte Rainer.
„Man kann jedes Geschäft so oder so betreiben - je nachdem, wie groß die Konkurrenz und der eigene Ehrgeiz sind.“

„Mein Vater hat erzählt, Sie hätten in kürzester Zeit die Konkurrenz aufgekauft, nachdem sie Geschäftsführer waren?", sagte Rainer und bemerkte, dass sein Gegenüber ihn aufmerksam ansah.
„Dein Vater, ja", meinte Jakob schließlich gedehnt, „was hat er noch so über mich erzählt?"
Er fragte dies durchaus freundlich, denn er war nie besonders empfindlich gewesen, was Kritik an seiner Person oder seiner Geschäftspolitik betraf. Sie kümmerte ihn schlichtweg nicht. Dennoch interessierte es ihn, wie die Generationen nach Konrad Ackermann über ihn dachten.
„Dass Sie den Laden Ihres Vaters komplett modernisiert haben, nachdem sie ihn übernommen hatten."
Jakob lächelte nachsichtig.
„‚Modernisiert' ist ein nettes Wort, und ich bin sicher, dass dein Vater es dir gegenüber nicht ganz so diplomatisch ausgedrückt hat. Er hatte lange Zeit Probleme damit, sich in der Geschäftswelt zurecht zu finden... - Weißt du, damals hatte er auch solche Flausen im Kopf, wollte mal Medizin, mal Jura studieren...-"
„Wieso ‚auch'?", unterbrach ihn Rainer, der die Anspielung wohl verstanden hatte.
Doch Jakob Spang ignorierte den Einwurf einfach:
„Aber dein Großvater hätte nie zugelassen, dass der Familienbetrieb in fremde Hände gerät! Und letztlich ist ja auch alles so gekommen, wie er es gewollt hatte."
„Mich kriegen sie jedenfalls nicht so weit", bemerkte Rainer lässig.
„Na, warten wir's ab! Dein Vater mag nach außen hin kein solcher Sturkopf sein wie Konrad, aber ich bin mir sicher, er hat auch seinen Ehrgeiz."
Jakob meinte dies keineswegs herausfordernd, aber gerade die Beiläufigkeit in seinem Tonfall reizte Rainer, ihm zu widersprechen.
„Auf keinen Fall!", sagte er mit Nachdruck. „Und wenn er sich

auf den Kopf stellt, so weit kriegt er mich nicht! Ehrlich nicht“, fügte er hinzu, als er das ironische Lächeln seines Beifahrers sah.

„Wie du meinst.“ Schmunzelnd wandte Jakob sich ab.

19

Ich hatte schon viel Schlechtes über Bari gehört, und es gefiel mir gar nicht, dass wir ein gutes Stück weit entfernt nahe der Hafenmole parken mussten. Immerhin befand sich eine Bar gleich gegenüber, vor der eine Reihe von Italienern auf Stühlen saßen und Kaffee tranken; der Anblick beruhigte mich jedoch nur wenig.

Sobald wir Jakob gefunden hatten, würden wir wieder aufbrechen. Bari - so dämmerte es auch mir allmählich - war keine Stadt, in der man Halt machte, sondern vielmehr eine zum Durch- oder - besser noch - Umfahren.

Die Wolken, die uns auf dem Weg hierher begleitet hatten, waren fast vollständig verschwunden, und die Sonne knallte nun wieder mit Macht auf uns herunter. Ich zog mein Hemd aus und band es mir um die Hüften, während wir wieder die Straße entlang zurückgingen, die wir hergekommen waren. Mörderischer noch als die Hitze war der Verkehr in Bari; zwischen den Häuserzeilen bekam man kaum Luft.

Für die Parkplatzsuche und den Rückweg zur Piazza Garibaldi hatten wir vielleicht eine knappe Viertelstunde benötigt, waren also noch immer relativ pünktlich. Todesmutig überquerten wir die breite Hauptstraße und hielten Ausschau nach Jakob. Ich hoffte bloß, dass ich ihn - beziehungsweise er mich - erkennen würde, wenn wir uns begegneten. Momentan jedoch hielten sich nur eine Handvoll jüngerer Italiener auf der Piazza auf.

„Er scheint nicht da zu sein“, meinte Steffi und beschattete ihre Augen mit der Handfläche.

„Hm-m“, stimmte ich ihr zu.

„Glaubst du, er ist schon wieder weg?“, fragte sie, nachdem wir eine Zeitlang die Straße beobachtet hatten.

„Nein, ist doch erst kurz nach vier. Er hätte sicher gewartet.“

„Und was jetzt?“, wollte sie wissen.

„Jetzt warten wir."
„Hast du nicht gesagt, er sei so ein überpenibler Mensch? Immer pünktlich und so?"
„Vielleicht hatte er eine Panne", entgegnete ich, ohne den Kopf zu drehen. Einmal war mir so, als könne ich in der Ferne einen Leichenwagen ausmachen, doch entpuppte sich dieser schließlich beim Näherkommen als ganz gewöhnlicher Lieferwagen.
„Aber Michele hat doch gesagt, dass Jakob deine Nachricht erhalten hat, oder?" vergewisserte sich Steffi. Ich hatte Michele von unterwegs aus angerufen, um nicht unnötigerweise in Bari Station zu machen und vergeblich auf Jakob zu warten.
„Ja, ja. So weit scheint alles glatt gelaufen zu sein."
„Ich meine, nicht, dass er schon längst in Lecce auf uns wartet...-"
„Er hat Lorenzo versprochen, er wäre pünktlich zur Stelle", antwortete ich leicht gereizt.
Also warteten wir weiter. Seit unserer Ankunft mochte inzwischen eine gute halbe Stunde vergangen sein. Um uns herum pulsierte der Verkehr, und hin und wieder hielt ein Bus direkt vor unserer Nase und pustete uns beim Anfahren Dieselabgase ins Gesicht.
„Ach ja - Männer!" Steffi stand auf und streckte sich, dass die Knochen knackten. „Dass bei euren Abmachungen überhaupt irgendwelche Verabredungen zu Stande kommen, ist ein wahres Wunder!"
„Weiß gar nicht, was du hast", meinte ich gelassen, „von meiner Seite aus war alles glasklar abgemacht."
„Na, das sieht man!", bemerkte sie spitz.
„Was weiß ich, wo die stecken?", wehrte ich mich. „Vielleicht haben sie ja wirklich eine Panne."
Sie seufzte.
„Und wenn ja? Wie lange sollen wir dann hier warten?"
„Sei doch mal nicht so nervös!" Ich nahm ihre Hand, aber sie war viel zu hibbelig und entzog sie mir wieder.

„Nervös! Wer hetzt denn hier immer, ‚Mach hin, wir müssen weiter!' und so?"
„Ich. Aber das hier ist ja auch was Anderes. Lass uns mal noch zehn Minuten warten, dann können wir immer noch gehen, okay?"
Sie verzog das Gesicht, setzte sich aber schließlich wieder. So warteten wir auf Jakob und den Leichenwagen, nicht ahnend, wie nahe uns diese schon waren. Der nächste Bus kam, und eine schwarze Dieselwolke qualmte über uns hinweg.

Soeben passierten Jakob und Rainer das Schild mit der Aufschrift ‚Bari'. Die Stadtgrenze schien willkürlich festgelegt, die umliegenden Dörfer gingen beinahe nahtlos in die tristen Vororte der Stadt über.
„Haben Sie noch den Überblick, wo wir lang müssen?", fragte Rainer mit einem Seitenblick auf Jakob Spang, der, seine Brille auf die Stirn geschoben, die Innenstadtkarte von Bari studierte.
„Ja, ja, mach dir mal keine Sorgen", meinte Jakob, ohne aufzusehen. „Einfach geradeaus, dann kommen wir schnurstracks in die Innenstadt hinein."
„Ziemlicher Verkehr", murrte Rainer, den das Stop-and-go-Tempo zwischen den Ampeln nervös machte.
„Oh nein!", stöhnte er und rollte mit den Augen.
„Was?"
Rainer wies mit dem Finger nach vorne, wo eine Gruppe heruntergekommen aussehender Halbwüchsiger zwischen den Autoschlangen ausschwärmte. Ehe Rainer ihn noch daran hindern konnte, hatte einer von ihnen schon die Windschutzscheibe des Leichenwagen eingeseift und begann, den Schaum mit einem Gummiwischer wieder zu entfernen. Jakob unterbrach Rainers Versuche, dem Ganzen Einhalt zu gebieten.
„Lass ihn!", sagte er ruhig und drückte Rainer zwei Tausend-Lire-Scheine in die Hand.
„Was? Das ist doch nicht Ihr Ernst, oder?!?" Jakob aber nickte.

Der Junge wischte die letzten Reste des Schaumes von der Scheibe. Sie war nur unwesentlich sauberer als zuvor.
„Zweitausend? Ist doch viel zuviel!“, entrüstete sich Rainer.
„Gib’s ihm!“
„Die Scheibe ist ja nicht mal sauber!“
„Gib es ihm!“, wiederholte Jakob, wobei er jedes Wort betonte.
Der Junge beendete seine Arbeit pünktlich zur nächsten Grünphase und kam ans Seitenfenster heran. Etwas Verschlagenes lag in seinem Blick, was Rainer beunruhigte. Und etwas Hungriges. Er drückte dem Jungen die beiden Geldscheine in die Hand und gab Gas.

Schließlich wurde mir bei der Warterei doch etwas mulmig zu Mute. Irgendwas sagte mir, dass etwas ganz entschieden nicht stimmte. Ich wusste um Jakobs Zuverlässigkeit eigentlich nur vom Hörensagen, aber eigentlich hätte ich erwartet, dass er genügend Zeit mit einrechnete, um selbst bei einer unvorhergesehenen Panne noch halbwegs rechtzeitig einzutreffen.
Da Michele unsere einzige gemeinsame Telefon-Anlaufstelle war, rief ich ihn von einem unverkleideten Apparat direkt an der Piazza Garibaldi an. Der Lärm um mich herum war ohrenbetäubend, aber ich verstand zumindest so viel am Telefon, dass sich Jakob inzwischen nicht mehr bei Michele gemeldet hatte. Langsam wurmte mich dieses Über-Eck-Telefonieren; ich ließ ausrichten, dass wir bis jetzt gewartet hatten und nun direkt nach Lecce durchfahren würden. Bevor ich einhängte, ließ ich mir von Michele noch die Uhrzeit geben. Es war kurz vor fünf.
Während wir zum Parkplatz zurückgingen, hielt sich das besagte flaue Gefühl, dass etwas nicht stimmte, hartnäckig in meiner Magengegend. Mir war, als spanne sich jeder meiner Muskeln beim Gehen an. Bis ich wieder hinter dem Steuer saß, würde ich wahrscheinlich am ganzen Körper Muskelkater haben.

Schon beim Näherkommen war mir klar, dass mich meine böse Vorahnung nicht getäuscht hatte: Die Klappe des Jetbags stand ebenso offen wie die Türen des Cinquecentos, und auf dem Bürgersteig hatten die Schnapstrinker von eben einen Halbkreis gebildet und beäugten neugierig mein Auto.
„Scheiße!" Mir war nicht ganz klar, was dies zu bedeuten hatte, aber mit einem Male schrillten überall in mir die Alarmglocken. Jakob war weit weg; Steffi ebenso.
Ich fühlte eine unglaubliche Wut in mir aufsteigen, während ich die letzten Meter zurücklegte, und ich hätte am liebsten die ganze Bande abgeknallt.
„Hey!", schrie ich einen an, der gerade nach der Türklinke griff. Er zuckte zusammen und guckte mich verständnislos an.
„Weg da!" Er wich zurück, die anderen ebenfalls. Ich baute mich vor ihnen auf und schloss im Vorbeigehen gleich noch die Klappe des Jetbags.
„Was ist hier los?", fragte ich in die Runde hinein in der irren Hoffnung, es gäbe vielleicht eine logische Erklärung für die Situation.
„Diebe", sagte einer, der ziemlich weit vorne stand und eine Wollmütze trug.
„Die haben dein Auto schneller aufgebrochen, als man hinsehen konnte", ein anderer.
„Und ihr?", fragte ich und suchte ihre Augen.
„...Tasche mitgenommen", vernahm ich im Hintergrund.
„Und ihr?", wiederholte ich, nicht gewillt, meine Lautstärke zu drosseln. „Ihr habt einfach zugesehen?"
Der Mann mit der Wollmütze zuckte gleichgültig die Schultern; die anderen starrten mich bloß an, als sei es das Normalste der Welt, am Nachmittag ausgeraubt zu werden. Ich war sprachlos und überlegte noch, welche Schimpfwörter ich ihnen an den Kopf werfen wollte, als mich jemand sachte von hinten antippte.
„Luca", begann Steffi sanft - viel zu sanft, wie ich in meinem Zorn registrierte. Ich fuhr auf dem Absatz herum und sah sie

neben einem Carabiniere stehen, der wie aus dem Nichts aufgetaucht zu sein schien. Ich stutzte und warf - verwirrt wie ich war - einen schnellen Blick auf den Jetbag, um mich zu vergewissern, dass er tatsächlich wieder verschlossen war.
„Was ist passiert?“, fragte der Polizist. Er war jung und kaute gemächlich auf seinem Kaugummi herum.
„Die haben ihm das Auto aufgebrochen“, hörte ich hinter mir die Stimme des Wollmützen-Mannes.
„Ihr Auto?“
Ich nickte.
„Wie ist das passiert?“, wollte der Carabiniere wissen.
„Fragen Sie nicht mich, ich war nicht dabei! Fragen Sie lieber die da!“ Ich wies mit dem Daumen auf die Umstehenden.
Während er die Schnapstrinker befragte, sahen Steffi und ich uns im Inneren des Cinquecentos um, wo unsere Sachen wild verstreut umherlagen. Mit halbem Ohr hörte ich, dass angeblich keiner der Männer etwas gesehen haben wollte.
„Hast du den Rucksack irgendwo gesehen?“, fragte mich Steffi.
„Welchen Rucksack?“
„Na, den mit meinem Fotoapparat drin und meinem Adressbuch! Und den französischen Francs und...-!“
„Nee, hab ich nicht gesehen. Wo soll der denn gewesen sein?“, hakte ich nach.
„Na, hier! Direkt vor dem Beifahrersitz!“
Ich stutzte und guckte sie an.
„Du hast die Tasche mit deinem Fotoapparat und unserem Geld offen im Auto liegen lassen?“, fuhr ich sie an. „In Bari?!?“
„Wir waren doch nur kurz weg“, meinte sie kleinlaut , „und außerdem...-“
„Lange genug offenbar!“ Ich konnte nicht fassen, dass sie so leichtsinnig hatte sein können.
„Nun schrei mich nicht gleich an!“, wehrte sie sich. „Das waren höchstens hundert Francs und mein alter Apparat, den Rest hatte ich sowieso dabei. Außerdem haben doch die Männer direkt daneben gesessen...-“

„Ja, ja, die Männer!" Ich kam langsam in Fahrt. „Angeblich hat keiner von diesen Männern gesehen, dass sich da jemand an unserem Auto zu schaffen gemacht hat - bis es zu spät war!" Ich warf ihnen einen verächtlichen Blick zu, und der Carabiniere drehte sich zu mir um.
„Wurde etwas gestohlen?", wandte er sich an mich.
„Ein Rucksack mit Geld und ein Fotoapparat", brummte ich und bemerkte, dass er dabei die Augenbraue hochzog, „aber wir sind noch nicht komplett durch."
„Haben sie das da auch aufgemacht?" Neugierig ließ er seinen Blick über den Jetbag wandern.
„Ja", antwortete ich und ließ rasch das Vorhängeschloss einschnappen. „Aber es fehlt nichts, ich hab nachgesehen."
Der Polizist schien es plötzlich sehr eilig zu haben.
„Das Präsidium ist gleich da vorne. Fahren Sie mir einfach nach!" Ehe ich ihn noch von seinem Vorhaben abbringen konnte, hatte er auch schon die Straße überquert und stieg in seinen Streifenwagen.
„Was ist?", fragte Steffi.
„Er will, dass wir mitkommen aufs Präsidium."
„Wozu?"
„Na, wozu wohl? Er will unsere Anzeige aufnehmen!"
Ich öffnete die Fahrertür. Steffi rührte sich nicht vom Fleck.
„Komm, steig ein!", forderte ich sie auf. „Jetzt ist es eh' zu spät, ihn davon abzubringen!"
Knatternd sprang der Zweizylinder an. Steffi ließ sich Zeit mit dem Einsteigen, als wolle sie damit ihren Protest äußern. Beim Rückwärtsfahren sah ich noch einmal zu den Schnapstrinkern hin. Sie standen noch immer im Halbkreis um unseren Parkplatz herum, als posierten sie für ein Gruppenbild.
„Schwachköpfe!", knurrte ich und folgte dem Streifenwagen die Straße hinauf.

„Wir sollten deinen Vater davon überzeugen, ein Telefon einzubauen", meinte Jakob mit einem Seitenblick auf den

Volvo. Sie standen seit geraumer Zeit auf der Piazza Garibaldi und hielten Ausschau nach Luca und dem Cinquecento.
„Ich glaube nicht, dass allzu großer Bedarf daran besteht. Es ist immerhin ein Leichenwagen.“
„Na und? Es gibt Leute, die lassen sich ein Glöckchen übers Grab hängen für den Fall, dass sie bei ihrem Begräbnis nur bewusstlos waren!“
Rainer, der solcherlei Geschichten zur Genüge kannte, winkte ab.
„Auf dem Hinweg habe ich eine ganze Reihe Telefonzellen gesehen“, bemerkte er.
„Ich würde sagen, wir geben ihnen noch eine halbe Stunde und machen uns dann auf die Suche nach einem Apparat.“
Rainer sah ungeduldig auf die Uhr. ‚17:59‘ stand da.
„Du brauchst gar nicht so zu gucken! Wir warten!“, herrschte ihn Jakob an.
„Was denn? Ich hab doch gar nichts gesagt!“
„Aber du warst kurz davor, nicht?“
„Ich glaube bloß nicht, dass die Warterei Sinn macht“, verteidigte sich Rainer, „sie sind jetzt schon eine Stunde über die Zeit!“
„Dann kommt's ja auf die halbe Stunde auch nicht mehr an, oder?“ Jakobs Blick schweifte in die Ferne. Eine Menge roter Kleinwagen kam die Hauptstraße hinunter; ein 500er Fiat allerdings war nicht darunter.

Um kurz nach sechs war das Protokoll endlich fertig. Da sich die Schreibkräfte noch in der Pause befanden, hatte der junge Carabiniere selbst zur Schreibmaschine gegriffen und unsere Anzeige aufgenommen. Steffi saß auf dem einzigen Besucherstuhl, ich stand am Fenster und sah auf den Jetbag des Cinquecentos hinunter, der unmittelbar vor dem Präsidium parkte, und ließ mich von dem unregelmäßigen Tacktack der elektrischen Schreibmaschine einlullen.
Ab und an stellte der Polizist Steffi eine Frage, um meine

Antwort einzutippen und die nächste Frage an Steffi zu richten. Ich war mir nicht sicher, ob er verrückt war oder einfach nur mit ihr flirten wollte. Endlich kam er zum Ende, drehte den Bogen sorgfältig von der Walze und legte ihn vor Steffi auf den Tisch. Sie guckte mich an, und ich löste mich vom Fenster und unterschrieb. Umständlich trennte der Carabiniere die Durchschläge vom Pauspapier und reichte mir einen davon.
„Danke“, sagte ich und nickte ihm zu. Als Steffi aufstand, schüttelte er ihr die Hand und grinste sie breit an, als habe er ihr soeben das Leben gerettet.
„Puh!“, sagte Steffi, als wir das Präsidium verließen. „Hast du mitgekriegt, wie der mich angesehen hat?“
„Ach wo“, meinte ich ironisch, „das bildest du dir ein!“
„Willst du nochmal mit Michele telefonieren?“, fragte Steffi, als ich den Wagen aufschloss. Die Diebe hatten den Cinquecento so geschickt geknackt, dass nicht einmal das Schloss beschädigt worden war.
„Wozu? - Nein, ich denke, es ist besser, wir fahren jetzt direkt durch nach Lecce.“
„Ist dein Opa noch frisch?“
„Lauwarm, würde ich tippen.“
„Wie weit ist es noch bis Lecce?“
„Knappe drei Stunden“, schätzte ich.
„Dann sollten wir uns schleunigst nach einer Möglichkeit umsehen, ihn wieder abzukühlen, oder?“
„Wohl wahr“, bestätigte ich, ohne allerdings die leiseste Ahnung zu haben, wie wir mitten in Bari an Eis kommen sollten, ein Problem, das sich auf wundersame Art und Weise von selbst lösen sollte.
Er stand am Straßenrand in einem der Vororte Baris. Es war Steffi, die ihn zuerst sah, und sie zupfte aufgeregt an meinem T-Shirt, um mich zum Anhalten zu bewegen. Der Verkehr hatte etwas nachgelassen, aber es kostete mich einige Mühe, uns quer über die Fahrbahn und auf den Seitenstreifen hinüber zu bugsieren.

Im Schritttempo fuhr ich an den Kühlwagen heran. ‚Algida' stand auf der Seitenfläche des Aufbaus, das italienische Pendant zu *Langnese*. Beim Umrunden des Lasters entdeckte ich den Fahrer; er stand mit dem Rücken zu uns mitten in einem umgepflügten Feld und pinkelte.
„Mi scusi, signore!", rief ich ihn an, Steffis Versuch ignorierend, mich daran zu hindern.
Der Mann drehte den Kopf in meine Richtung und schüttelte in aller Seelenruhe sein Ding ab, ehe er es einpackte und zu uns herüber kam.
„Dem geb ich aber nicht die Hand", zischte Steffi mir zu, als er die Böschung hinauf kletterte.
„Buona sera", begann ich förmlich. Der Fahrer nickte mir zu, ohne eine Miene zu verziehen. Er hatte tiefliegende Augen, buschige Brauen und gigantische Koteletten und sah alles in allem aus wie ein Werwolf.
„Äh...-", ich überlegte, wie ich ihm unser Problem darlegen sollte.
„Abbiamo bisogno di un po' di ghiaccio per le nostre bibite", sagte ich schließlich. „Wir bräuchten ein wenig Eis zum Kühlen unserer Getränke. Könnten Sie uns da irgendwie aushelfen?"

Jakob hatte gerade von Michele erfahren, dass Luca bereits vor über einer Stunde Bescheid gegeben habe, er führe nunmehr geradewegs durch bis Lecce. Wo er, Jakob, denn nur gesteckt habe, wollte er wissen. Luca und Steffi hätten lange auf ihn gewartet.
„Wie, die haben auf uns gewartet? Wir haben auf *die* gewartet!", maulte Rainer.
„Sieht so aus, als hat es da ein Missverständnis wegen der Zeit gegeben. Anders kann ich es mir auch nicht erklären."
„Na, toll!", begann Rainer, unterbrach sich aber, als er Jakobs strengem Blick begegnete.
Schweigend bahnten sie sich ihren Weg aus Bari heraus.
„Es ist noch früh. Wir können uns jetzt ruhig Zeit lassen",

meinte Jakob schließlich. Rainer biss die Zähne aufeinander, sagte aber nichts. Er war müde und gereizt, ohne dass er selbst hätte bestimmen können, weshalb. Die Sonne schien, die Fahrt war relativ stressfrei verlaufen, und selbst die Warterei war eigentlich nicht so schlimm gewesen. Ihm ging vielmehr die Aneinanderreihung von Kleinigkeiten, die schief liefen, fast ebenso an die Nieren wie die stoische Gelassenheit, mit der Jakob Spang diese hinzunehmen schien. Und außerdem hatte er Sehnsucht nach Manuela.

„Vorsicht, da vorne wird's eng!“, warnte Jakob.

„Ich sehs“, knurrte Rainer und wich dem Baustellenfahrzeug vor sich aus, „bin ja nicht bli...-“

Weiter kam er nicht, denn in diesem Augenblick knallte etwas schräg ins Heck des Leichenwagens. Jakob spürte seine Pillendose an den Rippen, als er gegen den Gurt gedrückt wurde. Es gab ein häßliches Geräusch von aneinander vorbei schrammendem Plastik und Metall, und während sich der Volvo langsam quer stellte, hagelte es winzigkleine Bruchstücke orangefarbenen Blinkerglases durchs offene Fenster hinein.

Endlich kam der Wagen zum Stehen. Das Ganze hatte keine drei Sekunden gedauert, und doch schien keiner der Beteiligten zu irgendeiner Reaktion fähig. Rainer, der zuvor auf die zweite Spur ausgewichen war, erblickte unmittelbar neben sich einen völlig demolierten, kleinen Lancia. Dessen Fahrer, der die Spur offenbar auf Leben und Tod gegen Eindringlinge verteidigt hatte, fing sich als Erster wieder.

Während Rainer sich noch darüber wunderte, wie all die anderen Fahrzeuge rechtzeitig hatten stoppen können, ließ der Schock bei ihm allmählich nach, und mit seinem Abklingen kamen die Geräusche zurück. Der Fahrer des Lancias kam wie durch Nebel auf ihn zu. Seine Apathie war inzwischen blanker Wut gewichen, und lautstark verkündete er allen Umstehenden, was er von Rainers Fahrkünsten hielt.

„Scheiße!“, stöhnte dieser. Jakob, der bereits ausgestiegen war,

schluckte hastig eine seiner Herzpillen und besah sich den Schaden. Er fiel weit geringer aus als erwartet; der hintere Kotflügel des Volvos war hinter dem Radkasten eingedrückt, und die Stoßstange hing schief in ihrer Halterung. Auch das Rücklicht hatte etwas abbekommen, doch alles in allem schien der Wagen noch fahrfähig zu sein - was man von dem Lancia nicht gerade behaupten konnte.
Im Nu wimmelte es um die Unfallstelle herum von Schaulustigen. Die nachfolgenden Fahrer versuchten indes in hektischer Manier, den Ort des Geschehens schnellstmöglichst zu umkurven und hinter sich zu bringen.
Endlich erschienen zwei Polizisten, die irgendjemand telefonisch verständigt hatte. Während einer von ihnen den Verkehr regelte, begann der zweite mit der Befragung der Unfallbeteiligten.
„Scheiße!", stöhnte Rainer erneut, offenbar das einzige Wort, das seiner Ansicht nach die Situation wahrheitsgetreu und umfassend auszudrücken vermochte.

Während Clemente, der Fahrer des Kühlwagens, im Inneren seines LKW Eis von den Wänden der Gefriertruhen kratzte, räumte ich in Windeseile eine der Reisetaschen aus und legte unsere Getränke hinein. Die Tüten mit der schmutzigen Wäsche leerte ich auf den Rücksitz und reichte sie Clemente zum Befüllen.
„Komische Kühltasche habt ihr", bemerkte er, als ich die verknoteten Tüten in die Tasche bugsierte. „Sieht aus wie eine Reisetasche."
„Ja! Toll, nicht?", antwortete ich. „Noch eine!"
„Am Ende kriegt ihr keine Getränke mehr unter!", warnte er.
Die Tasche packte ich bis obenhin voll mit Eis und zog vorsichtig den Reißverschluss zu.
„Passt!"
Ich stellte die Reisetasche in den Fond und streckte ihm die Hand hin.

„Besten Dank! Das sollte bis Lecce reichen!"
„Bis Lecce? Reicht bis Albanien!"
Er wollte auch Steffi die Hand geben, doch sie war schon um den Wagen herum und winkte ihm stattdessen zu.
„Wiedersehen! Und danke!"
Ich warf den Motor an, und Clemente ging, ohne sich umzudrehen, zu seinem LKW hinüber und schloss die Türen. Als wir auf die Straße zurück rollten, fuhr er gerade die Ladeplattform wieder herauf. Ich konnte nicht erkennen, ob er uns nachsah.
„Kann es sein, dass er ein bisschen sauer war?", fragte ich Steffi.
„Pff. Soll er doch!", meinte sie und wies die Straße entlang. „Da vorne kannst du halten."
Ich lenkte den Wagen in die kleine Parkbucht am Fahrbahnrand und packte das Eis rasch in den Jetbag, wobei ich darauf achtete, dass keiner der Vorbeifahrenden einen Blick ins Innere werfen konnte.

Da keiner von beiden die Schuld für den Unfall auf seine Kappe nehmen wollte, hatten die beiden Carabinieri die Aufnahme des Protokolls ins Polizeipräsidium verlagert. Jakob, der versucht hatte, zu dolmetschen, war durch die ständigen Zwischenrufe der Umstehenden ständig übertönt worden, so dass an eine Klärung der Situation vor Ort nicht zu denken war.
So nahmen die Unfallgegner an ebendem Schreibtisch Platz, an welchem noch eine Stunde zuvor Luca und Steffi den Diebstahl ihres Rucksacks angezeigt hatten. Besser gesagt, standen sie um den Tisch herum. Den einzigen Besucherstuhl hatten sie Jakob überlassen. Die Schreibkraft spannte einen Bogen Papier ein und nahm die Personalien der Beteiligten auf, die der ebenfalls stehende Carabiniere aus den Ausweisen heraus diktierte.
Die Aufnahme des Protokolls gestaltete sich etwas komplizierter als zunächst erwartet. Der Fahrer des Lancias bestand darauf, dass Rainer die Spur gewechselt habe, ohne

dies durch Blinkzeichen anzuzeigen, weshalb er selbst keine Chance zum Bremsen gehabt habe. Rainer hielt dagegen, der andere sei viel zu schnell gefahren und habe sein Blinkzeichen wohl deshalb gar nicht erst gesehen. So ging es hin und her, immer wieder unterbrochen von Jakobs entsprechenden Übersetzungen, auf die jedes Mal ein wütender Wortschwall seitens Rainers und des Lancia-Fahrers folgten.

„Hätte ich mir bloß nicht den Martini von Ihnen aufschwatzen lassen!“, zischte Rainer wütend.
„Ach, wird schon nichts passieren!“, meinte Jakob leichthin. Sie saßen auf einer Bank im Flur des Präsidiums und warteten auf die Laborergebnisse. Beim Kontrollieren des Leichenwagens waren die Carabiniere auf die halbvolle Flasche Martini gestoßen und hatten daraufhin eine Blutprobe bei Rainer angeordnet.
„Und wenn die mir den Lappen wegnehmen?“
„Dann muss ich mich wohl nach einem anderen Fahrer umsehen.“ Jakob sah auf die Uhr. „Außerdem werden die uns wegen dem Schluck Alkohol schon keine Scherereien machen.“
„Schluck? Das waren mindestens vier Promille oder so!“
„Ach wo!“ Jakob musterte ihn freundlich. „Als ich in deinem Alter war, haben wir gesoffen wie die Löcher. Wir hatten allerdings auch allen Grund dazu, denn unser Regiment lag öfter unter Beschuss als die meisten anderen in Mittelitalien.“
„Damals hatten Sie vermutlich aber auch kein Auto?“, warf Rainer ein. Das Militärgerede Jakobs ging ihm langsam auf die Nerven.
„Nein, das nicht. Aber es hätte uns vermutlich auch nicht weiter gestört. Früher wurde allgemein viel mehr getrunken als heute. Da war ein Kasten Bier weg wie nix, so schnell konntest du gar nicht gucken! Wenn ich mir heute für den Geburtstag einen besorge, kann ich die Hälfte hinterher wegkippen.“
„Es könnte ja schließlich sein, dass man hinterher in eine Polizeikontrolle gerät“, grummelte Rainer, der sich über sich

selbst ärgerte und einen Punkt an der gegenüberliegenden Wand fixierte.
„Ist ja auch gar nicht schlecht, dass man heute ein bisschen mehr darauf achtet, wie viel man trinkt. Ich erinnere mich an einen Kameraden, den ich nachts dabei ertappte, wie er in seinen Spind pinkelte. Ich habe ihn angerufen: „Paul, was machst du denn da?", aber er war so betrunken, dass er überhaupt nicht reagierte. Aber offenbar war er der festen Überzeugung, vor einem Pissoir zu stehen. Kannst du dir vorstellen, was am nächsten Morgen bei der Spindkontrolle los war?"
Rainer lachte, er konnte nicht anders. Jakob, der nun wusste, dass er auf dem richtigen Wege war, fuhr fort:
„Willst du noch eine Geschichte hören? – Diese hier ist aus meiner Jugendzeit, aber das tut eigentlich nichts zur Sache. Als ich noch zur Schule ging, gab es bei uns einen Nachbarn, der auch ganz gern mal einen übern Durst trank. Einmal, als er's nicht mehr bis nach Hause geschafft oder sich nicht heimgetraut hatte, lag er morgens splitternackt im Vorgarten. Seine Jacke, seine Hose und das Hemd aber hingen fein säuberlich an den Zaunlatten, als hätte er sie in den Schrank gehängt, und die Nachbarn sagten im Vorbeigehen höflich ‚Guten Morgen!'."
Die Tür neben ihnen öffnete sich, und der Carabiniere streckte den Kopf heraus.
„Kommen Sie, bitte!"

20

Wir erreichten Lecce kurz nach neun. Lange Schatten liefen uns hinterher, als wir die Viale Brindisi hinauf in Richtung Stadtzentrum fuhren. Während Steffi mit der Wegbeschreibung und dem Stadtplan kämpfte, versuchte ich mich daran zu erinnern, wo wir das Zentrum verlassen und die Seitenstraßen nehmen mussten, die nach Cavallino führten, wo mein Onkel wohnte.

Es herrschte erstaunlich wenig Betrieb auf den Straßen, und wir schlängelten uns ohne allzu große Mühe in den Innenstadtbereich hinein. Ich erklärte Steffi, dass sich hinter der steilen Mauer der Bastion früher das Zuchthaus von Lecce befunden habe.

„Und heute?", wollte sie wissen.

„Keine Ahnung. Vielleicht wird es immer noch als Gefängnis genutzt. Vielleicht ist jetzt aber auch ein Museum drin, und sie schmeißen ihre Verbrecher gleich von der Klippe. Sind wir noch richtig?"

„Ich habs gleich. Wie heißt die Straße hier?"

Ihr Finger huschte flink über die Karte, und ihr Blick irrte über die Häuserfronten rechts und links der Straße hinweg.

„Viale Degli Studenti/Via Galasso", las ich von einem Schild ab. „Da vorne ist der Obelisk. Sieh mal nach, ob der bei dir eingetragen ist! Porta Napoli. - Und der Bahnhof, ich glaube, wir fahren genau darauf zu."

„Stimmt", sagte sie schließlich. „Einen Obelisken hab ich hier nicht, aber die Viale Degli Studenti beziehungsweise Via Galasso führt in Richtung Bahnhof. Am besten würdest du umkehren und zurück fahren, wir müssen genau auf die andere Seite der Stadt."

„Wir können genauso gut auch um die Altstadt herumfahren und von dieser Seite her kommen, wenn wir schon mal da sind!

Ist wahrscheinlich von hier aus sogar der kürzere Weg."
Indem Steffi sich in geduckter Haltung an meiner Nase vorbei den Turm des Domes besah, erzählte ich ihr so ziemlich alles, was ich über Lecce noch in Erinnerung behalten hatte. Ich selbst war nur zwei oder drei Mal hier gewesen, aber meine Mutter und vor allem Pippo hatten des Öfteren davon gesprochen, wenn sie mal wieder das Heimweh überfiel. Das, was ich von Lecce zu kennen glaubte, existierte tatsächlich nur in meiner Phantasie, und obwohl ich Steffi gegenüber den Ortskenner markierte, staunte ich ebenso wie sie beim Anblick der Altstadtkulisse.
„Der Domplatz wird dir gefallen", sagte ich, „ist einer der schönsten Plätze überhaupt."
„Hmm."
„Es gibt hier in der Gegend eine bestimmte Steinart, aus der viele Gebäude errichtet sind. Heißt auch Lecce-Stein oder so. Der wurde im Barock verwendet, weil er weich und leicht zu bearbeiten war."
Steffi guckte mich entgeistert an.
„Was du alles weißt!", meinte sie in einem gespielt ehrfurchtsvollen Tonfall.
„Ha-ha. Da versuche ich, dir ein bisschen was von meinem unermesslichen Wissen angedeihen zu lassen, und das ist nun der Dank...!"
Wir fanden die richtige Abzweigung und bogen von der Haupt- in die Nebenstraße ab, die in Richtung Cavallino führte; keine zehn Minuten später standen wir vor der Einfahrt zu Onkel Oronzos Haus.
„Wow - nettes Tor!", meinte Steffi angesichts des sperrangelweit offen stehenden, schmiedeeisernen Portals.
Das Haus hatte ich irgendwie einladender in Erinnerung. Offenbar war es erst vor kurzem neu getüncht worden, und man hatte den Oleander entfernt, der im Garten ringsum in dichten Büschen wild wuchs. Eine Handvoll dürrer Zweige wilden Weins rankten sich an der Fassade entlang, doch vermochten

die jungen Blättchen kaum mit dem leuchtenden Weiß des flachen Gebäudes zu konkurrieren. Auf den Betonterrassen rechts daneben, durch deren Risse Unkraut spross, lagerte diverser Schrott und Baumaterial; weiter hinten konnte ich einen Kompressor und die Betonmischmaschine ausmachen. Das Gesicht einer jungen Frau erschien in der Tür und wurde wieder zurückgezogen.

„Hey - und Palmen!“, staunte Steffi neben mir, während ich den Cinquecento vor dem Haus abstellte. Ein kleiner Junge von etwa fünf Jahren stand jetzt auf der Türschwelle und starrte uns unschlüssig an.

„Die hat mein Onkel zusammen mit Pippo organisiert, als man die Straße nach Brindisi neu bepflanzen wollte“, erklärte ich ihr. „In einer Nacht verschwanden damals mehr als dreißig Palmen. Aber pssst“, ich legte den Finger an die Lippen und stellte den Motor ab.

„Und keiner ist dabei erwischt worden?“, hakte Steffi nach.

„Nein. War wohl gut organisiert. Ich denke mal, dass damals noch mehr Leute beteiligt gewesen sein müssen. Man kann unmöglich so viele Palmen mit zwei Mann ausbuddeln und abtransportieren. Und außerdem müssen die Dinger damals schon ziemlich groß gewesen sein; einfach so ins Auto laden und wegfahren ging da wohl nicht.“ Jetzt erschien Onkel Oronzo in der Tür, gefolgt von mehreren schwarz gekleideten Frauen.

„Aber auf der Strecke von Brindisi hab ich die Palmen doch gesehen!“

„Ja, aber nur, weil sie beim nächsten Mal Wachen aufgestellt hatten!“ Ich lachte und stieg aus. „Ciao, zio!“ Ich wollte meinem Onkel die Hand geben, doch er schlang seine Arme um mich und drückte mich an seine Brust, so dass mir nichts Anderes übrig blieb, als ihm auf den Rücken zu klopfen. Über seine Schulter hinweg sah ich hinüber zu den drei Frauen, die mit ihm das Haus verlassen hatten. Sie waren allesamt um die Vierzig, das junge Gesicht von eben war nicht dabei.

„Luca“, sagte er stolz und hielt mich auf Armeslänge von sich weg, und wieder: „Luca“, als habe er sein ganzes Leben lang auf diesen Augenblick gewartet. Irgendwie war mir das Ganze ein bisschen peinlich, zumal die drei Grazien im Hintergrund keine Anstalten machten, sich vom Fleck zu rühren. Endlich wandte Onkel Oronzo den Blick von mir ab und hinüber zu Steffi, die noch immer hinter dem Cinquecento stand.
„Chi è?“, meinte er freundlich und nickte ihr zu.
„Das ist meine Freundin, Steffi“, antwortete ich, und wie auf ihr Stichwort kam sie um den Wagen herum und gab ihm die Hand.
„Buona sera“, sagte sie höflich, aber etwas hölzern.
Wir drei tauschten verlegene Blicke, ehe sich Oronzo erinnerte, dass wir nicht alleine waren, und er uns seine Töchter vorstellte.
„Emma, Paula, Ida. - Erinnerst du dich an sie?“, wollte er wissen, während wir uns begrüßten.
„Hm. - War nicht eine von euch damals schwanger?“, versuchte ich es in meiner Unsicherheit.
„Ach, das muss ja ewig her sein!“, lachte Oronzo.
„Das war dann wohl ich, als ich Chiara bekommen habe“, meinte Ida, die zusätzlich zu ihrer schwarzen Kleidung auch noch einen Trauerflor um den Oberarm trug.
„Und du hattest damals ein Kleid im gleichen Muster wie eure Gardinen an“, ergänzte ich. Sie machte große Augen und lachte nun ebenfalls.
„Wahrscheinlich war es sogar aus dem gleichen Stoff. Meine Mutter hat mir früher oft Kleider selbst genäht. Dass du das noch weißt...!“
„Gehen wir doch hinein“, schlug Onkel Oronzo vor. „Deine Tante bereitet schon das Essen vor. Sie hatte Angst, ihr wärt am Verhungern.“
„Und was machen wir mit Pippo?“, fragte ich.
„Ach, das kriegen wir schon hin - ist alles schon vorbereitet. Sobald er hier eintrifft, kann's losgehen“, erwiderte er zu

meiner Verblüffung, fügte aber sogleich leise hinzu: „Wir holen ihn später. Die Frauen wissen nicht, dass du ihn mitbringst. - Ist er noch...-?“

„Was?“

„Nicht so laut! - Ist er in Ordnung?“

„Ja. Na ja, jedenfalls für den Augenblick. - Wieso wissen die anderen nichts davon?“, zischte ich ihn an, indem wir das Haus betraten.

„Das erkläre ich dir später. Begrüß erst einmal deine Tante! - Pina! Schau, wen ich dir hier mitbringe!“, rief er fröhlich und schob mich in die Küche hinein.

Tante Giuseppina stand am Herd mit ihren Töchtern und einer Aura um sich herum, die jedem signalisierte, wer der wahre Herr im Hause war. Ich versuchte, mich zu erinnern, ob dies auch bei meinem letzten Besuch vor über zwanzig Jahren schon so gewesen sein mochte.

Im Gegensatz zu meinem Onkel verschmähte sie nicht nur meine, sondern auch Steffis Hand und drückte uns stattdessen beide an ihre beachtliche Oberweite. Auch sie trug schwarz; ich fühlte mich fast etwas underdressed.

Steffis „buona sera“ ging diesmal ziemlich unter, auch deshalb, weil Tante Pina sogleich einen heiseren Wortschwall von Komplimenten über ihr ausschüttete, während sie mich freundschaftlich knuffte, offensichtlich, um mich zu meinem guten Geschmack im Bezug auf Frauen zu beglückwünschen.

Steffi selbst verstand vermutlich kaum ein Wort, lächelte aber pflichtschuldigst, bis meine Tante endlich von uns abließ und wir die junge Frau vorgestellt bekamen, die mit dem kleinen Jungen den Esstisch deckte.

„Kennst du Brunella schon?“, fragte Pina, und der Name ließ mich zu Ida hinüber sehen.

„Meine Tochter“, ergänzte sie.

„Ich erinnere mich. Aber du warst ein gutes Stück dünner“, versuchte ich einen Witz, denn es war nicht zu übersehen, dass Brunella schwanger war.

„Damals war ich vielleicht drei Jahre alt!“, meinte sie trocken und humorlos.
„Stò scherzando. - Ich mach doch nur Spaß“, erklärte ich, und sie ließ sich wenigstens zu einem halbherzigen Lächeln herab.
„Und wer ist der junge Mann hier?“ Ich ging ein wenig in die Knie, so dass ich mit dem kleinen Jungen auf einer Höhe war.
„Paolo“, kam es wie aus der Pistole geschossen.
„Ciao, Paolo. Wie alt bist du denn?“
„Sechs.“
„Hmm. Dann verstehst du doch bestimmt schon viel von Autos. Möchtest du dir später meins mal ansehen?“
„Nein!“,antwortete er trotzig und lief hinaus. ‚Wie die Mutter, so der Sohn’, dachte ich, während die anderen über meine Annäherungsversuche lachten.
„Aber ich komme mit!“, meinte Onkel Oronzo und trat vor. „Dann sind die Frauen auch unter sich.“ Er nahm mich am Arm und zog mich mit sich zur Tür hinaus. Unschlüssig sah Steffi uns nach, doch ehe sie uns folgen konnte, hatte Emma sie schon geschnappt und ihr in gebrochenem Deutsch vorgeschlagen, ihr das Haus und unsere Zimmer zu zeigen.
„Emma spricht Deutsch?“, fragte ich Oronzo verwundert.
„Ja, ein bisschen. Als sie noch studierte, hat sie immer wieder mal Deutschkurse an der Universität belegt.“
„Aha. - Wo bringen wir ihn hin?“
Ich öffnete das Vorhängeschloss des Jetbags.
„In den Keller. Ich hab mir schon was überlegt. Aber wir müssen ums Haus herum gehen, damit uns die anderen nicht sehen.“
„Ach ja, stimmt! Du wolltest mir noch erklären, weshalb außer dir niemand weiß, dass wir Pippo dabei haben!“
„Es ist wegen Brunella...“, begann er.
„Brunella?“
„Ja. Ida meint, es bringe Unglück, einen Toten im Hause zu haben, wenn jemand schwanger ist. Pina ist übrigens der gleichen Meinung.“

„Aber du willst Pippo trotzdem bei euch unterbringen?“, hakte ich nach.
„Deine Tante braucht nicht alles zu wissen“, meinte Oronzo und warf einen Blick ins Innere des Jetbags. „Hast du zufällig ein Laken oder so was zur Hand, um ihn abzudecken?“
„Wir könnten das Zelt über ihn legen.“
„Besser als nichts.“ Ich nahm den Jutesack mit dem Zelt aus dem Wagen und zog die Zeltplane hervor. Indem Onkel Oronzo vorsichtig an Pippos Beinen zog und ihm die Plane überwarf, ließ ich ihn an den Seilen hinab. Wir beeilten uns, um nicht von den Frauen gesehen zu werden, und schleppten meinen Opa im Laufschritt ums Haus herum und die Stufen zum Keller hinunter.
Drinnen war es angenehm kühl, doch brauchten meine Augen eine Weile, ehe sie sich an die Dunkelheit gewöhnt hatten. In dem Gang, der zu den eigentlichen Kellerräumen führte, spendete lediglich eine nackte Glühbirne ein wenig Licht. Wir durchquerten die Waschküche und gelangten in eine Art Werkstatt, in der eine skurrile Mischung aus steinernen Büsten, alten Straßenschildern, Schrottteilen, antiken Säulen und Werkzeug verschiedenster Art lagerte.
„Du machst Restaurationen?“, fragte ich verblüfft. Oronzo, der vor Anstrengung schwitzte, nickte.
„Könnte man so nennen. Manchmal.“ Er stieß eine Tür an der Rückseite der Werkstatt auf und suchte, während er Pippo mit dem Knie abstützte, nach dem Lichtschalter.
„Ich wusste gar nicht, dass du solche Hobbies hast.“
„Hobby?“, lachte er. „Damit verdiene ich mein Geld!“ Das Licht flammte auf, und ich konnte den Raum hinter der Werkstatt sehen. Er war fensterlos, entlang beider Längsseiten lagerten Weinflaschen in selbstgezimmerten Regalen. In dem schmalen Durchgang dazwischen war aus Tischböcken und einer klinkenlosen Zimmertür eine Art Podest gebaut worden; ein Sarg mit eingeschnitzten Blumenranken stand darauf, je ein Stuhl links und rechts daneben - Pippos Aufbahrungsstätte.

Onkel Oronzo kletterte auf einen der Stühle, und wir hievten Opa auf das Podest hinauf und ließen ihn in den Sarg hinein gleiten. Ich setzte mich auf den anderen Stuhl, um wieder zu Luft zu kommen; Oronzo tat es mir gleich.
„Das hätten wir", seufzte er neben mir.
„Ja." Ich warf einen Blick hinauf zu dem Sarg. Von unten sah man nur Pippos Knie aus ihm herausragen, die sich von selbst langsam senkten.
„Ist ja fast ein richtiges Mausoleum." Ich bemerkte, dass in diesem Raum statt der einzelnen Glühbirne ein altertümlicher, elektrischer Kronleuchter hing. Nur acht der zwölf Kerzen brannten. Ich nahm die mir am nächsten liegende Weinflasche und besah mir oberflächlich das Etikett.
„Interessierst du dich für Wein?", fragte mein Onkel. Ich schüttelte den Kopf und legte die Flasche vorsichtig wieder in ihr Fach.
„Nein, nicht besonders."
„Ich hatte einen guten Barolo", er sah sich flüchtig um, „aber ich fürchte, er ist mittlerweile hinüber."
Mir fiel unser Gespräch von eben wieder ein.
„Was hast du damit gemeint, als du sagtest, du verdienst dein Geld mit diesen Restaurationen?"
„Das erkläre ich dir später. Wenn du willst, kannst du morgen mit mir raus fahren, dann zeige ich es dir sogar."
Ich nickte, ohne eine Ahnung zu haben, wovon er überhaupt sprach. Aber Oronzo war ganz offensichtlich stolz auf seine Arbeit, und ich war auf den nächsten Tag gespannt.
Er stand auf.
„Komm, gehen wir lieber wieder nach oben! Deine Tante wartet bestimmt schon mit dem Essen."

„Sie sind da! Gott sei Dank!" Jakob strahlte übers ganze Gesicht und legte den Hörer auf die Gabel des Telefons, das in der Lobby des Hotels stand.
„Heißa", sagte Rainer mit tonloser Stimme. Die ganze Sache

war ihm ganz schön auf den Magen geschlagen, und das Telefonat mit seinem Vater hatte seine Laune nicht unbedingt gebessert. Immerhin hatte Jakob ihm beigestanden und bekräftigt, er, Rainer, trage nicht die geringste Schuld an dem Unfall, was die Sachlage erheblich beschönigte, wie beide sehr wohl wussten.
Die Blutprobe war zwar positiv ausgefallen, doch durfte er seinen Führerschein behalten, was nicht zuletzt der Hartnäckigkeit von Jakob Spang zu verdanken war, der mit Engelszungen auf die Carabinieri eingeredet, ihnen die Situation erklärt und so das Schlimmste abgewendet hatte.
Um kein Risiko einzugehen, hatten sie den Volvo in einer Werkstatt abgeliefert, die einer der Polizisten für seriös genug hielt, ihn bis zum nächsten Morgen wieder flott zu kriegen. Rainer wäre am liebsten sofort wieder eingestiegen und weiter gefahren, doch Jakob hielt es für klüger, den Wagen technisch überprüfen zu lassen, ehe sie die Reise fortsetzten. Um die Karosserie- und Lackschäden würde sich nach der Heimkehr ein deutscher Fachbetrieb kümmern müssen.
„Das heißt?“
„Nichts. Nur, dass sie da sind und wir uns keine Sorgen um sie machen müssen.“
„Da bin ich aber froh“, grummelte Rainer. Jakob musterte ihn belustigt.
„Na, du bist ja richtig in Hochstimmung, muss ich feststellen!“
Rainer verdrehte die Augen.
„Jetzt komm schon! Wir sind nicht verletzt, du hast deinen Führerschein noch, die Sache mit deinem Vater biege ich auch noch hin, und der Volvo gehört nicht dir - was willst du mehr?“
„Nach Hause, zum Beispiel?“
„Du lieber Himmel!“, meinte Jakob. „Ich war im Krieg monatelang in Gefangenschaft, hab meine Familie über ein Jahr lang nicht gesehen, und du? Hast nach drei Tagen schon Heimweh!“
„Ich hab mich nicht darum gerissen, Sie zu fahren.“

„Nein, das hast du allerdings nicht", murmelte Jakob. So schnell seine Entrüstung über ihn gekommen war, so rasch war sie auch wieder abgeklungen.
„Na komm, bringen wir unsere Sachen mal aufs Zimmer! Und dann versuchen wir, aus dem Tag noch irgendwas Gutes rauszuholen. Der Portier hat mir ein Restaurant hier gleich um die Ecke empfohlen, wo es hervorragende Scampi geben soll."
„Ich mag keine Meeresfrüchte", bemerkte Rainer und schulterte seinen Rucksack. In dem kleinen Hotel gab es keinen Träger, also nahm er Jakobs Koffer, während dieser die Hülle mit seinen Anzügen darin und die Plastiktüten mit ihren Einkäufen trug.
„Aber nur, weil du noch keine frischen gegessen hast. Du wirst sehen, da gibt es himmelweite Unterschiede!"
„Es ist nicht nur der Geschmack, ich kann auch die Fühler und diese Würmchen nicht leiden."
„Krabben?"
„Ja. Krabben, Scampi, Tintenfisch... - so was krieg ich nicht runter."
„Was ist mit Muscheln?", hakte Jakob nach, während sie die Stufen zum ersten Stock hoch stiegen, in dem ihre Zimmer lagen.
„Hab ich ein Mal probiert."
„Und?"
„Haben mir nicht geschmeckt", meinte Rainer.
„Na, wir werden ja sehen." Jakob war die ständige Nörgelei des Jungen langsam Leid. Er dachte darüber nach, wie er reagiert hätte, wenn seine eigenen Kinder ebenso wählerisch gewesen wären, was das Essen anbetraf. Rainer hingegen fragte sich, wie er aus dem Tag noch etwas Gutes herausholen sollte, indem er sich in ein Fischrestaurant schleifen lassen musste. Seine Laune hatte sich um keinen Deut gebessert.

Tante Giuseppina hatte alles aufgefahren, was die Küche hergab, wir futterten uns durch *Melanzane sott'olio*,

selbstgemachte Orecchiette und das Hühnchen hindurch und waren bereits pappsatt, als Brunella und die Tanten die Teller abräumten und meine Tante den Käse auftischte.
„Esst!“, herrschte sie Steffi und mich an und hielt uns die Platte hin, unsere abwehrende Geste geflissentlich übersehend.
„Lass sie doch!“, meinte Oronzo mit vollen Backen. „Du siehst doch, dass sie nicht mehr können!“
„Aber sie sind so dünn!“, jammerte sie und musterte uns mitleidig.
„Was sagt sie?“ Steffi rutschte unruhig auf ihren Stuhl hin und her. Ich hatte gar nicht mehr daran gedacht, dass sie vom Tischgespräch kaum etwas mitbekam.
„Sie findet uns zu dünn“, raunte ich ihr zu und lauschte dem, was Paula erzählte. „Irgendein Cousin ist derzeit in einer Spezialklinik, weil er unter Essstörungen leidet - glaube ich“, übersetzte ich simultan. In der anschließenden Debatte verlor ich ein wenig den Faden, weil offenbar alle zu dem Thema etwas beisteuern wollten.
„Ich hab aber keine Essstörungen!“, zischte Steffi wütend. „Ich bin einfach nur satt!“
Und um diese Behauptung zu untermauern, legte sie ihre Serviette auf den Teller und schob ihn von sich.
Ich verzichtete darauf, ihr den Rest des Tischgespräches zu übersetzen. Sie hätte ohnehin keine Chance gehabt, sich einzumischen; zu gut waren die Tanten aufeinander eingespielt. Irgendwann schaltete ich ab und vernahm nur noch ein ungleichmäßiges Gemurmel am Tisch. Onkel Oronzo grinste mich schalkhaft über ihre Köpfe hinweg an.
Schemenhaft nahm ich die Gesten wahr, mit denen die Frauen ihre Behauptungen zum Thema ‚Bulimie’ unterstrichen, während der Geräuschpegel immer weiter anstieg und das Tischgespräch sich irgendwann um Pippos Tod drehte. Obwohl er in diesen Zweig der Familie seinerzeit lediglich eingeheiratet hatte, schienen sich die Tanten in ihrer Trauer um ihn regelrecht überbieten zu wollen.

„Ach, übrigens: Schönen Gruß von meinen Eltern“, sagte Steffi zu mir.
„Bist du durchgekommen? Was haben sie so erzählt?“
„Nicht viel. Waren froh zu hören, dass alles gut gegangen ist.“
„Gab’s Ärger wegen des Jetbags?“, fragte ich.
„Keine Ahnung, wir haben nur kurz miteinander gesprochen. Ich wollte nicht stundenlang auf Kosten deines Onkels telefonieren.“
Ein spitzer Schrei ließ uns aufhorchen. Er schien von weit her zu kommen und ging in einen weinerlichen Dauerton über, der sich rasch näherte. Paolo kam in die Küche gerannt und sauste zu seiner Mutter, in deren Schoß er sein Gesicht vergrub. Er zitterte am ganzen Leib und schluchzte in ihren Rock hinein.
„Mama“, kam es gedämpft.
„Paolo?“ Sanft strich ihm Brunella durchs Haar. „Paolo, was ist denn los?“
„Vielleicht hat er die Frau aus Ótranto gesehen“, meinte Oronzo munter. Die Redewendung kannte ich zwar nicht, aber die Frauen am Tisch lachten verhalten darüber.
„Nein“, kreischte Paolo und kam ruckartig hoch. „Ein Vampir! Im Keller! Ein Vampir! Er...-“ Der Rest ging in Tränen unter, und Paolo nahm wieder seinen Platz in Brunellas Schoß ein.
Ich begriff noch nicht ganz, was dies zu bedeuten hatte, doch als mein Blick auf Onkel Oronzo fiel, bemerkte ich, dass das Lächeln aus seinem Gesicht verschwunden war. Er gab mir ein unauffälliges Zeichen mit dem Kopf und stand auf.
„Ich sehe mal nach“, sagte er und verlieh seinem Gesicht einen betont strengen Ausdruck, „was unser Vampir so treibt! Nicht, dass er mir noch an meinen Wein geht!“
„Ich komme mit“, ich erhob mich ebenfalls, „ein bisschen Bewegung wird mir sowieso gut tun.“
Während die anderen den Tisch abräumten, stiegen wir die Stufen zum Keller hinab und liefen hinüber zum Weinkeller. Die Tür stand sperrangelweit offen, aber Pippo lag noch immer aufgebahrt zwischen den Regalen.

„Wir müssen ihn hier wegbringen, bevor auch die Frauen ihn sehen“, hektisch räumte Oronzo die Stühle beiseite.
„Wo willst du ihn denn hinbringen?“, fragte ich und sah mich in dem Keller um.
„Ganz egal, nur erstmal raus hier!“
Also hievten wir Pippo wieder aus seinem Sarg hinaus und trugen ihn hinüber in die Waschküche.
„Wohin nun?“, hakte ich noch einmal nach, denn Opa drohte mir aus den Fingern zu rutschen.
„Hier hinein“, entschied Oronzo, setzte Pippo vorsichtig ab und öffnete die Tür der mannshohen Kühltruhe, die neben Waschmaschine und Trockner stand.
„Ha-ha. Ist dir aufgefallen, dass die bis obenhin gefüllt ist und überall Fächer hat?“
„Dann müssen wir sie eben ausräumen.“ Und schon begann er damit, die Tiefkühlsachen herauszunehmen und in die Waschmaschine zwischen die Buntwäsche zu stopfen.
„Das klappt doch nie!“, erlaubte ich mir zu bemerken.
„Hilf mir lieber, das Zeug wegzuschaffen!“ Onkel Oronzo hielt mir eine Plastiktüte hin, und ich warf die verschweißten Tiefkühlpackungen eine nach der anderen hinein.
„Papa?“, kam vom Treppenabsatz die Stimme von Tante Ida. Wir hielten einen Moment lang inne.
„Ja?“
„Was macht ihr denn so lange da unten?“
„Na, wir vertreiben den Vampir!“, rief Oronzo fröhlich nach oben.
„Habt ihr was entdeckt?“
„Nein, es ist alles in Ordnung! Wir kommen gleich rauf.“
Wir horchten, bis sich ihre Schritte von der Treppe entfernten, ehe wir die Gitterfächer aus ihren Halterungen zogen. Nun passte Pippo locker in den Kühlschrank, und ich legte ihm die Plastiktüte in den Schoß.
„Hält ihn frisch“, erklärte ich Onkel Oronzo, ehe wir wieder die Treppe hinaufstiegen.

„Willst du nicht wenigstens mal probieren?“
„Buäh.“ Rainer verzog das Gesicht wegen der Riesengarnele, die Jakob ihm hinhielt und die für seinen Geschmack noch allzu lebendig aussah.
„Du weißt gar nicht, was dir entgeht“, meinte Jakob und wandte sich wieder seinem Teller zu. Rainer betrachtete ihn einige Sekunden lang und sagte dann:
„Manchmal erinnern Sie mich schwer an meinen Vater.“
„Wegen unserer guten Eigenschaften, will ich hoffen“, bemerkte Jakob, ohne aufzusehen. Die Gedankengänge seines Gegenübers schienen ihn nicht zu beeindrucken.
‚Nein - wegen eurer Besserwisserei und eurer ach so guten Ratschläge’, dachte Rainer bei sich und widmete sich seinen Linguine. Auch sie, so schien es ihm, schmeckten nach Fisch.
„Warum gibt’s eigentlich bei unseren Italienern Pizza und hier nicht?“
„Weil Pizzabäcker hier ein eigener Beruf ist. In vielen Restaurants gibt’s ebenfalls Pizza, aber in den meisten eben nicht. Schmecken dir die Nudeln nicht?“
„Nicht besonders.“ Rainer schob seinen Teller beiseite.
Jakob seufzte. „War vielleicht doch ein Fehler, hierher zu kommen.“
„Hab ich ja gleich gesagt!“
„Nun stell dich mal nicht so an...-!“
„Was? Ich hab doch gesagt, dass ich keinen Fisch esse!“, erwiderte Rainer trotzig.
„Schon gut. Wir besorgen dir auf dem Rückweg eine Pizza.“
„Wenn ich nicht noch vorher...-!“, hob er erneut an, doch Jakob unterbrach ihn.
„Ich habe bereits gesagt, dass es gut ist.“ Seine Stimme hatte einen scharfen Unterton bekommen, der Rainer verstummen ließ. Mit einem Male schien sich eine eisige Kluft zwischen ihnen aufzutun. Jakob wischte sich den Mund ab und trank sein Glas in einem Zug leer. Er bestellte die Rechnung.

„Hören Sie, ich wollte Sie nicht...-“ Rainer fühlte sich einigermaßen unwohl, als sie das Lokal verließen und auf die Straße hinaustraten. Jakob wandte sich um; das Laternenlicht ließ seine Gesichtszüge unnatürlich hart erscheinen. Einen Augenblick lang sah er Rainer an, doch schon lockerte er seine Haltung wieder, als habe er sich selbst in einem schwachen Moment erwischt.
„Reden wir nicht mehr darüber.“

Oben hatte man inzwischen eine Eistorte aufgefahren, die Tante Giuseppina gerade in Stücke schnitt.
„Was habt ihr denn bloß so lange da unten getrieben?“, fragte sie, ohne aufzusehen.
„Wir haben den ganzen Keller nach Paolos Gespenst abgesucht“, erklärte Oronzo, „aber nur das da gefunden.“ Und er stellte zwei schmucklos aussehende Weinflaschen auf den Tisch.
„Kein Gespenst - ein Vampir!“, meinte Ida gespielt vorwurfsvoll.
„Das stimmt allerdings. - Möchtest du mal ein Glas wirklich guten Weines probieren?“, fragte er Steffi. Noch ehe sie antworten konnte, schnappte er sich ihr Glas und schenkte bis zur Hälfte ein. Steffi sah mich unschlüssig an, ergriff es jedoch und nahm einen kleinen Schluck.
„E?“ Onkel Oronzo stand da, die Flasche in der Hand, und wartete auf ihr Urteil. Steffi, die bemerkte, dass alle Anwesenden die Luft anzuhalten schienen und sie beobachteten, verschluckte sich prompt.
„Er ist gut“, sagte sie schließlich, als sie wieder Luft bekam. „È veramente buono.“
Tante Giuseppina lachte anerkennend, und Onkel Oronzo schenkte mit selbstzufriedenem Lächeln nach.
„Mit unseren eigenen Weintrauben drin“, erläuterte er, „Weintrauben von unseren Ausgrabungen.“
„Ausgrabungen?“, hakte ich nach.

„Aber ja! Ich werde sie dir morgen zeigen“, meinte Oronzo.
„Und was war nun im Keller?“, mischte sich Brunella ein, an deren Arm Paolo zerrte.
Onkel Oronzo zuckte die Schultern.
„Nichts.“
„Nichts?“
„Gar nichts? Oder?“, er wandte sich an mich. Ich schüttelte den Kopf.
„Da unten war ein Vampir!“, meinte Paolo trotzig.
„Es gibt keine Vampire“, beruhigte ihn Brunella.
„Da unten war einer!“, beharrte er.
„Mir bitte nur ein kleines Stück Torte“, versuchte Brunella einen Themenwechsel, doch Paolo ließ nicht locker:
„Da unten war ein Vampir!“
„Danke, keinen Wein!“
„Da unten war ein Vampi-iir!“
„Paolo, lass es gut sein! Wir haben es jetzt alle gehört!“
„Aber er war da...-!“
„Paolo!“, herrschte Brunella ihn mit einem bitterbösen Blick an. Er machte große Augen, die sich sofort mit Tränen füllten. Als er schließlich losheulte, nahm sie ihn seufzend an der Hand und ging mit ihm hinaus.
„Das war aber auch Zeit!“, bemerkte Emma.
„Dass er immer so übertreiben muss!“, stimmte ihr Paula zu. „Ich finde, sie sollte ihm nicht immer wieder seinen Willen lassen.“ Ihr Blick ging hinüber zu Ida und Tante Giuseppina, doch die schwiegen dazu.
„Wann kommen deine Eltern?“, meinte Oronzo völlig unvermittelt.
„Ich glaube, morgen Nachmittag“, antwortete ich unsicher. „Sie rufen sicher heute noch an.“
„Hier ist alles geklärt“, erzählte er. „Die Messe, der Pfarrer, die Blumen, das Begräbnis - alles ist vorbereitet. Wir müssen nur noch morgen früh zur Stadtverwaltung, um die Papiere fertig zu machen.“

„Wie lange wird das dauern?"
„Nicht lange. Eine Stunde, alles in allem. Emma kann Steffi ja in der Zeit die Stadt zeigen."
„Ja, klar!", meinte Emma. „Ich muss sowieso noch zu UPIM, weil die ein paar Jeans für mich zurückgelegt haben. Dann kannst du doch genauso gut mitkommen und mir beim Anprobieren helfen."
Sie sah Steffi voller Begeisterung an, doch da Emma Italienisch gesprochen hatte, verstand die offenbar nur Bahnhof. Ich übersetzte ihr den Vorschlag, der ihr zu gefallen schien.
„Au ja! - Und was machst du in der Zeit? Ich hab irgendwas von Papieren verstanden."
Ich erläuterte ihr auch unseren Tagesplan.
„Klingt aufregend."
„Muss halt sein", erwiderte ich und warf Tante Pina einen Blick zu, die irgendwie abwesend wirkte. Ihre Trauer um Pippo war ihr deutlich anzusehen, und ich bekam augenblicklich ein schlechtes Gewissen wegen unserer Einkaufspläne.
Brunella kam zur Tür hinein, gefolgt von Paolo, der ein paar Schritte hinter ihr her lief. Ihr Eis war inzwischen geschmolzen und bildete einen unförmigen Klumpen auf den Tellern.
„Und?", fragte Tante Giuseppina, die sich wieder im Griff hatte.
„Natürlich nichts. Er hat den Sarg im Weinkeller gesehen und sich im Halbdunkel wohl eingebildet, dass jemand darin liegt."
„Hat ja auch! Ein Vampir hat darin gelegen!", beschwerte sich Paolo.
„Es ist jetzt gut, Paolo. Geh ein bisschen raus spielen, ja?"
Er sah unschlüssig in die Runde, zog aber schließlich ab.
„Was ist mit seinem Eis?", fragte Giuseppina.
„Wirf es weg! Das isst er jetzt ja sowieso nicht mehr, so, wie es inzwischen aussieht."
„Von wem er diese Phantasien hat, möchte ich auch mal gerne wissen", bemerkte Paula.
„Na, von seinem Vater jedenfalls nicht...!", entgegnete Ida.

„Mama!“, fuhr Brunella sie an.
„Was denn? Stimmt's etwa nicht?“, wehrte sie sich. „Habe ich dich jemals etwas Gutes über ihn erzählen gehört?“
„Aber du hast ihn doch auch gemocht...-!“
„Ja, weil ich davon ausgegangen bin, dass er meine Tochter zu einer glücklichen Frau machen würde! Dass er das auch noch bei anderen versuchen würde, konnte ich ja nicht wissen.“
Brunella zog es vor, darauf nichts mehr zu erwidern. Offenbar war es ihr peinlich, über dieses Thema zu reden, vielleicht auch deshalb, weil sie Paolos Vater nur ungern in Schutz nahm.
„Brunella und ihr Mann haben sich dieses Jahr getrennt“, raunte Oronzo mir zu, während die anderen den Tisch abräumten.
„Was ist passiert?“
Wir gingen vors Haus, um den Cinquecento zu entladen, und er erzählte mir die ganze Geschichte von Anfang an, wobei er durchblicken ließ, dass er eigentlich nichts Genaues über die Gründe wusste, die zum Bruch zwischen Brunella und ihrem Ehemann Gino geführt hatten.
„Mir sagt ja keiner was“, meinte er beifällig und zuckte die Schultern.
Giuseppina sprach wohl davon, dass Ginos Vater dafür bekannt gewesen sei, in betrunkenem Zustand seine Frau zu verprügeln, und leitete daraus ab, dass auch Gino selbst ein Trinker und Schläger sei. Ida wiederum behauptete, ihr Schwiegersohn sei von Bekannten des Öfteren im vertrauten Gespräch mit einer fremden Frau gesehen worden, weshalb sie ihm unterstellte, er habe ein Verhältnis. Brunella, die als Grund für die Trennung ihrerseits angab, sich ganz einfach einmal zu viel mit Gino gestritten zu haben, weigerte sich offenbar beharrlich, zu einem dieser Gerüchte Stellung zu beziehen, weshalb die Vermutungen innerhalb des Hauses Calò aber nur noch weiter ins Spekulative abdrifteten.
Unabhängig davon, dass er seine Enkeltochter liebte, vertrat mein Onkel allerdings eher die These, dass Brunella, die einem matriarchalisch geführten Haushalt entstammte, ihren Ehemann

allzu sehr an die Kandarre genommen und so aus der gemeinsamen Wohnung getrieben hatte. Doch hütete er sich davor, dies innerhalb der Familie zu äußern.
„Die würden mich vermutlich in das Fass da hinten stecken und mich bei Santa Maria di Léuca von der Brücke schmeißen“, meinte Oronzo mit ernstem Gesicht. Ich nahm die Taschen aus dem Auto und folgte ihm ins Haus.

Steffi, die neben mir saß und mit der Müdigkeit kämpfte, tat mir ein bisschen Leid. Für sie war es doppelt anstrengend, dem Gespräch auch nur halbwegs zu folgen, denn ihr Italienisch reichte gerade mal bis zur nächsten Straßenecke. Das hinderte meine Verwandtschaft aber nicht daran, sie in unsere Plaudereien über Familie, Deutschland und Apulien mit einzubeziehen. Angestrengt lauschte sie den Äußerungen ringsum und versuchte aus den für sie verständlichen Fragmenten abzuleiten, worum es eigentlich ging. Ich war ganz froh, dass man mich dazu nötigte, von unserer Fahrt zu berichten, konnte Steffi doch so ein wenig entspannen.
Bei der Schilderung unserer Erlebnisse achtete ich sorgsam darauf, Pippo nicht zu erwähnen, was bedeutete, die brenzligsten Situationen auszulassen. Offenbar schien es niemanden zu interessieren, weshalb Jakob Spang so sehr daran interessiert gewesen war, uns mit dem Leichenwagen unterwegs noch einzuholen, und so ging ich denn auch gar nicht näher darauf ein.
Außer Steffi und mir saßen nur Tante Giuseppina, Onkel Oronzo und Emma mit am Tisch, während die anderen im Hintergrund fernsahen. Doch eigentlich war mir das ganz recht so, denn im Gegensatz zu Emmas offenem Wesen hatten sie eine Art an sich, die auf mich eher abweisend wirkte. Nicht, dass sie unhöflich gewesen wären, das nicht; aber ihre Verstocktheit und ihre spitzen Bemerkungen zeugten in meinen Augen von einer gewissen Unzufriedenheit mit ihrem Leben.
Emma dagegen gab einem wahrlich das Gefühl, willkommen zu

sein. Sie schien sich ehrlich für unsere Erzählungen zu interessieren und hörte aufmerksam zu, immer wieder nachhakend, wenn sie etwas nicht verstanden hatte. Hinzu kam, dass sie sich ihren Schwestern gegenüber wesentlich flotter kleidete, was sich vielleicht auch darauf zurückführen ließ, dass sie frisch verliebt war - eine Tatsache, deren Erwähnung Emma tatsächlich ein wenig Farbe ins Gesicht gezaubert hatte.
„Mama?“, kam von hinten Brunellas Stimme. „Hast du noch was von der Eistorte übrig? Paolo hätte nun doch noch gerne ein Stück.“
„Ich glaube nicht. Aber sieh mal nach!“
Gerade erzählte ich Emma die Episode von unserer Spritsuche in den Abruzzen, als Paolo zu uns an den Tisch kam. Er machte große Augen und verkündete enttäuscht, dass keine Eistorte mehr da sei.
„Dann geh nach unten und hol dir stattdessen ein Eis am Stiel“, meinte Tante Giuseppina, und fast gleichzeitig trat mir mein Onkel ans Bein. Indem Paolo in Richtung Treppe lief, erhob er sich und sagte irgend etwas von einem Thermostat für den Cinquecento, den wir ja unbedingt noch im Hellen einbauen müssten.
„Stimmt!“, pflichtete ich ihm bei. „Der Thermostat! - Entschuldigt, ich erzähle gleich weiter - wir brauchen nur ein paar Minuten!“ Und schon waren wir zur Tür hinaus.
„Schnell jetzt!“, feuerte mich Onkel Oronzo an und rannte mir voraus ums Haus herum. Wir waren gerade im hinteren Gang angelangt, als wir Paolos Schrei hörten. Obwohl wir bereits wussten, was ihn so erschreckt hatte, gefror uns fast das Blut in den Adern. Als wir Paolo die Treppe hoch zischen hörten, durchquerten wir rasch die Kellerräume und holten Pippo aus seinem eisigen Verlies, wohl wissend, dass uns nur wenige Augenblicke Zeit blieben.
„Wohin mit ihm?“ Ich verspürte eine gewisse Panik, wie ich meinen Opa so unter den Armen hielt.
„Wieder in den Weinkeller“, entschied Onkel Oronzo, und da

ich keinen besseren Vorschlag zur Hand hatte, setzten wir Pippo auf einem der beiden Stühle ab und verriegelten die Tür des Weinkellers, ehe wir in aller Eile die Gitter wieder in die Tiefkühltruhe schoben.
Oben wurden Stimmen laut. Offenbar waren meine Tanten gerade dabei, geschlossen nach dem Rechten zu sehen. In fliegender Hast reichte Oronzo mir ein Päckchen nach dem anderen, und als Idas Schuhe auf der obersten Treppenstufe erschienen, hatten wir längst die Tür geschlossen und bogen gerade um die Ecke zum Hinterausgang.

Wir hatten eine Weile Gelegenheit, uns über die geöffnete Motorhaube des Cinquecentos gelehnt auszuruhen und wieder zu Luft zu kommen, ehe Ida zu uns herauskam und uns fragte, ob wir nichts mitbekommen hätten.
„Wieso? Was war denn los?“, fragte mein Onkel.
Ida winkte ab.
„Mal wieder Paolo. Er hat uns schon wieder seine Vampirgeschichte aufgetischt.“
Im Hintergrund hörte man Brunella, die Paolo anschrie, er solle jetzt sofort ins Bett gehen.
„Ach, er ist bestimmt nur ein bisschen überdreht“, wiegelte Oronzo ab, „wahrscheinlich ist er nur eifersüchtig auf unseren Besuch und versucht, ein bisschen Aufmerksamkeit zu erregen.“
„Dann ist es umso besser, wenn er gleich zu Bett geht“, entgegnete Ida.
Recht so! stimmte ich ihr im Geiste zu. Aber obgleich ich Paolo nicht gerade in mein Herz geschlossen hatte, tat er mir nun doch ein wenig Leid.
Onkel Oronzos Gewissen schien sich jedoch nicht halb so schwer belastet zu fühlen wie das meinige, denn er meinte nur lapidar:
„Irgendwann muss er auch einmal lernen, dass man die Leute nicht einfach so zum Narren halten darf.“

„Seit wann schließt du eigentlich deinen Weinkeller ab?“, wollte Ida wissen.
„Seit Paolo darin Vampire sieht. Außerdem hat er darin sowieso nichts zu suchen.“
Tante Giuseppina erschien auf der Türschwelle.
„Ronzino! Braucht ihr noch lange?“
„Nein!“, rief mein Onkel und klappte den Motordeckel zu. „Sind schon fertig. Wir waschen uns nur noch die Hände, dann kommen wir hoch!“
Pippo saß noch immer auf seinem Stuhl, als Oronzo den Weinkeller aufschloss. Oben hörten wir Paolo weinen; er bekam gerade von seinen Tanten reihum eine gute Nacht gewünscht.
„Der Arme!“, sagte ich voller Mitleid. „Die halten ihn bestimmt für verrückt.“
„Die“, meinte Onkel Oronzo und hob den Sarg von seinem Podest herunter, „die halten ihn höchstens für überdreht. Und gemessen an dem, was der Junge zuweilen anstellt, kommt er oft genug viel zu gut davon. Du wirst sehen, morgen ist die Sache schon wieder vergessen.“
Ich griff unter Pippos Armen hindurch und legte ihn wieder in den Sarg. Ich bemerkte die Initialen *G.R.* für ‚Giuseppe Russo’ zwischen den Blumenranken.
„Mann, ist der kalt!“, fluchte Oronzo. „Wir hätten ihn besser vorher noch...-“ Mitten im Satz unterbrach er sich. Ich folgte seinem Blick, der über meine Schulter hinweg ging. Hinter mir stand Paolo und sah mit großen Augen von uns hinüber zu Pippo und seinem Sarg.
„Halt bloß die Klappe!“, sagte mein Onkel leise, aber eindringlich, ehe der Junge sich Gedanken darüber machen konnte, was er wohl tun sollte. Seine Wangen waren noch feucht von den Tränen; er machte jedoch keine Anstalten, zu verschwinden.
Oronzo legte den Finger auf die Lippen und fuhr sich dann mit ihm quer über die Gurgel.

„Du weißt doch, was sonst passiert!“
Ich war entsetzt, aber Paolo verstand endlich. Ohne einen Mucks von sich zu geben, drehte er sich um und rannte die Treppe wieder hinauf.
Einen Augenblick lauschten wir regungslos, ob er uns nicht vielleicht doch noch verpetzen würde, doch oben blieb es still. Nur der laufende Fernseher trug seine Geräusche zu uns herunter. Wir hoben den Sarg aufs Podest, stellten die Stühle davor auf und verriegelten erneut die Tür zum Weinkeller, ehe auch wir den Keller wieder verließen und zu den Frauen zurückkehrten.

„Na, schon besser?“
„Hm-mm.“ Rainer rieb sich den Bauch. „Jetzt geht's mir gut.“
Jakob lächelte und rief das Mädchen hinter der Theke an, vermutlich die Tochter des Pizzabäckers.
„Auch einen Espresso?“, fragte er Rainer.
„Danke - ich passe!“
„Einen Espresso, bitte!“
Sie saßen in einer Ecke des winzigen Lokals an einem der beiden Bistrotische. Den anderen hielt eine schäbig gekleidete Frau besetzt, die mit erstaunlich dunkler Stimme in einem fort auf den Besitzer einredete, Kette rauchte und zum Inventar zu gehören schien.
Mit halbem Ohr lauschte Jakob den Geräuschen, die von der Theke herüber drangen, dem stampfenden Kneten des Pizzateiges, dem Geklapper von Blech und Geschirr und dem Pfeifen der Espressomaschine, während er die unzähligen Fotos, Postkarten, Zeitungsausschnitte und Familienbilder an den Wänden betrachtete.
Obwohl er gerade solche kunterbunten Sammelsurien mochte, empfand er die Atmosphäre des Lokals als unangenehm, was vielleicht mit den schmutzigen Bodenfliesen, vielleicht aber auch mit der kühlen Neonbeleuchtung oder dem muffligen Pizzabäcker zusammenhing.

Das Mädchen brachte den Espresso und stellte ihn wortlos vor Jakob ab. Die Untertasse wies Kaffeeränder aus früheren Zeiten auf, und der Zuckerstreuer war verstopft. Perfekt, dachte Jakob bei sich.

„Was studiert eigentlich deine Freundin?“ fragte er plötzlich. Rainer war verblüfft.

„Mediendesign. Warum?“

„Na ja, weil ich bis jetzt nur weiß, dass sie Michaela heißt...-“

„Manuela“, korrigierte Rainer.

„...Manuela heißt, dass ihr noch nicht ans Heiraten denkst und du sie offenbar vermisst. Aber sonst hast du noch nicht allzu viel erzählt. Gefällt ihr denn ihr Studium?“

„Geht so. Aber sie hat erst angefangen. Ist ihr erstes Semester.“

„Warum studiert sie eigentlich nicht in Frankfurt? Gibt's das Fach dort nicht?“

„Doch, schon. Aber dort war der Andrang größer, und weil die Studienplatzvergabe so ewig dauerte, hat sie eben in Karlsruhe zugesagt.“

„Dann seht ihr euch nur am Wochenende?“

„Tja.“ Rainer zuckte die Achseln. „Und manchmal nicht mal das.“

„Ich verstehe. Wenn wir wieder zurück sind, spendier ich dir 'nen schönen Strauß Blumen für deine Manuela.“

Rainer war zu überrascht, um seinen Unmut über diesen Vorschlag zu artikulieren. Er empfand es als peinlich und aufdringlich, wie sich dieser Mann in sein Privatleben einzumischen versuchte. Jakob, der sein Schweigen als Schüchternheit wertete, zwinkerte ihm zu.

„Das wird ihr gefallen, glaub mir! - Wie lange seid ihr schon zusammen?“

„'N knappes Jahr. Wieso?“

„Weil es auf Dauer eben nicht genügt, gewisse Gefühle nur zu *haben*. Man muss ihnen auch Ausdruck verleihen!“

„Und Sie selbst? Haben Sie das immer bei Ihren Frauen berücksichtigt?“, fragte Rainer, dem dieses Gespräch langsam

zu persönlich wurde. „Sie sind geschieden, nicht wahr?“
Sobald er es ausgesprochen hatte, wurde ihm bewusst, wie persönlich sein eigener Vorstoß war, und er hätte sie gerne zurück genommen. Aber Jakob lächelte hintergründig.
„Touché“, sagte er. „Aber wenn es mit den Frauen und mir auf Dauer nicht geklappt hat, dann hatte das andere Gründe. Bei uns waren es die unterschiedlichen Vorstellungen von unserem gemeinsamen Leben, die uns auseinander brachten. Ein Streit hier, ein Vorwurf da, ein Missverständnis... und irgendwann stellt man fest, dass man sich eigentlich nichts Nettes mehr zu sagen hat. Und wenn dann noch Kinder da sind, wird die Sache auch nicht gerade einfacher.“
„Wie alt waren Ihre Kinder denn bei Ihrer Scheidung?“, wollte Rainer wissen, der überrascht davon war, welchen Redefluss seine Frage bewirkt hatte.
„Bei meiner ersten Scheidung waren meine Söhne gerade drei und fünf. Beim zweiten Mal waren wir schlauer und haben uns erst getrennt, als unsere Tochter volljährig wurde.“
„Und? Haben Sie noch Kontakt zueinander?“
„Ach, Ulrike wohnt nur ein paar Straßen weiter, und Dieter, der Ältere, wohnt in Mannheim. Die beiden sehe ich regelmäßig alle paar Wochen. Horst kriege ich nur ein- bis zweimal im Jahr zu Gesicht, und mit meinen Frauen telefoniere ich ab und zu. Wir halten Kontakt, mehr nicht. - Traurig eigentlich, dass nach all den Jahren nicht mehr übrig geblieben ist. - Aber was soll's?“, meinte Jakob munter und trank den Espresso aus.
„Darf ich Sie was fragen?“, begann Rainer nachdenklich.
„Aber ja doch! So lange es nicht noch intimer wird...!“
„Weshalb konnten Sie sich mit diesem Pippo so verkrachen, dass sie beide kein Wort mehr miteinander sprachen?“
„Ach, das...!“
„Sie kannten sich doch seit dem Krieg! Haben so viel erlebt und gemeinsam durchgemacht! Man sollte meinen, dass, wenn sich zwei Männer nach alledem derart verhalten, nur eine Frau die Ursache dafür sein kann.“

Jakob schwieg. Das Lächeln verschwand aus seinem Gesicht.
„War es so? Ging es um eine Frau?“ Es sollte nicht gehässig klingen, aber Rainer, - der noch immer wütend über Jakobs Einmischungen in sein eigenes Privatleben war -, spürte, dass er einen wunden Punkt bei diesem getroffen hatte. Jakob räusperte sich und sah auf die Uhr.
„Es gab verschiedene Gründe für unseren Streit“, meinte er leise. „Aber wir sollten langsam zum Hotel zurück gehen.“ Rasch zählte er das Geld für die Pizza und ihre Getränke ab und zahlte bei dem Mädchen hinter der Theke.
„Es tut mir Leid“, meinte Rainer, als sie aus der Tür traten.
„Das braucht es nicht“, entgegnete Jakob, „es gibt lediglich Dinge, über die ich nicht gerne reden möchte.“

Es entging mir nicht, dass Giuseppina Onkel Oronzo prüfend ansah, als wir uns ihr gegenüber wieder an den Tisch setzten.
„Ich glaube, sie ahnt etwas“, raunte er mir zu.
„Wie sollte sie?“, wollte ich wissen.
„Keine Ahnung. Aber sie weiß, dass ich Pippo hier unterbringen wollte.“
„So ein Mist! Und was jetzt?“, flüsterte ich.
„Nichts. Es bleibt alles, wie es ist. Sie wird uns schon nicht verraten.“
Da war ich mir nicht so sicher, aber da meine Tante kein Wort mehr über die Sache verlor, ließ meine Sorge allmählich nach.
Steffi unterhielt sich mit Emma offenbar prächtig in einer absonderlichen Mischung aus Italienisch und Deutsch. Als Oronzo und ich dazukamen, dämpften sie allerdings die Stimme und führten ihr Gespräch in halblautem Gemurmel fort. Anscheinend lästerten sie über uns oder über die Männer im Allgemeinen.
Oronzo bot der Runde einen weiteren Wein an, doch außer mir schien ihn niemand auch nur zu beachten. Ida und Paula, die noch immer auf der Couch saßen, guckten irgendeine Gameshow mit dem unvermeidlichen Moderatorengespann aus

junger, halbnackter Frau und alterndem Conférencier. Brunella dagegen war kurz nach Paolo ebenfalls zu Bett gegangen.
Ich hielt Onkel Oronzo mein Glas hin und sah zu, wie der Wein sich perlend hinein ergoss. Es war ein einfacher, aber guter Tafelwein, und wir stießen damit auf alles Mögliche an.
Irgendwann war die Gameshow vorüber, und Oronzo, der die Nachrichten hören wollte, verdrängte Ida und Paula vom Sofa. Sie zogen sich denn auch bald ebenso zurück wie Tante Giuseppina, die als Gastgeberin nicht unhöflich sein wollte, aber vergeblich gegen ihre Müdigkeit ankämpfte.
„Ich gehe ins Bett", gähnte meine Tante verhalten und tätschelte im Vorbeigehen Onkel Oronzos Halbglatze. „Buona notte."
„Buona notte", erwiderten wir artig, und Emma und Steffi kamen herüber und gesellten sich zu uns.
„Was habt ihr denn bloß da unten gemacht?", fragte Steffi mich. „Paolo war ja völlig verstört."
Ich warf einen raschen Seitenblick auf Emma.
„Sie weiß es", sagte Steffi. Oronzo seufzte, ohne von den Nachrichten aufzusehen.
„Woher?"
„Ich habs ihr erzählt, als deine Tante gerade mal für kleine Mädchen war."
„Aber geahnt hab ich's eigentlich schon vorher", ergänzte Emma.
„Wir haben lediglich Pippo aufgebahrt", erklärte ich, „bloß konnte ja keiner ahnen, dass der Kleine ihn entdecken würde."
„Na, damit hättet ihr aber rechnen müssen!", wandte Emma ein. „Ist doch nur natürlich, dass so ein Sarg ihn neugierig macht!"
„Ich hab ihm hundert Mal gesagt, dass er im Weinkeller nichts zu suchen hat!", meldete sich jetzt auch Onkel Oronzo zu Wort.
„Wie auch immer. Jedenfalls weiß er es, und Mama weiß es vermutlich auch."
„Hat sie was gesagt?", fragte er.
„Nein. Aber die Art, wie sie euch angesehen hat, als ihr wieder

hochgekommen seid, sagt eigentlich alles."
Onkel Oronzo schwieg eine Weile, dann meinte er: „Und wenn schon! Wir können's nicht ändern, und morgen kommt er eh aus dem Haus. Bis dahin wird sie schon Ruhe halten."
„Wie läuft das morgen eigentlich ab?", mischte ich mich ein.
„Morgen früh um zehn kommt zunächst einmal Signore Schiavone und holt den Sarg ab...-"
„Weiß er Bescheid, dass...?" Emma ließ die Frage unvollendet.
„Ich habe ihm nur gesagt, dass sich der Tote bereits im Sarg befindet, meine Frau davon aber nichts wissen dürfe."
„Und?"
„Er ist von Berufs wegen sehr an Diskretion gewöhnt", beruhigte Oronzo mich. „Außerdem kann es ihm nur Recht sein, dass wir ihm diesen Teil seiner Arbeit abnehmen."
„Gut. Pippo wird also von Signore Schiavone abgeholt. Was dann?"
„Danach werden wir beide uns mit Monsignore Spinelli treffen, um die Einzelheiten der Messe durchzugehen. Sollte deine Mutter früh genug eintreffen, kann ich das aber auch später noch mit ihr zusammen erledigen."
„Wäre mir lieb. Ich hab noch nie eine Beerdigung geplant", erklärte ich.
„In der Zwischenzeit werden wir uns mal unsere *zona archeologica* mit den Ausgrabungen ansehen...-"
„...und ich werde Steffi die Stadt zeigen!", ergänzte Emma.
Wir plauderten noch eine Weile über dies und das, dann gingen Emma und Steffi, die schon seit einiger Zeit verhalten gegähnt hatten, auf ihre Zimmer. Onkel Oronzo packte mich am Arm und zog mich mit sich Richtung Kellertreppe.
„Komm!"

21

Ich war todmüde, aber mein Onkel ließ keine Widerrede gelten, sondern bugsierte mich geradewegs auf einen der beiden Stühle, die vor dem Sarg am Eingang des Weinkellers standen. Am Liebsten wäre ich wieder aufgestanden und Steffi gefolgt, aber ich verspürte nicht die dazu nötige Energie; stattdessen sah ich Oronzo zu, der in die Hocke ging und in einem der untersten Regale nach etwas suchte. Ich tippte auf Kerzen, doch als er wieder hoch kam, hielt er zwei Kaffeebecher in der Hand. Wortlos reichte er mir einen davon und schenkte mir aus einer Flasche ein, die er irgendwoher gezaubert hatte. Ich betrachtete währenddessen das Schnitzwerk mit Pippos Initialen auf dem Sarg.

„Hast du das selbst gemacht?“, fragte ich.

„Hm?“

„Die Blumenranken und das alles... - hast du das hineingeschnitzt?“

„Ja, ja“, meinte er und guckte flüchtig hin. „Deshalb wird er erst morgen abgeholt.“

„Gefällt mir.“

„Es ist so, wie er es haben wollte.“ Schwerfällig ließ Oronzo sich auf seinem Stuhl nieder.

„Vor Jahren schon haben wir darüber gesprochen. Wegen nichts Bestimmtem - einfach so, wie alte Leute halt reden, wenn jedes Jahr das letzte sein könnte, das sie erleben.“

Vielleicht wäre mir die kleine Handbewegung in Richtung Schritt bei ihm gar nicht aufgefallen, wenn ich mich nicht selbst in dieser Sekunde von ihr abgehalten hätte.

„Pippo hätte sich nie einen dieser bombastischen Edelsärge gewünscht“, fuhr er fort. „So viel Extravaganz hätte auch nicht zu ihm gepasst. Aber eine Kleinigkeit musste ich ihm seinerzeit versprechen: Er wollte unbedingt neben Carlotta liegen.“

„Na ja, das sollte doch nicht so schwierig sein, oder? Die beiden haben doch sicherlich ein Familiengrab?“
„Das schon - oder zumindest so etwas Ähnliches. Pippo hat sich jedenfalls bei Carlottas Beerdigung gleich auch die Grabstelle nebenan reservieren lassen. - Noch ein Schluck?“
„Gerne.“
Der Wein war gut und sehr trocken, aber das hatte nichts zu bedeuten; ich verstehe nicht allzu viel davon, und um diese Uhrzeit hätte ich auch Essig geschluckt, ohne mit der Wimper zu zucken. Aber dieser Wein hinterließ einen hauchdünnen, samtenen Schleier an meinem Gaumen, dem ich mit der Zunge nachspürte, und während ich dies tat, blieb mein Blick an dem Krimskrams in Onkel Oronzos Werkstatt hängen.
„Was hat es damit eigentlich auf sich?“ Ich machte eine vage Handbewegung in den Raum hinein.
„Was meinst du?“
„Du hast vorhin gesagt, dass du damit dein Geld verdienst.“
„Ach, das“, meinte Oronzo gleichgültig, „das ist eigentlich gar nichts.“
Er stand auf und schwankte ein bisschen, als er zu der Werkbank hinüber ging. Er kramte ein wenig herum und hielt schließlich eine kleine Amphore hoch, die üppig mit Mustern verziert war.
„Souvenirs.“
„Versteh ich nicht“, gab ich zu.
„Siehst du die Muster hier?“ Er fuhr mit dem Finger über den Hals der Amphore. Ich nickte, und mein Onkel wickelte sie vorsichtig in einen Lappen ein und legte sie auf den Fußboden. Einen Hammerschlag später schüttelte er mir ein Dutzend Scherben vor die Füße. Ratlos sah ich ihn an; in seinen Augen war jedoch keine Spur von Wahnsinn zu entdecken.
Anstatt mir die Sache zu erklären, forderte er mich mit einer Handbewegung auf, die Scherben in Augenschein zu nehmen. Ich tat ihm den Gefallen, und er griente mich an, als habe er mir soeben das Geheimnis des Lebens mitgeteilt.

„Und?“ Meine Antwort konnte ihn nur enttäuschen, also beschloss ich, es kurz und bündig zu machen.
„Und?“, äffte er mich nach. „Und wo sind jetzt die Muster?“
Ich sah mir die Trümmer noch einmal an.
„Ich würde sagen, überall“, meinte ich unverbindlich.
„So ist es“, bestätigte er zufrieden und betonte jedes Wort einzeln. „Sie sind überall.“
Onkel Oronzo ließ mich noch eine Minute zappeln, ehe er es mir erklärte.
„Dies hier ist die Grundlage des *Campo dei Cocci*, - des *Scherbenfeldes* -, das auf dem Gelände der *zona archeologica* liegt. Es war früher bekannt dafür, dass man dort auch nach über zweitausend Jahren noch alte Tonscherben, Amulette oder Münzen aus vorchristlicher Zeit finden konnte. - Ich erinnere mich, dass Carlotta und ich schon als Kinder dort stundenlang alles Mögliche aufsammelten und für ein paar Lire an die Deutschen und später an die Amerikaner verkauften – oder gegen Naturalien tauschten, je nachdem.“
Er lachte leise vor sich hin, ehe er sich an mich wandte.
„Damals wussten wir allerdings selbst noch nicht, dass die Scherben zum Teil erst wenige Jahre zuvor ausgelegt worden waren.“
„ - - - ?“
„Hier, dein Pippo zum Beispiel“, er wies mit dem Daumen in Richtung Podest, „er hat damals mitgeholfen, den Kram zu verstreuen.“
Onkel Oronzo trank den Rest des Bechers aus und verzog das Gesicht. „Hat zuviel Satz, der.“
„Wieso hat Pippo Scherben in die Gegend gestreut?“ Meine Frage kam mir entsetzlich naiv, zugleich aber auch durch und durch logisch vor. Dann fiel mir seine Einleitung ein, und ich fügte hinzu:
„Für Touristen?“
„Ach was, Touristen! Glaubst du, in der Zeit hätte es hier Touristen gegeben?“

„Du hast eben aber selbst was von Deutschen gesagt...-“, versuchte ich mich zu rechtfertigen.
„Soldaten!“, rief Oronzo. „Hitler wollte aus Süditalien doch seinerzeit die ‚Kornkammer Europas‘ machen!“
„Dann hat Pippo also das Zeug für die Deutschen ausgelegt?“, versuchte ich es erneut, ohne indes darin eine Logik zu erkennen. Doch mein Onkel schüttelte den Kopf.
„Siehst du, die Leute hier sind abergläubisch, und der *Campo dei Cocci* galt schon lange Zeit vor den Faschisten als das, was man einen verzauberten Ort nennen könnte.
Un luogo incantato“, murmelte er wie zu sich selbst, ehe er sich wieder an mich wandte. „Hat Pippo dir nie die Geschichte von Francesca und Federico erzählt?“
Ich dachte kurz nach und schüttelte dann den Kopf.
„Federico“, begann er, „Federico stammte aus dem Norden und kämpfte 1860 während der Befreiungskriege mit anderen Freiwilligen – Bauern meist - an der Seite von Garibaldis Truppen für die Einheit Italiens.
Eines der entscheidenden Gefechte lieferten sich die Briganten und die königstreuen Truppen der Bourbonen in einem Wald bei Lecce. Das Gelände war derart uneben und der Wald zu dicht gewachsen, als dass an ein Kämpfen hoch zu Ross zu denken war. So kam es, dass die Schlacht im Nahkampf entschieden wurde.
Federicos Säbel brach dabei entzwei, und er wäre seinem Gegner erlegen, der bereits den entscheidenden Stoß auf seine Brust führte, hätte dieser nicht das Amulett getroffen, das der junge Brigant als Geschenk seiner Mutter nahe am Herzen trug.
Die Klinge des Gegners prallte also ab, und Federico nutzte dessen Überraschung zum eigenen Vorteil aus. Er besiegte den Bourbonen und durfte sich später zu den 81 Überlebenden zählen, die Garibaldi durch ihren Sieg dessen Ziel – der Einheit Italiens - ein Stück näher gebracht hatten.
Das Amulett war durch die Wucht des Aufpralls entzwei gebrochen, und Federico konnte die abgesplitterte Hälfte nicht

wiederfinden, so sehr er auch das Schlachtfeld danach absuchte. Er wurde nach dem Ende der Befreiungskriege als nunmehr ordentlicher Soldat in Rom zum Offizier ernannt, und in der Freude über sein Überleben und den Sieg verschmerzten er und seine Familie den Verlust des zerstörten Amuletts leichten Herzens. Er selbst vergaß die ganze Sache mit der Zeit, trug aber die verbliebene Hälfte als Glücksbringer stets mit sich.

Viele Jahre später verschlug es den Offizier Federico erneut in die Gegend von Lecce, und der Zufall wollte es, dass er auf dem Wochenmarkt an einem Stand vorüber ging, an dem ein junges Mädchen und ihr Vater handgewebte Tücher verkauften. Während Federico noch die Waren prüfte, fiel ihm etwas ins Auge, was seine Aufmerksamkeit erregte: Das Bruchstück eines Amuletts, - seines Amuletts -, welches das Mädchen an einer einfachen Schnur um den Hals trug.

Schon wollte er die ihm verbliebene Hälfte hervorziehen und sein Eigentum zurückfordern, als er erkannte, wie schön das Mädchen trotz ihrer ärmlichen Kleidung war. Wie vom Donner gerührt, beließ er das Amulett an seinem Platz, zahlte seine Tücher und ging.

Am nächsten Tag jedoch kam er wieder und an den darauffolgenden Tagen ebenfalls. Niemals führte er ein längeres Gespräch mit Francesca, - so der Name des Mädchens -, doch besuchte er stets ihren Stand und verliebte sich ein kleines bisschen mehr in sie. Francesca wiederum blieb das scheue Werben Federicos nicht verborgen, und sie entwickelte ihrerseits heftige Gefühle der Liebe für den jungen Offizier.

So ging es über Monate hinweg. Federico kaufte sein Tuch, wechselte einige Worte und Blicke mit Francesca und ging wieder. Eines Tages nahm er all seinen Mut zusammen und hielt bei Francescas Vater um ihre Hand an.

Der nahm ihn zur Seite und erzählte ihm, dass eine Wahrsagerin seiner Tochter vor langer Zeit vorhergesagt habe, sie werde, wenn sie dem Richtigen begegnete, diesen daran erkennen, dass er ihr eine bestimmte Frage richtig beantworten könne. Diesen – und nur diesen – solle sie heiraten. Francescas Vater meinte, es hätten sich in der Vergangenheit bereits mehrere Männer die Zähne an der Frage ausgebissen, und es seien kluge und weniger kluge unter ihnen gewesen.

‚Wie aber lautet die Frage?', wollte Federico wissen, und der Vater des Mädchens meinte, das wisse er selbst nicht, denn er sei niemals dabei gewesen, wenn sie gestellt worden war. Doch solle er sich hüten, denn Francesca habe nie wieder ein Wort mit den Männern gesprochen, die ihre einzige Chance verwirkt hatten.

Federico ging nach Hause. Lange grübelte er darüber nach, ob er es tatsächlich wagen solle, Francesca um ihre Hand zu bitten und sie womöglich niemals wiederzusehen, wenn er die Frage falsch beantwortete. Mehrere Tage lang verkroch er sich in seinem Zimmer und zermarterte sich sein Hirn auf der Suche nach Anhaltspunkten dafür, worum es sich bei der Frage wohl handeln mochte. Doch je mehr er nachdachte, desto mehr Fragen kamen ihm in den Sinn, vor allem solche, die er selbst nicht beantworten konnte. Schließlich hielt er es nicht mehr aus und ging zu Francesca.

Die war schon in Sorge, weil der Offizier, der ihr ansonsten jeden Tag ein Tuch abkaufte, schon seit fast einer Woche nicht mehr aufgetaucht war. Umso mehr freute sie sich über sein Kommen, wenngleich sie ihn nie in einem solchen Zustand der Erschöpfung und Übermüdung gesehen hatte.

‚Also gut', keuchte Federico, denn er war das letzte Stück gelaufen, ‚stell sie mir!'

Francesca, die keine Ahnung von dem Gespräch zwischen ihm und ihrem Vater hatte, sah ihn nur verwundert an, und Federico begann noch einmal:

‚Francesca, willst du meine Frau werden?'

Das Mädchen war hoch erfreut, dies zu hören, wenn auch Federico weder optisch noch in seiner Verwirrtheit den besten Eindruck auf sie machte. Doch erinnerte sie sich an die Wahrsagerin von einst und meinte:

‚Bevor ich dir antworte, musst du mir eine Frage beantworten.‘
‚Deshalb bin ich ja hier!‘ heulte Federico in seiner Ungeduld, und Francesca war von seiner Entschlossenheit einigermaßen beeindruckt. Noch nie war ihr so daran gelegen gewesen, die richtige Antwort auf ihre Frage zu erhalten, doch durfte sie nicht diesem Mann zuliebe eine andere Frage wählen als diese:
‚Was befindet sich auf der Rückseite meines Amuletts?‘
Stille. Bange Sekunden, in denen sich Francesca und Federico in die Augen sahen, bis Letzterer in ein Lachen ausbrach, das kein Halten mehr kannte. Er lachte so laut und so herzlich, dass alle Umstehenden sich zu ihm umdrehten und bei den beiden stehenblieben.
‚Die Rückseite deines Amuletts‘, erklärte Federico schließlich, als er sich wieder im Griff hatte, ‚zeigt die Jungfrau Maria ohne ihr Jesuskind.‘
Francesca, die ihre Kette abgenommen hatte, drehte das Amulett herum, und durch die Reihen der Umstehenden ging ein Raunen. Doch Federico war noch nicht fertig.
‚Denn das‘, sagte er und zog sein verbliebenes Stück des Amuletts hervor, ‚befindet sich auf dieser Hälfte. – Doch nun verrate mir, woher deine stammt!‘
Natürlich hatte Francesca ihr Amulett von ebendieser Wahrsagerin erhalten. Sie hatte es auf den ehemaligen Schlachtfeldern bei Lecce gefunden, als sie Kräuter suchte, und es so Federico gemeinsam mit Francesca wieder zugeführt. – Und das ist das Ende der Geschichte.“
Onkel Oronzo strahlte mich an.
„Und?“, fragte ich schließlich.
„Was ‚und’? Du meinst, was sie mit all den Tüchern gemacht haben...? Nun, vielleicht...-“
„Wieso bringen nun die Scherben Glück? In der Geschichte ist bloß von Amuletten die Rede.“
„Tja, das weiß ich auch nicht so recht“, gab er zu.
„Du *weißt* es nicht?“
„Wahrscheinlich muss man das mit dem Amulett symbolisch

sehen", meinte er leichthin, „jedenfalls ist diese Legende die Grundlage dafür, dass die Menschen in dieser Gegend nach Scherben, Münzen und dergleichen graben, weil es Glück bringen soll."

„Aber was hat es nun mit den Deutschen und den Touristen auf sich?", nahm ich den Faden wieder auf.

„Also, im Krieg war man froh, wenn man mit irgend etwas ein bisschen Geld machen konnte. Und die deutschen - und später auch die amerikanischen - Soldaten, die gezwungenermaßen tausende von Kilometern entfernt von ihren Familien verbringen mussten, waren dankbar für die Geschichte von Francesca und Federico und für die Scherben, die wir ihnen besorgten. Mag sein, dass sie an den Zauber nicht glaubten, aber wenn es um Familie geht, sind alle Menschen gleich. Sie wollten halt nichts unversucht lassen, um nach Hause zurückkehren zu können, und bis dahin symbolisierten die Scherben ihren Liebsten gegenüber ihre Verbundenheit. In den beiden letzten Kriegsjahren hatten wir übrigens derart reißenden Absatz, dass wir das Zeug satteltaschenweise vor die Kasernen karrten.

Der Haken daran war nur, - man ahnt es schon -, dass die alten griechischen oder auch römischen Tonscherben natürlich nicht unbegrenzt zur Verfügung standen. Was tat man also? - Logisch, man stellte sie selbst her! Dass dies allerdings auch schon lange vor den Faschisten üblich war, habe ich erst viel später erfahren." Er nahm eine der Scherben auf und hielt sie mir unter die Nase.

„Diese Muster sind schon sehr alt. Schön, sie mögen nicht so alt sein wie die Vorbilder, nach denen sie gefertigt wurden, aber es war in meiner Kindheit durchaus schon üblich, den Ton zu verstreuen, damit andere ihrem Glück unter die Arme greifen konnten - wie das Mädchen Francesca. Und wie du schon bemerkt hast, verfügt praktisch jede der Scherben über ein kleines Stück dieses Motivs. Ohne dieses wären sie wertlos,

weil sie ja genausogut von irgendeinem Blumentopf stammen könnten."
„Ostereier-Suche", sprach ich meinen Gedanken laut aus.
„Wie?"
„Nichts. - Und die Leute haben alle gewusst, dass es ein Schwindel war?"
„Es war ein offenes Geheimnis", bestätigte Onkel Oronzo und schenkte mir nach.
„Und sie haben trotzdem nach Scherben gesucht?"
„Scherben, Münzen, Ketten...-"
„Aber warum? Wenn doch jeder wusste...-?"
„Aberglaube!", meinte er knapp mit einer Da-kannst-du-nichts-machen-Geste. „Auch wenn die meisten Menschen aus der Gegend wussten, dass die Scherben nicht alt waren, hätte es ja doch passieren können, dass man eine echte aus der Römerzeit findet. Und diese Illusion ließ auch unsere eigenen Leute an den Zauber glauben."
„Und die Touristen?"
„Na, was wohl? Die meisten von ihnen haben die Geschichte gelesen, und diejenigen unter ihnen, die keine Ahnung haben, erhalten am Eingang dieses Blättchen hier."
Oronzo reichte mir einen billig aufgemachten Prospekt. ‚Das Scherbenfeld von Lecce' stand auf dem Deckblatt, und im Inneren war die *Sage vom Scherbensuchen* in Italienisch, Französisch, Deutsch und Englisch ausführlich erläutert.
„Das heißt, du tischst den Touristen hier diesen Riesenschwindel mit den Tonscherben auf und verstreust morgens wieder frische Scherben?"
Mein Onkel schmunzelte, sagte aber keinen Ton. Ich konnte nicht umhin, seine Dreistigkeit zu bewundern.
„Und die Leute, mit denen du arbeitest...", begann ich.
„Ja?"
„Wissen die davon?"
„Natürlich!", antwortete er. „Meinst du etwa, ich könnte das alles alleine durchziehen? Neben den Mädchen arbeiten viele

Schüler und Studenten auf den Ausgrabungsfeldern."
Die Mädchen?, fragte ich mich belustigt. Mir war schon bei einer früheren Gelegenheit aufgefallen, dass Onkel Oronzo seine Töchter so nannte. Dabei schätzte ich Tante Ida auf gut und gerne Mitte vierzig.
„Das also hast du gemeint mit Restaurationen?", fragte ich.
„*Repliken* wäre eigentlich treffender gewesen."
„Aber sie sind doch gut gemacht, oder?" Stolz betrachtete Oronzo die einzelnen Scherben.
„Das sind sie allerdings", bestätigte ich, und er strahlte übers ganze Gesicht.
„Warte erst mal ab, bis du morgen die Ausgrabungen siehst!"
„Wieso? Habt ihr da blutende Madonnen eingebaut?"
„Wart's nur ab!", schmunzelte er.

„Ich weiß nur, dass mein Vater und Pippo sich auf der Arbeit kennen gelernt haben", sagte ich und bewunderte die Farbe des Weins, den mir mein Onkel eingeschenkt hatte. Mittlerweile hatten wir beide gewaltig einen sitzen. Oronzo war offenbar fest entschlossen, mich seine gesammelten Preziosen in einer einzigen Nacht verkosten zu lassen.
„Das stimmt. Pippo hat ihn in seiner Kolonne untergebracht. Ich erinnere mich, dass er Mitleid mit ihm hatte, weil er im Westen niemanden kannte. So ähnlich war es uns ja auch ergangen, als wir damals nach Deutschland gekommen waren. Nachdem deine Eltern geheiratet hatten, hoffte Pippo, dass sie weiterhin mit ihm und Carlotta in einem Haus leben würden. Ich glaube, es hat ihm schwer zu schaffen gemacht, dass sie sich was Eigenes gesucht haben."
„Meinst du, er war enttäuscht?", fragte ich.
„Na ja... irgendwie schon. Ich meine, er hat deinem Vater am Bau geholfen, und es hat ihm sicherlich gefallen, dass sie das Haus praktisch ohne fremde Hilfe hochgezogen haben und sich dein Vater für nichts zu schade war. Aber ein bisschen Wehmut war auch dabei.

Als Carlotta starb und deine Eltern Pippo bei sich aufnehmen wollten, fiel es ihm garantiert nicht leicht, ihr Angebot anzunehmen. Und begeistert war dein Vater wohl auch kaum, obwohl er und Pippo sich immer gut verstanden haben.“
Oronzo erhob sich mit einem Rülpser von seinem Stuhl und suchte im Regal nach einer neuen Flasche. Ich ergriff die Gelegenheit und stand ebenfalls auf.
„Ich muss mal ein bisschen an die frische Luft, mir die Beine vertreten.“
„Geh nur, ich komme gleich nach! Und nimm deinen Becher mit!“

Draußen war es angenehm kühl und inzwischen stockdunkel. Der Cinquecento stand noch an seinem Platz, und die Sterne spiegelten sich im Chrom. Ich ging hinüber und tätschelte sein Hinterteil.
„Gut gemacht, mein Kleiner“, flüsterte ich ihm zu, und er schmiegte sich in meine Hand.
Oronzo kam knirschenden Schrittes über den steinigen Hof auf mich zu, und ich wischte meine taunassen Finger an der Hose ab.
„Sollen wir dieses Dings vom Dach herunternehmen?“ Sein Finger zeigte auf den Jetbag. Ich überlegte eine Sekunde, antwortete aber:
„Morgen vielleicht. Wir würden bloß die anderen aufwecken.“
Er umrundete die Front des Wagens und rüttelte an der Beifahrertür. Ich schloss ihm auf, und wir nahmen auf den Kunstledersitzen Platz.
„So einen hatte ich auch mal“, meinte er, während er die Kaffeebecher füllte. „Allerdings einen, bei dem die Türen noch nach hinten aufgingen.“
„Selbstmördertüren“, ergänzte ich.
„Wie war das? Selsmeutatire?“ Mein Onkel lachte.
„Selbst, Mörder, Türen. So hießen die in Deutschland.“
„Selbst, Mörder, Türen“, wiederholte er langsam. „Nun,

jedenfalls war deine Tante damals mit Ida schwanger, und ich durfte sie nicht mehr mit dem Motorroller abholen. Ich kann mich erinnern, wie wir uns beim Fiat-Händler herumdrückten und dass unser Geld hinten und vorne nicht reichte. Schließlich haben unsere Familien zusammengelegt, und wir konnten uns den brandneuen 500er kaufen. - Wie alt ist der hier?"
„Baujahr Zweiundsiebzig", antwortete ich.
„Zweiundsiebzig", sinnierte er, „da hatten wir ja schon vier Kinder! Vier Töchter noch dazu!"
„Meinst du, das lag am Auto? Mach mir bloß keine Angst!"
„Ach was! Den Cinquecento hatten wir da schon längst verkauft!"
„Dann ist's ja gut", entgegnete ich.
„Sag nichts gegen Familie", meinte Oronzo, „Kinder sind das höchste Gut!"
„Darauf trinke ich." Ich hob den Kaffeebecher und stieß mit ihm an. „Aber immer schön eins nach dem anderen."
Er musterte mich eine ganze Weile, ehe er fragte:
„Und wann werdet ihr beide heiraten?"
„Ach, lass mal", sagte ich, „sowas soll man nicht überstürzen. Wir sind gerade erst zusammengezogen und wollen erstmal sehen, ob das überhaupt funktioniert."
„Warum sollte es nicht funktionieren? Seit wann seid ihr denn schon zusammen?"
„Hm... knapp zwei Jahre jetzt. Aber wir haben noch nie mit jemandem zusammen gewohnt, das Ganze ist also für und beide Neuland."
„Was ja nicht unbedingt bedeuten muss, dass es schief geht", meinte Oronzo.
„Sag ich ja auch gar nicht! Aber gewisse Dinge müssen sich halt erstmal einspielen, und bevor wir nicht wissen, ob das funktioniert, ist an Heiraten eh nicht zu denken."
Ich wunderte mich über mich selbst, dass ich in dieser Art übers Heiraten sprach, aber wenn meinem Onkel die Vorstellung so gut gefiel, würde ich ihm halt die Freude machen und mit ihm

darüber plaudern, als sei alles nur eine Frage der Zeit.
„Deine Steffi gefällt mir. Ich finde, ihr beide passt gut zueinander."
„Ja, schon...-" Ich zögerte.
„Aber?"
„Sie ist manchmal so... - Weißt du, sie arbeitet in so einer kleinen Klitsche und ist damit überglücklich...-"
„Und du?", hakte er nach.
„Ich? Was meinst du damit?"
„Na ja, bist du glücklich mit deiner Arbeit?"
„Keine Ahnung." Ich starrte in meinen leeren Becher. „Ich würde gerne mehr aus meinem Leben machen, als an 'nem Schreibtisch zu versauern."
„Es gibt Schlimmeres. Frag mal deinen Vater...-!"
„Ja, ja, ich weiß...!", unterbrach ich ihn. „Das ist auch so etwas, das mich tierisch nervt. Wann immer ich etwas in der Richtung erwähne, kommt dieser Satz: ‚Wir hatten's damals auch nicht einfach, frag mal deinen Vater!' Das ist mittlerweile schon so 'ne Standardantwort bei uns zu Hause geworden. Ich traue mich ja kaum noch, den Mund deswegen aufzumachen."
„Aber was willst du denn eigentlich?"
„Wenn ich das nur wüsste", seufzte ich. „Ich weiß bislang nur, was ich *nicht* will. Das Studium stinkt mir, die Arbeit auf der Bank sowieso...-"
„Würdest du dann nicht besser etwas ganz Anderes machen?"
„Ja, schon... aber was? Verstehst du, das ist gerade mein Problem: Ich hab das Gefühl, genau in die falsche Richtung zu laufen, aber keine Ahnung, welche Richtung besser oder die richtige wäre."
„Das allerdings ist tatsächlich ein Problem", musste er zugeben und goss uns den Rest aus der Flasche ein. Schweigend tranken wir weiter. Mir kam mit einem Mal eine Frage in den Sinn, über deren Antwort ich schon seit einigen Tagen nachdachte.
„Sag mal, was weißt du eigentlich über die Beziehung zwischen meiner Oma und diesem Jakob Spang?"

„Nur das, was alle wissen", antwortete Oronzo ausweichend. „Pippo ist mit Carlotta nach Deutschland gegangen, sie waren gut mit Jakob und seiner Frau befreundet, haben dort alle zusammen gearbeitet, sind zusammen in Urlaub gefahren und haben auch zusammen gewohnt."

„Aber gab's da nicht mal eine Geschichte zwischen den beiden? Ich meine, nur zwischen den beiden?"

„Es wurde gemunkelt, dass deine Großmutter und Jakob was miteinander hatten. Aber ob das stimmt, wage ich zu bezweifeln."

„Warum?"

„Weil es damals eine Menge böses Blut und schmutziger Wäsche gab. Pippo und Jakob haben sich im Streit getrennt, und da sagt man schon mal Dinge, die man später vielleicht bereut. Dann erzählt irgendwer irgendwem davon, der nächste dichtet was hinzu und so weiter, und schon wird aus einer kleinen Auseinandersetzung schnell ein Streit und am Ende vielleicht sogar ein Krieg. Ich würde an deiner Stelle nicht alles glauben."

„Und weshalb haben sich Pippo und dieser Jakob gestritten, wenn nicht um diese Sache?", wollte ich wissen.

„Keine Ahnung. Er hat mal was davon erwähnt, dass Jakob ohne ihn immer noch kleine Brötchen backen würde. Ob das sinnbildlich oder wörtlich gemeint war, kann ich aber nicht sagen."

„Aber wenn es nur ein Streit war, weshalb haben sie sich dann nicht wieder vertragen? Ich meine, was kann so schlimm sein, dass man alle Brücken hinter sich abbricht? So weit ich weiß, haben die beiden doch kein Wort mehr miteinander geredet, nachdem meine Familie nach Saarbrücken gezogen war, oder?"

„Das stimmt." Er schwieg lange, bis er bemerkte, dass ich auf eine weiter gehende Antwort wartete.

„Ich kann's dir nicht sagen. Wirklich, ich weiß auch nicht mehr als du! Aber wenn Jakob hier eintrifft, kannst du ihn ja fragen. Wenn einer die Wahrheit kennt, dann doch er, nicht wahr?"

Er holte tief Luft, zog die Brauen hoch und schenkte uns beiden nach.

„Wie geht's eigentlich deinen Onkeln?"
„Du meinst, meinen Ex-Onkeln?", entgegnete ich und begann damit, ihm die ganze Geschichte zu erzählen.
„Und du findest das in Ordnung?", fragte ich. Inzwischen hatten wir wieder unsere Plätze an Pippos Sarg eingenommen.
„Das hab ich nicht gesagt. Ich meine nur, dass ich ihre Reaktion nachvollziehen kann. Das ist etwas Anderes."
„Aber das mit Enzos erster Frau ist doch schon Ewigkeiten her! - Wie alt war er damals?"
„Vier-, fünfundzwanzig, schätze ich."
„Lass mal sehen... das liegt also runde 25 Jahre zurück. Und du willst mir weismachen, dass sich daraus seine Feigheit ableitet?"
„Nein", sagte Oronzo, „zumindest nicht ausschließlich. Aber die Tatsache, dass Edith bei den beiden ebenfalls das Kommando führt, zeigt doch, dass er in der Hinsicht offenbar vorbelastet ist."
„Und Bruno?"
„Das ist wieder etwas Anderes. In den meisten italienischen Familien, die ich kenne, hat die Mutter die Hosen an. Schau dir meine an! Vielleicht hat Enzo ja deshalb nach Adriana lieber eine Deutsche geheiratet, wer weiß?"
„Hm." Ich dachte über diese Theorie nach. Die Wut auf meine Onkel war noch lange nicht verraucht, aber ich hatte selbst keine Lust mehr, mir über sie den Kopf zu zerbrechen.
„Trotzdem", sagte ich abschließend und hielt Oronzo meinen Becher hin.

Ich erfuhr nun unter anderem, wie Pippo meine Oma - Oronzos Schwester - seinerzeit kennen gelernt hatte und was es mit Oronzos Entjungferung auf sich hatte. Bei letzterem Thema wurde er allerdings zunehmend einsilbiger. Ich musste

mehrmals nachhaken, ehe er sich endlich dazu bereit erklärte, mir davon zu erzählen.
Offensichtlich entsprachen die Gerüchte von Oronzos ‚erstem Mal' mit Tante Innocenza in gewissem Maße der Wahrheit, wenngleich weder der Ort noch die Umstände mit einer der verschiedenen Versionen übereinstimmten - vom Zeitpunkt ganz zu schweigen, denn das eigentliche Ereignis lag am Tage der Hochzeit Pippos und Carlottas bereits einige Wochen zurück. Bei einer gemeinsamen Radtour schlugen die beiden auf halbem Wege eine andere Richtung ein und ließen den 15-jährigen Oronzo mit seiner Schwägerin in spe alleine zurück.
„Und dann?", drängte ich.
„Jedes Mal, wenn uns ein Auto oder ein Fahrrad entgegenkamen, wich ich aus, obwohl es gar nicht nötig gewesen wäre - nur, um mich zurückfallen zu lassen und mir in aller Ruhe ihre Figur ansehen zu können. Sie hatte schönes, volles Haar, und durch den Stoff ihres Kleides konnte man sehen, dass sie keinen Büstenhalter trug.
Na ja, irgendwann kam ich vor lauter Träumerei von der Fahrbahn ab. Der Straßenrand bestand nur aus lockerem Schotter, ich überschlug mich und landete geradewegs im Straßengraben, durch den zu allem Überfluss auch noch Wasser lief. Du kannst dir vorstellen, wie meine Sachen ausgesehen haben!"
„Und Tante Innocenza?"
„Oh, die fuhr ein ganzes Stück weit, ehe ihr auffiel, dass ich nicht mehr da war. Beim Versuch, mir aus dem Graben herauszuhelfen, zog sie ihr Kleid hoch bis zum Nabel, um es nicht zu ruinieren."
„Ach was!", entfuhr es mir.
„Doch, es ist wahr!", entgegnete Oronzo, um gleich hinzuzufügen: „Na ja, jedenfalls in meiner Erinnerung. Jedenfalls hatte ich überhaupt keine Schmerzen", lachte er.
„Das habe ich ihr gegenüber natürlich nicht gesagt. Aber als sie mich aus dem Graben zog und mich auf meine Verletzungen

hin untersuchte, war mir das denn doch ziemlich peinlich. Ich hatte nämlich einen... na ja... du weißt schon...-“ Er brach ab, und bei mir fiel der Groschen.

„Im Ernst?“

„Mein Zustand konnte ihr natürlich nicht entgangen sein. Innocenza war im Gegensatz zu mir schon damals ziemlich erfahren in diesen Dingen und - frag mich nicht, warum - brachte mir ein bisschen was davon bei.“

„Habt ihr...-?“ Er nickte und hielt zwei Finger hoch, ehe er in sein heiseres Lachen ausbrach.

„Als wir zurück kamen, bezog ich Prügel wegen meiner schmutzigen Kleidung, und Innocenza wurde beschimpft, nicht ausreichend Acht gegeben zu haben. Ich sehe sie noch vor mir, wie sie in ihrem Kleid und mit blanken Füßen die Treppe hochschwebte und alle Vorwürfe von ihrer Aura abprallten...

Ihr Freund wartete schon, um sie zum Tanz abzuholen. Er fuhr ein schweres Motorrad und gab sich alle Mühe, sein Image als harter Kerl aufrecht zu erhalten. Aber an diesem Tag hielt ich seinem herablassenden Blick zum ersten Male stand. Hat ihn ganz schön verwirrt.

Es war das einzige Mal, dass Innocenza und ich... - na ja. Ich träumte von ihr und diesem Tag noch, als ich schon längst zum Militär eingezogen worden war. Was sie betraf, so war dies nur eine kleine, unbedeutende Episode ihrer wilden Zeit gewesen.“

„Und was war auf der Hochzeit von Pippo und Carlotta los? Habt ihr da nicht...-?“

„Nein.“ Onkel Oronzo schüttelte den Kopf. „Da war gar nichts. Aber Cavallino ist ein Dorf, und das Gerücht, dass zwischen Innocenza und mir mehr war als das Schwager-Schwägerinnen-Verhältnis, hatte inzwischen die Runde gemacht. Irgendwer hatte wohl damals unsere Räder am Straßenrand gesehen, und auf der Hochzeit hatte das ganze Dorf Gelegenheit, hinter dem Rücken der Familie darüber zu spekulieren, ob an der Geschichte was dran sei. Aber Innocenza war zu der Zeit fest liiert - so sagt man doch? - mit einem Ingeniere, und sie verhielt

sich mir gegenüber, als wäre nie etwas zwischen uns geschehen."
Schwärmerisch blickte Oronzo zur Decke, und ich versuchte, mir vorzustellen, wie umwerfend Tante Innocenza vor über einem halben Jahrhundert wohl ausgesehen haben mochte, dass mein Onkel ihr noch immer nachtrauerte. Bei allem Respekt meiner Tante und seinen Gefühlen ihr gegenüber, es wollte mir einfach nicht gelingen.
„Na ja", meinte er in nüchternem Ton, „wenn ich heute so darüber nachdenke, frage ich mich, was sie überhaupt an einem 15-Jährigen finden konnte, schließlich zappelten an jedem ihrer Finger zig andere Verehrer. Wie auch immer, den Ingeniere ließ sie im Übrigen wenig später für einen anderen auch schon wieder fallen, einen Künstler, wegen dem sie sogar eine ganze Zeitlang bei Florenz lebte. – Noch ein Schluck?"

22

Ein scheppperndes Geräusch weckte mich am nächsten Morgen. Stimmen schwirrten um mich herum, formten unverständliche Worte, ein gedämpftes Frauenlachen drang zu mir herüber. Ich fühlte mich zu schlapp, um mich zu regen, und zu müde, um mich auf den zarten Duft frisch gekochten Kaffees zu konzentrieren, der an meiner Nase vorbei waberte. Vorsichtig, um niemanden zu erschrecken, hob ich ein Augenlid und blinzelte aus schmaler Schießscharte ins Zimmer hinein.
Ich war alleine, aber in dem Viereck, das der Türrahmen bildete, sah ich die Schatten meiner Tanten hin und her huschen, die nebenan in der Küche herumfuhrwerkten. Durch die weit geöffneten Fenster knallte die Sonne hinein und bildete einen breiten Korridor aus Licht, der sich quer über den Boden und im rechten Winkel weiter die Decke hinauf zog. Der Flaum einer Pusteblume wehte herein, und ich hätte dies alles sicher zu würdigen gewusst, wenn ich mich bloß ein bisschen ausgeruhter gefühlt hätte. An diesem Morgen jedoch wollte ich einfach nur mein Koma ausschlafen. Ich ließ meine Augendeckel lautlos wieder nach unten fallen und stellte mich tot.
Das Geschepper aus der Küche wurde lauter, und hin und wieder betrat jemand das Zimmer, offenbar, um nach mir zu sehen. Ich machte keinen Mucks und belegte alle mit einem Bann, der tatsächlich zu helfen schien, jedenfalls ließen sie mich eine Weile in Ruhe. Doch irgendwann tuschelten sie miteinander im Türrahmen, und da wusste ich, dass ich verloren war.
„Lukino!“ Das war die Stimme von Tante Giuseppina, und ihr Tonfall veranlasste mich, die Augen erneut einen Spaltbreit zu öffnen. Sie stand leicht gebückt direkt vor mir, und ich roch ihren Kaffeeatem. Ihre Hand rüttelte mich sachte an der

Schulter, doch ich fühlte mich unfähig, mich auch nur zu rühren.
„Na, welche Schlacht haben du und dein Onkel denn heute Nacht geschlagen?“, fragte sie munter mit ihrer heiseren Stimme. Der träge Brei in meinem Kopf versuchte, eine Antwort zu formulieren, verlor sich aber in Sinnlosigkeiten; ich entschied, es bleiben zu lassen.
„Na komm“, meinte Tante Pina, „es gibt Frühstück.“
Sie rückte von mir ab und verschwand mit den anderen wieder in der Küche. Ich kostete den letzten Moment aus, ehe ich alle meine Kräfte zusammennahm und mich aus meinem Tran und den Kissen herauszog. Mein Kopf schien mindestens zwei Zentner zu wiegen. Endlich saß ich aufrecht auf der Sofakante und stellte Berechnungen darüber an, ob er wohl noch durch den Türrahmen passte und ob sich das Aufstehen überhaupt lohnte.
Meine Tanten saßen alle munter plaudernd um den Tisch herum, als ich Lichtjahre später die Küche betrat. Vorsichtig ließ ich mich auf dem freien Stuhl am Kopfende nieder.
„Na, Schatz, ist spät geworden, wie?“ Ich bemerkte erst jetzt, dass Steffi neben mir saß. Sie sah aus wie das blühende Leben; ich beneidete sie.
„Also, ich für meinen Teil hab prima geschlafen!“, zwitscherte sie. „Hast du schon rausgesehen? Kein Wölkchen am Himmel! Heute wird's bestimmt wieder genauso heiß wie gestern! Willst du nicht doch mitkommen nach Lecce? Du könntest uns beim Aussuchen helfen, und Emma hat bestimmt auch...“ Es sprudelte nur so aus ihr heraus, sie war gar nicht mehr zu bremsen. Aber irgendwie war ich dankbar dafür, denn zum Glück erwartete sie keine Antwort. Ich fixierte die vielen Plastikverpackungen auf dem Tisch und versuchte herauszufinden, was von all dem Kram eigentlich essbar sein mochte.
Als Oronzo endlich hinzustieß, waren Steffi und Emma längst in die Stadt aufgebrochen. Im Gegensatz zu mir, der ich noch

immer meine Wunden leckte, schien er richtiggehend fit zu sein.
„Wenn du fertig bist, fahren wir raus zu den Ausgrabungen“, verkündete er fröhlich.
„Hmm“, brummte ich, unwillig, mich vom Fleck zu bewegen. Meinem Kopf ging es allmählich besser, aber mein Elan hielt sich in Grenzen.
Während des Frühstücks warf mir Oronzo schiefe Blicke zu, so als hätten wir letzte Nacht seinen Junggesellenabend gefeiert. Ich ignorierte ihn und setzte meine Sonnenbrille auf. Es entging mir nicht, dass er mit gesundem Appetit aß, aber schlimmer noch als das war der Umstand, dass Tante Giuseppina ihre Wut auf ihn an mir ausließ und - nachdem Teller und Tassen abgeräumt waren - munter mit dem Mittagsgeschirr weiterklapperte.
Ich war daher froh, als es an der Tür läutete und wir die Gelegenheit bekamen, uns aus dem Staub zu machen. Der örtliche Bestatter, Signore Schiavone, stand mit zwei seiner Leute vor der Tür, bereit, meinen Opa abzuholen. Er sprach Onkel Oronzo und mir sein Beileid aus und wechselte der Höflichkeit halber ein paar Worte mit uns, ehe er zum Geschäftlichen überging.
Wir führten die drei in den Keller, von wo aus Pippo mitsamt seinem Sarg von den kräftig gebauten Gehilfen nach oben getragen wurde. Während die beiden ihn behutsam im Wagen verstauten, klärten Oronzo und Signore Schiavone die Einzelheiten ab. Tante Giuseppina, die inzwischen hinzugestoßen war, verwickelte diesen in ein längeres Gespräch, was dem Bestatter sichtlich unangenehm war; offenbar hatte er es eilig.
Es beruhigte mich ein wenig, Pippo in Sicherheit zu wissen; gleichzeitig fühlte ich mich aber auch mies dabei, die Verantwortung für ihn an Fremde abgeben zu müssen. Ich weiß, wie absurd das klingt, aber zu Hause hatte ich selten eine derart innige Beziehung zu ihm gehabt.

Nachdem der Leichenwagen fort war, machten auch wir uns endlich auf den Weg.
„Mit welchem fahren wir?“, fragte ich Oronzo und stemmte die Fäuste in die Seiten. Er drehte sich um und folgte meinem Blick. Überall auf dem Gelände standen verbeulte Autos herum, in jeder Ecke eines, als hätte eine gigantische Hand sie mit Schwung ausgestreut.
Mein Onkel wies auf die erste Kiste, einen Uno in bedauernswertem Zustand. Beide Scheinwerfer waren zerbrochen, und der Lack auf Motorhaube und Dach wirkte wie abgeschliffen.
„Das ist Idas Wagen. Aber sie fährt jetzt fast nur noch mit dem Bus. Den da drüben hatten wir eigentlich für Anna gekauft...-“ Er machte eine Pause und zog dann eine Was-weiß-ich-Miene.
„Was?“
„Ihr Mann wird ihr vermutlich inzwischen einen Mercedes besorgt haben.“
„Ist er wirklich so schlimm, wie alle sagen?“
„Ach“, mein Onkel winkte ab, „keine Ahnung. Aber was soll ich von einem Schwiegersohn halten, der meine Familie als ‚terroni‘ bezeichnet?“
„Auch wieder wahr“, meinte ich, während ich ihm zu einer Art Carport folgte, dessen Dach von wildem Wein gebildet wurde. Er selbst fuhr einen staubigen Alfa Romeo, in den er gerade eine Kiste mit Werkzeug und einen leinernen Sack lud.
„Hast du die Papiere?“, fragte Oronzo.
„Welche Papiere?“
„Na, seine! Du weißt schon, Geburtsurkunde, Ausweis, Sterbeurkunde...!“
„Hätt ich jetzt glatt vergessen!“, rief ich. „Warte, bin gleich wieder da!“
Ich flitzte in unser Zimmer hinauf und machte mich auf die Suche nach den Papieren, doch die schienen wie vom Erdboden verschluckt zu sein. Je länger ich unsere wenigen Sachen

durchwühlte, desto nervöser wurde ich dabei. Ich versuchte es in aller Ruhe, dann, als das nichts half, immer hektischer, bis ich in meiner Panik den Lederriemen von Steffis Sporttasche abriss.
Hilflos saß ich zwischen dem Inhalt unserer Taschen, während unten Onkel Oronzo vorm Haus vorfuhr und hupte. Es half nichts, ich gab es schließlich auf und ging zur Beichte nach unten.
Mein Onkel glaubte zunächst, ich erlaube mir einen Scherz mit ihm, und es kostete mich einige Mühe, ihn von der Ernsthaftigkeit der Lage zu überzeugen. Schließlich stellte er den Motor ab und stürmte mir voraus nach oben, um sich selbst ein Bild zu machen.
Wir durchsuchten die Sachen ein fünftes und sechstes Mal, ich hätte jeden Lippenstift auswendig aufsagen können, wenn man mir die Augen verbunden hätte. Das Ergebnis jedoch blieb dasselbe.
„Überleg doch mal", meinte mein Onkel mit gezwungener Ruhe in der Stimme, „wo hast du die Unterlagen verstaut, als ihr losgefahren seid?"
„Hab ich doch schon gesagt: Ich weiß es nicht! Steffi hat sie eingepackt und an der Grenze rausgefischt, als wir die Pässe vorzeigen mussten!"
„Aber hat sie denn nichts dazu bemerkt? Irgend etwas?"
„Nein", antwortete ich ehrlich, „nur, dass sie sie wegen der Sterbeurkunde an einer Stelle verstaut hatte, wo sie nicht so leicht gefunden werden könnten."
„Vielleicht hat sie sie ja im Auto versteckt?"
„Glaub ich nicht", erwiderte ich, aber da mir nichts Besseres einfiel, stellten wir auch noch den Innenraum des Cinquecentos auf den Kopf.
Die Sonne hatte jetzt ihren höchsten Punkt erreicht, es war fast Mittag, und in dem Wagen herrschten mindestens 50 Grad. Schweißgebadet krochen wir ins Freie.
„Was machen wir jetzt?", fragte Onkel Oronzo.

„Keine Ahnung. Wir können höchstens noch Steffi fragen. Wann wollten die beiden denn wieder zurück sein?“
„Was weiß ich?“, meinte er.
„Am besten fahren wir in die Stadt und suchen sie dort“, schlug ich vor. „Falls Steffi die Unterlagen dabei hat, können wir von dort aus direkt zur Stadtverwaltung und die Sache mit Pippos Papieren klarmachen.“

„Ich habe die Rechnung schon bezahlt“, sagte Jakob, als Rainer erschien. „Wir können gleich nach dem Frühstück losfahren.“
Rainer warf einen verdrießlichen Blick aus dem Fenster. Von ihrem Tisch aus hatte man einen herrlichen Blick übers Meer, doch das war ihm an diesem Morgen relativ egal. Er hatte nur wenige Stunden geschlafen und fühlte sich wie gerädert.
„Laut Wetterbericht kriegen wir heute wieder wunderschönes Wetter“, bemerkte Jakob gut gelaunt und faltete seine Zeitung zusammen.
„Hmm“, brummte Rainer und besah sich die Bescherung auf dem Tisch. Es gab ein winziges, mit Pudding gefülltes Teilchen, Kekse, zwei halbierte Scheiben Toast und Marmelade, und auf seinen Wunsch nach Kaffee brachte der Barmann ihm einen kleinen Espresso.
„Hab keinen Hunger“, meinte Rainer und kippte den Inhalt des Tässchens ohne Zucker runter.
„Um so besser. Dann lasse ich in der Zwischenzeit schon mal mein Gepäck hinunter bringen. Hast du deine Tasche auch schon gepackt?“
Rainer schüttelte den Kopf.
„Dann halt dich ran! Je schneller wir los fahren, desto eher sind wir da!“
Und schon war Jakob aufgesprungen und verschwand in Richtung Rezeption. Rainer starrte verdrossen das leere Espressotässchen an. Der ungesüßte Kaffee hatte einen faden und staubigen Geschmack auf seiner Zunge hinterlassen.

Wir parkten direkt an der Piazza Sant'Oronzo, und ich fragte meinen Onkel, ob er auf dem Platz gezeugt worden sei.
„Sant'Oronzo ist der Stadtheilige von Lecce", erwiderte er, „und weil meine Eltern gute Christen waren, dachten sie, es könne nicht schaden, wenn ihr Sohn einen Namenspatron habe. - Wusstest du eigentlich, dass das, worauf die Statue steht, eine der beiden Endsäulen der Via Appia ist?"
„Nein", gestand ich. „Wusste nicht mal, dass die Via Appia hier entlang lief."
„Tat sie auch nicht", meinte Oronzo trocken, „die Säule gehört eigentlich nach Brindisi."
„Aha", sagte ich. „Ist also organisiert, das Teil?" Oronzo lächelte.
„Nein - ist ein Geschenk!"
„Wie das?"
„Die Säule ist bei einem Erdbeben zerstört worden, und da man nicht wusste, wohin mit den Trümmern, hat man sie halt nach Lecce geschickt."
„Ist das wahr?", wollte ich wissen. Wieder lächelte er.
„Na ja, zumindest haben es mir meine Eltern so erzählt."
Die Sonne knallte mit voller Wucht in die Straßen und Gässchen von Lecce, und wir waren bemüht darum, uns bei unserer Suche nach Steffi und Emma im Schatten der Häuserzeilen zu halten. Mein Onkel hatte eine entfernte Ahnung davon, welche Geschäfte die beiden aufsuchen und bei wem sie auf dem Weg vorbeischauen würden. Wir fragten uns also durch Bars und Fischläden, Cafés und Tabakgeschäfte. Zwar hatte der eine oder andere sie gesehen, besonders weit brachte uns diese Erkenntnis aber auch nicht.
In der Innenstadt fand ein kleinerer Flohmarkt statt, und Oronzo steuerte zielstrebig auf einige Stände zu, an denen Afrikaner Feuerzeuge und selbst gebrannte CD's verkauften. Während er mit ihnen redete, sah ich einem knorrigen Mann zu, der einen Karren durch die Reihen schob und in einem fort ‚Acqua, Acqua, Acqua' rief. Die Afrikaner hatten weder Emma noch

Steffi zu Gesicht bekommen, und so durchkämmten wir auch noch sämtliche Boutiquen und Kaufhäuser, ehe mein Onkel endlich die zündende Idee hatte.
Die Familie von Emmas neuem Freund bewohnte ein unscheinbares Häuschen in einer Seitengasse unweit des durch einen hohen Zaun versperrten Teatro Romano. Lediglich eine Handvoll Katzen lief auf dem Gelände umher und wühlte in Müll und Essensresten, die irgendjemand entsorgt hatte.
Ein Mann mit ziemlich hoher Stirn öffnete die Tür, auf deren Schild der Name ‚Busconi' stand.
„Hallo, Flavio!", begrüßte mein Onkel den Mann und platzierte sich auf der Türschwelle, um mich vorzustellen.
„Mein Neffe aus Deutschland - Luca! Luca - Flavio."
Wir schüttelten uns die Hände, und Flavio fragte:
„Ist das der Freund von Steffi?"
„Von Steffi? Dann sind die beiden also hier?" rief Oronzo, und wie auf Kommando erschien Emmas Gesicht im Türrahmen.
„Papa? Was machst du denn hier?" Sie schien mindestens ebenso überrascht wie ihr Freund, der uns schließlich hereinbat.
„Wir bleiben nur einen Moment", stellte mein Onkel gleich klar, während wir uns durch einen dunklen Gang ins Innere des Hauses führen ließen.
„Seht mal, wer da ist!", hörte ich Emma rufen. Wir bogen um die Ecke in die Wohnküche ein; Steffi saß auf der Couch, umrahmt von zwei Frauen, von denen eine dick und Flavios Mutter, die andere alt und seine Oma war.
Wir machten ein bisschen Konversation, und zu meinem Leidwesen lehnte Onkel Oronzo das Angebot ab, etwas zu trinken. Sicher, wir hatten es eilig, aber ein Glas Wasser hätte uns nicht über Gebühr aufgehalten. Doch scherte sich Flavios Mutter nicht darum und brachte Gläser und eine Flasche selbstgemachten Likörs. Bei meinem Durst und meinem noch immer dröhnenden Kopf hätte ich alles andere lieber zu mir genommen, doch siegte die Höflichkeit letztlich vor dem Verstand, und ich nippte an dem süßen Zeugs.

„War alles im Rucksack“, meinte Steffi auf meine Frage hin, wohin sie Pippos Papiere gepackt hatte.
„Welchem Rucksack?“, hakte ich nach. Eine böse Vorahnung beschlich mich.
„Dem, den wir nicht mehr haben“, bestätigte sie matt.
Mir wurde ein wenig schwindlig bei dem Gedanken daran, was dies für die anstehende Beerdigung bedeutete. Ein paar Straßen weiter wartete man in der Stadtverwaltung auf die Sterbeurkunde Pippos, die jetzt vermutlich in irgendeinem Mülleimer in Bari vor sich hin gammelte.
„Bist du dir ganz sicher?“, fragte ich Steffi leise. Sie war sich sicher.
„Onkel, wir müssen gehen!“, unterbrach ich Oronzo, der sich gerade mit Flavios Mutter unterhielt. Wir tranken unsere Gläser in einem Zug leer und verabschiedeten uns in aller Eile.
„Was ist mit Pippos Papieren?“, fragte er mich draußen.
„Wir haben sie nicht mehr“, eröffnete ich ihm.
„Wie?“
„Wir haben sie nicht mehr“, wiederholte ich. „Sie waren in dem Rucksack, den man uns in Bari gestohlen hat.“
Diese Nachricht hatte er offenbar nicht erwartet. Er starrte mich an, als prüfe er, ob ich ihn auf den Arm nehmen wolle.
„Und was jetzt? Was sollen wir denn jetzt tun?“
„Was fragst du mich...?“
„Die Stadtverwaltung wird uns nie die Papiere zu Pippos Beerdigung ausstellen, wenn wir nicht die entsprechende Sterbeurkunde und seinen Pass vorlegen können. Und Schiavone wird ihn nicht unter die Erde bringen ohne diese Papiere von der Stadtverwaltung!“, rief er verzweifelt. Einen Moment lang hatte es den Anschein, als sei er drauf und dran, sich die Haare auszureißen oder sowas Ähnliches. Dann hielt er plötzlich inne.
„Ich glaube nicht, dass es Sinn macht, die Sterbeurkunde in Deutschland anzufordern“, meinte ich, „mal abgesehen davon, dass die viel zu spät hier einträfe, dürfte Pippo eigentlich gar

nicht hier sein...-" Eine Handbewegung meines Onkels brachte mich zum Schweigen.
„Ich rufe erstmal zu Hause an", sagte er tonlos, als sei das Problem damit aus der Welt. Ich verzog mich in den Schatten und ließ mich auf den Stufen eines Ladens nieder, vor dem ein stählernes Gitter heruntergelassen war. Sachte lehnte ich mich dagegen und betrachtete die Sterbemitteilungen an der Kirchenmauer mir gegenüber. Maria-Angela De Lorenzo war gestorben und ein Giuseppe, dessen Nachname in Fetzen hing. Mama Busconis Likör stieß mir auf.

Die Stoßstange hielt bis Brindisi. Als Rainer ein Schlagloch erwischte, sprang sie aus der provisorischen Halterung, mit der die Mechaniker in Bari sie versehen hatten. Für eine Sekunde schleifte sie über die Fahrbahndecke und flog dann in hohem Bogen über die Leitplanke hinweg. Ein gutes Stück weiter brachte Rainer den Wagen in einer Nothaltebucht zum Stehen.
„Schöne Scheiße!", fluchte er, als er sich den Schaden besah. „Mein Vater bringt mich um."
Gemeinsam suchten sie die Böschung jenseits des Standstreifens ab.
„Ich hab sie!", rief Jakob und zog den Stoßfänger aus einem niedrigen Gebüsch hervor. Der Kunststoff, der den Auffahrunfall in Bari relativ unbeschadet überstanden hatte, war auf halber Länge völlig zerkratzt, und an einem der Enden war ein Stück abgebrochen.
Jakob und Rainer wechselten rasch einen Blick miteinander. Ohne ein weiteres Wort über den Zwischenfall zu verlieren, legten sie die Stoßstange zu dem Sarg und setzten ihre Fahrt fort.

„Nun? Was hältst du davon?"
Ich schirmte meine Augen mit der Handfläche ab.
„Scheint ziemlich weitläufig zu sein."
„Das ist es auch", bestätigte Oronzo, der seit dem Telefonat

sehr gelöst wirkte. „Die *zona archeologica* zieht sich bis hinter diese Hügel, und da drüben, wo das Gelände ansteigt, liegt der *Campo dei Cocci*. - Komm, ich stelle dir die anderen vor!"
Am Eingang saßen drei Teenager auf Klappstühlen hinter einem Tapeziertisch, auf dem neben den mir bereits geläufigen Prospekten zum *Scherbenfeld von Lecce* eine kleine Auswahl an Souvenirs in Form von T-Shirts, Kaffeebechern und Postkarten auslagen. Einer der drei, offenbar der Älteste, hatte ein kleines Kässchen mit Wechselgeld vor sich. Das Ganze erinnerte an einen Schülertrödelmarkt.
„Salve", begrüssten wir uns, und ich schüttelte ihnen die Hand, während mein Onkel uns einander vorstellte. Er plauderte ein wenig über dies und das, und ich nutzte die Zeit, um mich ein bisschen umzusehen. Auf dem ganzen Gelände, das zur Straße hin mit einem Zaun gesichert war, konnte ich lediglich zwei junge Pärchen, einen älteren Mann und eine Dreiergruppe im Alter meiner Eltern ausmachen.
„Drei Mann für die paar Touristen?", fragte ich Oronzo, als wir wieder unter uns waren.
„Insgesamt sind sie zu siebt", meinte er lächelnd. „Die anderen sind gerade auf dem Gelände oder in die Stadt gefahren."
„Aber wieso so viele?" Sicherheitshalber drehte ich mich nochmals nach allen Seiten. „Hier ist doch absolut nichts los!"
„Jaa, im Moment vielleicht!", sagte er triumphierend. „Die Ferien beginnen ja erst. Du solltest mal in der Hauptsaison hier sein! - Komm mit, ich zeige dir die Ausgrabungen."
Wir folgten den kleinen, aus leuchtend orangefarbenem Karton ausgeschnittenen Pfeilen, die eine Art Rundgang über das Gelände markierten.
„Was ist denn nun mit Pippos Papieren?", fragte ich, da mein Onkel keine Anstalten machte, von sich aus das Thema wieder aufzunehmen.
„Mach dir keine Sorgen, ich hab da schon was angeleiert!"
„Und was, bitte? Sollten wir uns nicht doch noch mit den deutschen Ämtern in Verbindung setzen, statt hier

rumzuspazieren? Vielleicht können wir ja doch auf die Art was erreichen...?"
„Ich glaube nicht, dass das nötig sein wird. - Siehst du das Kapitell da drüben?" Oronzo wies auf einen kleinen, wettergeschädigten Säulenabschluss aus Sandstein, der inmitten von Säulenfragmenten im hohen Gras hinter einer Absperrung lag.
„Lag dreißig Jahre lang im Garten meiner Eltern rum."
„Aha", meinte ich desinteressiert, „das Kapitell ist gar nicht echt?"
„O doch, das ist echt! Das ist sogar sehr echt, wenn du mich fragst, gut zweitausend Jahre echt!" Er sah sich kurz um, ob niemand in der Nähe war, und senkte vorsichtshalber die Stimme, während wir weitergingen.
„Hier, das da - das ist nicht ganz so alt!"
Hinter einer weiteren Absperrung zeichneten sich deutlich die Grundmauern eines römischen Badehauses ab, in dessen Innerem sich ein etwa drei mal vier Meter großes Mosaik über den Boden zog. Hin und wieder fehlten einzelne Kacheln, doch war das Motiv - eine Art Jagdgesellschaft - noch recht deutlich zu erkennen. Dahinter befand sich offenbar ein Tempel, der jedoch mit einem Gerüst eingedeckt und von einer Plane verhüllt war.
Onkel Oronzo wartete geduldig, bis ich das Mosaik ausführlich in Augenschein genommen hatte, ehe er beiläufig meinte:
„Ich würde es auf etwa sechs bis sieben Jahre schätzen, was meinst du?"
Ich ließ den Satz einziehen wie Sonnenmilch, während meine grauen Zellen auf Hochtouren arbeiteten. Zweifelnd sah ich von dem Mosaik zu meinem Onkel und zurück, nahm jede einzelne Kachel unter die Lupe.
„Sieben Jahre müssten das inzwischen schon sein", hörte ich ihn hinter mir murmeln, als spräche er zu sich selbst. „Oder sogar acht?"
Ich drehte mich um.

„Du meinst, du hast das hier...-?“ Ich zögerte, suchte nach dem richtigen Wort. Angerichtet, kam mir in den Sinn.
„...angefertigt?“, sagte ich stattdessen.
„Ach was!“, wehrte er ab und zeigte in die Richtung der Teenager am Eingang. „Amandos Vater hat die angefertigt. Ist doch gelungen, oder?“
Da musste ich ihm allerdings zustimmen. Die Kacheln waren ausgeblichen, rissig und alt - oder sahen so aus. Noch immer fiel es mir schwer zu glauben, dass dies nur eine Replik sein sollte.
„Und die Leute?“, fragte ich, ohne hochzuschauen.
„Ach, die...! Die verdienen sich ein bisschen was dazu...“
„Ich meinte die Touristen.“
„Die Touristen?“ Oronzo schien verwundert. „Na, die sehen doch genau das, was sie sehen wollen, mehr nicht. - Ist doch nichts dabei!“
„Und was ist mit den Experten? Ich meine, so eine Ausgrabung wird doch öffentlich gemacht, und dann kommen Archäologen oder so, um das Alter zu schätzen, oder?“ Ich kam mir vor wie ein Kind, das seinem Vater Löcher in den Bauch fragt, weil es unbedingt wissen will, warum Blattgrün grün und nicht rosa ist.
„Wir hatten nie einen Fachmann hier“, antwortete mein Onkel, „der hätte doch sofort herausgefunden, dass die meisten Ausgrabungen nicht echt sind! Nein, hier ist das alles ein bisschen anders gelaufen!“
„Was meinst du?“, wollte ich wissen, und er rieb Daumen und Zeigefinger aneinander.
„Wir zahlen eine Art Abgabe, damit die Polizei und die Behörden uns in Frieden lassen. Wir betrügen ja auch keine Einheimischen, sondern geben bloß den Touristen etwas zu sehen.“
„Eine Kulisse!“
„Wenn du’s so nennen willst“, meinte er lapidar, „aber wir sind hier nicht in Disneyworld! Das ist feinstes Kunsthandwerk. Amandos Familie lebt seit fünf Generationen davon.“ Er

wandte sich wieder dem Mosaik zu. „Und es ist doch gut gemacht, oder?“
Darin allerdings musste ich ihm Recht geben.
„Und für ihre viertausend Lire bekommen die Leute sogar noch eine kostenlose Führung mit jeder Menge Geschichten über die Gegend hier“, brachte Oronzo vor.
„Aber die sind doch nur stündlich!“, wandte ich ein.
„Und?“
„Na, so lange wird sich doch wohl kein Tourist gedulden, oder? Das Gelände ist ja nicht gerade riesig.“
Mein Onkel lachte.
„Wenn wir so wenig Betrieb haben wie im Moment, passen wir die stündlichen Führungen natürlich den Touristen an!“, erklärte er. „Sieh mal, Gesualdo da drüben zum Beispiel“, er zeigte auf den alten Mann, der mir eben schon aufgefallen war und der nun in der Nähe des Kapitells aus dem Garten von Oronzos Eltern stand, „wir treffen ihn später sicher noch. Er kommt zweimal die Woche raus und macht als Tourist bei den Führungen mit.“
„Als Tourist?“
„Oder dort“, er drehte mich in eine andere Richtung, so dass eines der Pärchen in mein Blickfeld kam, die ich ebenfalls schon auf dem Gelände ausgemacht hatte. Die junge Frau, die bemerkt hatte, dass wir herübersahen, winkte uns zu.
„Das sind Matilda und ihr Freund Renato.“
„Und diese Leute spielen alle Touristen?“, fragte ich.
„Na ja, du weißt doch, wie das ist“, meinte Oronzo verlegen, „wenn irgendwo nichts los ist, denken die Leute doch gleich: ‚Den Programmpunkt können wir getrost auslassen‘! Also sorgen wir dafür, dass hier immer was los ist! Deine Tanten helfen übrigens auch gelegentlich aus.“
„Meine Tanten?“
„Außer Ida. Die findet es kindisch, was wir hier tun. Außerdem kann sie einem mit ihren Moralvorstellungen ganz schön auf die Nerven gehen. - Und Brunella hat sie im Übrigen auch

schon so weit, dass sie sich hier nicht mehr blicken lässt."
„Was ist mit dem Tempel?", wollte ich wissen, als er weitergehen wollte.
„Dem Tempel?"
„Ja - dem da!" Ich wies mit dem Daumen über meine Schulter.
„Ach, *der*!", meinte er, als gäbe es auf dem Gelände eine große Auswahl davon.
„Ach, der?" ahmte ich ihn nach. „Was ist damit? Wird er renoviert? Oder ist er auch falsch?"
„Nein, falsch ist er nicht..."
„Aber...?", hakte ich nach, denn dieses Wort schwang ohnehin irgendwie in seiner Antwort mit.
„Es gibt keinen Tempel."
„Wie, es gibt keinen...?"
„Was siehst du hier?", fragte mein Onkel.
„Einen Tempel...?"
„Falsch! Du siehst ein Gerüst und eine Plane. - Oder?"
„Schon..."
„Und genau das ist es. Nicht mehr und nicht weniger."
„Aber da steht doch ein Schild: ‚Tempio di Venere'..."
„Ja, ja", erwiderte Oronzo ungeduldig.
„...und da oben sehe ich eine Säule rausgucken!"
„Ja, klar."
„Und auf den Postkarten hab ich den Tempel auch gesehen!", fiel mir ein. Mein Onkel nickte.
„Steht auf Sizilien. Teil der Ruinen von Selinunte."
Langsam dämmerte mir etwas.
„Sag mal, die vielen Autos draußen auf dem Parkplatz...?"
Mein Onkel lächelte.
„Leihgaben vom Schrotthändler und von Freunden. Heute Abend fahren wir die meisten davon wieder zu ihren Besitzern. Während der Hochsaison verdient sich übrigens ein Junge aus dem Ort ein paar Lire als Parkwächter."
Ich war baff, aber die Unverfrorenheit des Ganzen imponierte mir irgendwie.

„Na ja“, er zuckte entschuldigend die Achseln und setzte eine Unschuldsmiene auf, „die Chinesen hatten doch schließlich auch ihre Terrakotta-Armee, oder?“

Eben passierten sie ein Schild mit der Aufschrift ‚Tempio Romano‘.
„Ich glaube, wir sind im Kreis gefahren“, sagte Rainer, „hier sind wir schon mal vorbei gekommen.“
Jakob schmunzelte.
„Nein, das vorhin war der romanische Tempel von San Pietro.“
„Und?“
„Der hier gehört bereits zu Trepuzzi.“
„Hat hier jeder Ort einen eigenen Tempel?“, fragte Rainer.
„So ziemlich“, meinte Jakob. „Tempel, Ausgrabungen, Kastelle, romanische Kirchen, Stadtmauern, historische Grabstätten, Höhlen, Grotten... was du willst.“
„Ich will eigentlich nur endlich ankommen und was essen.“
„Ich sehe, du setzt deine Prioritäten richtig,“ sagte Jakob. „Im Übrigen finde ich sowieso, dass es hier viel zu viele Ausgrabungen gibt.“
„Sind wir überhaupt noch richtig hier?“
„Meiner Karte nach schon. – Aber halt mal da vorne an, ich frage lieber mal nach!“
Rainer brachte den Volvo neben einem Mann zum Stehen, der mit Einkaufstüten beladen war und sich offenbar auf dem Nachhauseweg befand.
„Entschuldigen Sie“, sprach Jakob ihn an, und der Mann kam hinüber zu seinem Fenster, „wir suchen die Straße nach Lecce, genauer gesagt, nach Cavallino.“
„Dann sind Sie hier genau richtig“, meinte der Mann, „einfach geradeaus und einmal um Lecce herum – sind nur noch zwölf, fünfzehn Kilometer.“
„Besten Dank“, sagte Jakob und musterte die Tüten, die sein Gegenüber in der Hand hielt. „Können wir Sie im Gegenzug ein Stück weit mitnehmen?“

Der Mann warf einen flüchtigen Blick auf den ramponierten hinteren Kotflügel und entdeckte auch die Stoßstange im Inneren des Leichenwagens, ehe er antwortete:
„Nein, danke. Ich habs nicht weit."

„Erzählst du mir nun, was du wegen Pippos Papieren zu unternehmen gedenkst?"
„Später", sagte mein Onkel, „lass dich einfach überraschen!"
Ich wusste nicht recht, ob mich diese Antwort nun beruhigte oder nicht.
„Wann kommt die Maschine eigentlich an?", versuchte ich mich selbst abzulenken.
„Um fünf. Dein Onkel Enzo hat extra nochmal angerufen, um zu fragen, ob in dem Wagen hier auch Platz für sie alle ist."
„Mein Onkel Enzo! Der soll bloß bleiben, wo er ist! - Wie wär's, wenn wir ihn und Edith einfach da lassen mit ihren Koffern?"
Oronzo lachte.
„Ich seh schon, du hast sie richtig gerne!", meinte er mit heiserer Stimme. „Aber ich fürchte, das geht so nicht. Sie haben kein Auto dabei."
„Hätte er oder Bruno mir seins mitgegeben, bräuchte er sich jetzt darüber keine Gedanken zu machen", merkte ich an.
Wir nahmen wieder die Autobahn entlang der Küste. Der Flughafen lag hinter der Stadt, und der Kleinbus, den uns Oronzos Freund geliehen hatte, war nicht mehr der neueste; wir konnten froh sein, wenn wir es rechtzeitig bis fünf Uhr bis nach Brindisi schafften. Immerhin bot er locker Platz für acht Fahrgäste und ihr Gepäck.
„Habt ihr überhaupt genügend Zimmer für alle?", fragte ich.
„Hätten wir schon. Dein Onkel Bruno hat aber für sich und Giulia ohnehin ein Hotelzimmer gebucht."
„Typisch! Und die anderen?"
„Kommen mit zu uns. Bruno und Giulia fliegen sowieso erst morgen von Berlin aus und landen dafür in Bari. Ich schätze

mal, dass sie sich einen Mietwagen nehmen werden."
„Wenn ihnen dazu mal nicht das Geld fehlt!", unkte ich.
„Was meinst du damit?"
„Mal ehrlich, würdest du als gut verdienender Beamter mit deinen Ersparnissen geizen, wenn es darum ginge, den letzten Wunsch deines Vaters zu erfüllen?"
„Keine Ahnung. Mein Vater ist schon lange tot, Gott hab ihn selig", antwortete Oronzo.
„Außerdem trägt Giulia immer ihre Nase so hoch", ich zeigte es ihm, „und Mirella scheint sich genauso zu entwickeln."
„Als ihr noch klein wart, hatten eure Eltern immer Angst davor, ihr könntet euch irgendwann mal füreinander interessieren", lächelte mein Onkel.
„O, die Zeiten gab's auch mal", erwiderte ich, „aber das ist lange her. Die letzten paar Male haben wir uns nur gestritten. Ich finde, sie ist furchtbar eingebildet geworden."
„Weißt du, dass dein Onkel Bruno gerne noch einen Jungen gehabt hätte?"
„Ach ja?", fragte ich desinteressiert.
„Allerdings. Er hätte gerne noch ein paar Kinder gehabt, am liebsten aber einen Jungen."
„Und? Warum haben sie keine mehr bekommen?"
„Giulia wollte nicht", schmunzelte Oronzo. „Sie hat damals Bruno vorgeworfen, egoistisch zu sein. Sagte, sie hätte schon wegen Mirella unmenschliche Schmerzen durchlitten und so weiter. Ich glaube, sie macht ihm noch heute ein schlechtes Gewissen deswegen."
„Im Ernst?" Er nickte.
„Aber sag bloß nichts davon in ihrer Gegenwart! Deine Mutter hat deiner Tante Pina damals davon erzählt, und das auch nur hinter vorgehaltener Hand. Aber du weißt ja, wie solche Geschichten die Runde machen.
Jedenfalls glaube ich, dass dein Onkel Bruno ganz schön unterm Pantoffel steht", schloss er.
So sehr mir Brunos manchmal peinliche Wichtigtuerei auf den

Senkel ging, so sehr tat er mir plötzlich Leid. Doch dann erinnerte ich mich wieder an seine Ausreden von wegen Leihwagen und Ersparnissen und an die Strapazen, die wir unter anderem auch seinetwegen auf uns genommen hatten, und der Anflug von Mitleid war wieder verflogen.

‚Aeroporto Santa Maria del Casale' stand auf dem Schild, das die Ausfahrt markierte. Am Flughafen von Brindisi wimmelte es nur so von Menschen, anscheinend waren gerade mehrere Maschinen abgefertigt worden. Wir waren auf die Minute pünktlich, und mein Onkel parkte den Wagen direkt vorm Terminal. Ein Angestellter im Anzug wies uns mit Gesten an, den Besucherparkplatz zu benutzen, aber wir ignorierten ihn einfach, und nach einer Weile zog er ab.
„Kennst du Brindisi?", fragte Oronzo. Ich nickte.
„Ist nett, nicht? Bari dagegen ist eine Scheißstadt zum Leben", sagte er nachdenklich.
„Ganz recht", stimmte ich zu. Ich dachte an den Einbruch in unser Auto und die Männer vor der Bar, die davon angeblich nichts mitgekriegt hatten.
„Meine Eltern haben während des Krieges zeitweise in Bari gelebt. Damals war's noch nicht ganz so übel dort. Vielleicht nicht viel besser, aber ein bisschen schon. Man konnte noch ohne Polizeischutz über die Straße gehen, sogar als Frau."
„Weshalb waren deine Eltern dort?", fragte ich. Sein Blick kam von weit her.
„Der Politik wegen. Mein Vater war Kommunist, und unten in Lecce bekam er deshalb unter den Faschisten keine Arbeit. In Bari kannte uns niemand, und es war ein Leichtes, Arbeit zu finden und seine Familie über Wasser zu halten."
„Und du? Warst du auch dabei?"
Er schüttelte den Kopf, aber noch ehe er etwas sagen konnte, klopfte der Anzugstyp von eben an sein Fenster. Er hatte inzwischen Verstärkung besorgt, hinter seinem Rücken standen zwei Uniformierte, die offenbar ebenfalls zum Flughafen

gehörten. Onkel Oronzo stieg aus und unterhielt sich seelenruhig mit den beiden. Den Mann im Anzug ignorierte er weiterhin, was die beiden Wachleute nicht weiter zu stören schien. Als alle einen gewissen Plauderton einschlugen, stieg auch ich aus.

„Alles klar?“, fragte ich so harmlos wie möglich und schenkte ihnen mein strahlendstes Lächeln.

„Aber ja“, antwortete mein Onkel gelassen, „ich habe diesen Herrschaften nur erklärt, warum wir hier und nicht auf dem Großparkplatz warten.“

„Und? Wo liegt das Problem?“

„Es gibt kein Problem“, meinte er; die Uniformierten nickten zustimmend. Bevor wir noch das Thema vertiefen konnten, entdeckte ich meine Eltern unter den Fluggästen, die gerade das Terminal verließen.

„Da sind sie!“

Meine Mutter nahm mich gleich in die Arme und drückte mir Küsse links und rechts aufs Ohr, als habe sie mich schon seit Jahrzehnten nicht mehr gesehen.

„Wie geht es dir? Hat alles geklappt? Wo ist Pippo? Und Steffi, wo ist Steffi?“ Da sie mir ohnehin keine Zeit für eine Antwort ließ, wartete ich ab, bis sie sich ein wenig beruhigt hatte.

„Und? Was ist...? Sprich! - Hat alles geklappt? Wo hast du denn die her?“ Sie berührte die Beule auf meiner Stirn, die ich mir von der *Grotta della Signora* als Souvenir mitgebracht hatte.

„Alles klar, Mama“, sagte ich schließlich. Mein Vater hielt sich wie immer ein wenig zurück, aber als ich ihn ansah, trat er vor, umarmte mich halb und klopfte mir auf den Rücken. Irgendwie mochte ich diese stille Form der Anerkennung an ihm.

„Uns geht's allen gut, es hat alles geklappt, Pippo ist beim Bestattungsunternehmer und Steffi in Lecce.“

„Aber ich bin hier!“, hörte ich hinter mir Onkel Oronzos Stimme. Es gab ein großes Freudengeschrei, als er meine Mutter und Tante Innocenza begrüßte. Bei letzterer wechselte

einen raschen Blick mit meinem Vater, der lediglich die Augenbraue hoch zog und lächelte.
„Hi." Ich hatte erst jetzt Valentina entdeckt, die hinter meinem Vater stand.
„Hi." Auch sie lächelte, ungewohnt schüchtern sogar. Irgendwie machten mich die beiden richtig verlegen.
Die Familienszene hätte so schön sein können, wären nicht in diesem Moment Edith und Enzo aufgetaucht. Da ich sie nicht einfach stehen lassen konnte, gab ich auch ihnen die Hand und drängte zum Aufbruch. Sie waren ziemlich redselig und schüttelten mir die Hand, als habe ich soeben die Tour de France gewonnen.
„Hey, Luca! Du hast es tatsächlich geschafft!", stellte Enzo fest.
„Was ist?" Edith stieß ihn unsanft an. „Komm, nimm schon die Koffer! Ich will endlich aus diesen Sachen rauskommen."
„Stell den Kram hinten rein!", sagte ich und ließ sie stehen, um die Koffer meiner Eltern zum Bus zu tragen.

Auf der Fahrt wollten alle hören, wie es uns unterwegs mit Pippo ergangen sei, und ich erzählte ihnen in groben Zügen von unserer Reise. Meine Mutter regte sich über Bruno und Giulia auf, weil diese unbedingt von Berlin aus fliegen wollten. Unterstützung bekam sie dabei von Oronzo, der sich in seiner Ehre als Gastgeber beleidigt fühlte.
Ich wünschte, er würde damit aufhören; meine Onkel und ihr Anhang lagen mir wegen der Transport- und Kostengeschichte noch schwer im Magen. Aber ich wusste um Brunos Sturheit und war erstmals wirklich froh darüber, denn er würde seine Entscheidung nicht umstoßen.
Valentina hatte darauf bestanden, vorne im Fahrerhaus mitzufahren, und es freute mich zu sehen, dass sie ihre ‚Leck-mich-Bruder'-Einstellung zu Hause gelassen hatte. Während die hinteren Reihen und Onkel Oronzo meine Taten lobten, warfen wir uns Blicke zu und dachten uns unseren Teil.

„Findest du nicht, dass du ein bisschen übertreibst?“ bemerkte Steffi, ohne vom Zwiebelschneiden aufzusehen. Während Giuseppina allen ihre Zimmer zuwies, machten sie und Emma sich in der Küche nützlich.
„Ich meine, ärgerlich war das Ganze schon, aber wir sind ja auch so hier angekommen, nicht?“, schniefte sie und rieb sich mit dem Handrücken die Nase. Tränen kullerten ihr die Backen runter, und ihr Make-Up verschwand unter ihrem Kinn.
„Und du? Was meinst du dazu? Siehst du das genauso?“, fragte ich Emma, die Paprika klein hackte.
„Lass mich da raus!“, winkte sie ab. „Ich verstehe dich, aber ich würde die Sache an deiner Stelle einfach vergessen.“
„Ja, ja, klar“, sagte ich kraftlos, denn ich hatte inzwischen das sichere Gefühl, dass mir hier keine Hilfe zuteil werden würde.
Auf dem Flur begegnete mir Tante Giuseppina.
„Hast du deinen Onkel gesehen?“
„Er ist draußen, glaube ich.“
Sie streckte den Kopf zur Haustür hinaus und rief nach ihm: „Ronzino!“
„Ja?“, kam die Antwort aus dem Keller.
„Tante Pina, er ist hier unten!“, rief ich ihr zu, und sie kam wieder zurück und drückte mir mit ernster Miene einen verschlossenen, unbeschrifteten Umschlag in die Hand.
„Bring das deinem Onkel!“, meinte sie und ging hinüber in die Küche. Ich hingegen stieg die Treppen zum Keller hinab. Oronzo war in einem der hinteren Räume gerade dabei, irgendwelches Gerümpel beiseite zu schieben.
„Sammelt sich einiges an“, sagte er. „Aber du kommst gerade richtig! Fass mal mit an!“
Er zeigte auf eine türlose Kommode, die mitten im Raum stand. Sie war nicht sonderlich schwer, zu zweit konnten wir sie mühelos in eine Ecke tragen.
„Eigentlich wollte ich ja noch schnell ein bisschen was arbeiten, aber weil es sich kaum lohnt, hab ich stattdessen ein

bisschen aufgeräumt, so lange die sich oben einrichten und ich den Frauen nur im Weg rumstehe."
„Schätze, die sind inzwischen so weit fertig", meinte ich.
„Schon? Na, wir können ruhig auch nach oben gehen."
„Das hier soll ich dir von Tante Pina geben." Ich überreichte ihm den Umschlag, und er schlitzte ihn in Ermangelung eines Brieföffners mit einem seiner Schnitzmesser auf.
„Ah - da sind sie ja!", rief er und hielt mir den Inhalt unter die Nase, einen italienischen Pass und mehrere DIN-A-5-Blätter. ‚Certificato di morte' – ‚Sterbeurkunde' - las ich auf einem von ihnen, das mit mehreren offiziell aussehenden Stempeln versehen war. Die Urkunde war vom Notarzt eines Lecceser Hospitals ausgestellt und trug das Datum von vorgestern.
„Wo habt ihr *die* denn her...?!?" ‚Certificato di morte', las ich noch einmal. „Habt ihr die...? Moment mal - Wieso eine italienische...-?" Die Frage entfiel mir, während ich den Pass unter die Lupe nahm.
Er war abgegriffen und zerfleddert, in einer Ecke war ein Eselsohr, und sämtliche Seiten wellten sich, als sei der Ausweis irgendwann einmal in den Regen gekommen. Entsprechend verschwommen war die Tintenschrift darin, doch konnte man den Namen meines Großvaters noch bestens ablesen.
Mein Onkel musterte mich schweigend, als verstehe er kein Wort. Fragend hielt ich ihm die Papiere entgegen, doch er zuckte nur die Schultern.
„Tante Pina?", fragte ich schließlich und sah unwillkürlich zur Treppe hin, als könne sie jeden Augenblick dort erscheinen. Mein Onkel machte eine abwehrende Geste.
„Frag mich nicht, wie sie das gemacht hat! Ich weiß nur, dass sie von früher her gewisse... Beziehungen hat."
„Sind die - echt?"
„Sagen wir's so: Sie werden genügen, um die Sache übermorgen über die Bühne zu bringen. - Gehen wir nach oben?"
„Aber... woher hatten die das Bild von Opa?", fragte ich

Oronzo entgeistert, und er guckte sich das Passfoto über meine Schulter hinweg an.
„Ich nehme an, sie haben ihn bei Schiavone fotografiert. Vielleicht hatten sie auch ein altes Foto von Pippo als Vorlage.“
„Aber er sieht so alt aus, wie er ist! Und gleichzeitig so... lebendig.“
Noch einmal warf Onkel Oronzo einen Blick über meine Schulter.
„Digitale Bildbearbeitung vielleicht?“, meinte er lapidar und schickte sich an, nach oben zu gehen.
„Wann bringen wir die Papiere weg? Hätten die nicht heute bei der Stadtverwaltung sein müssen?“
„Morgen wird auch noch reichen. Komm jetzt lieber, lassen wir die Frauen nicht warten! - Die haben inzwischen Armeestärke erreicht.“

Während des Abendessens betrachtete ich Tante Giuseppina mit völlig anderen Augen. Sie ließ sich jedoch überhaupt nichts anmerken und verhielt sich zu meinem Erstaunen so normal wie nur möglich, rührte ab und an in irgendwelchen Töpfen und hielt ihre Gäste an, sich doch noch etwas von dem Essen zu nehmen.
Wir hatten den ohnehin nicht klein bemessenen Esstisch bis in den Flur hinein verlängert, damit alle Platz daran hatten; dennoch saßen wir eng und aufgereiht wie die Hühner auf der Stange. Zu Beginn des Essens war uns allen noch der Grund unseres Zusammentreffens allzu gegenwärtig; doch nach und nach legte sich das Gefühl der Beklommenheit, man wechselte das Thema und tauschte Erinnerungen aus, die mit der Zeit immer weniger mit Pippo zu tun hatten.
Vor allem Onkel Enzo war richtig gut aufgelegt; normalerweise war er eher ein stiller Typ, aber wenn er erst einmal einen im Tee hatte, konnte er ganze Säle unterhalten. Die Tanten zierten sich zunächst ein wenig, tauten aber unter Enzos Anekdotenerzählungen allmählich auf. Als die Stimmung so

langsam ihrem Höhepunkt entgegenstrebte, beugte sich Oronzo zu mir rüber und sagte:
„Deine Tante hat mich vorhin zur Schnecke gemacht."
Ich brauchte nicht erst nachzuhaken, um zu wissen, dass er Tante Giuseppina meinte.
„Wieso?", fragte ich.
„Sie hat sich über den Zustand der Wäsche beschwert, die sie heute zum Trocknen aufgehängt hat."
„Über die Wäsche...?"
„Ganz recht."
„Himmel!", rief ich aus, und fast alle sahen kurz zu mir herüber, ehe sie sich wieder für eine von Enzos Pointen bereit machten.
„Wir haben gestern Abend vergessen, die Tiefkühlsachen aus der Maschine zu nehmen!", flüsterte ich Onkel Oronzo ins Ohr.
„Hm-m."
„Und die Wäsche...?"
Er schüttelte den Kopf.
„Hat's nicht überlebt. - Überall Hähnchenfasern und Gemüse...-"
Ich sah ihn an, und während er mir noch das Ausmaß der Katastrophe beschrieb, musste ich an mich halten, um nicht zu lachen; erst Tante Giuseppinas strafender Blick ließ mich die Beherrschung wiederfinden.
„Sie weiß es", raunte ich Oronzo zu.
„Natürlich weiß sie es! Sie weiß überhaupt immer alles. Keine Ahnung, wie sie das macht."
„Was hast du damit gemeint, als du sagtest, dass sie ‚von früher her gewisse Beziehungen' oder so hat?"
„Na ja, als wir '56 heirateten, war ich keineswegs der erste Mann in ihrem Leben, genauso wenig, wie sie die erste Frau in meinem war", erklärte er.
„Ach ja - Tante Innocenza!"
„Unter anderem", meinte er knapp. „Jedenfalls hatte deine Tante vorher einen Verehrer namens Ruggero, ein Junge aus

Lecce, der heute übrigens groß im Antiquitätenhandel ist. Es hieß schon damals, dass er in das eine oder andere krumme Geschäft verwickelt sei...-"
„Wer sagt das?", mischte sich Tante Giuseppina ein, die anscheinend zumindest Teile unseres Gespräches mitbekommen hatte.
„Na, alle haben das gesagt!", erwiderte Oronzo, der sich nun keine Mühe mehr gab, leise zu sprechen. „War doch ein offenes Geheimnis!"
„Beh! Was weißt du schon?", winkte Tante Pina ab. „Bloß, weil die Leute ihn nicht leiden konnten..."
„Das bezog sich ja nicht nur auf ihn. Er war ja bloß arrogant und gewalttätig. Aber seine ganze Familie war stadtbekannt", erklärte Onkel Oronzo der Runde. Alle anderen Gespräche am Tisch waren inzwischen verstummt, den beiden gehörte nun unsere ganze Aufmerksamkeit.
„Stimmt's etwa nicht?", wandte er sich an seine Frau, die nur noch mit Gesten ihr Missfallen ausdrückte. „Sein Onkel beispielsweise saß im Knast, weil er mit Waffen gehandelt hat."
„Das war im Krieg!", wandte Pina ein.
„Na und? Macht es das etwa besser? - Und was war mit seinem Bruder? - Man munkelte damals von Schutzgeldern", fügte er an uns gewandt hinzu.
„Das war sein Bruder!"
„Onkel, Bruder... egal! Die Familie war jedenfalls stadtbekannt, das wollte ich eigentlich damit nur sagen."
„Deine Familie war auch nicht die angesehendste in Lecce!"
„Mag sein. Aber dein Vater war froh, dass mit Ruggero nichts gelaufen ist und ich dich von ihm weggeholt und geheiratet habe!"
„Und wie heilfroh er erst war, als er erfuhr, dass wir dir Geld nach Deutschland schickten!"
„Ach, die alten Geschichten!", winkte Oronzo ab.
„Ja genau, die alten Geschichten", äffte Tante Giuseppina ihn nach, ehe sie uns der Reihe nach ansah. „Die anderen Männer

haben alle Geld aus Deutschland nach Hause geschickt, nur meiner kam mit seinem nicht aus, da musste es umgekehrt laufen!"
„Ich habs mir nicht ausgesucht! Du tust ja gerade so, als sei ich freiwillig nach Deutschland gegangen!"
„Nein, das nicht gerade - aber viel gebracht hat uns das auch nicht! Ich weiß noch, nach zwei Monaten kam der erste Brief von wegen ‚Ich hab kein Geld'. Also haben wir ihm die Ersparnisse geschickt...-"
„Das war, weil uns die Bergwerksgesellschaft am Anfang unseren Lohn nicht auszahlen konnte!", warf Oronzo ein.
„...der ein paar Monate später schon wieder ausgegeben war", ergänzte meine Tante mit drohendem Unterton in der Stimme, und wir alle lächelten darüber. Ich bemerkte, dass mir Tante Innocenza über den Tisch hinweg zublinzelte. Sie schien sich glänzend zu amüsieren, dabei hatte sie selbst den ganzen Abend über kaum ein Wort von sich gegeben.
„Was haben wir also gemacht?", fuhr Giuseppina fort. „Wir haben die Möbel verkauft, nach und nach, angefangen bei denen, die wir nicht unbedingt benötigten."
„Na komm!" Oronzo schnitt eine Grimasse.
„Was? Mussten wir etwa nicht den Kühlschrank hergeben, damit du dir in Deutschland ein schönes Leben machen konntest?"
„Na ja, schönes Leben...", brummte er.
„Ein nagelneuer Kühlschrank - unser erster!"
„Ja, ja...", meinte Oronzo genervt und stand auf. „Will noch jemand Bier?"
Obwohl ich noch einen Rest in der Flasche hatte, sagte ich: „Gerne." Niemand sonst hatte ihm geantwortet, und als Objekt des Spotts und der Vorwürfe gehörte ihm mein vollstes Mitgefühl. Wir sammelten die leeren Flaschen ein und holten im Keller Nachschub. Als wir wieder in die Küche zurückkehrten, hatten sich glücklicherweise die Gewitterwolken verzogen.

„Du kannst dich ruhig wieder setzen!“, rief Enzo. „Pina war gerade dabei, uns davon zu erzählen, wie ihr euch kennen gelernt habt.“
„Ach je!“, stöhnte Oronzo und blickte in die Runde. „Wer wollte nun ein Bier?“

„Wo war ich?“, fragte Tante Giuseppina.
„Bei seiner Uniform“, half Ida und warf Oronzo einen spöttischen Blick zu.
„Ach ja, seine Uniform... Er sah fabelhaft aus darin - alle Männer trugen damals Uniform. Die Mädchen fanden das total aufregend...-“
„Heute ziehe ich sie nur noch an, wenn wir zusammen in die Stadt gehen“, meinte Onkel Oronzo beiläufig. „Pina soll sich schließlich nicht schämen müssen mit mir. - Enzo, ein Bier?“
„Hört nicht auf ihn!“, winkte meine Tante ab. „Jedenfalls hatten wir uns zuvor nur ein paar Mal gesehen...“
„Drei Mal, um genau zu sein...-“
„...und das auch nur in Begleitung...-“
„...Ihre Schwestern waren als Anstandsdamen immer mit dabei“, meinte Oronzo fröhlich. Tante Giuseppina schenkte ihm einen stummen und verärgerten Blick.
„Was ist?“
„Erzählst du oder erzähle ich die Geschichte?“, fragte sie.
„Na, du erzählst sie! Aber du lässt immer die Details aus! Woher sollen sie die denn kennen, wenn du kein Wort darüber verlierst?“
„Ach!“ Wieder winkte meine Tante ab. „Wir hatten uns also vorher gerade drei Mal gesehen. Aber er war nach diesen drei Malen gleich so in mich verliebt, dass er um meine Hand anhalten wollte.“
„Sie hatte die Anmut einer Tänzerin - einer Ballerina - und die Güte der Heiligen Mutter Maria“, bemerkte Onkel Oronzo schwärmerisch, und seine Frau sah ihn lange und ohne eine Miene zu verziehen an.

„Wolltest du nicht noch nachsehen, ob die Oliven schon schlafen?“, meinte sie freundlich.
„Wie gesagt: Das war früher“, ergänzte Oronzo.
„Darf ich jetzt weiter erzählen?“
„Bitte.“
Wieder fiel mir Tante Innocenzas Lächeln auf. Die anderen bekamen davon nichts mit. So allmählich bekam ich eine Ahnung davon, dass sie trotz ihres hohen Alters keineswegs so verwirrt oder abwesend war, wie sie alle glauben machte.
„Er war also verliebt in mich. Aber wenn wir uns trafen, waren immer meine Schwestern mit von der Partie. Was hat er also getan? Er schrieb mir einen Brief, in dem er sein Herz ausschüttete und dem er Rosenblüten und einen Heiratsantrag beilegte.“
„Und?“, fragte Giulia.
„Nichts und. Ich hab ihn angenommen“, sagte Tante Pina gelassen. „Konnte ja nicht wissen, wie es mit ihm sein würde. Ich war jung, gerade mal zwanzig.“
„Aber du hast es nie bereut“, lachte Oronzo in die Runde, wofür er einen ironischen Blick erntete. „Oder etwa doch?“
„Na ja“, meinte Giuseppina gedehnt, als habe sie ihre Zweifel.
Kurz nach Mitternacht löste sich die Runde auf. Ida und Paula hatten sich schon recht früh zurückgezogen, während es Brunella erstaunlich lange aushielt. In ihrem Schoß, direkt unterhalb ihres gewölbten Bauches, lag Paolo, dem irgendwann die Augen zugefallen waren und der sich auch angesichts der lauten Tischdebatten nicht mehr hatte aus dem Schlaf reißen lassen. In dem Tumult, der mit dem allgemeinen Aufbruch einherging, verabschiedete Brunella sich rasch und brachte Paolo nach oben.
„Und wer bringt mich ins Bett?“, rief Enzo ihr nach. Er war betrunken.
„Pssst!“, zischten meine Mutter und Edith synchron. Ich glaube, es war das erste Mal überhaupt, dass sie sich in irgendeiner Sache einig waren.

In dieser Nacht liebten Steffi und ich uns in dem kleinen Gästezimmer oberhalb der Treppe. Wir versuchten, sehr leise zu sein, doch der alte Lattenrost gab sich alle Mühe, uns zu verraten; ich hätte schwören können, man hörte uns im ganzen Haus. Irgendwie machte mich der Gedanke nervös, zumal meine ganze Familie in den Zimmern nebenan schlief. Aber indem wir auf Touren kamen, lösten sich all meine Bedenken in Wohlgefallen auf, und es waren nirgendwo zehn Pferde in Sicht, die mich hätten aufhalten können.
Hinterher schien die Luft im Raum um einige Grad aufgeheizt zu sein. Ich stand auf und öffnete das Fenster, und da Steffi ziemlich schnell eingeschlafen war, blieb ich gleich dort und guckte durch das Fliegengitter in die sternenklare Nacht hinaus. In der Ferne flatterten Fledermäuse um die Straßenlaternen, und im Hof stand der Cinquecento, den Jetbag noch immer auf dem Dach. Während mir der schwache Wind zwischen den Beinen hindurch wehte, wanderten meine Augen vom Auto zu der Silhouette von Steffis nacktem Körper hinüber, und ich hätte beschwören können, nie einen zarteren Moment erlebt zu haben.

23

Sie saßen bereits alle beim Frühstück, als wir am Morgen die Küche betraten. Wir wurden mit lautem ,Hallo, auch schon auf?' begrüßt, und wir beeilten uns damit, den Zeitvorsprung der anderen aufzuholen. Die Tafel war deutlich kleiner als am Vorabend, was daran lag, dass Ida, Paula, Brunella und Paolo bereits ihr Frühstück beendet hatten und in schwarzer Garderobe im Haus herumliefen. So wenig sie offenbar für unseren Zweig der Familie übrig hatten, so sehr versuchten sie sich nun in ihrer Zurschaustellung von Trauer gegenseitig zu überbieten.

„Ist die Beerdigung nicht erst morgen?", meinte Enzo beiläufig. Niemand antwortete ihm.

Während die Frauen den Tisch abräumten, machten wir Pläne für den Tag. Natürlich wollte sich auch Enzo die Ausgrabungen ansehen, und Oronzo versprach, ihn und meine Eltern herumzuführen. Steffi hatte mit Emma bereits ausgemacht, den Vormittag am Strand zu verbringen, in Lecce einen Aperitiv zu nehmen und nach dem Mittagessen die Küste hinunter nach Ótranto oder Santa Cesarea Terme zu fahren. Ich freute mich für sie, dass sie in Emma eine verwandte Seele gefunden hatte, und war ihr dankbar dafür, dass sie Steffi unter ihre Fittiche nahm. So fühlte sie sich nicht so fremd in der Familie, und Emma nahm mir etwas von meiner Dolmetschertätigkeit ab.

Bevor wir aufbrachen, schraubten mein Vater und ich den Gepäckträger samt Jetbag vom Dach des Cinquecentos herunter. Kritisch besah er sich die Nieten, mit denen die einzelnen Teile verbunden waren.

„Ist doch dekorativ, oder?", witzelte ich. Er nickte.

„Bist du noch sauer?"

„Ach was!" Er machte eine wegwerfende Handbewegung.

„Ich bin im Nachhinein bloß froh, dass alles glatt gelaufen ist."

„Du musst zugeben, dass es keine andere Möglichkeit gab...!“
„Na ja...“, entgegnete er. Ich war mir keineswegs sicher, was dies bedeuten sollte, aber ich ließ es dabei bewenden.
Emma war gerade dabei, die Strandsachen in ihren Wagen zu laden. Es war einer der schrottreifen Fiats aus Oronzos Fuhrpark.
„Wo ist Steffi?“, fragte ich.
„Noch oben. Sie zieht sich noch ihren Bikini an.“
„Kann ich dir hier was helfen?“
„Bin schon fertig.“ Sie schlug die Heckklappe mit Schwung zu, so dass es nach allen Seiten staubte. Ich ging ebenfalls nach oben, um mich umzuziehen. In der Tür begegnete mir Steffi.
„Beeilst du dich ein bisschen?“
„Ja, ja! Ich fliege!“
„Ich will nämlich jetzt an den Stra-aand!“, frohlockte sie und hüpfte die Treppen hinunter.

Erwartungsgemäß platzte der Strand an diesem Sonntagmorgen vor lauter Menschen aus allen Nähten. Dabei hatten wir San Cataldo, den Lecceser Hausstrand, bereits ausgelassen und es weiter südlich versucht. Bei Torre dell'Orso erwischten wir durch Zufall noch einen Parkplatz im Straßengraben, und während Steffi und Emma mit schicken Sonnenbrillen und offenem Haar vor mir herflanierten, schleppte ich mich mit dem gewaltigen Schirm ab, auf dem Emma bestanden hatte. Sie ernteten ihres Outfits wegen nicht wenige Blicke und Sprüche der männlichen Bevölkerung, und sicherheitshalber hielt ich die Spitze des Sonnenschirms beim Gehen in bedrohlicher Gürtelhöhe.
Immerhin rückten zwei tiefbraun gebrannte Italiener zur Seite, als wir zwischen all den Leuten nach einem freien Fleckchen Strand Ausschau hielten. Ihr herablassendes Grinsen in Richtung der Mädchen veranlasste mich, unwillkürlich den Bauch einzuziehen und ihnen kaltlächelnd Paroli zu bieten. Ich fühlte mich erbärmlich und kam mir vor wie das fünfte Rad am

Wagen. Doch es war Steffi, die diesem ohnehin aussichtlos erscheinenden stillen Kampf ein Ende machte, indem sie mich anstieß und meinte:
„Was ziehst du denn für'n Gesicht?“ Tatsächlich wurde ich mir der Lächerlichkeit meines Killerblicks in ebendiesem Augenblick bewusst. Sie piekste mich in den Bauch.
„Lach doch mal! Die Sonne scheint, wir sind am Meer... ist das nicht klasse? Endlich Urlaub!“ Sie reckte sich; hinter ihrem Rücken grinsten sich die beiden Typen an.
„Kommst du, Steffi?“, fragte Emma.
„Na klar! - Bis gleich!“ Steffi küsste mich auf den Mund, und die beiden flitzten in Richtung Wasser. Die Italiener nebenan sahen ihnen nach, doch das konnte ich ihnen weder verdenken noch verbieten. Ich schnappte mir mein Buch und begann, im Schatten des Sonnenschirms darin zu blättern.
Später, als die beiden wieder zurück waren, fiel ihnen plötzlich ein, dass wir nichts zu trinken dabei hatten. Ich habe immer schon die Theorie vertreten, dass man als Einzelner keine Chance gegen zwei Frauen hat, die auf der gleichen Wellenlänge funken. Sie klimperten so lange mit den Wimpern, bis es mir zu bunt wurde, den Standhaften zu spielen. Unter Beifallsbekundungen kramte ich den Geldbeutel hervor und steuerte die Strandbar an.
„Bedaure“, meinte einer der vier Barmänner, die in dem winzigen Kabuff hin und her liefen, „darf's vielleicht was Anderes sein?“
„Nein. - Orangensaft?“, wiederholte ich verdutzt meine Bestellung und zeigte zur Sicherheit auf die bergeweise ausliegenden Orangen. Sie waren vollreif und beinahe so groß wie Honigmelonen. Der Barmann hielt leise Rücksprache mit seinem dienstälteren Kollegen. Der machte ein bedauerndes Gesicht in meine Richtung und erklärte:
„Die Presse ist noch nicht geliefert worden! Wir haben erst vor einem Monat neu eröffnet!“
„Haben Sie keine Handpresse?“, hakte ich nach, da mir nicht

einleuchtete, was aus all den Orangen werden sollte, die sich auf der Theke stapelten.
„Doch, sicher“, meinte der Dienstältere und kramte sie aus einem Fach hervor. Mit versteinerter Miene begann sein Kollege, Orangen zu halbieren und auszupressen. Ich hoffte bloß, er würde sich keinen Finger abquetschen.
Während unser Saft langsam, aber stetig Form annahm, lehnte ich an der Theke und betrachtete die Szenerie um mich herum. Am Strand herrschte ein Geschrei wie im Schwimmbad, und überall schienen die gleichen Leute herum zu hocken, denen wir schon auf den Campingplätzen und an den Stränden unterwegs begegnet waren: Matronenhafte Großmütter, die inmitten von Klappstühlen und Kühlboxen Wache über den jüngsten Familiennachwuchs hielten, Väter mit Videokameras im Anschlag, die sich später für all die Bikinis auf dem Film würden verantworten müssen, obercoole Jungs mit Zigaretten an der Unterlippe, die sehnsüchtig den Frauen hinterher guckten... Einer plötzlichen Eingebung folgend, versuchte ich, Steffi und Emma zu erspähen, doch unser Platz lag außerhalb meiner Sichtweite.
Stattdessen beobachtete ich, wie sich gleich vier Jungs um ein hübsches Mädchen bemühten, das hochnäsig alle ihre schüchternen Annäherungsversuche abwies, während ihre dicke Freundin etwas abseits saß und ein verdrießliches Gesicht zog. Als ich mit unseren Gläsern abdampfte, hätte ich ihr am liebsten eines davon spendiert.
Zum Teufel! dachte ich und kehrte auf halbem Weg um. Der Barmann zog eine Flappe, als ich einen weiteren Saft bestellte, doch hatte er inzwischen eine gewisse Übung mit der Handpresse, und nur drei Minuten später stand das volle Glas vor mir.
Als ich mich umdrehte, war das dicke Mädchen verschwunden. Ich guckte mich nach ihr um und entdeckte sie tatsächlich in einiger Entfernung. Der Gedanke, ihr nachzulaufen, erschien mir denn aber doch allzu absurd, und so balancierte ich

schließlich mit den vier Gläsern zurück zu unserem Liegeplatz.
Die Italiener hatten wirklich keine Zeit verloren. Angeregt unterhielten sie sich mit den Mädchen, und nachdem ich den Saft verteilt hatte, streckte einer von ihnen unverfroren die Hand nach den letzten beiden Gläsern aus. Doch ich war nicht so überrascht, als dass ich sie mir hätte aus der Hand reißen lassen. In einem Zug stürzte ich den ersten Saft samt Eiswürfel herunter.
„Durst", erklärte ich atemlos und hob mein verbliebenes, volles Glas hoch.
„Salute!"
Auf weiteres Abtrinken jedoch verzichtete ich. Der Eiswürfel hatte sich quer gestellt und betäubte mir die Speiseröhre.
Die beiden Typen schienen verwirrt, nahmen aber ihr Gespräch allmählich wieder auf. Anscheinend gedachten sie Emma ihre ganze Lebensgeschichte zu erzählen. Ich schützte Desinteresse vor und vertiefte mich wieder in mein Buch. Nach einer Weile wandte Steffi sich mir zu und überließ Emma den Italienern.
„Hey, was ist denn los mit dir?"
„Nichts", brummte ich, „was soll sein?"
„Du bist so schweigsam."
„Ich lese."
„Das meine ich nicht."
Ich schwieg dazu. Was, fragte ich mich, gab es dazu zu sagen? Im Grunde flirtete ich ja nicht weniger gerne als sie, aber mir wäre es nie eingefallen, ein Mädchen anzuquatschen, während Steffi neben mir saß. Doch darüber hatten wir zu anderen Gelegenheiten bereits ausführlichst diskutiert und dabei festgestellt, dass wir manchen Dingen völlig unterschiedliche Bedeutung beimaßen.
„Mir gefällt's hier nicht besonders", gab ich schließlich von mir, da sie offenbar Löcher in mich reinzugucken gedachte und ich schlimmeres Unheil verhindern wollte.
„Wieso?"
„Mir sind hier zu viele Menschen...-", begann ich.

„Ja, aber du hast doch gesehen, dass es weiter oben auch nicht weniger waren!“, fiel sie mir ins Wort.
„Und diese Typen...“, sagte ich, ohne hinzusehen. Eine Weile musterte sie mich, warf den beiden einen Blick zu und meinte: „Bist du eifersüchtig?“
Ich blieb ihr die Antwort schuldig und versuchte, mich auf den Satz in meinem Buch zu konzentrieren. Steffi stieß mich mit dem Fuß an.
„Sag doch mal!“ Ich klappte mein Buch zu.
„Was sagen?“, fragte ich ruhig.
„Ob du eifersüchtig bist!“
„Nein“, log ich. „Ich mag es nur nicht, wenn ich von dir irgendwohin geschickt werde und dich bei meiner Rückkehr mit irgendeinem Typen antreffe.“ Was so ungefähr aufs Gleiche rauskommt, wie eifersüchtig zu sein, dachte ich bei mir; doch ich machte da durchaus Unterschiede.
„Ist doch dasselbe: Du bist eifersüchtig!“, entgegnete sie. „Warum sagst du denn dann nichts?“
„Was denn sagen?“, fuhr ich sie an. Das Gespräch nahm eine allzu vorhersehbare und Unheil verkündende Richtung; im Geiste sah ich uns bereits die kommende Nacht in getrennten Zimmern verbringen. Doch Steffis Gabe, derlei Dinge ins Lot zu bringen, überraschte mich auch diesmal wieder.
„Nun geh nicht gleich in die Luft! Komm lieber mit schwimmen!“
Ich murrte ein wenig, ließ mich jedoch nur allzu gerne von ihr hoch und zum Meer hinunter zerren. Das Wasser war angenehm kühl, doch keineswegs so kalt wie mein Rachen, der noch immer von dem Eiswürfel betäubt war. Wir warfen uns in die Fluten, rangelten uns und die Eifersucht nieder und tauchten uns gegenseitig die Köpfe unter Wasser. Hinterher ging's uns besser.
Ich war mir nicht sicher, ob Emma und ihre neuen Freunde unsere Abwesenheit überhaupt bemerkt hatten. Sie unterhielten sich noch immer angeregt und knabberten dabei Chips, die

einer der beiden wohl inzwischen besorgt hatte. Ungeniert griff ich mir eine Handvoll davon und machte Halbe-Halbe mit Steffi.

„Ob sie ihnen gesagt hat, dass sie in festen Händen ist?"

„Wohl kaum", meinte sie.

„Sind die beiden nicht ein bisschen jung für sie?"

„Wieso?" Sie musterte Emma von hinten. „Ich finde, sie sieht ziemlich knackig aus."

„Das schon", gab ich zu, „aber für zwanzig würde ich sie auch nicht mehr halten."

„Vielleicht stehen sie ja auf Frauen mit Erfahrung."

Kurz vor elf packten wir unsere Siebensachen und fuhren zurück nach Lecce. Die beiden Jungs registrierten etwas verdattert, dass Emma sich weder mit ihnen zu verabreden noch ihre Telefonnummer zu hinterlassen gedachte. Ich schnitt ihnen eine Grimasse, als wir abzogen, und sie guckten uns hinterher wie junge Hunde, die man an einer Raststätte ausgesetzt hat.

Wir nahmen unseren Aperitiv in einer Bar unweit der Porta Napoli. Emma und Steffi begnügten sich mit einem brombeerfarbenen Analcolico, ich hingegen gönnte mir einen trockenen Martini, da ich ausnahmsweise mal nicht zu fahren brauchte. Zu den Getränken servierte man uns eine Étagere voller Knabberkram, und als wir endlich wieder aufbrachen, war das leichte Hungergefühl, das ich seit dem Frühstück entwickelt hatte, restlos verschwunden.

„Beeilen wir uns lieber ein bisschen", hielt uns Emma an, „so, wie ich Mama kenne, wartet sie bestimmt schon mit dem Essen auf uns."

Bei der Aussicht auf ein Vier-Gänge-Menü à la Tante Pina verspürte ich ein leichtes Sodbrennen. Kneifen jedoch war ausgeschlossen; ich fragte mich bloß, wie Steffi die Vollpension wegsteckte; zu Hause jedenfalls hatte sie mittags nie großen Appetit.

Zur Überraschung aller schauten Bruno und Giulia bereits gegen Ende des Hauptgangs vorbei. Ihr Flieger war am frühen

Morgen in Berlin gestartet, und sie hatten gerade ihr Zimmer in Lecce bezogen. Bruno war bester Laune und nahm mich überschwänglich in den Arm, als er vernahm, dass mit dem Transport Pippos alles klar gegangen war.
Nach all den Strapazen, die hinter uns lagen, sickerte allmählich wieder die Gewissheit in mein Bewusstsein, dass ich meinen Opa bei der Beerdigung morgen zum endgültig letzten Male sehen würde. Es hatte uns so viel Mühe, so viele Nerven gekostet, ihn in seine Heimat zu überführen, dass ich die Trauer um seinen Tod immer wieder auf später verschoben hatte. Doch nun, da ich diesem ‚Später' endlich gegenüberstand, überkam sie mich mit einer Macht, wie ich sie seit dem Morgen, als ich Tante Innocenza vom Bahnhof abholte, nicht mehr verspürt hatte.
„Schade, dass ihr nicht früher hier wart", sagte Oronzo an Bruno gewandt, „ich habe den anderen gerade heute früh erst die Ausgrabungen gezeigt."
„Die kannst du den beiden ja immer noch morgen oder übermorgen zeigen!", schlug Giuseppina vor.
„Das wird leider nicht gehen", meinte Bruno lächelnd, „wir fliegen morgen Abend schon wieder nach Hause."
„Morgen Abend schon?", jammerte Tante Pina. „Aber ich dachte, ihr würdet noch ein wenig hier bleiben!"
Alle anderen schwiegen dazu, auch Oronzo, obgleich man ihm anmerkte, dass er ein wenig beleidigt war.

Da wir zu zwölft waren, mussten wir Kolonne fahren. Wir bildeten mit Emmas langsamen Fiat die Vorhut; Onkel Oronzo folgte vor Bruno und dessen schickem Mietwagen. Die Hitze war mörderisch, wir hatten alle Fenster runtergekurbelt und brachten Steffi unterwegs *Alla fiera dell'est* bei. Sie saß hinten bei Valentina und hatte die Strophen erstaunlich schnell drauf, was mich zugegebenermaßen ein bisschen ärgerte, denn ich selbst stolperte beim Singen immer wieder über mein schlechtes Gedächtnis.

Nach einer guten halben Stunde Fahrt über die Landstraße schlängelten wir uns die kurvenreiche Strecke hinunter nach Ótranto, wo Pippo zusammen mit Oronzo und einigen Kumpeln Masserien verkauft hatte, jene festungsartig gebauten Gutshöfe, die man in dieser Gegend häufig antreffen konnte. Wir parkten auf einem riesigen Gelände am Ortseingang und brachen zu einem kleinen Verdauungsspaziergang auf. Außer uns war praktisch niemand unterwegs, nur eine alte Frau saß vor einer baufälligen Kapelle Wache, in der nicht mehr als sechs oder sieben Personen Platz hatten. Ich warf ein paar kleine Scheine in den Opferstock, wofür mir die alte Frau im Gegenzug unbedingt eine der beiden Postkarten schenken wollte, die sie in Händen hielt. Die eine zeigte die Außenansicht der Kapelle, die andere den Schutzheiligen der Stadt. Ich nahm die mit der Fassade und gab sie an meine Mutter weiter.

„Zur Erinnerung."

Als wir wieder in die Autos stiegen, kam doch noch ein Parkwächter angerannt. Anscheinend hatte er während unserer Abwesenheit ein Nickerchen gehalten und wollte nun dafür entlohnt werden. Wir taten, als verstünden wir kein Wort.

„Mille!", sagte er und hielt Oronzo die hohle Hand entgegen. Doch der kurbelte bloß die Scheibe hoch und startete den Motor.

„Mille!", rief der Parkwart noch einmal, doch schon setzte der Wagen sich in Bewegung. Wir fuhren ebenfalls an, und der Typ rannte zwischen unseren Autos hin und her. Fehlte nur noch, dass er sich vor die Räder warf.

„Mach, halt drauf!", feuerte ich Emma an, denn nun steuerte er direkt mein Fenster an; doch wir waren zu schnell für ihn.

„Mille!", schrie er uns hinterher, als wir mit quietschenden Reifen auf die Hauptstraße bogen und ihn in einer Staubwolke zurückließen.

Onkel Oronzo setzte sich an die Spitze der Kolonne, denn er wollte uns unbedingt die Stelle zeigen, an der er und Pippo am liebsten gefischt hatten. Seiner Meinung nach gehörte das

unbedingt zur ‚großen Pippo-Rundfahrt', wie er unseren Tagesausflug nannte.
Natürlich fanden wir die Stelle nicht wieder, aber wir verbrachten eine ganze Weile damit, sie zu suchen, bis wir uns darauf einigten, dass der Küstenabschnitt, den wir seit geraumer Zeit auf- und abfuhren, ein ausgezeichneter Platz zum Fischen sei. Damit gab sich Oronzo zufrieden, und wir machten auf dem Weg Richtung Léuca einen Abstecher in Pippos Geburtsort, Cocúmola.
„Oh Gott, will er denn an jeder Ecke anhalten?", stöhnte Emma, der die Hitze fast noch mehr als uns zu schaffen machte. Sie hatte sich die Haare zu einem Knoten hochgesteckt, so dass ihre Gesichtszüge viel besser zur Geltung kamen. Ich jedenfalls fand sie attraktiver so.
„Was ist?", fragte sie mit einem Seitenblick auf mich.
„Nichts", grinste ich sie an, überlegte es mir dann aber anders. „Du solltest dein Haar öfter so tragen. Sieht hübsch aus."
Sie guckte mich an, als wolle sie prüfen, ob ich sie hochnähme. Dann lächelte sie.
„Danke!" Und auf Deutsch: „Steffi, dein Freund ist ja ein richtiger Charmeur!"
„Na ja", kam es gedehnt von hinten. Valentina lachte.
Über Cocúmola gab es nichts Erwähnenswertes zu sagen, außer, dass der Begriff ‚Ort' ihm schmeichelte. Da das Elternhaus meines Großvaters inzwischen abgerissen und in den Sechziger Jahren durch einen Neubau ersetzt worden war, gab es nicht viel Sehenswertes für uns.
Unter den neugierigen Blicken der Einheimischen stiegen wir wieder in unsere Autos; wahrscheinlich bekamen sie so viele Fremde im ganzen Jahr nicht zu Gesicht und machten nach unserem Gehen drei Kreuze.
„Nur, dass wir's alle mal gesehen haben", maulte Emma.

Es war noch immer früh am Nachmittag, auf dem kleinen Parkplatz der *Grotta Zinzulusa* herrschte gähnende Leere. Zum

Glück kannte Onkel Oronzo die Verantwortlichen und hatte so etwas wie eine Privatführung vereinbart.
„Und was machen wir hier?“, stöhnte Paula, die schon bereute, mitgefahren zu sein. Auch meine Schwester sah ein bisschen genervt aus. Oronzo, dem dies nicht entgangen war, kam zu uns herüber.
„In dieser Grotte da“, erklärte er uns, „hat Pippo seinem Vater schon bei der Arbeit geholfen, als er noch so klein war.“ Er hielt seine Hand etwa einen Meter über den Boden.
„Hat sein Vater Rundgänge gemacht?“, fragte Valentina, und mein Onkel lachte.
„Ach wo - damals war Tourismus noch ein Fremdwort!“
„Und was gab’s dann hier zu arbeiten?“
„Dein Großvater“, Oronzo machte eine bedeutungsvolle Pause, „dein Großvater hat Scheiße geschaufelt.“
„Was?“
„Fledermaus-Scheiße, um genau zu sein“, fügte er hinzu.
„Fledermaus-Scheiße?“ Valentina sah mich ungläubig an, ebenso Steffi, der ich das Ganze übersetzte.
„Man kann auch Dünger dazu sagen“, klärte ich sie auf. Die Geschichte der *Grotta Zinzulusa* kannte ich noch von früher her. Meine Mutter oder Pippo selbst hatten sie mir erzählt, als ich ein kleiner Junge war. Ich hätte nicht gedacht, dass ich mich an so vieles erinnern würde, doch während ich den Dolmetscher für Onkel Oronzo spielte, kam mir ein Detail nach dem anderen wieder in den Sinn, von der Lungenschwäche meines Urgroßvaters, der den Job nur behielt, weil ihm sein Sohn - Pippo - helfend zur Seite stand, wenn er selbst nicht mehr weiter arbeiten konnte, über Pippos erste Freundin, die er abends zu einem romantischen Stelldichein in die *Zinzulusa* entführte und die er sich dann doch nicht zu küssen getraute, bis hin zu der Fledermaus, die sich - statt zu fliehen - in seinem Arm festgebissen hatte, weshalb man ihn zu einem Doktor nach Lecce hatte schaffen müssen, der die Wunde versorgte und ihm im Tausch für ein Huhn eine Spritze gab.

Onkel Oronzo erzählte all diese Anekdoten mit einer Authentizität, als habe er sie selbst miterlebt; dabei musste er zur *Zinzulusa*-Zeit Pippos noch im Vorschulalter gewesen sein. Inzwischen standen die anderen um uns herum und lauschten seinen Ausführungen. Dass meine Onkel damit nicht vertraut waren, wunderte mich nicht weiter; doch selbst meiner Mutter waren einige der Geschichten unbekannt.

Wir wurden bereits erwartet. Aldo, der Führer, begrüßte Oronzo aufs Herzlichste, die beiden schienen sich sehr gut zu kennen. Er mochte um die fünfzig sein und hatte ein gemütvolles Wesen, was hervorragend mit dem kleinen Schmerbauch harmonierte, den er vor sich hertrug. Darauf, uns allen einzeln die Hand zu schütteln, verzichtete er und winkte stattdessen fröhlich in die Runde hinein, ehe er uns Zeichen machte, ihm zu folgen.

Es ging ein paar Stufen hinab, dann schlängelte sich der Weg dicht am Wasserspiegel entlang hinauf zum Eingang der Grotte, wo ein kleiner Tisch und ein einfacher Holzstuhl standen. Normalerweise zahlte man hier den Eintritt, doch im Augenblick befanden sich alle in der Mittagspause. Zwei an den Felsen festgebundene Barkassen schaukelten im Takt der Wellen.

„Ein Freund von dir?“, wandte sich Bruno an Oronzo.

Aldo, der den beiden einige Schritte voraus war, drehte sich um. „Mein Vater und Pippo waren Schulfreunde und haben später auch zusammen gearbeitet.“

„Wo gearbeitet? Hier?“, fragte Bruno.

„Hier drinnen. Auf den Feldern. In Griechenland...-“

„In Griechenland?“

„Ja“, erwiderte Aldo und winkte uns, ihm zu folgen. „Sie haben dort Häuser verkauft. - Einfache Wohnhäuser“, meinte Aldo. „Sie sind damals rüber gefahren, haben die Häuser mit anderen zusammen in ein paar Tagen hoch gezogen und sie dann verkauft. - Nicht wahr?“

„Stimmt“, bestätigte Oronzo.

„Aber woher hatten sie denn die Grundstücke?“, wollte Bruno wissen.
„Ach, die Grundstücke!“, lachte Aldo. „Die hatten sie ja gar nicht! - Keine Ahnung, wem die gehörten.“
Er fischte einen Schlüsselbund aus seiner Jacke und schloss das schmiedeeiserne Tor zur Grotte auf.
„Hat das Wort ‚Zinzulusa‘ eigentlich eine bestimmte Bedeutung?“, wollte Enzo wissen.
„Siehst du die Stalaktiten dahinten?“, fragte Aldo ihn, und wir guckten alle in die angegebene Richtung. „Sieht aus wie ein Vorhang, nicht?
‚Zinzuli‘ ist ein Dialektausdruck für zerrissene Stoffbänder – Stofffetzen. Und weil es hier und in der Grotte viele Tropfsteine dieser Form gibt, heißt sie eben *Zinzulusa*. - Der Fels des Atriums besteht übrigens aus knochenhaltigem Material, das von Elefanten, Höhlenbären und Nilpferden stammt.“
Wir folgten Aldo durch einen schmalen Gang ins Innere der Grotte.
„Diesen Durchgang hier nennt man *Vestibolo*. Hier hat man Spuren menschlicher Besiedlung aus der Zeit des Paläolithikums gefunden“, erklärte er.
„Aha“, meinte Bruno und zog vielsagend die Brauen hoch.
„Des was?“, fragte ihn Giulia leise.
„Weiß auch nicht“, gab er zu.
„Altsteinzeit“, antwortete Aldo von weiter vorne, ohne sich umzudrehen, „Nadeln hauptsächlich und Stoffreste, die aus Metallfäden gewebt waren. – Vorsicht, Stufe!“
Über eine Treppe gelangten wir in eine wunderschön ausgeleuchtete Höhle, an deren tiefstem Punkt ein kleiner unterirdischer See lag.
„Die *Conca* oder *Muschelgrotte*“, bemerkte Aldo stolz und leuchtete einmal in die Runde.
„Guck mal, ein richtiger kleiner Strand!“, meinte Steffi. „Wie romantisch!“

„Stimmt“, sagte ich, „aber nur, wenn nicht ständig Touristen vorbeikommen.“
„Weißt du noch...?“
„Unsere Entdeckung der *Grotta della Signora*...? Erinnere mich bloß nicht dran!“
Der nächste Teil der *Zinzulusa* bestand aus einem engen Durchgang und hieß *Corridoio delle Meraviglie.* Da die Stalagmiten- und Stalaktitenformationen je nach Phantasie des Betrachters eine gewisse Ähnlichkeit mit bestimmten Bauwerken, Naturschauspielen oder historischen Gestalten aufwiesen, trug fast jede von ihnen einen eigenen Namen: *Baldacchino*, *Torre di Pisa*, *Cascata*, *Spada di Damocle* und so weiter. Aldo leuchtete jede Figur mit seiner Taschenlampe an und verharrte so lange bei *Il Presepe*, der *Krippe*, bis wir alle ihm glaubhaft versicherten, außer Maria und dem Jesuskind auch noch den letzten Esel erkennen zu können. Am Ende des *Corridoio* weitete sich die Grotte wieder etwas aus; mehrere Kalksäulen bildeten den Übergang zum nächsten Abschnitt.
„Der Entdecker der Grotte war ein gewisser Monsignor Antonio Francesco Del Duca“, erklärte Aldo, „ein Bischof aus dieser Gegend hier. Wegen solcher Säulen vertrat er die Ansicht, es handele sich um die antiken Überreste des Minervatempels, weshalb er das Alter der Grotte auch auf 200 Jahre vor dem Fall Trojas schätzte. Erst 1821 – fast dreißig Jahre nach Entdeckung der *Zinzulusa* - wurden ihr Alter und ihr Ursprung richtig geschätzt...“
Was folgte, war ein Aneinanderreihen von Forschernamen und Jahreszahlen, und irgendwann stellte ich meine Ohren auf Durchzug. Steffi stieß mir den Ellbogen in die Rippen.
„Was ist?“
„Was hat er gesagt?“, flüsterte sie.
„...irgendwer hat 1922 irgendwelche Meerestiere entdeckt... bla bla... es gibt noch den *Cocito*, einen unterirdischen See... ist der Öffentlichkeit nicht zugänglich“, übersetzte ich. „...Man hat irgendwelche Schwämme gefunden... schneeweiß... einmalig

auf der Welt... Grotte wurde 1957 nach sieben Jahren Arbeit dem Publikum geöffnet. Und er hat gesagt, zum Abschluss käme noch was Besonderes“, erklärte ich Steffi, „der *Dom*, in dem Pippo Scheiße geschaufelt hat.“

„Über die Jahre hinweg hat sich der Fledermauskot – der *Guano* - über unzählige Schichten hin aufgebaut und wurde von den Bauern der Umgebung gerne als Dünger benutzt“, sagte Aldo in die Runde hinein. „Die Arbeit war recht beschwerlich, denn man musste den Dünger eimerweise diesen Gang entlang, der als Einziger ins Innere der Grotte führt, bis hinüber zum Ausgang tragen.“

„Und die Fledermäuse?“, fragte meine Mutter.

„Benutzen den selben Weg, heute wie damals.“

„Sie meinen, die kommen hier durch?“

„Lassen wir doch das ‚Sie‘! Ich bin Aldo.“

„Giovanna.“ Meine Mutter lächelte etwas verlegen; Aldo strahlte sie an.

„Unsere Väter waren so gute Freunde, dass wir fast schon verwandt sind! - Aber um auf deine Frage zurückzukommen: Die Fledermäuse müssen hier entlang fliegen.“ Er richtete den Strahl seiner Taschenlampe auf die zerklüftete Decke des Ganges. „Wie gesagt, es ist der einzige Weg nach draußen - auch für Fledermäuse.“

Sofort fühlte meine Mutter sich eine gehörige Spur unbehaglicher. Ich wusste um ihre Furcht vor in der Dunkelheit lauernden Überraschungen, seit ich sie als Kind einmal in unserem Keller erschreckt hatte. Die Grotte war nur spärlich beleuchtet, und ihr Blick hing voller ängstlicher Erwartung an dem Wandbereich oberhalb ihres Kopfes. Steffi wäre es sicher nicht anders ergangen, weshalb ich bei der Übersetzung bewusst einige Details aus Aldos Schilderungen ausließ.

Wir setzten uns wieder in Bewegung und folgten ihm in den letzten Teil der Grotte. Ich ging direkt hinter Aldo und bemerkte, dass das Licht plötzlich nicht mehr von irgendwelchen Felsen reflektiert wurde, sondern weit streute.

Es ging noch einige Stufen bergab, dann standen wir auf einer Art Plattform. Über uns, wo sich die Decke der eigentlichen Höhle wölbte, war ein leises Quieken zu vernehmen. Aldo drehte sich um.
„Das ist er – der *Duomo*", verkündete er stolz und leuchtete das Innere des Gewölbes ab.
„Die Gesamthöhe beträgt hier 24 Meter. Dort oben hängen die Bewohner der Grotte", für einen Sekundenbruchteil wurden hunderte von lederartigen Flügelpaaren sichtbar, „und da unten ist - na ja - der Dünger. An den Felswänden ringsum kann man noch deutlich sehen, wie hoch der Dreck dieser kleinen Viecher mal gestanden hat. Man hat den *Guano* 1950 tonnenweise abgetragen, als man die Grotte für Besucher herrichtete."
„Augenblick mal!" Auch meine Mutter hatte es gesehen. Sie nahm Aldos Handgelenk und lenkte den Strahl seiner Lampe wieder auf die Felsen gegenüber. ‚Giuseppe 1933' stand da in etwa zehn Metern Höhe in ungelenker Blockschrift auf den Stein gemalt, zusammen mit vielen anderen Namen – offenbar eine Art von Vorkriegs-Graffiti.
„Ist das... ist das von meinem Vater?", fragte sie Aldo. Der zuckte die Schultern.
„Ich weiß nur, dass die Arbeiter ihre Namen seinerzeit mit *Guano* geschrieben haben", sagte er. „Man hat versucht, sie abzuwaschen, musste es aber schließlich aufgeben."

„Wollt ihr noch eine kleine Bootsfahrt machen?", fragte Aldo, als wir die Höhle wieder verließen. Er zeigte im Vorbeigehen auf die erste Barkasse, auf der ein kahlköpfiger Mann ein Nickerchen machte.
„Nein, danke", sagte meine Mutter freundlich.
„Es gibt hier noch zwei schöne Grotten, die man nur vom Meer aus erreichen kann."
„Nein, danke", wiederholte meine Mutter.
„Aber in der *Rotondella* leuchtet das Wasser türkis...!"
„Ein anderes Mal vielleicht", lachte Oronzo. „Wir sind nur auf

der Durchreise. Ich wollte ihnen bloß mal zeigen, wo Pippo gelebt und gearbeitet hat."

„Na schön, dann bis morgen! Ich muss wieder los!" Aldo winkte uns zum Abschied und stieg in seinen Wagen. „Ci vediamo!"

„Bis morgen!", rief ihm Oronzo nach und wandte sich an uns: „Sollen wir dann wieder?"

„Papa, wohin willst du denn noch?", fragte Emma ungeduldig.

„Och, noch ein bisschen die Küste runter nach Léuca."

„Aber wir essen doch zu Hause, oder?"

„Ja. Jakob und sein Fahrer kommen vorbei, sonst hätten wir vielleicht in diesem hübschen Restaurant in Santa Cesarea gegessen."

„Das mit dem Baum, der durch die Decke wächst? Die sind doch total unfreundlich! Und beim letzten Mal gab's die Hälfte der Sachen nicht, die auf der Karte standen."

„Ist ja auch egal. Wir essen jedenfalls zu Hause", sagte Oronzo.

„Dann setzen wir uns an dieser Stelle ab", beschloss Emma in unserem Namen. „Ich will jetzt ein bisschen schwimmen! Steffi sicher auch, oder? Valentina? - Schwimmen?", meinte sie auf Deutsch. Unnötig zu fragen, Steffi und Valentina wollten natürlich, ich ebenso. Wir winkten den anderen und brausten davon, den kühlen Fluten entgegen.

Unterwegs stoppte Emma am Straßenrand, und wir traten hinaus auf ein felsiges Plateau direkt über dem Meer. Ein kräftiger Wind wehte landeinwärts, und Steffi ließ sich von Emma zur Spitze der Klippe führen, von der aus der Fels schroff ins schwarzblaue Wasser abfiel. Gerade fragte ich mich, wie weit die beiden noch vortreten wollten, als sie sich nach vorne kippen ließen.

Mir blieb das Herz stehen. Der Wind blähte ihre Blusen auf wie Ballons und blies die beiden im Nu zurück in die Senkrechte. Sie kicherten wie die Hühner, und ehe ich noch begreifen konnte, was die Sache sollte, wiederholten sie das Ganze auch schon, diesmal zusammen mit Valentina.

„Sagt mal, spinnt ihr?“, fuhr ich sie an.
„Hey - das macht Spaß!“ Steffi war begeistert. „Komm, mach mit!“ Sie griff nach meiner Hand, doch ich ging nicht darauf ein.
„Und los!“, schrie Emma, und sie ließen sich ein drittes Mal nach vorne fallen.
Ich zeigte ihnen die kalte Schulter und ging zurück zum Auto.
„Luca!“, hörte ich sie hinter mir rufen, doch ich verspürte keine Lust, ihr Spielchen mitzumachen. Ich war wütend.
„Du bist ein Angsthase“, meinte Emma hinterher, als wir wieder im Auto saßen. Meine Schwester kicherte neben ihr.
„Nur weil ich nicht lebensmüde bin?“, gab ich zur Antwort.
„Kann doch gar nichts passieren...“
Ich ignorierte sie und betrachtete mir stattdessen Steffi, die gelöst und zugleich aufgeregt wie selten zuvor wirkte. Irgend etwas hatte sich verändert, seit wir am Dienstag losgefahren waren, und obgleich ich mir noch nicht sicher war, ob sich diese Veränderung positiv oder negativ auf unsere Beziehung auswirken würde, kam ich doch nicht umhin, sie mit einer gewissen Faszination zu registrieren. Wo war eigentlich auf unserer Reise die kleine Schlosserei-Angestellte abgeblieben, mit der ich seit kurzem Tisch, Bett und Wohnung teilte?

Wir trafen als Erste wieder in Oronzos Haus ein, vor dem ein Leichenwagen mit Frankfurter Nummer parkte. Jakob Spang und sein Fahrer saßen mit Tante Giuseppina im Wohnzimmer; Ida war in der Küche mit der Zubereitung des Essens beschäftigt. Tante Pina stellte uns einander vor.
„Hab ich dich also doch noch eingeholt!“, meinte Spang freundlich. Er wirkte jünger, als ich ihn mir vorgestellt hatte, und er machte einen sehr gepflegten Eindruck auf mich. Dennoch, es ging auch etwas unbeschreibbar Kühles von seiner Person aus, das eine Distanz zwischen ihm und seinem jeweiligen Gegenüber schuf, ein Phänomen, das ich im Verlauf des Abends noch öfter bemerken sollte.

„Ich habe schon gehört, dass wir zu schnell für euch waren", erwiderte ich. Der Fahrer zog eine säuerliche Miene. „Das nächste Mal machen wir ein bisschen langsamer."
Spang lächelte nachsichtig.
„In Bari müssen wir uns um Minuten verpasst haben. Leider hatte uns Michele zur falschen Uhrzeit zur Piazza Garibaldi bestellt."
„Wieso das denn?"
„Weil er uns siebzehn Uhr gesagt hat."
„Siebzehn Uhr? Da waren wir schon längst wieder unterwegs!"
„Auf dem Präsidium, meinst du wohl?", fügte Steffi ein.
„Dem Polizeipräsidium etwa?", fragte Spang. „Ihr wart auch dort?"
„Was heißt *auch*? Wer denn noch?"
Spang wechselte einen Blick mit seinem Fahrer, der Rainer hieß. Der machte ein langes Gesicht; viele Variationen seiner Mimik hatte er offenbar nicht drauf.
„Nachdem wir euch verpasst hatten, wurden wir in einen kleinen Unfall verwickelt und mussten aufs Präsidium, um unsere Aussage zu machen."
Wir rechneten eine ganze Weile rum, wer wann wo gewesen war und wo wir uns überall verpasst hatten. Im Nachhinein fanden alle das recht komisch, ausgenommen dieser Rainer, der sich ganz offensichtlich zu Tode langweilte.
„Was ist denn mit dem los?", fragte ich Spang, als wir kurz unter uns waren. Ich vermied es, ihn direkt anzusprechen, weil ich mich nicht recht entscheiden konnte, ob ich ‚Jakob' oder ‚Herr Spang' für angemessener hielt.
„Ach, nichts weiter", erwiderte er.
„Scheint 'ne richtige Frohnatur zu sein."
„Er ist schon in Ordnung, aber er wäre jetzt lieber bei seiner Freundin in Frankfurt. Ich hab ihn nämlich indirekt zu dieser Fahrt verdonnert."
Er klärte uns in groben Zügen auf und erzählte noch ein wenig von ihrer Reise, ehe er auf den Cinquecento zu sprechen kam.

„Ich habe gehört, dein Schwiegervater in spe hat dir Pippos Sarg gebaut“, meinte er mit einem Seitenblick zu Steffi.
„Momentan steht er im Keller. Ich hab ihn heute früh abgenommen. Wir können ja nachher mal runter gehen.“
Wir mussten ihm unsere Erlebnisse während der Fahrt in allen Einzelheiten schildern. Da wir nun schon zum dritten Mal taten, hatten wir bereits eine gewisse Übung darin und wechselten uns mit den einzelnen Anekdoten und Etappen ab. Ich fand, wir machten das immer besser.
Noch ehe wir bei dem Diebstahl in Bari angelangt waren, hörte ich die anderen draußen vorfahren, und in dem großen Hallo, das sich kurz darauf anschloss, ging der Rest unserer Reise ein wenig unter. Meine Mutter begrüßte Jakob aufs Herzlichste und entführte ihn gleich ins Wohnzimmer. Da sich die Mädchen ums Essen kümmerten, zeigte ich Rainer auf Tante Pinas Wunsch hin den Cinquecento.
Die Tatsache, dass sich sein Interesse in Grenzen hielt, überraschte mich nicht übermäßig. Aus dem, was ich bereits von ihm gehört hatte, und aus seinem Verhalten bei unserer Ankunft hatte ich mir bereits eine gewisse Meinung über ihn gebildet, doch habe ich immer schon die Ansicht vertreten, man müsse jedem Menschen eine zweite Chance geben. Er öffnete den Sarg im Fond des Volvos und enthüllte mir dessen Geheimnis, was ich nun doch ein wenig sympathisch fand.
Bei unserem dritten Martini kam mein Vater hinzu, und er wehrte sich nicht allzu heftig gegen den Aperitiv, den Rainer ihm anbot. Im Hauseingang saß Steffi bei Paolo und versuchte, ihm die Fußmalerei beizubringen. Er brachte jedoch nur wirre Krakel zu Stande, während auf ihrem Blatt eine ziemlich gute Skizze des Cinquecentos Form annahm.
„Hey, ist ja klasse! Wo hast du das denn gelernt?“, fragte Emma, die hinzu kam.
„Mein Elternhaus steht schräg gegenüber von einem Behindertenheim“, erklärte Steffi. „Als ich klein war, hab ich oft mit den Kindern dort gespielt.“

„Kannst du noch andere Sachen?"
Statt einer Antwort tauchte Steffi den Pinsel in Karminrot und zog sich damit die Lippen nach.
„Wow!", staunte Emma.
„Mit Lippenstift hält das Make-Up natürlich länger", meinte Steffi.
„Das heißt, du bist auch mit gebrochenen Armen nicht aufgeschmissen, wenn du in die Disko willst?"
„Na ja, bei 'nem BH wird's ein bisschen schwierig."
Wir standen mit dem Rücken an den Volvo gelehnt und stießen auf den schönen Abend an, dessen Licht die Landschaft ringsum mit einem warmen Messingfarbton überzog, während sich die Grillen im Gras bemühten, das Klappern des Geschirrs zu übertönen, das aus dem Haus herüber schallte. Es war einfach perfekt.

Später, wir saßen beim Abendessen zusammen, erzählte Jakob Spang uns die Geschichte mit dem Umzug Pippos von Frankfurt nach Saarbrücken aus seiner Sicht.
„Pippo war es immer gewohnt, mit seinen Händen zu arbeiten", begann er, „ob bei der Ernte, auf dem Bau oder auch als Schreiner - was eben gerade benötigt wurde. Vor dem Krieg - das hat er mir mal erzählt - hat er sogar Fledermausdreck geschaufelt und als Dünger verkauft! Muss man sich mal vorstellen!" Er sah sich in der Runde um, doch niemanden schien diese Bemerkung zu beeindrucken. Allerdings hielt es auch niemand für nötig, ihn darüber aufzuklären, dass wir die *Grotta Zinzulusa* erst an diesem Nachmittag besichtigt hatten.
„Na ja, jedenfalls hatte ihm das Bäcker- und Konditorhandwerk in Frankfurt nie richtig gefallen, und als ich ihn irgendwann aus der Backstube holte und ihm die Verwaltung der Filiale übertrug, fühlte er sich offenbar erst recht fehl am Platze.
Wir haben nicht oft darüber gesprochen. Er hat sich auch nie beklagt, - das nicht -, aber man hat ihm angemerkt, dass ihm nicht wohl dabei war, den Kittel gegen einen Anzug zu

tauschen und den ganzen Tag über irgendwelchen Papierkram zu erledigen. Es war einfach nicht seine Welt."
„Komisch", meinte Bruno nachdenklich, „ich glaube mich zu erinnern, dass ihr beiden euch nicht mehr allzu gut vertrugt, als wir nach Saarbrücken zogen...-"
An der Stille, die folgte, konnte man erkennen, dass er damit einen wunden Punkt bei Spang getroffen hatte.
„Das ist richtig", entgegnete dieser schließlich, „es gab da gewisse Meinungsverschiedenheiten zwischen ihm und mir...-"
„Meinungsverschiedenheiten!", zischte Giulia Bruno verächtlich zu, doch laut genug, dass alle es hören konnten.
„...aber der Hauptgrund dafür, dass er Frankfurt den Rücken kehrte und noch einmal in Saarbrücken von vorne anfing, war wohl eher der, dass er sich nicht wohl fühlte als Geschäftsführer...-"
„War es nicht eher so, dass er bei dir aufhörte, weil ihr euch total zerstritten hattet? Mein Vater hat sich nur ein paar Mal in all den Jahren über dich geäußert, aber man kann nicht gerade sagen, dass er Gutes über dich zu sagen wusste."
„Bruno!", mischte sich meine Mutter ein und warf meinem Onkel einen giftigen Blick zu.
„Was denn? Übertreibe ich etwa...? Kannst du dich nicht erinnern, was Papa immer über ihn gesagt hat?"
„Das ist doch alles Schnee von gestern...-"
„Aber wir reden doch darüber!" Bruno sprang von seinem Platz auf. Hilfesuchend sah er sich um. „Bin ich etwa jetzt der Bösewicht, nur weil ich nicht alles vergessen habe?" Niemand antwortete ihm. Ich bemerkte, dass die meisten der Anwesenden betroffen ihre Dessertlöffel anstarrten. Schließlich machte Bruno auf dem Absatz kehrt und verließ den Tisch.
„Bruno, warte!", rief ihm Tante Giuseppina kraftlos hinterher, doch außer Giulia, die ihrem Mann nach draußen folgte, machte keiner den Versuch, ihn aufzuhalten oder zurückzuholen.
„Es tut mir Leid", sagte Spang leise und räusperte sich. „Ich hätte nicht davon anfangen sollen."

„Nein, mir tut's Leid", erwiderte meine Mutter. „Wir haben nie offen darüber gesprochen. Für Pippo war die Sache ganz einfach abgehakt."
Plötzlich bedauerten alle den Verlauf des Gesprächs, auch Oronzo und Giuseppina, denen es peinlich zu sein schien, dies in ihren eigenen vier Wänden hilflos mitansehen zu müssen. Nacheinander verschwanden meine Mutter, Enzo und Tante Pina nach draußen, und bei Tisch bemühte sich jeder, den Vorfall so unauffällig wie möglich zu überspielen und zu unverfänglicheren Themen überzugehen.
„Was war das denn?", fragte mich Steffi, als wir das Geschirr abräumten und für einen Moment alleine in der Küche waren.
„Nichts weiter. Es geht da wohl um irgendwelche Gerüchte, die nie richtig widerlegt worden sind."
„Was für Gerüchte?"
Ich zögerte.
„Also... angeblich war da mal was zwischen meiner Oma und Spang...-"
„Echt?"
„Na ja, ich weiß nicht, ob es stimmt oder was konkret da gewesen sein soll; ich kann mich auch nicht erinnern, von wem ich diese Geschichte eigentlich habe. Aber angeblich soll das der Grund dafür gewesen sein, dass Pippo und Spang sich in die Wolle gekriegt haben und mein Opa samt Familie von Frankfurt aus nach Saarbrücken gezogen ist. Zumindest erscheint mir diese Version insofern logisch, als Pippo nie mehr über Spang gesprochen hat und auch nie wieder Kontakt zu ihm aufgenommen hat - dabei sind die beiden mal die besten Freunde gewesen. Vom Tod meiner Oma hat Spang angeblich erst durch meine Mutter erfahren; Pippo selbst hätte ihn nie informiert."
„Ist ja ein Ding!", bemerkte Steffi nachdenklich. „Aber warum ist dieser Jakob jetzt hier? Ich meine, wenn sie doch seit damals nicht mehr miteinander geredet haben...-"
„Meine Mutter hat mal erwähnt, dass Spang über die Jahre sehr

wohl Kontakt gesucht hatte. Keine Ahnung, wie sie das erfahren hat, aber er soll wohl zig Briefe geschrieben haben, und zwar sowohl an Pippo als auch an Carlotta, meine Oma. Aber in solchen Dingen konnte mein Großvater stur sein. Übrigens 'ne Eigenschaft, die eher mein Onkel Bruno als meine Mutter von ihm geerbt zu haben scheint."

„Was hab ich geerbt?", fragte eine Stimme hinter mir. Meine Mutter balancierte einen Tellerstapel in die Küche und stellte ihn vorsichtig auf dem Tisch ab.

„Alle Schönheit dieser Welt", kam mir mein Vater zu Hilfe, der in ebendiesem Augenblick im Türrahmen erschien. Meine Mutter strahlte ihn an und meinte übermütig zu mir:

„Dann bleibt nur zu hoffen, dass *du* den Charme deines Vaters geerbt hast."

„Na ja, darüber kann man streiten", meinte Steffi und sah an mir runter: „Aber wenigstens von der Schönheit hat er auch was abbekommen. - Ich meine, ein bisschen wenigstens", fügte sie hinzu.

24

Die Beerdigung war für ein Uhr nachmittags angesetzt.Wir lungerten den ganzen Vormittag über in unseren Anzügen herum, und Enzo schaffte es in letzter Minute noch, sich das Hemd beim Essen zu bekleckern. Tante Pina hatte als eine Art Geste der Bescheidenheit und Demut lediglich eine Terrine Suppe aufgestellt. Giulia bemerkte spitz, das Essen passe zu dem traurigen Anlass; ich fand es dagegen völlig in Ordnung, sich vor Pippos Bestattung nicht den Bauch voll zu schlagen.
„Vermisst dein Freund seinen Bus eigentlich nicht?“, fragte ich Oronzo, dem ich dabei half, die hinteren Sitzbänke auszubauen. Unsere Jackets hatten wir an die Außenspiegel gehängt.
„Ich hab ihn noch bis Mittwoch. Die anderen fliegen doch übermorgen schon wieder, und ich bringe sie wieder zum Flughafen damit. Außerdem hab ich nachher noch was zu erledigen.“
„Nach der Beerdigung? Muss das sein?“
„Ja, ich muss noch was ausliefern, was ich fest versprochen habe. - Wenn du willst, kannst du ja mitkommen.“
„Ja, mal sehen.“ Ich war nicht gerade begeistert.
„Ich würde mich freuen, wenn du mitkämst. Ich könnte Hilfe gut gebrauchen.“ Die Art und Weise, wie er dies sagte, ließ mich aufhorchen.
„Also schön.“
Paula kam mit einer Schüssel aus dem Haus, deren Inhalt sie auf den Komposthaufen im hinteren Teil des Grundstücks kippte. Dort wusch sie sich die Hände und Unterarme im Wasser der Zisterne. Wir guckten ihr zu, und Onkel Oronzo schüttelte den Kopf.
„Das Kleid trägt sie schon, seit sie heute früh aufgestanden ist. Manchmal denke ich, sie würde eine gute Nonne abgeben.“
„So schlimm?“

„Schlimmer", antwortete er. „Ausgehen, Tanzen... alles, was andere junge Frauen lieben, hat sie nie groß interessiert. Und die Hälfte ihrer Bücher handeln vom Leben des Heiligen Antonius oder Padre Pio."
„Ida scheint aber ähnlich aufregende Hobbies zu haben, oder?"
„Sie verfügt zumindest über eine gewisse Lebenserfahrung und weiß, wie schwer es für Brunella ist, den Kleinen und das Baby alleine großzuziehen. Aber sie sollte auch mal wieder was für sich tun und nicht immer darauf warten, dass andere Hilfe von ihr benötigen."
Paula kam zurück, die leere Schüssel in der Hand. Von ihren Armen tropfte das Wasser zu Boden. Sie schenkte uns ein dünnes Lächeln, dann verschwand sie wieder im Haus. Endlich hatten wir die erste Sitzbank ausgebaut; wir stellten sie an die Außenwand des Hauses.
„Emma scheint sich gut mit Steffi zu verstehen", sagte ich, um Oronzo wieder von seinen trüben Gedanken abzulenken, „sie kümmert sich ein bisschen um sie."
„Emma hat ihr Leben im Griff", meinte er, „und sie kann stolz darauf sein, wie sie die Dinge angeht. - Ich jedenfalls bin es. Sie hat ein gesundes Selbstbewusstsein, sie ist hübsch, sie kann für ihren Unterhalt selbst aufkommen, und dieser Flavio scheint auch in Ordnung zu sein."
„Nach dem, was Steffi sagt, redet er sogar von Heiraten. Meinst du, er macht Ernst damit?"
„Ich glaube nicht, dass Emma so versessen darauf ist, noch einmal zu heiraten."
„Sie war schon mal verheiratet?" Ich war überrascht.
Mein Onkel nickte. „Ist schon eine ganze Weile her."
Die zweite Sitzbank gab nach, wir trugen auch sie hinüber zur Hauswand und stellten sie neben der ersten ab. Der Bus hatte sich wieder in einen Lieferwagen verwandelt.
Oronzo stützte sich auf der Rückenlehne der Sitzbank ab und machte eine kleine Pause, ehe er weiterredete: „Emmas Mann wurde vom Laster überrollt."

„Von welchem Laster?“
„Seinem eigenen. Er war Fernfahrer.“
„Ach du Sch...ande..!“
Oronzo räusperte sich und klopfte mir auf die Schulter.
„Man soll ja nichts beschreien, aber ob Emma nochmal heiraten möchte, bezweifle ich - auch wenn das ihrer Mutter lieber wäre. Sie hat ihr Leben inzwischen auch ohne Trauschein gut im Griff.“
„Den Eindruck hab ich allerdings auch“, sagte ich.
Nach dem, was Steffi mir erzählt hatte, gingen Emma und Flavio sehr liebevoll miteinander um. Mir war allerdings auch keineswegs entgangen, dass Emma, wenn sie solo unterwegs war, umgekehrt keine Gelegenheit zum Flirt auszulassen schien.
„Dabei war ausgerechnet sie es, die einmal Nonne werden wollte!“, lachte Oronzo. „Kannst du dir das vorstellen?“
„Ehrlich?“
„Aber ja! Dürfte aber jetzt auch schon wieder fast zwanzig Jahre her sein. Damals war sie noch so klein und wurde...-“
„Ronzino!“ Tante Pina steckte den Kopf aus dem Fenster im ersten Stock.
„Was ist?“
„Innocenza lässt fragen, ob du sie morgen nach Calimera fahren könntest.“
„Wozu das denn?“
„Sie möchte noch zum Grab ihrer Tante, wenn sie schon mal hier ist.“
Oronzo überlegte einen Moment, dann meinte er:
„Morgen geht's nicht, aber ich könnte sie später mitnehmen - da fahre ich sowieso in die Richtung. Sag ihr, so gegen fünf könnten wir los! - Ach was, ich sags ihr selbst!“
Er setzte sich in Bewegung, kam dann aber zu mir zurück und nahm sein Jackett vom Außenspiegel des Kleinbusses.
„Wenn du mitkämst, könntest du sie mit meinem Wagen fahren. Hier drin ist's weder besonders geräumig noch

gemütlich. Wir kommen auf dem Weg eh in Calimera vorbei, da könntest du sie absetzen."

„Schön. Ich komme mit." Jetzt blieb mir ja auch kaum eine andere Wahl.

„Luca!", rief meine Mutter so leise wie möglich quer durch die kleine Kapelle und winkte mir zu. Alle Anwesenden drehten sich zu mir um, als ich durch den Mittelgang hindurch nach vorne ging und mich zu ihr setzte.

Auf einem Podest, über dem der Altar thronte, hatte man Pippos Sarg aufgebahrt und mit einigen ausgesuchten Kränzen und Schleifen dekoriert. Eine einzelne weiße Rose lag obenauf, und ein goldbesticktes Band hing quer über den Deckel herab.

Die Totenmesse schien sich ewig hinzuziehen. Monsignore Spinelli, der erst seit kurzem die Gemeinde leitete und der meinen Großvater nicht gekannt hatte, erging sich in den üblichen Gemeinplätzen. Die wenigen persönlichen Worte, die er an die Angehörigen und Freunde Pippos richtete, wirkten einstudiert und unecht. Es war eine Qual, ihm zuzuhören, und dennoch verbot es mir meine exponierte Sitzposition in der ersten Reihe, auch nur das Gesicht zu verziehen.

Draußen warteten wir darauf, dass die Träger den Sarg ins Freie brachten und in dem bereit stehenden Leichenwagen verstauten. Erneut war es ein Vorzeige-Sommertag geworden, wie gemacht für einen Strandurlaub. Selbst die kleinsten Wölkchen schienen sich bei diesen Temperaturen lieber einen faulen Nachmittag zu machen. Ich schwitzte mich zu Tode in meinem nachtschwarzen Anzug.

Endlich kam der Priester mit den Ministranten durchs Hauptportal heraus. Die vier Sargträger folgten, auch ihnen lief der Schweiß in dünnen Rinnsalen über die Stirn. Als sie den Sarg in den Leichenwagen luden, entdeckte ich direkt mir gegenüber eine ältere Frau mit grauem, streng geknotetem Haar, die ich nicht kannte und die sich in einem fort bekreuzigte.

Während des kurzen Fußmarsches zur Grabstätte und der Grabrede, die Monsignore Spinelli routiniert abspulte, bekam ich am Rande den neuesten Klatsch aus Lecce mit, den einige ältliche Damen untereinander austauschten. Enzo stritt sich wegen des Fettflecks auf seinem Hemd leise mit Edith, und die Kinder spielten ausgelassen zwischen den Grabreihen.
Alles in allem herrschte eine Stimmung vor, die der Ernsthaftigkeit des Anlasses keineswegs angemessen zu sein schien. Für meinen Geschmack hätte alles ein wenig leiser, besinnlicher zugehen können; zu meinem Unbehagen trug allerdings auch Anderes bei: Die lieblose Rede des Priesters, die vielen mir unbekannten - und größtenteils unbeteiligt wirkenden - Menschen, sogar das Grab selbst, das nichts Anderes als ein dunkles Loch in einer Mauer war. Immerhin: Pippo würde neben Carlotta liegen, und die beiden hatten wesentlich mehr Platz als ihre unmittelbaren Nachbarn, die eingeäschert worden waren und an die nur noch eine briefkastengroße Steintafel erinnerte.
Als sich die Gesellschaft auflöste und auch wir schließlich den Friedhof verließen, fühlte ich mich jedoch schon wieder halbwegs mit der Welt versöhnt. Es war kurz vor zwei, - Schulschluss -, und eine ganze Horde Kinder verschiedensten Alters lief uns über den Weg. Nach der unwirklichen, lärmenden Szenerie auf dem Friedhof haftete diesem Anblick etwas beruhigend Normales an.

Wir aßen in einem kleinen Restaurant in der Nähe des Teatro Romano, das einem Freund der Familie gehörte. Das Personal kam erst am Abend, und da wir die einzigen Gäste waren, servierten er und seine Töchter selbst, derweil seine Frau in der Küche den nächsten Gang zubereitete.
Oronzo hatte nur wenige Freunde und Verwandte eingeladen. Außer Aldo, unserem Führer durch die *Zinzulusa*, erkannte ich Armando und den alten Mann wieder, die ich bei den Ausgrabungen gesehen hatte. Auch die grauhaarige Frau von

eben saß mit am Tisch; inzwischen hatte sie aufgehört, sich zu bekreuzigen. Von Emma erfuhr ich, dass sie irgendeine entfernte Tante sei. Ich konnte nicht umhin, sie während des Essens zu beobachten; sie machte einen recht spröden Eindruck und sprach kaum ein Wort mit ihren Tischnachbarn.
Man servierte ein einfaches, aber ausgiebiges Menü, und alle aßen mit Andacht und Genuss. Meine Onkel kamen als Erste wieder in Fahrt und scherzten schon wieder herum, während meine Mutter zu meiner Linken und Steffi zu meiner Rechten ebenso wie ich selbst noch in Gedanken bei Pippo und der Endgültigkeit der Ereignisse waren.
Offenbar empfanden viele der anderen die Situation ebenso wie ich, betroffen guckten wir uns untereinander an. Meine Onkel aber, die von alledem nichts mitbekamen, schafften es, nacheinander jeden Einzelnen aus seinen zum Teil trüben Gedanken zu reißen. Nach und nach begannen wir, mit einzustimmen in die befreiende Heiterkeit, die sie ausstrahlten; zu verlockend war dieses Ventil, zu gerne ließen wir alle uns für einen schwachen Moment aus unserer Trauer heraus reißen. Alle, bis auf die entfernte Tante, die in der gelösten Stimmung um sie herum apathisch ihren Teller anstarrte und aussah wie das personifizierte schlechte Gewissen.
Als ich sie so ansah, wurde mir mit einem Male bewusst, dass ich in diesem Moment nicht in der Lage war, über Pippos Tod zu weinen – nicht mehr. Ich hatte meine Trauerarbeit für die gesamte Dauer der Fahrt regelrecht übergangen, und nun, da ich mich ihr endlich hätte widmen können, schien sie mir plötzlich abhanden gekommen zu sein. Obwohl ich die entfernte Tante überhaupt nicht kannte, beneidete ich sie doch auf eine gewisse Weise um ihre Trauer. In welchem Verhältnis sie auch immer zu Pippo gestanden haben mochte, die Beerdigung stellte für sie die einzige Möglichkeit dar, sich von ihm zu verabschieden.
Wir hingegen hatten Pippos letzten Wunsch erfüllt und ihn zurück in seine Heimat gebracht; wir hatten dafür einiges in Kauf genommen, stets mit einem Bein im Knast gestanden, uns

wegen ihm gestritten und seinetwegen tausend Mal Blut und Wasser geschwitzt. Und irgendwo zwischen Saarbrücken und Lecce unsere Trauer verloren.
Doch wenn mich einer gefragt hätte, ob ich dasselbe noch einmal tun würde, trotz aller Hindernisse und Gefahren, die mir ja nun allzu vertraut waren, ich hätte wahrscheinlich ‚Ja' gesagt, und ich hätte es zu gleichen Teilen für Pippo und für mich getan, wie ich inzwischen wohl wusste.
„Luca?"
„Hm?"
Steffi sah mir eindringlich in die Augen. „Ist was?"
„Nein, alles klar", meinte ich aufgeräumt und versuchte ein Lächeln.
„Du wirkst so abwesend."
„War nur in Gedanken."
„Wegen Pippo?"
„Ja", antwortete ich, doch hatte ich nicht das Bedürfnis, darüber zu reden. Um das Thema zu wechseln, meinte ich: „Oronzo hat mich gefragt, ob ich ihm nachher noch zur Hand gehen könnte"
„Heute noch?"
„Er hat gesagt, er müsse noch irgendwas ausliefern. Und meine Tante möchte unbedingt noch nach Calimera."
„Ist das nicht dieses kleine Küken mit der Eierschale auf dem Kopf?", fragte Steffi belustigt.
„Das ist Calimer*o*. Aber viel größer ist Calimer*a* auch nicht."
Der Wirt kam an den Tisch und erkundigte sich, wie das Essen sei. Am unteren Ende des Tisches überschlug man sich mit Lob, was seine Frau - die in der Tür zur Küche stand - erfreut zur Kenntnis nahm. Die Töchter des Hauses versorgten uns gerade mit Getränken.
„Wenn du willst, kannst du ja mitkommen", schlug ich vor.
„Ach, lass mal!", wehrte Steffi ab. „Deine Mutter hat alte Fotoalben mitgebracht und will mit den anderen einen Bilderabend machen. Emma hat gemeint, das würde bestimmt ganz lustig."

„Welche Fotoalben?"
„Keine Angst - nicht deine Kinderbilder! - Glaub ich jedenfalls. Wohl mehr aus der Zeit, in der Pippo und Carlotta nach Deutschland gingen. Aber ich kann ja mal fragen, ob sie nicht auch Kinderbilder von dir dabei hat."
„Ach, lass mal!", erwiderte ich so gelassen wie möglich.

Bruno und Giulia brachen gemeinsam mit uns auf. Ihr Flieger ging am gleichen Abend, und sie mussten noch ihre Koffer fertig packen. Tante Giuseppinas Versuche, sie zum Bleiben zu bewegen, konnte man bestenfalls als halbherzig bezeichnen. Daran, dass sie sich als Gastgeberin beleidigt fühlte, bestand kein Zweifel.
Auch Spang hatte sich nach dem Essen still und heimlich verdrückt. Bruno, der sich auf den letzten Drücker gerne bei ihm für den gestrigen Abend entschuldigt hätte, wirkte ehrlich zerknirscht.
„Er hat sich ein Taxi genommen und ist zum Friedhof zurück gefahren", erklärte Tante Innocenza. Wir begleiteten Bruno und Giulia zu ihrem Hotel, während Onkel Oronzo seinen Wagen holte. „Er wollte ein bisschen mit Pippo und Carlotta alleine sein."
„Sollen wir ihm was ausrichten?", fragte ich schließlich, da Bruno sich nicht bequemen wollte, seinerseits darum zu bitten.
„Ach, ist eigentlich egal. Oder doch, sag ihm, dass ich's nicht so gemeint hab, ja?"
„In Ordnung."
Wir unterhielten uns noch eine Weile vor dem Eingang des Hotels, das in unmittelbarer Nähe des Restaurants lag. Bruno, der erleichtert schien, sich nicht persönlich entschuldigen zu müssen, gefiel sich darin, mir immer wieder stolz auf die Schulter zu klopfen und den Smalltalk à la ‚Wenn du erstmal dein Studium hinter dir hast...' in Gang zu halten. Ob auch er seine Trauer abgehängt hatte oder sie noch vor ihm lag, hätte ich nicht mit Bestimmtheit sagen können.

Oronzo kam mit dem Auto, und wir konnten uns endlich von den beiden verabschieden. Meine Wut auf Bruno und Giulia war beileibe noch nicht verschwunden, aber ich beschloss, die Kirche im Dorf zu lassen, und umarmte die beiden. Dann verfrachteten wir Tante Innocenza auf den Beifahrersitz, stiegen selbst ein und winkten brav zum Abschied.
„Na, wieder versöhnt mit deinen Onkeln?“, fragte Oronzo mit einem Blick in den Rückspiegel.
„So kann man's auch nennen“, antwortete ich, und Innocenza lachte.
In Cavallino schnappte ich mir die Schlüssel vom Kleinbus und ließ die beiden mit Oronzos Wagen weiterfahren.
„Wo müssen wir denn eigentlich hin?“, wollte ich wissen.
„Erst nach Calimera. Dort setzen wir deine Tante ab.“
„Hast du nicht gesagt, du müsstest noch was abliefern?“
„Hab ich schon während der Feier abgeholt. Sieh mal in den Bus!“
Ich schloss auf und warf einen Blick nach hinten. Ein riesiger, mit einem alten Vorhang bedeckter Klotz lag auf der Ladefläche. Ich hob eine Ecke des Stoffes an; darunter kam ein Kleiderschrank zum Vorschein.

Jakob Spang blieb stehen, schloss für einen Moment die Augen und lauschte in den frühen Nachmittag hinein. Die Arbeiter waren noch nicht wieder aus ihrer Mittagspause zurückgekehrt, und nach dem Lärmen all der Menschen auf Pippos Beerdigung genoss er die scheinbare Stille um sich herum. Es herrschte absolute Windstille, kein Blättchen rührte sich; selbst die Grillen schienen sich vor der Hitze geflüchtet zu haben und an schattigeren Plätzen auszuruhen.
Jakob schlug die Augen auf und sah sich um. In der Tat war weit und breit keine Menschenseele zu sehen, der Friedhof wirkte nun völlig verändert auf ihn. Langsam und bedächtig schritt er das letzte Stück des schmalen Pfades entlang, der zu den Urnengräbern führte.

‚Carlotta Russo' stand in Hüfthöhe auf einer der Marmorplatten, mit denen die Gräber verschlossen waren; daneben war ein altes Porträtfoto eingelassen, das eine schöne, etwas verträumt aussehende junge Frau zeigte. Jakob Spang betrachtete es eine Weile, dann griff er zu seinem Portemonnaie und entnahm ihm ein weiteres Foto. Auch dieses zeigte die junge Frau, doch war es leicht verwackelt und eher ein Schnappschuss als ein professionelles Porträt; diesmal lächelte die Frau direkt in die Kamera und wirkte dadurch sogar noch schöner. Er steckte es wieder ein und trat dann vor, um die sanften Gesichtszüge der Frau besser studieren zu können.
Im Hinblick auf ältere Hinterbliebene hatte man vorsorglich am Ende jeden Flures einen billigen Plastikstuhl aufgestellt. Jakob trug einen davon vor sich her und stellte ihn direkt vor dem gemeinsamen Grab von Pippo und Carlotta auf. Nun befanden sich die Marmorplatten mit ihren Namen genau auf Höhe seiner Augen, und er betrachtete sich Pippos Grab in allen Details, als beabsichtige er, nach seiner Heimkehr ein Bild davon aus dem Gedächtnis zu malen.
Kein Foto zierte den milchig-weißen, frisch geschliffene Marmor dieses Grabes, doch Jakob Spang stand das Gesicht von Giuseppe Russo nur allzu deutlich vor Augen. In all der Zeit war es um keinen Tag gealtert, und in Jakobs Vorstellung war Pippo noch immer siebenunddreißig Jahre alt.
„Na, ihr beiden", sagte Jakob leise, „schön, wieder bei euch zu sein."

Die Bedienung des Kleinbusses war nicht nennenswert kompliziert, und die gemütliche Art, mit der Onkel Oronzo die Fahrt angehen ließ, gab mir Gelegenheit, ihn und Tante Innocenza zu beobachten. Sie schienen sich recht angeregt zu unterhalten, und mir ging die kurze, aber heftige Liebesgeschichte der beiden durch den Kopf. Ich fragte mich, wie viel von derlei Gefühlen nach über fünfzig Jahren wohl noch vorhanden sein mochte.

Was Calimera betraf, so entsprach meine Größenangabe Steffi gegenüber durchaus der Realität, obwohl ich nie dort gewesen war. Eine Hauptstraße, zwei Tankstellen, die die Ortsränder markierten, dazwischen einige Häuseransammlungen und außerhalb die obligaten Bauruinen, das war's auch schon. Hier stieg nur aus, wer mit Calimera Erinnerungen an bessere Zeiten verband - wie Innocenza. Wir parkten am Friedhof und begleiteten sie zur Eingangspforte.
„Hätten wir nicht besser gewartet und sie wieder mitgenommen?", fragte ich, während wir an dem Gitter lehnten und meiner Tante nachsahen.
„Wir brauchen nicht lange", antwortete Oronzo, „und außerdem hat sie mir gesagt, dass sie noch bei einer Freundin hier im Ort vorbeischauen will, wir haben also alle Zeit der Welt. - Gib mir die Schlüssel, wir lassen den Alfa hier!"
Die Fahrt ging weiter in Richtung Ótranto, vorbei am *Torre Luggieri* und dem *Convento San Pasquale*. Die Schrift auf den offiziellen Straßenschildern war derart verwaschen, dass man sie auf dem strahlend blauen Hintergrund nur noch erahnen konnte. Doch Oronzo, der bester Laune zu sein schien, wusste offenbar genau, wohin er wollte.
„Worüber habt ihr gesprochen?", fragte ich. Er grinste.
„Das würdest du wohl gerne wissen, was?"
„Ja, allerdings."
„Wird nicht verraten", meinte er.
„Weiß Pina eigentlich von euch? Von damals, meine ich."
„Ich denke schon. Aber das ist Jahrhunderte her, und wir sind schließlich keine Teenager mehr."
Wir passierten eben Carpignano und folgten einem handgeschriebenen Schild, auf dem ‚Ótranto 9' stand. Die Straße, die wir befuhren, war zu beiden Seiten von niedrigen Mauern umsäumt, hinter denen zumeist Unkraut wucherte, so dass nicht zu erkennen war, ob sie die Grundstücke von der Straße oder die Straße von dem Unkraut abtrennten. Ein hohes, schmiedeeisernes Portal ragte zu unserer Linken auf, und durch

vereinzelt stehende Olivenbäume, unter denen orangefarbene Netze wie Spinnweben gespannt waren, konnte ich eine Masseria ausmachen.
„Aldo hat mir übrigens die Geschichte von den Masserien erzählt“, sagte ich.
„Hmhm“, erwiderte Oronzo und fügte hinzu: „Er selbst handelt immer noch damit.“
„Du auch?“
„Schon lange nicht mehr. Eigentlich hab ich damals Pippo nur geholfen.“
„Stimmt es eigentlich, dass euch die Grundstücke und Gebäude tatsächlich überschrieben wurden, nur weil der rechtmäßige Besitzer sich nicht mehr gemeldet hat?“
„Na ja, man muss schon einen langen Atem dafür haben, denn die Masserien müssen schon eine ganze Zeit lang leer stehen. Aber damals war Zeit das Einzige, was wir in Hülle und Fülle hatten, und so fuhren wir eben die ganze Gegend ab und meldeten Ansprüche auf zig Grundstücke an“, erklärte mein Onkel.
„Und wie viele davon habt ihr zugesprochen bekommen?“
„Ein gutes Dutzend, würde ich mal schätzen. Aber wie gesagt, ich habe Pippo und den anderen damals nur ein bisschen geholfen. So weit ich weiß, gehören Aldo inzwischen aber auch schon vier oder fünf; eine davon steht übrigens hier ganz in der Nähe.“
Er nahm plötzlich Gas weg und bog in einen schmalen Feldweg ein, der in schnurgerader Linie an einem rostigen Drahtzaun entlang über den nächsten Hügel führte. Der nahe der Straße stehende Olivenhain wurde von einer unwirklich rosa blühenden Wildwiese abgelöst, aus der knorrig aussehende Bäume aufragten. Nach der geregelten Anordnung der noch jungen und dürren Olivenbäume empfand ich das Chaos der Wiese als angenehme Abwechslung.
Dem Hügel folgte ein weiterer, dessen Spitze eine einzelne Dreiergruppe hoher Bäume krönte. Das Blütenmeer lag hinter

uns, hier wuchs struppiges Gras, das an manchen Stellen wie verbrannt wirkte; doch die Landschaft als solche war noch immer schön.
„Wem gehört dieses Grundstück?“, fragte ich nach einer Weile.
„Pippo und mir.“
„Pippo und dir?“
„Na ja - jetzt gehört es mir, wenn man’s genau nimmt.“
„Ist nett hier.“
Oronzo hielt geradewegs auf die einzeln stehende Baumgruppe zu und stoppte in deren Schatten.
„Da wären wir.“ Wir stiegen aus.
„Wo wären wir?“ Ich sah mich um. Die Landschaft war wunderschön, zweifellos; man hatte einen herrlichen Panoramablick über Kilometer hinweg, und durch einen Einschnitt im gegenüberliegenden Hügelkamm hindurch glitzerte die Adria herüber. Nur: Was taten wir hier?
Er kam rüber zu mir rüber und zeigte den Hügel hinunter.
„Siehst du den Baum da?“
„Klar. - Sind das Granatäpfel?“, fragte ich. Knapp zwanzig Meter weiter unten stand ein krüppelhaft gewachsenes Bäumchen am Hang, gerade noch beschattet von der Baumgruppe in unserem Rücken.
„Ganz recht“, lächelte er. „Der Lieblingsbaum deiner Großmutter.“
„Aha. Und weiter?“
„Als Carlotta seinerzeit starb, bestand Pippo darauf, einen Granatapfelbaum auf ihrem Grab zu pflanzen.“
„Nicht ganz so einfach, wenn man bedenkt, dass es sich in einer Mauer befindet“, erwiderte ich.
„Eben.“
Mir dämmerte etwas.
„Ist jetzt nicht dein Ernst, oder?“
Oronzo machte eine entschuldigende Geste.
„Und außerdem hat Pippo Friedhöfe gehasst. Er wäre niemals zum Grab gegangen.“

„Soll das heißen, ihr habt meine Oma hier begraben? Hier, auf freiem Feld?“ Ich wollte sicher gehen, dass wir nicht aneinander vorbei redeten.
„Es ist doch sehr schön hier!“, wehrte er ab. „Pippo und ich hatten uns damals lange nach einem Grundstück umgesehen, das unseren Vorstellungen entsprach, ehe wir dieses hier kauften: Dort unten blühende Wiesen, hier ein freier Blick aufs Meer, Olivenbäume... Und als Carlotta dann starb...-“
„Und was, bitte, liegt in dem Grab in Lecce?“, wollte ich wissen.
„Ein Sarg mit Steinen drin. Mit Bruchgestein aus einem hiesigen Kalksteinbruch, um genau zu sein.“
Ich behielt den Granatapfelbaum im Auge, während ich nachdachte.
„Und Pippo“, fragte ich schließlich, „ist er auch hier begraben?“
„Pippo? Aber nein!“
„Dann... liegt er alleine in Lecce?“
Mein Onkel schüttelte den Kopf.
„Sondern...?“
Langsam wandte er sich zur Seite und gab meinen Blick auf den Kleinbus frei.
„Nein!“, entfuhr es mir, als ich endlich begriff.
Oronzo enthielt sich einer Antwort und öffnete die Hecktüren. Wortlos zog er den Vorhang von dem Kleiderschrank und warf ihn auf die Fahrerbank. Dann nahm er ein kleines, in Zeitungspapier gehülltes Päckchen aus dem Bus und stellte es neben den Hinterreifen.
„Piniensetzling“, erklärte er und ließ seine Hosen fallen.
„Was wird das denn?“
Mein Onkel stutzte.
„Willst du dir etwa deinen Sonntagsanzug versauen?“, fragte er. „Hier“, er warf mir einen Blaumann zu, „der ist besser.“
„Du willst Pippo tatsächlich hier begraben? Mitsamt dem Kleiderschrank?“, meinte ich, während ich in den

Arbeitsoverall schlüpfte. Sicher, ich hatte meinen Großvater auf dem Dach meines Autos einmal quer durch Europa kutschiert, aber irgendwie hatte ich gehofft, der Irrsinn nähme mal ein Ende.
„Es war sein letzter Wunsch“, sagte Oronzo und stieg auf die Ladefläche. „Müssen wir halt ein bisschen tiefer buddeln.“ Er reichte mir einen Spaten hinaus. „Und je eher wir damit anfangen, desto schneller sind wir fertig. Du kennst ja deine Tante, sie wird schnell wütend, wenn wir zu spät zum Essen kommen.“
„Und Tante Innocenza müssen wir auch noch abholen“, merkte ich an.
„Dann mal los!“ Mein Onkel schwang sich ins Freie. „Bist du so weit?“
„Aber immer“, erwiderte ich. Er lächelte.

„Schau mal, wie das Wasser sich spiegelt!“, meinte Steffi und zog die Decke enger um ihre Schultern.
„Ist dir kalt?“, fragte ich.
„Ein bisschen. Aber es geht noch.“
Ich legte meinen Arm um sie und ließ den Blick über die Wände der *Zinzulusa* streifen, auf denen die Lichtreflexe unserer Gaslampe ständig neue Muster zeichneten. Wir saßen auf dem einzigen Fleckchen Sand, das vom Grundwasser der Grotte umspült wurde und einen winzig kleinen Strand bildete.
„Was hast du eigentlich Aldo im Gegenzug für die Schlüssel versprechen müssen?“, fragte ich.
„Nur das, was alle Männer mögen.“
„Amore?“, tippte ich.
„Dunkle Herrenschokolade. Erinnere mich dran, dass ich ihm ein paar Tafeln schicke, wenn wir nach Hause kommen!“
Es war etwas gespenstisch in der Grotte, vor allem, weil die während der Rundgänge beleuchteten Gänge nun in tiefer Finsternis lagen. Aldo hatte Steffi zwar erklärt, wo sich die Lichtschalter befänden, doch hatten wir beim Versuch, sie

umzulegen, einen Kurzschluss verursacht und dabei womöglich gleich auch noch die Stromversorgung der umliegenden Ortschaften lahmgelegt. Im Schein der Gaslampe konnte man lediglich vier, fünf Meter weit sehen, was dem Ganzen einen etwas schaurigen Anstrich gab, zumal die Fledermäuse in der Nacht recht aktiv waren und in einem fort an uns vorbeiflatterten.

„Wenn man sich vorstellt, dass Pippo und die anderen hier unten vermutlich auch nicht mehr Licht zum Arbeiten hatten...", meinte ich.

„Erinnert mich irgendwie wirklich ein bisschen an die *Grotta della Signora*."

„Stimmt, sah ähnlich aus dort."

„Du hattest richtig Schiss", lachte Steffi.

„Na, ich hatte ja auch allen Grund dazu - immerhin lag Pippo direkt neben mir!"

„Und ständig hast du dich irgendwo gestoßen."

„Na, die Gefahr besteht hier weniger," meinte ich. „Dafür könnten mich die Fledermäuse anknabbern."

„Ich glaub, die stehen mehr auf Kleintiere", warf Steffi ein.

„Willst du damit sagen, ich bin denen nicht gut genug?"

„Dafür ziehe *ich* dich Insekten eindeutig vor."

„Nett von dir. Danke sehr."

„Gern geschehen", sagte sie und sah sich noch einmal um.

„Wollen wir gehen? Mir wird's allmählich doch zu kalt hier."

Draußen war es mittlerweile stockdunkel. Der Mond hing träge über uns, doch sein Licht schien kaum die Oberfläche des Meeres zu erreichen. Einsam stand der Cinquecento auf dem Parkplatz, wir setzten uns zu ihm und schauten gemeinsam aufs Wasser hinaus.

„Hat deine Mutter dir eigentlich erzählt, was die Überführung Pippos per Flugzeug gekostet hätte?", fragte Steffi.

„Nein. Wie viel?"

„Ich glaube, sie sagte was von zweitausend Mark oder so."

„Ach ja?"

„Ja“, meinte sie, „deine Eltern haben sich gestern mit Rainer darüber unterhalten, und der hat zu Hause mal nachgefragt.“
Ich hätte mich ausschütten können vor Lachen. Eigentlich hätte mich diese Nachricht wütend machen müssen, aber nun, da alles überstanden war, musste ich zugeben, dass ich glücklich darüber war, wie sich alles ineinander gefügt hatte. Vielleicht existierte ja tatsächlich sowas wie ein göttlicher Plan, und wir hatten uns völlig umsonst den Kopf zerbrochen, wer weiß.
„Luca?“, fragte Steffi neben mir. Ich sah sie an, in ihren weit geöffneten Pupillen glitzerte das Meer.
„Alles klar“, sagte ich und zog sie an mich, „mir geht’s gut.“

Dank an Birgit Hassenteufel, Patrizia Miele, Antonio Delluzio, Stephan Öhrlein, Tanja Hauptmann, Herrn Horn für die Informationen übers Bestatterwesen sowie an alle, die mich bei der Realisierung dieses Buches unterstützt haben.